담화, 텍스트와 담화표지

담화, 텍스트와 담화표지

This Edition was published by Jipmoondang in 2020, Seoul, Korea.

담화 텍스트와 담화표지

장소원
이후인
탕이잉
김영규
이강혁
최준호
사타 자코모
강주은
김희숙
후박문
이윤경
유우흠
하의뢰

집문당

장소원 서울대학교 인문대학 국어국문학과 교수
이후인 서울대학교 대학원 국어국문학과 박사과정 수료
서울대학교 언어교육원 전임강사
탕이잉 서울대학교 대학원 국어교육과 박사과정 수료
김영규 서울대학교 대학원 국어국문학과 박사과정 수료
이강혁 서울대학교 대학원 국어국문학과 박사과정 수료
최준호 서울대학교 대학원 국어국문학과 박사과정 수료
사타 자코모 서울대학교 대학원 국어국문학과 박사과정 재학
강주은 서울대학교 대학원 국어국문학과 석사과정 졸업
김희숙 서울대학교 대학원 국어국문학과 석사과정 수료
후박문 서울대학교 대학원 국어국문학과 석사과정 수료
이윤경 서울대학교 대학원 국어국문학과 석사과정 수료
유우흠 서울대학교 대학원 국어국문학과 석사과정 재학
하의뢰 서울대학교 대학원 국어국문학과 석사과정 재학

담화, 텍스트와 담화표지

2020년 12월 30일 1판 1쇄

저자 | 장소원, 이후인, 탕이잉, 김영규, 이강혁, 최준호, 사타 자코모,
강주은, 김희숙, 후박문, 이윤경, 유우흠, 하의뢰
발행인 | 임동규
발행처 | **(주)집문당**
등록 | 1971. 3. 23. 제2012-000069호
주소 | 03134 서울시 종로구 돈화문로 82, 5층
전화 | +82-1811-7567
이메일 | sale@jipmoon.com
홈페이지 | www.jipmoon.com

ISBN 978-89-303-1894-5 93700
CIP2020054278

가격 25,000원

머리말

담화표지는 언어를 불문하고 공통적으로 사용되는 것임에도 불구하고 그 개념조차 하나로 통일되지 않고 있다. 문법과 달리 담화의 성격이 자유롭다 보니 누구나가 동의하는 차원에서 개념 정의를 내리고 목록을 확정하고 범위를 한정하는 일이 쉽지 않기 때문이다. 그럼에도 불구하고 담화표지는 1970년대부터 사람들의 관심을 끌어서 구어 담화에서 기능하는 요소들이 주목 받고 그들의 역할에 대한 관심이 담화표지 연구라는 주제로 행해지기 시작하였다. 특히 구어에 대한 관심과 연구가 문어의 연구를 넘어서고 있는 현대에 이르러서는 담화표지는 더욱더 다양한 양상으로 활발하게 주목받고 있다.

이 책의 시작은 2020년 1학기 서울대학교 대학원에서 〈한국어 담화텍스트언어학〉 과목을 개설하면서 시작되었다. 기존에는 텍스트언어학과 화용론이 별개의 과목으로 개설되다가 학과의 개설 교과목 조정에 따라 두 과목이 위의 이름으로 합쳐지게 되었으므로 텍스트언어학과 화용론을 아우르는 주제를 고민하게 되었는데, 그때 가장 먼저 떠오른 생각이 담화표지를 한번 들여다보자는 것이었다.

그동안 1980년대부터 꾸준히 발표되고 있는 한국어 담화표지에 관한 연구서와 논문들을 읽으면서 담화표지의 정의부터 그 기준과 분류까지 한번 정리를 해보고 싶던 차에 이런 과목이 개설되었으니 담화뿐 아니라 아예 텍스트까지 통괄하여 담화표지의 개념을 확정하고 담화 유형별 혹은 텍스트 유형별로 담화표지가 어떻게 만들어지고 사용되는지를 살펴보고자 마음먹게 된 것이다. 다행히 수업에 참여한 학생들이 모두 이러한 뜻에 동참해 주어 강의의 전반부에 텍스트언어학의 이론을 먼저 공부한 후 후반부에 담화표지의 정의와 연구사, 담화/텍스트 유형별 담화표지의 사용 실태를 같이 공부할 수 있었는데 그 결과물이 이렇게 한 권으로 묶일 수 있게 되었다.

이 책의 특징은 담화표지를 구어로서의 담화에서 사용되는 화용적 요소에 한정짓지 않고 문어 텍스트에서의 소통력 증진에 기여하는 요소로까지 확대했다는 점이다. 문어 텍스트라고 해서 문장문법 차원에서 모든 해석이 가능한 것이 아니고, 화제의 결속에 관여하는 요소가 전무하다고 할 수 없으며, 같은 문어 텍스트라고 해도 텍스트의 유형에 따라 그러한 요소들이 서로 다르게 나타날 것이라는 믿음이 이러한 입장을 견지하게 하였다.

이 책의 구성은 총 3부로 이루어진다. 제1부는 담화표지의 개념과 연구의 흐름을 정리한 것이다. 이 책에서 사용된 담화 표지의 개념은 담화표지를 넓은 의미와 좁은 의미로 구분한다는 점이 특징적으로, 처음부터 담화적 기능만을 위해 태어난 요소와 이차적으로 그 기능을 획득한 요소를 모두 합쳐 넓은 의미의 담화표지라고 보았고, 애초에는 담화표지가 아니고 다른 어휘적 혹은 문법적 의미를 지녔던 요소들이 이차적으로 담화표지로 사용되게 된 것들을 좁은 의미의 담화 표지로 구분하였다. 이런 입장은 자립적 어휘와 비자립적 어휘 모두를 담화 기능을 지닌 실현 형식으로 간주할 수 있다는 이점을 지닌다. 이처럼 담화표지를 넓은 개념으로 보고자 하는 자세는 의미의 탈색이나 변화를 거치지 않은 감탄사부터 그러한 변화를 겪은 감탄사, 부사, 구와 절 형식의 표현, 심지어 구두점까지 모두 연구 대상으로 삼을 수 있게 되어 연구의 지평을 넓힐 수 있게 된다.

제2부는 '담화와 담화표지'로 다양한 담화 상황별로 각기 특색 있게 사용되는 담화표지에 대한 연구들이다. 먼저 후박문의 〈이야기 담화에서의 담화표지 '맞다'의 기능과 형성〉은 이야기에서 담화표지로 빈번히 사용되는 '맞다'의 지위와 기능을 살피고 더 나아가 담화표지

로 형성되기까지의 기제를 살피고 있다. 이 글은 '맞다'와 유사한 기능을 하는 '참'을 비교하기도 하고 한국어 내부의 현상뿐 아니라 이탈리아어, 중국어 등 범언어적 자료와의 비교를 통해 '맞다'가 보이는 담화표지화가 유형론적으로 보편적인 현상일 수 있다는 가능성을 제시하고 있다.

강주은의 〈라디오 방송 담화의 담화표지〉는 청취자와의 소통에 중점을 두면서 공식적 담화와 비공식적 담화의 사이에 놓여 있는 라디오 방송 담화의 특성이 방송 진행자의 담화표지 사용에 어떠한 영향을 미치는지를 살핀 글이다. 총 12개의 라디오 프로그램을 분석하여 353개의 담화표지를 찾아내고 '그, 네, 뭐, 아, 아니, 야, 어, 예, 음, 응, 자, 저'와 같이 단어 본래의 어휘적 의미는 거의 사라지고 발화와 발화 사이 또는 발화 내부의 관계를 나타내는 기능만 남아 있는 표현들을 중점적으로 살피는데, 이는 1부에서 정의한 좁은 의미의 담화표지에 속하는 것들로, 라디오 담화 진행자의 연령대에 따라 담화표지의 사용 양상이 어떻게 달라지는지를 살핌으로써 라디오라고 하는 특정 담화에 대한 이해의 폭을 넓혀준다.

하의뢰의 〈서술형 독백 텍스트 속 담화표지 '그러니까'〉는 21세기 세종계획의 구어 코퍼스 중 서술형 독백 텍스트에서 나타나는 담화표지 '그러니까'의 실현 양상을 분석한 글이다. '그러니까'는 '그런데', '그래서'와 함께 한국어에서 가장 많이 쓰이는 접속부사인데 '그러니까'가 단순한 접속부사의 기능을 넘어 '화제와 화제의 결속'과 '화자와 화제의 결속'을 담당하는 담화표지임을 밝히고 있다. 특히 '그러니까'는 대화나 독백에서 '그니까', '근까' 또는 '긍까' 등의 변이형으로 나타나는데 이들 사이에 담화표지로서의 기능 차이가 존재하는지 분석한 후 축약형들의 담화표지로서의 쓰임이 더 많음을 밝히고 있다.

유우흠의 〈강의텍스트의 담화표지 '이제'〉는 21세기 세종말뭉치 구어 전사 파일에서 추출한 11개의 강의 파일에서 부사 '이제(인제)'가 담화표지화를 겪을 수 있는가 하는 가능성을 살펴, '이제'는 '지금'과 달리 시간의 폭이 넓고, 앞선 행위나 상태를 전제해야 하며, 현재뿐만 아니라 과거, 미래 어느 시점에도 실현이 가능한 특징을 보인다는 사실을 확인함으로써 이를 담화표지로 확정하였다. 이어 '이제'의 담화표지로서의 기능이 선후행 발화의 연결적 기능 강화, 전경과 후경의 경계 표시, 부연설명, 공백 메우기, 발화 수정하기의 다섯 가지로 나눌 수 있음을 예를 통해 확인하는데 이들 기능은 모두 '화자의 화제 결속 기능'으로 귀납될 수 있다고 결론지으면서 '이제'의 담화표지적 기능이 강의라고 하는 특정 담화상황에서 가장 두드러지는 까닭은 강의에서는 화자가 담화의 중심이 되고 강의는 제보기능을 주된 기능으로 하고 있기 때문이라고 풀이하고 있다.

김영규의 〈방언조사 담화와 담화표지〉는 대화의 한 유형으로서 방언 조사 텍스트의 담화구조를 개략적으로 살핀 후 방언 조사 텍스트에서 담화표지라 판단할 수 있는 요소들을 확인하고 담화구조와 관련지으면서 그 개별적 쓰임을 살피는 글이다. 특히 '그러면, 그럼'과 '예, 네'를 대표적인 담화표지로 간주하여 그 쓰임을 살피고 있는데, '그러면, 그럼'은 테마와 테마 사이, 상위 테마와 하위 테마 사이, 자연발화와 본 조사의 경계에서 전환 표지로 빈번히 쓰이고 이들은 테마 간 관련성이 없는 나열식 구조에서는 잘 나타나지 않는데 그 까닭은 '그러면'이 선행 발화를 배경으로 한 확장적 접속 기능을 일차적인 기능으로 가지기 때문이라고 파악하였다.

제3부는 '텍스트와 담화표지'로 텍스트 유형별로 다르게 사용되는 담화표지에 대한 연구들이다. 먼저 이윤경의 〈한국어 사전에서의 담화표지 기술〉은 감탄사에 집중하여 이들의 담화표지적 의미가 사전에 어떻게 기술되어 있는지를 비교하고 선행 연구를 통해 보완이 필

요한 부분을 살펴본 후 추가적 기술 방안을 제안한다. 필자는 한국어 사전에서의 담화표지 기술에는 의미적 측면에서뿐만 아니라 기술적 측면에서도 보완될 점이 있다고 보고 이 부분을 구체적으로 파악하기 위해 한국어 사전에서 감탄사의 기본적 의미와 담화표지적 의미를 어떤 방식으로 기술하고 있는지 그 현황을 정리함과 동시에 영어 사전에서 담화표지를 어떻게 기술하고 있는지를 비교하여 살핌으로써 향후 한국어 사전에서 담화표지를 어떤 방식으로 기술할 것인지 시사점을 얻고자 하였다.

최준호의 〈옛 한문 문헌 속 句讀點의 기능과 담화표지 -《訓民正音》解例本과《龍飛御天歌》를 중심으로 -〉는《훈민정음(訓民正音)》해례본(解例本)과《용비어천가(龍飛御天歌)》에 사용된 구두점(句讀點)의 용법을 검토하여 그 기능을 밝히고, 이들 문헌에서의 용례를 바탕으로 구점이 텍스트에서 어떠한 기능을 수행하고 있는지 살핀 글이다. 이 과정에서 중국에서 '구두(句讀)'라는 용어가 사용된 최초의 용례는 언제인지, '句'와 '讀'가 나누어 인식된 것은 언제부터인지, 조선의 문헌에서 구점과 두점의 위치가 구별되어 사용된 문헌은 어느 것인지 등을 논의한 후《훈민정음》해례본과《용비어천가》의 구점과 두점의 사용 양상을 검토하면서, 이들 텍스트에서 구점이 '화제 표시의 기능'을 하고 있었다는 점에 주목함으로써 구두점이 문어 텍스트에서 담화표지의 기능을 담당함을 주장하고 있다.

이강혁의 〈은진 송씨 송준길·송규렴 가문 언간의 담화표지 '대되'〉는 언간이 의사소통을 전제로 하는 수신자와 발신자가 명확히 존재하는 텍스트이며 정보전달 등을 목적으로 하는 텍스트성을 지닌 글이므로, 문어 담화의 하나라고 간주하고 언간에서 용언 '대도ᄒᆞ-'의 파생 부사인 '대도히'를 거쳐 축약된 '대되'가 문법화를 거쳐 담화표지로서의 기능을 획득하는 과정을 살펴보고 있다. '대되'는 후기중세 한국어 시기에는 다양한 활용형 및 파생형으로 문증되며 일정한 구문에 국한되지 않고 여러 구문에 제약 없이 나타났던 반면, '은진 송씨 가문 언간'을 중심으로 하는 근대 한국어 이후 시기에는 '대되'의 어형만 나타나며 이 시기의 '대되'는 소수의 예를 제외하고 '안부 및 소식' 관련 구문이라는 제한된 환경에서는 담화표지로 사용되고 있다고 볼 가능성이 크다는 점을 지적하고 있다.

김희숙의 〈일본어 담화표지 문두 'ていうか'의 번역 문제〉는 현대 일본어의 구어 표현에서 다양한 이형태로 실현되는 'ていうか'가 인용을 위해 문중이나 문미에서 많이 쓰이는 표현이지만, 문두에서 사용되는 경우에는 담화표지 기능을 담당함을 보이면서 그 기능을 세분한 후 한국어로 번역될 때의 문제들을 다룬다. 필자는 문두의 'ていうか'는 문중, 문미의 'ていうか'와 달리 항상 담화표지로 기능하는 특징을 지닌다면서 코퍼스 검색을 통해 담화표지로 사용되는 문두 'ていうか'의 기능을 크게 '발화 개시, 시간 벌기, 공손 표지, 화제 전환, 맞장구'의 다섯 가지로 나누어 살핀다. 또 이에 대응하는 한국어 담화표지로 '그런데(근데)'는 '발화 개시', '공손 표지', '맞장구'의 세 기능에 대응하며, 나머지 '시간 벌기'와 '화제 전환'은 각각 '아니, 그러니까'와 '그건 그렇고'에 대응함을 주장하고 있다.

탕이잉의 〈한 · 중 한국어 교재에서의 담화표지〉는 한국어 학습자의 의사소통 능력 향상을 위한 담화표지 교육의 중요성과 필요성을 인식하는 데서 시작하여 한국과 중국의 한국어 교재에서의 담화표지를 살펴보고 있다. 한국 교재인 『서울대 한국어』에서의 담화표지는 실현 빈도의 양적인 측면과 기능 다양성의 질적인 측면에서 모두 비교 대상이 된 2종의 중국 교재에 비해 뛰어난 모습을 보이는데, 필자는 이를 양국 교재 속 대화 텍스트의 양적인 차이와 교재 편집자가 한국어 모어 화자인지 아닌지에 따라 대화 텍스트에 실제 구어 담화의 양상이 반영되는 정도의 차이와 관련이 있는 것으로 파악한다. 그러나 양국 교재가 모두 교육 내용으로서 담화표지를 다루지 않고 어휘나 문법적 요소로 처리함으로써 학습자가 능동적인 존재로서 언어를 사용하여 원활한 의사소통을 하는 데 부족함이 있음을 지적하고 있다. 의사소통 능력을 향상시키기 위해서는 담화표지 교육을 위한 교재 개발이나 개선이 필요하며 이를 위해서는 담화표지가 지닌 특성과 중요성에 대한 인식이 선행되어야 함을 강조한 글이다.

사타 자코모의 〈『서울대 한국어』의 담화표지〉는 외국어 학습자가 고급 수준으로 갈수록 문법, 어휘, 발음 등을 학습할 때만큼이나 신경 써야 하는 요소들인 담화표지에 주목하여 한국어 교육 교재 텍스트에서 담화표지가 어떻게 작동하는지와 어떤 기능을 하는지를 서울대 교재를 중심으로 살피고 있다. 각 급별로 담화표지를 목록화하고 각각의 사용 빈도와 유형별 분류를 행한 후, 감탄사 담화표지, 접속어 담화표지, 부사어 담화표지, 구절 담화표지 등 형태를 기준으로 한 담화표지의 구분을 시도하고, 각 부류별 개별 담화표지들의 용법을 정리하였다. 담화표지에는 본능적으로 사용하는 감탄사와 같은 요소들만 있는 것이 아니고 외국인들로서는 이해하기가 더 어려운, 새로운 담화 기능을 가지게 된 담화표지들도 존재함에 주목하여 후자를 '좁은 의미'의 담화표지로 보고 이러한 담화표지들이 어떻게 사용하는지 그리고 어떤 상황에서 사용하는지에 대한 정보를 제공해 주는 교재도 필요함을 역설하고 있다.

이 책에서 다루어진 담화표지의 분석이 한국어의 모든 담화표지를 다룬 것이 아니어서 부족한 부분이 많지만 구어 담화에서의 담화표지 못지않게 문어 텍스트에서의 담화표지 연구도 주목받아야 함을 강조하기에는 부족함이 없으리라 자위한다. 각자의 글을 수차례에 걸쳐 고쳐 써준 학생들과 서로 다른 문투의 글을 조율하고 다듬어 한

권의 책으로 모습을 갖추게 애써준 이후인 선생에게 특히 감사한다. 그리고 흔쾌히 책의 출판을 허락해주신 집문당 임동규 사장님께도 감사의 마음을 표한다.

2020년 8월 장소원

차 례

제1부

담화표지 개관

1. 담화표지의 개념

장소원 · 이후인

담화표지는 언어 보편적으로 발견되는 것으로, 지난 50년간 언어학계에는 담화표지와 관련한 다수의 연구업적들이 발표되었다(Fraser 2006: 189). 그러나 여전히 담화표지는 용어나 개념부터 범위에 이르기까지 학자별로 큰 견해차를 보이는 연구 주제 중 하나로 남아 있다. Maschler & Schiffrin(2015: 203-204)에서 지적한 바와 같이 연구자의 언어학적 접근 방식이 곧 담화표지의 개념으로 직결되기에 담화표지를 어떻게 설정할 것인가에 대해서는 여전히 합치된 결론을 도출하기가 녹록지 않다. 이미 영어의 담화표지로 널리 알려진 'oh, and, because, y'know, anyway' 등조차도 연구자에 따라 담화표지로 인정하기도 하고, 배제하기도 하는 실정이다. 그럼에도 불구하고 담화표지에 대한 연구는 개별 언어권별로 활발하게 이루어지고 있다. 이러한 언어학의 흐름은 국어학계에도 예외가 아니어서 한국어 담화표지도 1990년대에 주목받기 시작한 이후 꾸준히 논의되어 왔다.

국내 담화문법 연구자 사이에서도 담화표지의 개념은 아직까지 명료하게 규정되어 있지 않다. 주로 Schiffrin(1987)의 정의에 기대어 왔지만, 그것을 국어에 적용했을 때 도출되는 담화표지의 범위에서 연구자마다 상당히 큰 견해차를 보이기 때문이다. 이에 이 글에서는 여러 언어적 층위를 고려했을 때 담화표지의 언어학적 지위는 무엇이며, 어떠한 표현들이 이에 포섭될 수 있는지 그 개념과 범위를 고찰해 보기로 한다.

(1) 가. 아이고, 이게 얼마 만이니?
나. 제발 정신 좀 차려.
다. 오늘 저는 체질과 음식에 대해 발표하고자 합니다.

(1)의 밑줄 친 세 가지 예들은 각각 감탄사, 부사, 표현으로 통사적으로는 전혀 공통점을 지니고 있지 않다. 그러나 이들이 담화 속에서 일정 기능을 담당하며 사용되고 있다는 점에 주목하면 공통점이 발견된다. 즉 (1가)의 '아이고'는 담화상에서 화자가 지닌 감정을 표현하고 있고, (1나)의 '제발'은 문장부사로서 화자의 요청이나 부탁을 표현하는데 이 부사는 문장의 명제 또는 문장 내 어느 성분과 관계가 있다기보다는 청자에 대한 요청 화행을 나타내므로, 문장 단위를 넘어서서 기능한다고 볼 수 있다(신서인 2014: 103, 107).[1] (1다)의 '～에 대해 발표하고자 합니다'는 발표 담화의 주제를 소개하려는 화자의 의도를 표현하고 있어서 본 발화와 후행 담화를 이어주는 동시에 '도입부'라는 담화 구조를 명시하고, 화자의 진술 발화행위에 대한 메타적인 언급도 한다.[2] 그러므로 (1가～다)의 밑줄 친 부분들은 본래의 최초 의미로 담화 기능을 수행한다는 공통점을 지닌다.

반면 아래 (2)의 예들은 차이를 보인다. 본래 어휘적 의미가 담화

1) 신서인(2014)는 Ramat & Ricca(1998)의 논의를 국어에 적용시켜 문장부사를 그와 관계된 담화 층위에 따라 분류하고자 한 연구이다. 이에 따르면 문장부사는 접속부사, 발화행위부사, 영역부사, 명제부사로 나뉘는데, (1나)의 '제발'을 비롯한 '아무쪼록, 부디, 원컨대, 바라건대, …' 등의 부사는 발화행위부사의 하위 유형인 '청자 중심 부사'에 해당한다. 이처럼 담화 층위의 표현들은 의미와 기능에 따라 세부적으로 분류될 수 있다.

2) Chaudron & Richards(1986)은 담화표지를 '거시 담화표지(macro-marker)'와 '미시 담화표지(micro-marker)'로 나누었는데 이 중 거시 담화표지는 담화의 구조를 명시하는 표지로서 주로 한국어교육 분야에서 다루어지고 있다. 강현화(2012: 239)에 따르면 주로 한국어 학습자가 토론, 발표, 논문 등에서 담화표지를 사용하는 양상을 분석하면서 거시 담화표지를 논의하는 편이다. (1다)도 거시 담화표지에 해당하는 표현이다.

기능을 수행하든 아니든 일차적인 의미에서 한 번 더 의미 확장이 일어나 차후에 새로운 담화 기능을 획득하게 된 것들이다.

(2) 가. 어머니: 여기 있던 리모컨 어디 갔어?
민석: 글쎄, 잘 모르겠는데요.
가′. 어제 시장에 갔더니 글쎄 과일값이 배로 뛰었더라.
나. 돈도 떨어지고 이제 어떻게 하지?
나′. 음, 그래서, 오빠가 계속 운전을 하고, 음. 저는 항상 이제~ 운전석 옆에 앉았어요. 음. 그래서, 저는 지도를 항상 봤어요.
다. 혜린: 한국 사람이라고 다 매운 걸 좋아해야 하는 건 아니잖아.
은혜: 그건 그렇지.
다′. 지금은 웃으면서 얘기하지만 그때는 얼마나 무서웠던지. 그건 그렇고 앞으로 작품이 잘 안 되면 어떻게 살 거냐?

(2가)의 '글쎄'는 상대방을 의식하며 화자 자신의 의지를 표현하는 의지감탄사로 처리되어 왔다(고영근·구본관 2008). 다른 이의 질문이나 요청에 대해 분명하지 않은 태도를 드러내는 것은 모두 특정 청자를 상정하므로 태생적으로 화용적 요소를 포함하는데, 이 '글쎄'는 화자의 불확실한 태도를 표시하는 것 외에도, (2가′)와 같이 발화 중간에 출현하여 화자가 전달하고자 하는 정보를 끊음으로써 정보에 대한 관심을 유도하는 기능을 한다는 지적도 있다(이해영 1994: 140). 이러한 쓰임을 기존의 기능과는 별개로 새롭게 획득한 담화적 기능으로 보아, 통사적으로는 감탄사로 분류하면서 동시에 기능적인 측면에서는 담화표지로 처리해 왔다.

(2나)의 '이제'는 시간부사로 발화 당시의 시점을 표현한다. 반면 (2나′)의 '이제'는 더 이상 전제되는 사태의 시점과 관계되지 않고, 독자적인 기능을 담당하는데 주로 선행 발화를 매듭짓고 후행 발화에 초점을 맞추는, 즉 선행 발화와 후행 발화를 의미적으로 연결하는 기

능을 하는 것으로 보인다.[3)]

(2다)에서 사용된 '그건 그렇-'은 앞선 발화의 내용을 대용하면서 해당 명제에 동의함을 나타내는 반면, (2다')에서는 동일한 표현이 화제를 전환하는 담화 기능을 담당해서 선행 담화와 후행 담화의 경계를 표시해 주는 동시에 선행 담화를 마무리하고 새로운 담화를 도입하는 일을 하고 있다. 앞에서 살펴본 (1다)의 '~에 대해 발표하고자 합니다'가 발표 담화에서 본 발화와 후행 담화를 이어주는 동시에 '도입부'라는 담화 구조를 명시하고, 화자의 진술 발화행위에 대한 메타적인 언급도 하고 있는 것처럼 (2다) 역시 모두 구나 절 이상의 단위가 담화적 기능을 수행하는 예로 볼 수 있다.

이제 (1가~다)와 (2가'~다')를 비교해보면 이들은 모두 담화 차원에 속하는 표현들이라는 점에서는 공통점을 지닌다. 그러나 (1가~다)는 일차적인 어휘적 의미가 전체 표현의 핵심 의미를 이루는 데 비해 (2가'~다')는 이차적으로 새롭게 획득된 담화·화용적 의미가 그러한 부분을 주로 담당하고 있다. 가령, (1다)의 '~에 대해 발표하고자 합니다'에서는 구성 요소들의 합으로부터 전체의 의미가 도출될 수 있으나 (2다')의 '그건 그렇고'는 본래 가지고 있던 대용의 기능에 화제 전환 기능이라는 파생된 의미까지 덧붙여진 것이다. 그렇다면 (1가~다)와 (2가'~다')의 밑줄 친 부분들이 모두 담화적 요소라는 점은 자명하지만 모두 동일한 특성을 보이지는 않음을 알 수 있다.

따라서 우리는 현대 한국어에는 (1가~다)처럼 본래 어휘적 의미 자체가 담화적 기능을 수행하는 것도 있지만, 다른 한편으로는 (2가'~다')처럼 새로 덧입혀진 담화적 의미·기능으로 인해 담화 차원에서

---

3) 이기갑(1995: 270-273)에서는 '이제'의 담화적 기능을 '선행 발화의 매듭 지음, 선행 발화와 후행 발화의 의미적 연결, 후행 발화에 초점 맞추기'로 제시하고 있다.

쓰이게 된 것도 존재하고 있음을 확인할 수 있는데, 이들은 모두 각자 어떤 식으로든 담화의 진행에 기여하고 있다는 점에서 공통점을 지닌다. 따라서 우리는 국어의 담화 요소들을 그 특성에 따라 좀 더 세분화시킬 수 있는 여지가 있음을 확인하게 된다. 역으로 담화 및 화용적 기능은 다양한 형식을 통해 실현되므로 어떠한 요소들이 담화적으로 기능하는지도 정밀하게 관찰할 필요가 있다. 담화·텍스트 연구에서는 이러한 담화적 요소 전반에 대해 체계적이고 정연한 설명을 제공해야 할 것이다.

이상의 논의를 바탕으로 담화 차원의 언어적 요소들을 거칠게 분류한다면 담화 요소들은 크게 (1)의 예들과 같이 본래 담화·화용적 기능을 수행하기 위해 형성된 것과 (2)와 같이 이차적으로 새로운 담화·화용적 쓰임을 획득한 것으로 나눌 수 있다.

기존의 연구에서 '담화표지'는 이러한 표현들을 모두 아우르는 개념으로 사용되기도 하고, 후자만을 일컫는 것으로 이해되기도 하였다. 담화표지의 외연을 넓게 설정하는 입장에서는 담화표지를 "상대방에게 말할이의 발화 의도나 심적 태도를 효과적으로 전달하기 위해 사용되는 담화책략의 하나"(김향화 2001) 또는 "화자가 담화를 효과적으로 수행하기 위해 개입시키는 의도적인 양상표지"(김태엽 2002) 등으로 정의하였다. 위와 같은 광의의 개념으로 담화표지를 본다면 본래 담화·화용적 기능만을 담당하던 담화표지뿐만 아니라 대부분의 담화 차원의 언어적 요소들이 담화표지로 설정될 수 있어 담화 층위의 다양한 구성 요소와 이들 간의 상호 관계를 폭넓게 관찰할 수 있다는 이점이 있다.

그러나 고경재(2019: 108)에서 지적한 바와 같이 국어에는 이른바 담화표지로 부르던 표현 외에도 양태 부사, 상대 높임 어미 등 화용적 변인을 고려해야 하는 문법 요소들이 존재하고, 맥락에 따라 일회적인 담화·화용적 용법으로 쓰이는 경우도 적지 않다. 예컨대 임규홍(1996)에서 상정하는 '반복 정보 담화표지'는 앞 담화의 성분이 반복되는 것을 말하는데, 이러한 쓰임은 맥락 속에서 담화·텍스트의 응집성(coherence)을 형성하기는 하지만 해당 표현이 고정적인 용법으로 쓰이는 것은 아니다. 그렇다면 이러한 용법까지도 단순히 담화적 기능으로 설명하는 데 그치지 않고 하나의 기능 표지로 처리하는 것이 타당한가에 대해 의문을 제기할 수 있다. 이렇게 넓은 의미로 담화표지를 보게 된다면 셀 수 없이 많은 양의 담화적 요소들을 모두 담화표지로 처리해야 하는 부담을 안아야 하기 때문이다.

좁은 의미로서 담화표지는 그동안 "구어 담화에서 실현되어 다른 담화 요소들을 하나의 단위로 묶어 주는 역할을 하는 것, 기존의 어휘 의미에서 벗어나 새로운 기능을 수행하는 언어 표현"(전영옥 2002) 또는 "구어의 담화 상황에서 잉여적으로 사용되는 주변적인 언어 표현으로서 원래 구상적인 어휘적 의미를 기저로 한 내용어 및 기능어가 문법화를 거쳐 점차 추상적인 화용적 의미를 획득한 담화적 장치"(이정애 2002) 등으로 제시되어 왔다.

물론 의미가 변화되고 기능이 전이되는 과정은 정도성을 내포하고 있으므로 의미 변화 혹은 탈색이라는 기준으로 협의의 담화표지에 해당하는 표지를 판별하는 것은 그리 쉬운 작업이 아니다. 그럼에도 좁은 의미의 담화표지를 별도로 설정했을 때의 이점은, 언어 사용 면에서 새로운 존재 가치를 획득하게 된 것을 발굴하는 과정에서 그러한 표지들을 사용하는 기제에 대해 좀 더 분명하게 알 수 있다는 것이다. 가령, Schiffrin(1987: 315-327)은 영어의 담화표지 11개를 조사한 결과, 담화표지가 가지고 있는 '지표적 기능(indexical function)'이 궁극적으로는 응집성 형성에 기여하고 있다고 보았는데, 바로 이러한 응집성 형성 기능이 담화표지를 사용하는 본질적인 기제라고 주장한다.[4] 이와 같이 담화표지를 통해 우리는 언어 형식의 의미 변화를 관찰할 수 있을 뿐만 아니라 담화표지가 어떠한 사용 기제에 의해 형성되는지, 담화표지를 통해 담화나 텍스트의 응집성이 어떠한 경로로 형성되는지까지도 함께 탐색할 수 있을 것이다.

우리는 '넓은 의미의 담화표지'와 '좁은 의미의 담화표지'를 구분하고자 한다.

(3) 담화표지의 정의

가. 넓은 의미의 담화표지: 화자의 발화 의도나 심리적 태도를 효과적으로 전달하기 위한 모든 언어적 요소

나. 좁은 의미의 담화표지: 넓은 의미의 담화표지 중에서 새로운 담화 기능을 이차적으로 획득한 언어적 요소

(3가)에서 제시한 '넓은 의미의 담화표지' 정의에 따르면 담화상의 화용적 요소와 결속 장치 등 모든 표지들이 담화표지의 성원으로 들어올 수 있다. 앞서 살펴본 (1가~다)와, 문장 내 작용역을 가지는 부사 '이제'[(2나)]를 제외한 (2가)와 (2다), (2가'~다')는 모두 넓은 의미의 담화표지에 해당된다. '좁은 의미의 담화표지'란 새로운 담화 기능을 이차적으로 획득한 언어적 요소를 일컬으므로, 개념의 외연을 좁게

4) Schiffrin(1987: 315-327)에 따르면 담화표지의 '담화적 속성'과 잔존해 있는 어휘적·문법적 의미 속의 '의미적 속성'이 결합되면 담화표지에 '지표적 기능(indexical function)'이 생긴다. 지표적 기능은 해석의 초점이 어디에 있는지를 직시(deixis)하는 것이다. 일반적인 직시는 근거리(proximal)와 원거리(distal)라는 상황적인 척도에 의해 이루어지는 데 비해, 담화표지의 직시는 담화상의 척도에 의해 이루어진다.

담화표지의 직시 대상은 참여자와 텍스트로 나눌 수 있다. 참여자 접속을 하는 표지를 통해서는 화자(근거리) 또는 청자(원거리), 화·청자 모두에 초점을 둘 수 있다. 텍스트 접속을 하는 표지를 통해서는 선행 텍스트(근거리)나 후행 텍스트(원거리)에 초점을 둘 수 있다. 이처럼 담화표지는 어떠한 요소(화·청자, 선·후행 텍스트)를 고려하면서 해석해야 하는지를 알려주는 동시에 전후 문맥들을 접속시키는데, 이것이 결국 담화의 응집성을 형성하게 하는 요인이 된다.

보는 입장에서는 (1)과 (2)의 예 중에서도 (2가'~다')와 같은 부류만을 담화표지로 처리할 것이다.[5)]

광의의 담화표지와 협의의 담화표지에는 공통적으로 '담화 기능'과 '언어적 요소'라는 요건이 포함된다. 먼저 '담화 기능'에 대해 살펴보자. 담화표지가 수행하는 담화 기능은 다양하게 세분화될 수 있다. 담화표지는 텍스트 측면에서 발화 단위를 나누어 묶어 주기도 하고, 대화를 원활하게 유지하기 위해 대화의 흐름을 조절하거나 담화 참여자들 간의 상호작용을 촉진시키기도 한다. 또한 본 발화와 관계된 발화를 가리킴으로써 응집성을 형성시키기도 하며, 절차적으로 발화 해석에 대한 추론의 단서를 제공하는 기능도 수행할 수 있다. 담화표지는 이렇게 다양한 스펙트럼의 의미·기능을 수행할 수 있을 뿐만 아니라 동시에 여러 기능을 수행하기도 한다.[6)] 그러므로 담화표지의 정의에서는 기능적 측면에서의 제한을 두지 않기로 한다.

한편, 좁은 의미의 담화표지를 받아들이는 입장에서 담화표지의 의미·기능은 의미 변화 내지 탈색·약화의 과정을 거친 것이어야 한다. 이 기준은 여러 담화표지 연구에서도 받아들이고 있는 것으로, Schiffrin (1986: 47)에서는 의미 최소주의 관점(meaning-minimalist view)을 표방하며 담화표지는 명제적 의미가 없거나 적고, 설령 있다 하더라도 어휘적으로 포착하기가 어렵다는 점을 지적하였다.[7)] 국내 연구에서도

5) 한편, 담화표지를 화용표지와 구분되는 개념으로 논의하고자 하는 연구도 존재한다. 이러한 시도는 Fraser(1990), 이정애(2002) 등에서 찾아볼 수 있다. Fraser(1990)의 연구에서는 화용표지가 담화표지의 상위 범주로 상정되어 있고, 이정애(2002)에서는 역의 관계로 제시되고 있다.

6) 담화표지는 다기능적(polyfunctional) 속성을 지니고 있어서 언제나 고정된 환경에서 고정된 용법으로만 쓰이지 않는다. 즉 하나의 담화표지는 동시에 여러 의미기능으로 해석될 수 있다는 것이다. 이것은 Schiffrin(1987)에 의해 주장된 이후 담화표지 연구에서는 비교적 널리 받아들여지고 있다.

7) 그러나 Schiffrin(1987)은 '의미 최소화'라고 하면서도 어휘적 의미가 없는 것은 'oh,

임규홍(1996), 이정애(2002), 전영옥(2002), 황병순(2010) 등을 비롯한 상당수의 논의에서 의미의 변화 내지 탈색·약화 등을 담화표지의 주요 특징으로 언급하는 것을 확인할 수 있다. 이때 새로운 의미·기능은 특정 맥락에서만 일시적으로 해석되는 것이 아니라 어느 정도 고정적으로 쓰이는 것이어야 한다(임규홍 1996: 3).

담화표지의 개념 중에서 '언어적 요소'는 담화표지가 단어부터 구, 절까지 다양한 언어 형식으로 실현될 수 있음을 나타낸 것이다. 일부 연구에서는 담화표지의 범위를 자립적 어휘에 한정할 것인지 혹은 비자립적 어휘까지 포괄할 것인지에 대해서도 논의한 바 있는데(이정애 1999, 김태엽 2000, 전영옥 2002, 황병순 2010), 본서에서는 넓은 의미의 담화표지와 좁은 의미의 담화표지를 두루 포괄하는 입장을 취하기에 담화 기능을 가지고 있는 실현 형식에 대해서는 자립적 어휘, 비자립적 어휘 모두 인정할 수 있다고 본다. 이에 담화표지를 넓은 개념으로 보고자 하는 논의에서는 의미 탈색이나 변화를 거치지 않은 감탄사부터 변화를 거친 감탄사, 부사, 구·절 형식의 표현, 구두점까지 다양한 유형의 언어 형식들이 모두 연구 대상이 될 수 있다. 좁은 의미로 보는 입장에서는 그 중 의미 탈색이나 변화를 거친 것만을 대상으로 논의하게 될 것이다.

이상의 논의를 통해 국어에 존재하는 다양한 담화·화용적 표현들을 살펴보고, 이들을 분류하기 위한 범주로서 담화표지의 개념을 넓은 의미와 좁은 의미로 구분하였다. 담화·화용적 차원의 여러 국면과 특성들을 아우르기 위해, 본서에서는 담화표지의 개념을 이분화하여 접근하고자 한다.

---

well' 등에 한정되어 있고, 연구 대상으로 삼았던 대부분의 담화표지는 본래의 어휘적·문법적 의미가 잔존해 있다고 하였다. 남아 있는 의미가 추상화되면서 담화적 기능으로 확장되어 갔다는 것이다.

참고문헌

강현화(2012), 한국어교육학에서의 담화 연구 분석, 《한국어 교육》 23-1, 219-256.

고경재(2019), 한국어 담화표지에 대한 고찰 - 담화표지의 정체 및 형성의 문제와 관련하여 -, 《한국어학》 83, 97-128.

고영근 · 구본관(2008), 《우리말 문법론》, 서울: 집문당.

김태엽(2000), 국어 담화표지의 유형과 담화표지되기, 《우리말글》 19, 1-23.

김태엽(2002), 담화표지되기와 문법화, 《우리말글》 26, 61-80.

김향화(2001), 한국어 담화표지의 기능, 《한국학논집》 28, 계명대학교 한국학연구원, 113-140.

신서인(2014), 담화 구성 요소를 고려한 문장부사 하위분류, 《한국어 의미학》 44, 89-118.

이기갑(1995), 한국어 담화 표지 '이제', 《담화와 인지》 1, 261-287.

이정애(1999), 국어 화용표지의 연구, 전북대학교 박사학위논문.

이정애(2002), 《국어 화용표지의 연구》, 월인.

이해영(1994), 담화표지 '글쎄'의 담화기능과 사용의미, 《이화어문논집》 13, 이화여자대학교 이화어문학회, 129-150.

임규홍(1996), 국어 담화 표지 '인자'에 대한 연구, 《담화와인지》 2, 1-20.

전영옥(2002), 한국어 담화 표지의 특징 연구, 《화법연구》 4, 113-145.

황병순(2010), 담화 표지 연구에 드러난 몇 가지 의문, 《배달말》 47, 115-135.

Chaudron, C. & J. C. Richards(1986), The Effect of Discourse Markers on the Comprehension of Lectures, *Applied Linguistics 7-2*, 113-127.

Fischer, K.(2006), Towards an understanding of the spectrum of approaches to discourse particles: introduction to the volume, in K. Fischer(eds.), *Approaches to Discourse Particles*, Amsterdam: Elsevier Ltd, 1-20.

Fischer, K.(ed.)(2006), *Approaches to Discourse Particles*, Amsterdam: Elsevier Ltd.

Fraser, B.(1990), An approach to discourse markers, *Journal of Pragmatics, 14-3*, 383-398.

Fraser, B.(2006), Towards a theory of discourse markers, in K. Fischer(eds.), *Approaches to Discourse Particles*, Amsterdam: Elsevier Ltd, 189-204.

Maschler, Y. & D. Schiffrin(2015), Discourse markers: Language, meaning, and context, in D. Tannen, H. E. Hamilton & D. Schiffrin, *The Handbook of Discourse Analysis(2nd ed.)*, 189-221.

Ramat, P. & D. Ricca(1998), Sentence adverbs in the Language of Europe, in Van der Auwera(eds.), *Adverbial Constructions in the Language of Europe*, Berlin: Mouton de Gruyter, 187-275.

Schiffrin, D.(1986), Functions of *and* in discourse, *Journal of Pragmatics 10-1*, 41-66.

Schiffrin, D.(1987), *Discourse markers(Studies in Interactional Sociolinguistics 5)*, Cambridge University Press.

2. 담화표지 연구의 흐름

이후인

1. 해외 연구[1)]

(1) 초기 연구: 담화적 요소에 주목하기 시작하는 시기

담화표지는 1953년 영국의 언어학자 Randolph Quirk가 자신의 강좌 'Careless Talk'에서 구어에서 쓰이는 'you know', 'you see', 'well'의 중요성을 언급한 것으로 처음 조명을 받았다(Quirk 1955: 178-179). 이후 기능주의 관점에서 담화 연구가 활발해지고 1970년대에 담화분석(Discourse Analysis)이 등장하면서 구어 자료, 특히 대화 자료에 대한 관심이 높아졌는데, 구어 담화에서 기능하는 요소들과 그것들의 역할에 대한 관심은 담화표지 연구로 이어지기 시작했다.

'담화표지'라는 용어는 Labov & Fanshel(1977)에서 다음과 같이 최초로 언급되었다.

"As a <u>discourse marker</u>, *well* refers backwards to some topic that is

1) 담화표지의 해외 연구사는 Fraser(1999), 이정애(1999/2002), 서경희(2016), 심란희(2019) 등을 주로 참고하였다.

already shared knowledge among participants. When *well* is the first element in a discourse or a topic, this reference is necessarily to an unstated topic of joint concern."

(Labov & Fanshel 1977: 156)

1980년대에는 대화분석, 화용론, 인지언어학 등 인접 학문들이 발전하면서 담화표지 연구도 본격적으로 이루어졌다. Levinson(1983: 87-88)은 담화표지에 해당하는 표현들이 연구할 만한 가치가 있음을 언급하였고,[2] 그 뒤를 이어 Schourup(1985: 14)는 'like, well, y'know'와 같은 형식을 '담화 불변화사(discourse particles)'라고 하고, 담화 불변화사가 화자가 발화할 때 드는 생각이 있음을 표시하지만 그러한 생각의 내용을 구체화하지는 않는다고 하였다. Zwicky(1985: 303)는 이에 한 발짝 더 나아가 담화표지 부류를 별도로 설정할 것을 주장하였다. 담화 불변화사와 간투사(interjections)로 불리던 표현들은 분포, 의미, 운율 등의 측면에서 하나로 묶일 수 있고, 이들은 접사(clitics)라기보다는 독립적인 단어이므로 '담화표지'로 부르는 것이 마땅하다는 것이다.

2) "... there are many words and phrases in English, and no doubt most languages, that indicate the relationship between an utterance and the prior discourse. Examples are utterance-initial usages of *but, therefore, in conclusion, to the contrary, still, however, anyway, well, besides, actually, all in all, so, after all,* and so on. It is generally conceded that such words have at least a component of meaning that resists truth-conditional treatment ... what they seem to do is indicate, often in very complex ways, just how the utterance that contains them is a response to, or a continuation of, some portion of the prior discourse."(Levinson 1983: 87-88)

(2) 1980년대 이후: 다양한 접근 방식으로 설명을 모색하는 시기

1980년대 중후반에 발표된 주요 연구들은 크게 언어변이적 관점의 연구, 화용론적 관점의 연구, 텍스트분석 관점의 연구로 나눌 수 있는데, 이 세 가지의 접근 방식이 점차 발전되어 나가면서 이후 담화표지 연구의 큰 줄기를 이루고 있다.

언어변이적 관점: Schiffrin

언어변이적 관점의 대표적인 연구로는 Schiffrin(1987, 1994, 2006)을 꼽을 수 있다.[3] Schiffrin(1987)은 최초로 담화표지를 체계화하고 심도 있게 논의한 연구로서, 담화표지의 사용과 분포에 초점이 맞추어져 있다. Schiffrin(1987: 31)에서는 담화표지를 '발화의 단위를 묶어주는, 연쇄적으로 의존적인 요소'라고 정의하고 있는데,[4] 이때 발화 단위를 묶는다는 것은 경계를 표시해 준다는 의미이고, 연쇄적으로 의존적인 요소라고 하는 것은 담화 층위에서 기능한다는 것을 나타낸다는 뜻임을 밝히고 있다. 즉 담화표지는 사회적 상호작용부터 메타언어적 단위까지 다양한 담화 단위의 경계를 표시할 수 있다는 것이다(Schiffrin 1987: 31-40).

이러한 담화표지 개념은 Schiffrin(1987: 21-29)에서 제시한 담화 모델과의 관련성 속에서 이해해야 한다. Schiffrin(1987)의 담화 모델

---

3) Traugott(1999: 180)에서는 Schiffrin(1987)의 연구를 다음과 같이 평가하고 있다.
"DM (Discourse markers) have been a major topic in pragmatics and discourse analysis since the publication of Schiffrin's groundbreaking (1987) book entitled Discourse Markers, in which she analyzed a variety of pragmatic markers such as *y'know, I mean, but, oh, then.*"(Traugott 1999: 180)

4) "sequentially dependent elements that bracket units of talk"(Schiffrin 1987: 31)

(discourse model)은 크게 다섯 가지의 담화 구조로 이루어진다.

(1) Schiffrin(1987)의 담화 모델

① 교환구조(exchange structure): 말차례 순서와 인접쌍(질문과 대답, 인사와 인사 등)에 의해 실현되는 말차례 구조. 담화참여자들은 화·청자 역할을 번갈아 수행함.

② 행위구조(action structure): 화자의 정체성, 사회적 배경, 선행 화행, 화행의 의도 등.

③ 개념구조(ideational structure): 발화 단위의 의미적 요소. 즉 명제 혹은 개념. '화제', '연결', '기능 관계'라는 세 가지 요소에 의해 형성됨.

④ 참여자 틀(participation framework): 참여자 사이의 관계. 화·청자가 발화(명제·행위·말차례)와 어떤 관계가 있는지와 화·청자의 상호작용을 보여줌.

⑤ 정보 상태(information state): 대화 참여자의 인지 상태, 대화 과정에서 끊임없이 변화하는 지식 및 메타지식의 형성과 관리 측면에서의 대화 참여자들의 상호작용.

Schiffrin(1987)은 담화표지는 위와 같은 담화 모델에서 여러 구조에 걸쳐 동시에 기능할 수 있는 다기능적 요소라고 하고 있는데, 이는 이후 대부분의 담화표지 연구에서 이견 없이 받아들여지고 있는 기술 중의 하나이다. 이러한 다기능적 속성은 담화 구조에서 지속되는 여러 과정들을 통합함으로써 궁극적으로는 담화가 응집성을 갖도록 도와준다.

Schiffrin(1987)은 'oh, well, and, but, or, so, because, now, then, you know, I mean' 등 11개의 담화표지를 대상으로 담화상의 의미·기능을 분석하였는데, 이를 통해 귀납적으로 도출한 담화표지의 특징은 다음과 같다.

(2) Schiffrin(1987: 328)에서 제시한 담화표지의 특징

① 통사적으로 문장으로부터 분리될 수 있어야 한다.

② 일반적으로 발화의 앞부분에 위치해야 한다.

③ 다양한 운율적 특징을 수반해야 한다.

④ 국지적(local)이거나 전반적(global)인 차원에서 작용하며 담화의 다양한 차원에서 사용되어야 한다.

Schiffrin(1987)은 담화표지가 어떠한 사회적 상호작용의 상황 속에서 사용되는지에도 관심을 두고 설명하고자 하였는데, 이러한 상호작용 언어학적 방법론은 Maschler(1994, 1998, 2009, 2012) 등에 와서 좀 더 정교화된다. Maschler(1994: 325)는 담화표지를 메타언어적 표현(metalingual expressions)[5], 즉 진행되는 담화의 경계를 표시하는 데 쓰이는 부류의 하위 유형이라고 보았다. 메타언어적 표현은 언어 사용자 간의 상호작용에 대한 언어이므로, 이에 속하는 담화표지는 언어외적 영역이 아닌 텍스트 및 대인 관계, 인지적 과정의 영역을 지시해야 한다. 한편, 화자가 메타언어를 사용하는 상황 중에는 언어 사용자가 상호작용에 참여하고자 함을 나타내는 '틀 바꾸기(frame shifts)' 유형이 있다. 화자는 주로 틀 바꾸기를 구조적으로 하려고 하는 경향을 보이는데, 틀 바꾸기가 반복될 때 사용된 표현은 담화표지로 문법화될 수 있다(Maschler & Schiffrin 2015: 194).[6]

5) 이 개념은 Bateson(1972)와 Becker(1988)의 이론을 바탕으로 발전시킨 것으로, 언어를 완성된 결과물로 보는 것이 아니라 진행되어 가는 과정으로서 보고자 한 것이다. 이에 따르면 언어는 사용 목적과 대상에 따라 크게 두 가지 층위로 구분된다. 하나는 언어외적 세계를 언어에 투사하고자 하는 목적으로 언어를 사용하는 층위이고, 다른 하나는 언어를 사용하는 과정에서 소통하기 위해 언어를 사용하는 층위이다. 후자가 메타언어적 표현과 관계가 있다.

6) 이 밖에도 Maschler(2009)는 담화표지를 독립된 품사 부류로 설정할 수 있다고 보고 있고 전형적인 담화표지와 비전형적인 담화표지를 의미적 기준(메타언어적 해석이 되는지)과 구조적 기준(억양 단위의 첫 부분에 출현하는지)으로 구분하기도 하였다

화용론적 관점: Fraser와 Blakemore

화용론적 관점에서 담화표지를 다룬 연구로는 Fraser(1986/1987, 1990, 1996, 1999)와 Blakemore(1987, 1992, 1995, 2002)가 대표적이다. 먼저 Fraser(1986/1987, 1990, 1996, 1999)의 일련의 연구들은 철저히 문법-화용론의 관점에서 접근하고 있다. 즉 명제적 의미에 관여하지 않지만 여러 메시지 유형을 표시하는 화용 형성소(pragmatic formatives)를 설정하고 분류하는 데에 초점을 둔다.[7] 이른바 담화표지 표현들은 Fraser(1986/1987)이 제시한 화용 표지 중에서 '논평 화용 표지(commentary pragmatic markers)'에 속한다.

Schiffrin(1987)에 비해 Fraser(1988: 26-27, 1990: 388-392)은 담화표지의 범위를 다소 제한적으로 설정하는 입장이다. Schiffrin(1987)에서 담화표지로 다룬 'oh'는 감탄사(간투사)라는 점에서, 'because'는 명제적 의미를 표시하는 종속 접속사라는 점에서 담화표지로 처리하지 않았다. 'y'know'와 'I mean'은 '화자의 유대감(solidarity)'을 표시하는 별개의 발화라는 점에서 담화표지에서 제외하였다. 이 밖에도 발화 시작 부분에 오는 표현(frankly, obviously 등), 초점 표현(even, only 등), 휴지(pause) 표현(well, ah 등), 서법 표현(indeed 등), 호격 표현(sir, Mr.President 등)도 두 담화의 관계를 표시하는 것이 아니라 후행 발화와만 관련이 있다는 점에서 담화표지로 처리하지 않았다 (Fraser 1999).

Fraser(1986/1987)에서 제시하는 담화표지의 조건은 다음과 같다.

(Maschler & Schiffrin 2015: 197 재인용).

7) 화용 형성소라는 용어는 이후 Fraser(1990)부터 화용 표지(pragmatic markers)라는 용어로 다루어졌다.

(3) Fraser(1986/1987)에서 제시한 담화표지의 조건

① 맥락에 의해 풍부해질 수 있는 핵심 의미를 지니고 있다.

② 현재 발화와 앞으로 나올 발화의 관계를 화자가 의도한 대로 표시한다.

Fraser(1999)는 담화표지가 절차적 의미(procedural meaning)와 관련되어 있다고 보았다. 담화표지는 '이전의 발화에 대한 해석'과 '해당 표지의 의미'를 제공하는데 이를 통해 후행 발화에는 해석 범위가 부여된다. 이로써 담화표지는 해당 발화가 선행 발화의 관계 속에서 어떻게 해석되면 되는지를 구체화하는 역할을 한다. 이때 본 발화와 선행 발화는 직접 인접해 있지 않을 수도 있다.

Blakemore(1987, 1992, 1995, 2002)는 화용론적 관점 중에서도 Sperber & Wilson(1995)의 관련성 이론(Relevance Theory)에 기반을 둔 입장이다. Blakemore(1992: 148)는 담화표지를 '담화 연결사(discourse connectives)'라고 하면서 Grice(1989)의 관습적 함축(conventional implicature)으로 다루고자 하였다. 이 논의에서도 담화표지는 발화의 개념적 의미를 어떻게 받아들이고 조작할지를 안내해 주는 절차적 의미만을 가진다고 주장한다. 즉, 화자는 청자가 담화 관련성을 찾아 최소한의 노력으로 발화를 이해할 수 있도록 청자에게 정보를 주는데, 이러한 정보를 전달하는 것 중의 하나가 담화표지라는 것이다. 더불어 절차적 의미는 함축을 제한하는 역할을 한다. 다시 말해, 문맥에 대한 제약이 언어적으로 구체화된 것이 바로 담화표지이다(Blakemore 1992: 138-141). 이에 따르면 발화에 의해 전달되는 정보가 관련성을 지니게 되는 경우는 다음과 같이 최소 세 가지 방식이 있다.[8)]

8) 이는 Fraser(1990)에서 제시하는 화용 표지의 분류와 유사하다.

(4) Blakemore(1992: 138-141)에서 제시한 발화의 관련성 부여 방식[9)]

① 문맥적 함축을 파생시킬 수 있다.
(예: so, therefore, too, also)

② 좀 더 타당한 근거를 제공함으로써 현재의 가정을 강화시킬 수 있다.
(예: after all, moreover, furthermore)

③ 현재의 가정이 모순되도록 만들 수 있다.
(예: however, still, nevertheless, but)

Blakemore(1992)는 담화 연결사가 명시적인 두 발화 단위를 접속시킬 뿐만 아니라 발화와 비명시적 맥락도 연결할 수 있다고도 주장하였다. 이것은 인접해 있지 않은 발화 간의 결속 기능을 주장한 Fraser의 일련의 연구에서 한층 더 확장된 논의라고 할 수 있다.

텍스트분석의 관점: Mann & Thompson 외

텍스트분석의 관점에서 담화표지는 주 연구 대상이라기보다는 텍스트를 분석하고 여러 텍스트 관계를 설명하는 데에 동원되는 수단에 가깝다. Mann & Thompson(1987, 1988)의 수사 구조 이론(Rhetorical Structure Theory)을 시작으로, Hobbs(1985), Sanders *et al.*(1992), Knott & Dale(1994), Hovy(1995) 등에서는 텍스트 안에서 문장 간의 관계들이 보이는 속성을 분석하였다. 예컨대 어떤 문장의 내용은 상술(elaboration), 설명(explanation) 등과 같은 관계에 대한 설명을 제공할 수 있다(Knott & Dale 1994: 35). 이러한 입장은 일차적으로 담화의 응집성에 관심을 기울이기에 다양한 담화 관계를 규명하고자 한다. 이 과정에서 담화표지는 하나의 '신호 구(cue phrases)'

9) 이와 같이 어떤 발화가 관련성을 획득하게 되는 경로는 언어에 따라서는 구조화될 수 있는데, 이는 담화표지의 유형으로 연결된다(Blakemore 1992: 138).

로서만 작용하고, 담화 관계를 명료화하는 역할을 하는 장치로 이해된다.[10)]

이 접근 방식에서 담화 관계를 파악하는 방식은 다시 두 가지로 나눌 수 있다. 하나는 관계의 집합을 표준화시키고자 하는 입장으로서, 다양한 담화 관계를 파악하는 데 담화표지를 활용하고자 하는 견해이다. 다른 하나는 담화 관계를 언어 사용자들이 텍스트를 형성하는 과정에서 사용하는 것으로 보는 입장으로, 담화 관계를 일종의 심리적 구성으로 보고자 하는 관점이다.

(3) 1990년대 이후: 다양한 연구 성과가 축적되는 시기

대부분 현대 영어 담화표지를 중심으로 하였던 초기 담화표지 연구는 점차 세계 여러 언어 연구로 확대되면서 범언어적인 현상으로 받아들여지게 되었다. 또한 담화표지는 다양한 텍스트 장르 속에서도 관찰되었으며, 통시적인 의미 변화 과정에 대해서도 연구가 이루어져 1990년대에 이르러서는 의미 있는 연구 성과가 상당히 축적되었다(Maschler & Schiffrin 2015: 189-190). 이 시기에는 그동안의 논의를 바탕으로 담화표지의 속성을 일반화하고 체계화하는 작업을 하기도 하였다. 여기에서는 Brinton(1996)의 논의를 참고하여 관련된 연구 성과들을 소개하기로 한다.[11)]

---

10) Knott & Dale(1994)에서는 이를 '관계적 구(relational phrases)'라는 용어로 논하기도 하였다.

11) Brinton(1996, 2017)에서는 '화용 표지(pragmatic marker)'라는 술어를 사용하고 있으나, 이 글에서는 편의상 이를 '담화표지'로 통일하여 제시하기로 한다.

담화표지의 개념

담화표지에 대한 개념은 연구자마다 다르게 쓰고 있는 것을 확인할 수 있는데, Brinton(1996: 30-31)에서는 담화표지의 정의를 다음과 같이 다섯 가지로 나누어 살펴보고 있다.

(5) Brinton(1996: 30-31)에서 정리한 담화표지의 정의

① 담화표지의 핵심 기능은 현재 발화와 선행 발화·문맥의 관계나 관련성을 표현하는 것이다.

- 한 담화 요소의 관련성이 다른 것에 얼마나 의존적인지를 보여주기 위해 사용한다(Blakemore 1987: 125).
- 발화와 근접한 문맥의 관계를 표시하기 위해 쓰는 언어적 표현으로(Redeker 1990: 372), 주요 기능은 청자가 앞으로 나올 발화와 바로 이전의 담화 맥락이 지니는 특정한 연결 관계에 주의를 주도록 하는 것이다(Redeker 1991: 1168).
- 연쇄적인 담화 관계를 표시하는 '논평 화용 표지(commentary pragmatic marker)'의 유형 중 하나이다. (중략) 혹은 화자가 선행 담화와 후행하는 기본 메시지를 어떻게 관련시키고자 하는지에 대한 의도를 보여주는 것이다(Fraser 1988: 21, Fraser 1990: 387, 392).
- 발화의 단위를 묶어주는, 연쇄적으로 의존적인 요소이다(Schiffrin 1987: 31).

② 담화표지의 핵심 기능은 일차적으로 구조적이다.

- 대화에서 층위 변화(level shifts)를 안내하거나 논리적 논쟁 가운데에서 청자가 자신의 말차례를 준비하도록 하는 일종의 신호이다(Keller 1979: 220).
- 화자가 자신의 메시지를 정보 덩어리들로 나눌 수 있도록 도움으로써 청자들이 이러한 정보 단위들을 적절히 해석할 수 있도록 돕는다(Erman 1986: 146).

③ 담화표지는 응답 신호(response signals)이다.

- 참여자들의 숨겨진 생각과 실제로 표현된 언어 행위들을 조정하여 관습화된 응답을 다양하게 구성한다(Schourup 1985: 3).
- 여러 복잡한 방식으로 해당 발화가 어떻게 선행 담화와 이어지는지 혹은 어떻게 선행 담화에 대한 응답이 되는지를 보여준다(Levinson 1983: 88).

④ 담화표지는 대화의 연속성을 달성하기 위한 수단이다.

- 담화표지는 잠재적인 공백(potential gap)을 메우는 관습화된 방식으로서, 이를 통해 대화 참여자들은 공백이 없는 것으로 생각하게 된다(Edmondon 1981: 154).
- 담화의 연속성을 유지하기 위해 사용한다(Crystal & Davy 1975: 88, 91).
- 침묵을 채우고 화자의 발언권을 유지하는 동시에 화자가 말하고자 하는 바를 정리한다(Brown 1977:109).

⑤ 담화표지는 본질적으로 상호작용적이다(Stubbs 1983: 70).

- 의사소통 행위와 진행 중인 상호작용에 대한 화자의 태도를 명시적으로 연결한다(Östman 1981: 5, 1982: 152).
- 대화 참여자 간의 대인적(interpersonal) 관계를 형성하고 유지하기 위한 매체이다(James 1983: 193).

현재 담화표지 연구에서는 ①의 개념이 가장 널리 쓰이는 편이나, 연구자가 담화표지의 어떠한 측면을 강조하고, 어떠한 기능에 중점을 두느냐에 따라 담화표지는 위와 같이 다양하게 정의되어 왔다. 또한 그에 따라 도출되는 담화 기능도 각각 다르게 나타나 무려 500여 개에 달하는 담화표지가 제시되기도 하는가 하면(Keller & Taba-Warner 1976a, 1976b, 1979), 이전 연구에서 담화표지로 다룬 'oh, because, y'know, I mean' 등을 담화표지에서 제외하는 등(Fraser 1988: 26-27, 1990: 388, 392) 담화표지에 대한 처리도 상당히 달라지는 양상을 찾아볼 수 있다.

담화표지의 특징

Brinton(1996: 32-35)에서는 그동안 담화표지의 특징으로 언급되어 왔던 것을 음운적·어휘적 차원, 통사적 차원, 의미적 차원, 기능적 차원, 사회언어학·문체적 차원으로 나누어 정리, 제시한 바 있다. 그러나 이 당시의 기술들은 지금까지도 여전히 유효한 것이 있는가 하면, 담화표지에 대한 다각도적 분석이 이루어지면서 수정되어 온 것들도 존재한다(Brinton 2017: 3-8). 여기에서는 Brinton(2017)에서 제시하는 담화표지의 특징을 소개하고, 이전 시기의 기술과 비교했을 때 바뀌게 된 기술들을 언급하고자 한다.

〈표 1〉 Brinton(2017: 3-9)에 제시된 담화표지의 특징(계속)

(※ 음영 부분은 Brinton(1996)과 달라진 기술.)

① 음운적·어휘적 특징
ㄱ. 짧은 형태의 요소이지만, 구나 절로도 존재할 수 있다. 종종 음운론적으로 축약된다.
ㄴ. 하나의 구분된 어조(tone) 단위를 형성할 수 있으나 선·후행 내용과 함께 하나의 운율 단위를 형성할 수도 있다.
ㄷ. 전통적인 품사 부류를 구성하지는 않지만, 부사·접속사·감탄사(간투사)와 밀접한 관련이 있다.
② 통사적 특징
ㄹ. 통사 구조 밖에서 출현하거나 통사 구조에 느슨하게 결합되어 있다.
ㅁ. 절 경계(처음/끝)에 출현하는 것이 선호되나, 일반적으로 어순 재배치가 가능하고 문중에도 나타날 수 있다.
ㅂ. 문법적으로 수의적이나, 화용적으로는 중요한 기능을 담당하므로 수의적이지 않다.
③ 의미적 특징
ㅅ. 명제적·개념적 의미가 없거나 적고, 절차적(procedural)이거나 비합성

적(non-compositional)이다.
④ 기능적 특징
ㅇ. 보통 다기능적(multifunctional) 속성을 지니므로 다양한 화용적 기능을 가지고 있다.
⑤ 사회언어학·문체적 특징
ㅈ. 대부분의 담화표지는 문어적 요소이기보다는 구어적 요소이다. 구어에서의 담화표지와 문어에서의 담화표지는 형태나 기능에서 다른 특성을 보일 수 있다.
ㅊ. 구어 담화에서 출현 빈도가 높고 현저하다(salient).
ㅋ. 문체적으로는 낙인이 찍힌 표현들이고, 부정적으로 평가된다. 특히 구어나 공식적 담화에서 더욱 그러하다.
ㅌ. 성별에 따라 다른 방식과 다른 빈도로 쓰일 수 있다.

먼저 〈표 1〉의 음운적 특징에서 (ㄱ)과 같은 기술은 담화표지가 음운론적 축약을 항상 수반하지 않음을 말해주는 것이다. 담화표지는 구나 절의 형태로도 쓰이고 있기 때문이다. Dér(2010: 17)은 음운론적 축약이 해당 형태의 출현 빈도와 관계가 있는 것으로 파악된다고 보고 있다. (ㄴ)에서처럼 담화표지가 운율적 단위를 구성한다는 기존의 기술은 현재 유효하지 않다. 이는 일찍이 Östman(1982: 149, 1995)와 Redeker(1991: 1168)에서 제기된 바 있는데, 담화표지가 운율적 단위를 구성하는 것은 일부 원형적인 담화표지에서 관찰되는 특성이다. 이에 더하여 담화표지는 운율적으로 다양한 특성을 보인다(Holmes 1988, Müller 2004: 61, Dér 2010: 15-16 등).

통사적으로 담화표지의 출현 위치는 제한되어 있지 않다[(ㅁ)]. 물론 문두나 절 경계에서 나타나는 경우가 빈번하기는 하나, 문중이나 문말에서도 출현하는 것이 확인되며, 심지어 일부 담화표지들은 문말 담화표지로서 문장의 오른쪽 위치에 나타나기도 한다(Haselow 2013, Traugott 2016 외). 의미적으로 담화표지는 더 이상 의미가 전혀 없는 채움말(filler)의 위상을 가지지 않는다[(ㅅ)]. 담화표지는 본래 가지고 있던 명제적 의미가 적거나 줄어든 것이고, 발화의 명제적 의미에 의미를 추가하지 않는다는 특성을 지니는 것으로 이해되고 있다. 다시 말해, 담화표지의 의미는 절차적 의미이거나 비합성적인 의미라는 것이다.

문체적으로 담화표지가 본래 구어적 요소라는 것은 범언어적으로 받아들여지는 사실이다[(ㅈ)]. 구어 자료가 지니는 여러 가지 특성들, 즉 즉흥성(spontaneity), 비계획성, 대인적 속성 및 상호작용, 비공식적·일상적인 대화 등의 속성들로 인해 담화표지가 나타나게 되었기 때문이다. 그러나 최근에는 구어뿐만 아니라 문어 자료에서도 담화표지가 출현할 수 있다는 점이 논의되고 있다(Lewis 2006). 구어와 문어에서 나타나는 담화표지는 형태면에서는 동일할 수 있으나, 기능에서는 다소 차이를 보인다. 담화표지가 문어에서 쓰일 때는 구어에서보다 텍스트적 기능, 즉 담화 응집성이나 연결 등으로 더 자주 쓰이는 경향을 보인다. 한편, 담화표지가 빈번히 쓰이는 것은 문체적으로 다소 부정적으로 평가되곤 하였다[(ㅋ)]. 그러나 이러한 특성은 연구자마다 다르게 판단할 수 있는 부분이다. 담화표지가 언어 사용에서 중요한 역할을 한다고 본다면 평가는 다르게 이루어질 수 있을 것이다.

사회언어학적으로 담화표지는 남성보다는 여성들의 발화에 나타나는 것으로 논의되기도 하였다[(ㅌ)]. 그러나 남성과 여성이 동일한 담화표지를 사용했을 때 사용 의도와 효과는 다를지라도 빈도에서는 크게 차이가 없는 것으로 나타난다(Holmes 1986: 4, 1988). 또한 남성과 여성이 공통적으로 자주 사용하는 담화표지('you know', 'sort of' 등)가 있는가 하면, 성별에 따라 선호도가 다르게 나타나는 담화표지('well', 'just', 'like', 'I mean' 등)도 있는 것으로 보고되었다(Beeching 2016).

담화표지의 기능: 대인적 기능과 텍스트적 기능

담화표지의 기능은 대개 개별적으로 다양하게 기술되어 왔는데, 이들은 크게 '텍스트적 기능(textual function)'과 '대인적 기능(interpersonal function)'의 두 유형으로 구분할 수 있다.[12] Halliday(1970, 1979)에서는 언어의 기능을 관념적(ideational) 기능, 텍스트적 기능, 대인적 기능으로 나누었는데, 담화표지는 대부분 이 중 텍스트적 기능과 대인적 기능과 관련이 있다.[13] 담화표지는 역사적으로 명제적 의미에서 발달해 왔으나, 담화표지로 쓰일 때에는 명제적 의미가 축소된 상태이기 때문이다.

텍스트적 기능은 화자가 의미를 텍스트로서 구조화하고 담화의 결속(cohesion)을 생성하는 것을 말한다. Brinton(1996: 38-39)은 이 개념을 넓게 보고 다양한 정보 단위를 담화 안에서 구조화하거나 순서 교대의 체계를 이루어 내는 것이라고 하며 아래와 같은 하위 기능을 제시하고 있다.

(6) Brinton(1996: 39)에서 제시한 텍스트적 기능
① 담화를 시작하거나 종결함.
② 화제 전환을 표시함.
③ 신정보나 구정보를 표시함.
④ 인접 발화들의 관련성을 제한함(연쇄적 의존성).
⑤ 화자가 발언권을 획득하거나 넘기는 것을 도움.

12) Dér(2010: 21-25)은 담화표지의 기능이 대체로 두 개 내지 세 개의 유형으로 나뉜다고 보았다. 삼원적 분류의 연구로는 Erman(2001: 1341)을 들 수 있는데, 이 논의에서는 담화표지의 기능을 텍스트 관리(text monitors), 사회적 관리(social monitors), 메타언어적 관리(metalinguistic monitors)로 나누었다.

13) Aijmer(1996)에서도 담화표지의 주요 기능으로 텍스트적 기능과 교감적 기능(phatic function)을 들었는데 이러한 분류도 Halliday(1970, 1979)의 것과 유사하다.

⑥ 발언권을 유지할 수 있도록 시간 벌기 역할을 함.
⑦ 자신이나 타인의 발화를 수정함.

대인적 기능은 '화자의 태도'나 '사회적 교환(social exchange)'을 표현하는 것이다. 평가, 판단, 예상, 요구 등과 같은 의미가 전자에 해당할 것이고, 화·청자로서의 역할이 후자와 관계된 기능이라고 할 수 있다. Brinton(1996: 37)에서 제시한 대인적 기능의 하위 유형은 다음과 같다.

(7) Brinton(1996: 39)에서 제시한 대인적 기능 유형
① 선행 담화에 대한 주관적인 반응이나 응답, 후행 담화에 대한 태도 등을 표현함.
② 화자와 청자 사이에 협력, 공유, 친밀감 등이 형성되도록 함.

담화표지는 여러 기능을 동시에 수행할 수 있는 것으로 알려져 있는데, 실제 담화상에서도 하나의 담화표지에 텍스트적 기능과 대인적 기능의 하위 기능들이 복합적으로 나타나는 것으로 보인다. 한편, Traugott(1982, 1989)는 앞서 살펴본 Halliday(1970, 1979)의 기능 분류를 의미 변화에 적용하였는데, 이것은 담화표지로의 발달과도 밀접한 관련이 있다.

담화표지의 형성: 문법화와 화용화

'문법화(grammaticalization)'란 어휘적인 것에서 문법적인 것으로, 혹은 덜 문법적인 것에서 더 문법적인 것으로 발전해 가는, 형태소의 범위가 증가하는 현상을 말한다(Kuryłowicz 1965: 69).[14] 담화표지

14) "Grammaticalization consists in the increase of the range of a morpheme advancing

는 어휘적인 요소보다는 문법적인 요소에 가깝기 때문에 대부분의 연구에서는 담화표지의 형성 과정을 문법화 현상으로 설명해 왔다(Traugott 1995a, 2003, 2007; Traugott & Dasher 2002, Onodera 2004, Degand & Simaon-Vandenbergen 2011 등). 한편으로는 본래 어휘적 요소였던 것이 담화표지로 바뀔 때 일반적인 문법화의 단계를 거치지 않거나 Lehmann(1985)의 문법화 기준을 충족시키지 않는다는 점에서 화용화(pragmaticalization)로 설명하려고 하는 견해들도 존재한다(Erman & Kotsinas 1993, Aijmar 1997, Frank-Job 2006, Norde 2009, Arroyo 2011 등).

Heine(2013)에서는 문법화와 화용화를 다음과 같은 기준으로 구분하고 있다.

(8) Heine(2013: 1218)에서 제시한 문법화와 화용화의 판별 기준
① 통사적 분리성
② 융합(fusion)
③ 의미·화용 영역의 확장
④ 수의성
⑤ 비진리조건성
⑥ 독특한 문법적 지위

(8)에서 ①'통사적 분리성'은 통사적 결합을 수반하는 문법화와 달리, 화용화는 통사적으로 의존성이나 고정성이 줄어드는 방향이라는 것이다(Frank-Job 2006: 400, Norde 2009: 22). ②'융합'도 ①과 같은 맥락의 것으로, 화용화를 겪는 요소는 다른 구성 성분과 융합되지 않는다(Norde 2009: 22). (8)의 ③은 화용화가 의미 영역을 축소시키는 것

from a lexical to a grammatical or from a less grammatical to a more grammatical status" (Kuryłowicz 1965: 69)

이 아니라 오히려 확장시킨다는 것이다(Auer & Günthner 2005: 338, Brinton & Traugott 2005: 138, Norde 2009: 22). ④와 ⑤는 담화표지가 생략되어도 발화 내용의 의미가 바뀌지 않는다는 특성을 말한다(Frank-Job 2006: 400). 이는 담화표지의 핵심적인 속성으로 논의되어 온 바 있다(Aijmer 1997: 3). ⑥'독특한 문법적 지위'는 담화표지가 전통적인 문법 범주에 속하지 않는다는 것을 가리킨다(Norde 2009: 22).

담화표지의 문법화와 관련하여 가장 자주 원용되는 논의는 의미·화용적 변화를 다룬 Traugott(1982, 1988, 1989)와 Traugott & König(1991) 등의 연구이다. Traugott(1982: 256)에서는 의미가 '명제적 의미 > 텍스트적 의미 > 대인적 의미'로 발달해 가며, 이러한 발달 경로는 단일방향성(unilinear)을 지니고 있다고 하였다. 이에 따르면 텍스트적 의미는 명제적 의미에서 발달할 수 있고, 대인적 기능은 명제적 의미나 텍스트적 의미에서 모두 발달할 수 있다. 그러나 그 역은 성립하지 않는다. Traugott(1988: 409-410, 1989: 34-35)와 Traugott & König(1991: 208-209) 등에서는 문법화 과정에서 드러나는 의미·화용적 경향성을 좀 더 정교하게 제시하였는데, 이는 아래와 같다.[15)]

(9) 문법화에서의 의미·화용적 경향성

① 경향성 Ⅰ: 외적 상황의 기술과 관련된 의미에서 내적(평가·인식·인지) 상황과 관련된 의미로의 변화

② 경향성 Ⅱ: 외적 혹은 내적 상황의 기술과 관련된 의미에서 텍스트적·메타언어적 상황과 관련된 의미로의 변화

③ 경향성 Ⅲ: 상황에 대한 화자의 주관적 신념 상태와 밀접하게 관계된 의미로의 변화

15) 의미·화용적 경향성 Ⅲ은 이후 Traugott(1995b)에서 '주관화(subjectification)'로 다루어졌다.

2. 국내 연구

국내에서도 담화표지는 문장 단위를 넘어서는 언어 요소와 언어 사용에 관심을 가지게 되고, 이로 인해 담화분석 및 화용론적 연구가 활발해지면서 주목을 받기 시작하였다. 1980년대에 담화표지에 대한 인식이 싹트기 시작하였고 1990년대부터 이에 대한 논의가 본격적으로 이루어지면서 특징, 기능, 분류 등 담화표지의 일반적인 특성 등이 연구되기 시작하였다. 2000년대 이후에는 다양한 각도에서 담화표지에 대한 논의가 활발하게 이루어져 비교적 풍부한 연구 성과를 접할 수 있게 되었다. 여기에서는 한국어 담화표지와 관련된 주요 연구들을 중심으로 국내 연구의 흐름을 소개한다.

(1) 초기 연구: 담화적 기능에 대한 인식이 싹트는 시기

전통문법에서 담화표지는 의지 감탄사(최현배 1971), 군말(김종택 1982), 머뭇거림·입버릇(남기심·고영근 1985), 머뭇말·덧말(노대규 1989) 등으로 불리던 것들로, 국어학의 주요 연구 대상으로서는 관심을 받지 못하였다. 그러나 국어 연구가 점차 담화 영역으로까지 확장되어 나가면서 담화상에서 기능하는 요소들도 주목을 받기 시작했다. 1980년대에는 송병학(1987), 손세모돌(1988), 신지연(1988), 김하수(1989), 신현숙(1989) 등에서 '담화 불변화사(discourse particle)'나 '간투사(interjections)' 등의 이름으로 연구가 행해졌는데, 감탄사나 부사의 담화적 쓰임을 밝히는 논의가 주를 이루었다. 이 중 몇몇 논의를 소개하면 다음과 같다.

신지연(1988)은 간투사(interjection)를 다룬 연구이다. 이 논의에서는 간투사가 어조, 억양, 강세를 가지며, 몸짓을 동반하는 일이 많고, 구어에서 많이 쓰이며, 화자의 감정이나 의지를 표현할 때만 쓰이는 등 발화 상황에 의존하는 화용론적 특성을 많이 지닌다는 점에서 간투사를 화용상의 단어로 보고 있다. 여기에 해당하는 하위 유형으로는 의성어, 의태어, 부름말, 감탄사 등이 있다.

신현숙(1989)는 Schiffrin(1987)의 연구 방법을 수용하여 담화 층위에서 해당 표지들을 분석할 의미분석 모형을 설정하고, [담화대용], [연속], [거리]라는 의미자질로 담화표지의 의미를 분석하였다. 이를 통해 '그래서, 그러니까, 그러나, 그렇지만'이 주로 담화를 대용하는 데 쓰인다는 것을 밝혔다.

이후 1990년대에 들어서면서 담화 층위의 요소들은 '담화표지(discourse markers)'라는 용어로 연구되기 시작하였다. 안주호(1992)는 국내 연구 중에서 최초로 '담화표지'라는 용어를 사용하고 담화표지를 전면적으로 다루기 시작한 연구이다. 이 연구에서는 문장 차원을 넘어서서 기능하는 문장부사, 접속부사, 감탄사를 '담화표지'로 묶어 설명하고자 하였고 담화표지를 도입부, 화제부, 종결부 등의 담화 구조에 따라 부름표지, 시발표지, 전환표지, 결말표지로 분류하고 이 외에 응답표지도 설정하였다.

이원표(1992)는 Schiffrin(1987)의 논의를 바탕으로 담화표지 '이제'에 대해 논하였다. '이제'를 담화표지로 볼 수 있는 근거로 화행의 진행관계를 나타내 준다는 측면과 명제 사이의 연결 관계를 명시하고 언어 단위의 의미나 명제, 응집관계, 화제관계를 표시하며, 말해지고 있는 것에 대한 자신의 태도를 표현한다는 점이 제시되었다.

(2) 1990년대 이후: 담화표지에 대한 종합적인 논의

1990년대부터는 개별적인 담화표지의 존재를 밝히면서도 담화표지에 대한 일반적인 특징을 종합적으로 소개하는 연구가 주를 이루는 것이 특징적이다. 이러한 연구 흐름은 2000년대 초반까지 이어진다. 이 시기의 연구 성과는 국어 담화표지 연구의 기틀을 마련하여 이후 담화표지 연구에도 많은 영향을 끼치고 있다.

이해영(1994)는 '글쎄'를 담화 층위의 개념으로 접근해야 한다는 문제의식에서 출발하여 궁극적으로 감탄사(또는 간투사), 문장부사 등은 문장 층위가 아닌 담화 층위에서 연구되어야 한다고 주장하였다. 이 연구에서 제시하는 담화표지의 특성은 다음과 같다. 첫째, 담화표지는 통사적으로 예측할 수 없고 독립성을 지니고 있다. 둘째, 고유한 의미가 없는 대신 담화적 맥락에 따라 의미가 결정되는데, 화제를 제시하거나 선행 발화에 대한 반응이나 태도를 보임으로써 담화의 연관성(coherence)을 유지시키고 자연스러운 대화를 유도하는 것이 주요 기능이다. 셋째, 담화표지는 담화 기능에 따라 각각 다른 억양 곡선을 보인다.

임규홍(1995, 1996)은 각각 '뭐냐'와 '있지', '인자'에 대해 논하면서도 담화표지의 분류와 특성 등을 포괄적으로 다루고 있다. 임규홍(1995)는 비어휘적 담화표지까지 인정하는 입장으로서 제시한 담화표지 분류가 가장 넓은 축에 속한다.

(10) 임규홍(1995: 54-55)에서 제시한 담화표지 분류

1. 어휘적 담화 표지(lexical discourse marker)
   1) 어휘 반복 담화 표지: 선행 담화의 성분을 반복함
   2) 어휘 삽입 담화 표지
      ⓐ 서술어류: 뭐냐하면, 뭔고하면, 머시고(머시거), 있지(있쩨, 있쪼), 아이가, 그 아인나(안 있어), 말이야(말입니다), 말하자면
      ⓑ 부사어류: 글쎄, 마, 머, 그래, 거시기, 인자(인제, 인저, 이제)
      ⓒ 어미류: -가지고(갖고, 갖구, 가지구, 깐두루 등), -요(-예, -유)

ⓓ 지시어류: 음-, 에-, 그-, 저-, 이-

ⓔ 감탄사류: 앗, 아차, 아이구- 등

2. 비어휘적 담화 표지(non-lexical discourse marker)

: 쉼(pause), 억양(intonation), 강세(stress)

임규홍(1995)는 반복에 의한 담화표지가 하나의 독립된 형태라고 보기에는 어려운 면도 있지만, 담화적 기능을 충분히 하고 있다는 점에서 담화표지로 처리할 수 있다고 보았다. 어휘적 담화표지는 어휘적 의미가 담화 기능으로 전이되거나 확대된 것을 말하며, 비어휘적 담화표지는 어휘 요소로 표현되지 못하는 상황적 요소가 문체적 요소 혹은 심리적 요소에 관여를 하는 것을 말한다.

임규홍(1996)은 담화표지를 담화적 특성을 가지는 모든 표현의 양상들을 포괄하는 개념으로 보고 담화표지의 특성을 다각도에서 고찰하였다. 다음은 임규홍(1996: 4)에서 제시한 담화표지의 특징이다.

(11) 임규홍(1996: 4)에서 제시한 담화표지의 특성

① 담화(입말)에서만 실현되는 표지이다.

② 형태적으로 고정성이 높다.

③ 다른 문장 성분과의 독립성이 높다.

④ 쓰임에서 공간적 · 계층적인 보편성을 가져야 한다.

⑤ 사용이 임의적일 가능성이 높다.

⑥ 나름대로 독특한 담화적 기능을 한다.

⑦ 모든 담화표지는 원래 어휘적 의미에서 변이되었을 가능성이 높다.

김선희(1995)는 감탄사와 담화표지의 공통적인 특성에 근거하여 통사 층위의 감탄사가 담화 층위에서는 담화표지가 된다고 주장한 연구이다. 여기에서는 담화표지에 기존의 감탄사뿐만 아니라 '뭐, 왜, 어디'와 '이거, 거, 저', '글쎄, 뭐랄까, 가만'도 추가하고 이 세 개의 추

가 부류가 지니는 의미를 제시하였다.

이정애(1999/2002)는 '화용표지'라는 용어로 담화표지를 전면적으로 다룬 논의이다.[16] 이 연구에서는 담화표지를 "구어에서 잉여적으로 사용되는 주변적인 언어 표현으로서 추상적인 화용적 의미를 획득하게 된 것"으로 보고 있다. 즉 담화표지는 문법화를 통해 형태적으로 재구조화된 것이다. 이정애(1999/2002)에서는 기원어의 특성에 따라 담화표지를 다음과 같이 세 가지 유형으로 분류하였다.

(12) 이정애(2002: 34)에서 제시한 화용표지(담화표지)의 분류

1. 기능어에서 화용표지로 쓰인 예: 로, 들, 요 …
2. 실질적 내용어에서 화용표지로 쓰인 예: 이제, 가지고, 그냥, 좀, 말이야 …
3. 비실질적 내용어에서 화용표지로 쓰인 예: 이, 그, 저, 그렇게, 그래, 뭐, 어디, 무슨 …

이 논의에서는 담화표지의 발달이 문법화와 상관성이 있다고 하면서 그 중에서도 담화표지의 발달을 화용적 변화로 설명하고자 하였다.[17] 이에 따르면 명제적(개념적) 의미는 텍스트적 의미나 표현적(화용적) 의미로 발달해 갈 수 있다. 그러므로 담화표지의 담화적 기능도 텍스트적 의미와 표현적 의미로 구분할 수 있다(이정애 2002: 84-85).

김향화(2001)에서 김향화(2002)로 이어지는 연구에서는 형태에

16) 이하 논의에서는 편의상 술어를 '화용표지' 대신 '담화표지'로 통일하여 사용하기로 한다. 다만 이정애(2002)의 분류를 인용할 때에는 '화용표지'라는 술어를 그대로 사용하였다.

17) 이정애(2002: 83)에서는 '화용적 변화'가 Traugott의 '화용화(pragmaticalization)'나 '의미·화용적 변화 과정(semantic-pragmatic change/process)'에 해당하는 개념임을 밝히고 있다.

따라 담화표지를 살펴보고 그 특징과 기능을 제시하고 있다. 통사적인 측면에서는 담화표지의 분포와 다른 요소와의 공기 제약을 분석하였다. 김향화(2001, 2002)는 앞선 연구들과 같은 맥락에서 담화표지의 개념을 제시하고 있다. 즉 명제적 의미는 나타내지 못하고 양상적 의미만 나타내면서 수의성을 지닌 것으로 보았다. 이때 양상적 의미는 담화적 사실에 따라 획득하게 되는 것인데, 하나의 단어나 구가 더 이상 명제적 의미를 지니지 못하고 양상적 의미로서만 관여하게 되면서 의미 변화 및 기능 전이가 필수적으로 일어난다고 보았다. 따라서 담화표지는 기능 전이, 의미 변화, 수의성이라는 요건을 충족시켜야 한다.[18]

김태엽(2000, 2002)는 담화표지의 형성 과정에 주목하여 담화표지의 유형을 나누고 문법화 기제에 대해 살펴보았다. 김태엽(2002)에서 제시한 담화표지 분류는 다음과 같다.

(13) 김태엽(2002: 6)에서 제시한 담화표지 분류

1. 본디 담화표지
    1) 감탄사
    2) 부사어
    3) 지시어
    4) 운소(억양, 쉼, 강세)
2. 전성 담화표지
    1) 내용어 → 담화표지
    2) 기능어 → 담화표지

김태엽(2000)은 일반적인 문법화가 재구조화와 유추를 기제로 한

18) 이 외에도 김향화(2001, 2002)는 임규홍(1995, 1996)의 논의에서처럼 통사적 측면에서의 비예측성과 독립성도 함께 제시하고 있다.

다면, 국어의 담화표지는 화자의 인지적 경험이 기제로 작용한다고 보고 있다. 따라서 담화표지를 사용함으로써 화자는 명제적 의미를 더욱 효과적으로 전달할 수 있고, 화·청자 간의 담화적 거리는 좁혀질 수 있다. 한편, 김태엽(2002)는 담화표지되기를 다루면서 기원어와 담화표지가 의미, 분포, 생략 가능성 측면에서 지니는 차이를 다루었다. 이 논의에서는 Hopper(1991)의 문법화 원리와 Heine & Kuteva (2002)의 문법화 기제를 적용하여 국어의 담화표지되기 현상을 설명하고자 하였고, 다양한 유형으로 그 실례를 보이고 있다.

전영옥(2002)는 담화표지의 개념, 용어, 특징, 기능 등 담화표지를 종합적으로 다룬 연구로서, 기존의 논의를 체계화함과 동시에 종합적으로 논의를 하였다. 전영옥(2002)에서 제시한 담화표지의 특징은 아래와 같다.

(14) 전영옥(2002: 118)에서 제시한 담화표지의 특징

① 실현 환경: 구어 담화에서 실현됨.

② 실현 형식: 여러 언어 형식(감탄사, 부사, 구절 등)이 담화표지로 사용됨.

③ 운율적 특징: 억양, 휴지와 관련이 있음.

④ 형태적 특징: 형태적으로 고정성이 높음.

⑤ 통사적 특징: 문장의 다른 성분에 독립적임. 필수성분이 아님.

⑥ 의미적 특징: 어휘의 명제적 의미에서 변이됨.

⑦ 화용적 특징: 다양한 담화 기능을 수행함.

전영옥(2002)는 담화표지가 담화 구조와 담화 참여자 간의 상호작용에 기여한다고 보고, 담화표지를 기능에 따라 화제와 화제 결속, 화자와 화제 결속, 화자와 청자 결속으로 구분하고 있다.

〈표 2〉 전영옥(2002: 139)에서 제시한 담화표지의 기능

화제와 화제 결속	화제 시작	자, 있잖아, 다른 게 아니라
	화제 진전	그래, 그래도, 그래서, 그러니까(근까), 그런데(근데), 그럼, 그렇지만, 그리고
	화제 전환	자, 그런데(근데), 그 담에
	화제 연결	그래가지고(구)
	화제 마무리	아무튼, 어쨌든, 하여튼
화자와 화제 결속	시간 벌기	자, 저, 이제, 뭐(야), 근까, 이케, 저케, 이, 그, 저, 이런, 그런, 어떤, 무슨, 거기, 저기, 어, 아, 에, 그래가지고(구), 이런 거, 그런 거
	얼버무리며 넘어가기	뭐, 이런 거, 그런 거
	주장 약화하기	글쎄
	주장 강조하기	아니, 하여튼, 말이야, 있잖아
	디딤말 기능	이제, 그까, -어 가지고, 그래가지고(구), 말이야, 있지, -요, 어, 웅
	수정하기	아니, 아, 그까
	부정적인 태도 표현하기	뭐, 막
화자와 청자 결속	주의 집중	자, 저, 아니, 이제, 말이야, 있잖아
	대화 진행 조정하기	자
	발언권 가져오기	아니, 근데, 근까, 있잖아
	정중하게 말하기	저, 저기(요), 글쎄
	호응하기	어, 아, 음, 응, 예, 네, 아이고, 어머

(3) 2000년대 이후: 다양한 연구 성과가 축적되는 시기[19)]

개별 담화표지에 대한 연구

2000년대 이후 국어의 담화표지 연구가 활발하게 이루어지면서 다양한 각도에서 담화표지가 조명되어 왔다. 그동안의 개별 담화표지 연구 업적은 다시 공시적인 연구와 통시적인 연구, 분야별 연구로 나눌 수 있다. 이 중에서도 국어 담화표지 연구는 주로 공시적인 관점에서 개별 담화표지에 대해 논의한 연구가 가장 많은 편이다. 본격적으로 담화표지가 연구되기 시작한 1990년대부터 개별 담화표지에 대한 연구는 줄곧 이어져 왔지만, 2000년대 이후에는 그러한 경향성이 더욱 두드러지게 나타난다.

〈표 3〉 개별 담화표지에 대한 선행연구 목록(전영옥 2017, 심란희 2019)(계속)

구분	담화표지	연구
감탄사	글쎄	이원표(1993), 이해영(1994) 김선희(1995), 김은정(1998), 정선혜(2006), 우미혜(2013)
	아	강우원(2002), 김영철(2005), 전영옥(2006)
	어	강우원(2002), 김영철(2006), 전영옥(2006), 전영옥(2015)
	예/네	김하수(1989), 이원표(1993), 하지혜(2010), 신아영(2011), 이한규(2011), 전정미(2011)
	오	서승아·김혜숙(2008)
	자	임규홍(2005), 김영철(2008), 이효경(2014)
감탄사 / 부사	가만	김선희(1995)
	그래	신현숙(1990), 이한규(1996), 김은정(1998), 김수빈(2005), 신아영(2011), 김영진(2014)
	그러게	안윤미(2012), 우미혜(2013), 모홍월(2016)

19) 이 부분의 내용은 강현화(2012), 이은희(2015), 조경순(2016), 전영옥(2017), 심란희(2019)를 참고하였다.

	아니	이원표(1993), 송병학(1994), 구종남(1997), 김미숙(1997), 김은정(1998), 신아영(2011), 이한규(2012)
	왜	김선희(1995), 이한규(1997), 김영란(2000), 정윤희(2001), 김명희(2005), 박석준(2007), 김에스더(2008)
	참	강우원(2000), 김영철(2007), 이효경(2014), 구종남(2015)
감탄사 / 대명사	거시기	이봉선(1998), 박근영(2000), 김영철(2004), 전성호(2007)
	뭐	이한규(1999), 구종남(2000), 이정애(2002), 이효진(2005), 정윤희(2005), 정선혜(2006), 박석준(2007), 김에스더(2008), 남길임·차지현(2010), 차지현(2010), 송인성(2013)
	어디	구종남(1999), 박석준(2007), 김에스더(2008), 이한규(2008), 유나(2015)
	저기(요)	강연임(2005), 김수빈(2005)
접속부사	그러-계열	김금하(2000), 이희정(2003), 조민정(2015ㄷ), 김인환(2017)
	그래서	전영옥(2016ㄱ, 2016ㄴ)
	그러니까	이기갑(1994), 서성교(1999), 강소영(2009), 우미혜(2013), 전영옥(2016ㄴ)
	그런데	김미선(2012), 이주화(2014)
	그리고	이춘근(1999), 전영옥(2007)
부사	그냥	이정애(2002), 이기갑(2010), 심란희(2011), 박혜선(2012), 안정아(2015)
	그만/고마	이기갑(2009, 2010)
	그저	이기갑(2010)
	다	구종남(2008)
	막	최지현(2005), 안정아(2008, 2015), 안주호(2009ㄱ), 김영철(2010), 송인성(2014), 조민정(2015ㄴ, 2016)
	아무튼/어쨌든/하여튼	김상훈(2013)
	이제/인자	이기갑(1995), 임규홍(1996), 이정애(2002), 김광희(2004), 박지윤(2011), 이임라(2011), 김영철(2015)
	정말/진짜	김현지(2015)

	좀	구종남(1998), 정선혜(2006), 안주호(2009ㄱ, 2010), 박혜선(2011), 김귀화(2014), 김보영(2014), 송인성·신지영(2014), 안정아(2015), 오양·전영근(2015), 조민정(2015ㄱ, 2016), 리련희(2016), 장경현(2016)
대명사/관형사	이, 그, 저(지시어)	이정애(2002), 박근영(2006)
관형사	무슨	김명희(2006), 김선영(2016)
용언 및 명사구	됐어, 괜찮다	허상희(2004), 허상희(2007), 안주호(2014)
	말이다/말이야	김영희(1995), 이정애(2002), 김향화(2005), 하은혜(2009), 서희정(2010), 김민국(2011), 유나(2016)
	물론이다, 당연하다	한국희(2013)
	뭐냐/뭐랄까/뭐야	김선희(1995), 임규홍(1995), 이원표(2001)
	있지/있잖아	임규홍(1995), 김주미(2004), 강연임(2005), 이효경(2014), 이동혁(2017)
조사	는, 가	홍정하(2011)
	요	이정민·박성현(1991), 윤석민(1994), 문병우(2002), 이정애(2002), 김명희·이다미(2003), 이창봉(2017)
구절	그래 가지고	강소영(2005)
	다름 아니라	노은희(2012)
	그건 그렇고	노은희(2012)
	아 근데	강소영(2014)
	아니 근데	김수빈(2005), 강소영(2014)
	-어 가지고	임규홍(1994), 이정애(2002), 최소현(2015)
	막 이래	최하니(2012)
방언		계메(문순덕·김원보 2012, 신우봉 2015), 근, 에(이기갑 2013), 마(임규홍 2011), 머꼬(강우원 2013), 아이가(임규홍 2009), 와, 왜, 잉(강희숙 2006), 응, 야(오선화 2008), 이(김태인 2015)

대부분의 연구는 하나의 형태가 더 이상 명제적 의미를 지니지 않고 담화적 쓰임을 보이는 것을 논증하는 방식으로 이루어지고 있다. 또한 조경순(2016: 77)에서 지적한 것처럼 전반적으로 특정 담화표지에 대한 논의의 흐름이 쟁점에 대한 논박으로 이어지기보다는 접근 방식의 차이를 드러내는 경우가 대다수이다. 심란희(2019)에서는 개별 담화표지에 대한 연구 경향을 분석하였을 때 과반수의 연구가 '뭐, 좀, 막, 아니' 등에 집중되어 있고, 세부적으로는 일관된 기준 없이 여러 층위의 기능이 혼재되어 있거나 동일한 기능이 연구자에 따라 다양한 용어로 제시되는 점 등의 문제점이 존재한다고 지적하고 있다.

통시적인 관점에서는 주로 담화표지의 문법화를 연구하였는데, 앞서 소개한 이정애(1999/2002)와 김태엽(2000, 2002) 외에도 구종남(1999, 2000, 2008), 박근영(2000), 목정수(2001), 이수련(2003), 이성하(Rhee 2003, 2013, 2014, 2016), 주경희(2004), 안정아(2008) 등이 이에 해당한다. 구종남(1999, 2000, 2008)은 '어디', '뭐', '다'를 대상으로 논의하면서 담화표지가 문맥적 재해석(context-induced re-interpretation) 혹은 화용론적 강화(pragmatic strengthening)[20]에 의해 발달한 것으로 보았다. 이에 따르면 담화표지로 발달한 요소는 본래 가지고 있던 어휘적(문자적) 의미로 해석하기 어려운 맥락에서 문법화된 것이고, 문법화된 의미는 다시 담화 문맥 및 화행 등과 결합하여 다양한 담화적 기능을 수행하게 된 것이다.

목정수(2001)과 주경희(2004)는 '좀'의 문법화에 대해 논의한 연구이다. 목정수(2001)에서는 '좀'이 한정조사로 문법화되어 가는 과정에 있음을 밝히고, 이때의 '좀'은 대상을 담화 상황에 도입하는 초점 기능과 발화를 요청으로 만드는 양태적 기능을 하고 있음을 보였다.

20) Heine *et al.*(1991a: 71-72) 참조.

주경희(2004)에서는 '좀'이 의미 자질 중 언어외적 상황과 주관성에 기인한다고 보고 있다. 즉 '좀'의 의미가 항상 언어외적 상황에 의존하여 실현된다는 특성으로 인해 어휘적 의미가 약화되고 문법화가 된다는 것이다. 동시에 '좀'의 주관성이라는 특성도 언어외적 상황의 변화에 관여하게 된다고 보았다.

이성하(2003, 2013, 2014, 2016)에서는 주로 국어 담화표지들의 문법화와 담화적 기능을 밝히는 형식으로 논의가 이루어졌다. 이 중 이성하(2016)은 '뭐'와 '뭐냐면'에 대한 분석을 통해 언어유형론적 관점에서 한국어의 담화표지가 지니는 독특한 특성에 대해 밝히고 있다. 구체적으로는 문장 내 좌우변 위치와 주관성·상호주관성은 상관관계가 있을 수 있지만 국어의 경우, 좌변(left periphery) 대(對) 우변(right periphery)이 주관화 대(對) 상호주관화와 대응된다는 가설(Beeching & Detges 2014)과 부합하지 않는 경우가 있음을 보였다. 또한 '뭐'는 담화표지로 발달해 갈수록 우측 위치에 출현한다는 점에서 OV 언어에서 주관화된 언어 요소가 점차 좌측 위치로 향할 것이라는 가설(Traugott 2010)과도 맞지 않는 예가 있음을 보였다.

분야별 담화표지 연구

세부 분야별로 담화표지의 연구를 살펴보면 음운론 분야에서는 차지현(2010), 이임라(2011), 송인성(2013, 2014, 2015, 2017a, 2017b, 2018, 2019), 송인성·신지영(2014) 등 담화표지의 운율적 특성과 관련한 논의가 중점적으로 이루어졌다. 차지현(2010)은 담화표지 '뭐'가 문장 내에서 출현하는 위치에 따라 기능과 운율적 특징이 다름을 밝히고, 문장 뒤에 나타나는 담화표지가 문장 앞이나 문장 내에서 실현되는 경우와 구분된다는 것을 보이며, 담화표지 '뭐'의 기능이 세분화되어 있다고 하였다. 송인성(2013, 2014, 2017a, 2017b, 2018, 2019)는 '뭐, 막, 정말, 진짜, 네/예, 글쎄' 및 부사 기원 담화표지 등 국어 담화표지들의 기능에 따른 운율적 특성을 관찰한 일련의 연구들이다. 송인성·신지영(2014)는 '좀'의 각 기능이 어떠한 음성 실현형으로 나타나는지와 그 운율적 특징을 설명하기 위해 발화 내 위치, 운율 경계, 길이, 선·후행 위치에 나타나는 휴지, 음높이 유형 등을 분석하였다.

대부분의 담화표지 연구들은 문법론과 의미·화용론, 담화론의 관점을 망라하는 논의들인데, 이 중에서도 형태·통사론적 관점에서 출발하여 품사별로 담화표지를 살펴본 연구는 오승신(1995), 차윤정(2000), 이희정(2003), 김명희(2005), 유선주(2009), 신아영(2011), 신칠범(2011), 안주호(2012), 안정아(2015), 조민정(2015) 등을 들 수 있다. 위 논의들은 주로 담화표지가 어느 품사에서 기원했는지를 기준으로 대상을 선별하고 해당 기원 품사의 담화표지들이 보이는 특성을 논의한 것이다. 오승신(1995), 신아영(2011), 신칠범(2011), 안주호(2012)는 감탄사를 대상으로, 차윤정(2000), 이희정(2003), 안정아(2015), 조민정(2015)는 부사를 대상으로 연구를 진행하였다. 이 밖에 동사구 담화표지를 대상으로 한 유선주(2009)나 의문사 담화표지들을 살펴본 김명희(2005) 등도 있다.

방언학 분야에서는 주로 제주 방언과 동남 방언의 개별 담화표지에 연구가 집중되어 있다. 제주 방언의 담화표지로는 '계메'(문순덕·김원보 2012, 신우봉 2015), '근'과 '에'(이기갑 2013), '양'(김원보 2017, 신우봉 2019), '기'(김원보 2017) 등이 논의되었고, 동남 방언 담화표지로는 '인자'(이기갑 1995, 임규홍 1996, 박지윤 2011, 김영철 2015), '있다'류(이수련 2003), '고마'(이기갑 2009), '아이가'(임규홍 2009), '마'(임규홍 2011), '있다아이가'류(강우원 2012), '머꼬'(강우원 2013) 등이 연구되었다. 서남 방언과 관련된 담화표지 연구로는 종결 담화표지를 다룬 강희숙(2011), '이'를 다룬 김태인(2015) 등이 있다. 그 외 함경도 방언의 담화표지 '응'과 '야'(오선화 2008), 충남 논산 지역어 담화표지 '머'(염종진 2019) 등도 논의되었다.[21)]

최근에는 한국어교육 분야에서의 연구가 활발하게 이루어지고 있다. 강현화(2012)에 의하면 한국어교육 분야에서의 담화표지 연구는 주로 개별 담화표지의 기능과 특성, 한국어 학습자의 담화표지 사용 양상, 교수·학습에의 적용을 다룬 연구들이다.

〈표 4〉 한국어교육 분야의 담화표지 연구 세부 주제(강현화 2012: 239)

<table>
<tr><th>주제</th><th colspan="2">하위 주제</th><th>논문 수</th></tr>
<tr><td rowspan="2">개별 담화표지 기능 및 특성</td><td>거시 담화</td><td>학술 논문, 요청 화행</td><td rowspan="2">11</td></tr>
<tr><td>미시 담화</td><td>그냥, [그러-]형, 그래, 말이다, 좀, 〈글쎄, 뭐, 좀〉, 〈뭐, 글쎄, 있잖아〉, 〈뭐, 왜, 어디〉, 〈이제, 막〉</td></tr>
<tr><td rowspan="2">담화표지 사용 양상</td><td>거시 담화</td><td>설득적 텍스트 결속표지, 토론, 학위논문 서론 완화 표지, 이야기체 담화, 발표, 작문 텍스트</td><td rowspan="2">10</td></tr>
<tr><td>미시 담화</td><td>뭐, 괜찮다, 네</td></tr>
<tr><td>담화표지 교육에의 적용</td><td colspan="2">담화표지 학습 효과 연구, 담화표지 활용, 텍스트 구조 표지 이용, 강의 담화표지 학습, 담화표지 교수 방법, 담화표지 위계화 등</td><td>10</td></tr>
<tr><td>대조 연구</td><td colspan="2">담화표지에 대한 타 언어 대조 연구, 한국어 모어 화자와 한국어 학습자의 담화표지 사용 양상 대조</td><td>2</td></tr>
</table>

강현화(2012)는 개별 담화표지의 기능 및 특성을 다룬 연구는 주로

21) 이 밖에도 최근에는 지역 방언의 담화표지 전반을 다룬 논문들도 발표되고 있다(이수현 2014, 강민정 2015, 김진수·이윤희 2015, 김미진 2018, 이태성 2018 등). 이기갑(2010)에서는 '그냥', '그저', '그만' 등 동일한 담화적 기능을 수행하는 상이한 방언형의 담화표지의 방언 분화에 대해 다루었다.

미시 담화에 치우쳐 있고, 한국어 학습자의 담화표지 사용 양상을 고찰한 연구는 주로 거시 담화에서 다루어졌음을 언급하고 있다.

이은희(2015: 168-177)는 한국어교육 분야의 담화표지 연구를 ① '담화의 전체적 통일성'을 중심으로 한 연구와 ②'담화의 구조적 통일성'을 중심으로 한 연구, ③'언어 사용자의 측면에서 화용적 통일성'을 중심으로 한 연구, ④담화표지를 '특정 담화 유형의 형식 구조 표지'로 보는 연구, ⑤담화표지를 '담화의 내용 구조 표지'로 보는 연구로 나누어 소개하고 있다.[22] 담화의 전체적인 통일성을 중심으로 한 연구는 담화표지가 담화 그 자체와 관련되어 있는 동시에 화·청자 등 담화 상황과도 관련되어 있다고 보는 견해로서, Schiffrin(1987)과 전영옥(2002)의 개념에 기반을 둔다(안주호 2009ㄴ, 한상미 2012, 김선정·김신희 2013 등). 담화의 구조적 통일성에 주목한 연구들은 Halliday & Hasan(1976)과 Fraser(1990)과 유사한 입장으로서 담화표지를 응집성 기제로 보고자 한다(박영순 2004, 김정남 2008, 유나 2011 등). 화자와 청자를 중심으로 한 화용적 통일성의 접근 방식은 개별 담화표지가 새롭게 담화적 기능을 수행하게 된다는 점에 주목하여 이를 밝히는 데 중점을 둔다(정선혜 2006, 김에스더 2008, 서희정 2010 등).

담화표지를 특정 담화의 형식 구조 표지로 보는 연구와 내용 구조 표지로 보는 연구는 담화표지를 보다 거시적으로 파악하는 연구들이라고 할 수 있다(이은희 2016: 172-173). 전자에 해당하는 연구는 주로 강의, 발표, 토론, 학술논문 등 특정한 담화 구조와 관계된 담화표지를 다룬 연구들이다(이해영 2004, 구지민 2005, 박애양 2008, 이정

22) 이은희(2015)에서는 이러한 세 가지 연구 흐름을 다시 기능 측면과 형태 측면으로 나누어 상세하게 소개하고 있다.

민·강현화 2009, 김성옥 2010, 이선미 2010, 이환환·김영주 2012, 정다운 2016 등). 후자에는 설명 담화에서 보편적으로 확인되는 기능(비교·대조, 인과, 나열 등)을 다룬 연구들이 해당한다(양태영 2010, 염혜경 2012). 이처럼 담화 구조와의 관련성 속에서 담화표지를 파악하는 연구에서는 담화표지의 개념을 비교적 넓은 외연으로 잡고 있다(전영옥 2017: 137). 즉 특정 담화 혹은 텍스트 구조에서 자주 쓰이는 고정적인 표현들을 모두 담화표지로 다루고 있는 것이다.

담화표지 쟁점 관련 연구

최근에는 담화표지와 관련된 쟁점들을 다루는 연구들도 꾸준히 발표되고 있다. 황병순(2010)에서는 그간의 담화표지 논의를 비판적으로 검토하면서, 담화표지의 문법적 위상은 통사 차원의 단어와 다르므로 단순히 감탄사나 접속부사를 담화표지로 기술할 수 없다고 주장하였다.[23] 또한 담화표지를 형태적 특성을 기준으로 분류하기보다는 실현 형식이나 기원형에 따라 분류하는 것이 적절하다고 보고 있다. 담화표지는 다기능적 속성을 지니고 있기에 이를 고려한다면 기능에 따라 분류하기도 어렵다고 주장하였다.

문숙영(2018)은 주로 접속부사에 대해 다루었지만 접속부사의 개념을 관련성 이론의 관점에서 재정립함으로써 그와 관계된 담화표지에 대해서도 일부분 논하고 있다. 이 논의에서는 그동안 접속부사와 담화표지를 별개의 것으로 처리하던 것과 접속부사의 담화표지화가 일어났다는 설명에 대해 문제를 제기하고 있다. 접속부사가 절차적 의미와 관련되어 있고 기존의 주요 연구에서 담화표지를 선행 발화

23) 이와 더불어 담화표지는 특정한 통사적 단위나 문법 형태에 대한 제약도 없다는 것도 밝히고 있다.

와의 관계를 나타내는 형식으로 보고 있다는 점에서 접속부사는 담화표지의 성원으로 처리할 수 있다는 입장이다.

고경재(2019)는 크게 두 가지 측면에서 담화표지의 개념과 특징을 재고찰하고 있다. 공시적인 측면에서는 담화표지가 감탄사와 접속부사와는 구별되는 범주임을 논의하였다. 통시적인 측면에서는 담화표지가 문법화를 통해 형성되었다고 볼 수 있는지를 검토하며, 담화표지화는 화용화로 설명하는 것이 타당하다고 주장하였다.

참고문헌

강민정(2015), 경남 방언 담화표지에 대한 연구, 경상대학교 석사학위논문.

강소영(2005), 구어 담화에서의 '그래 가지고'의 의미, 《한국어 의미학》 16, 한국어의미학회, 1-21.

강소영(2009), 담화표지 '그러니까'의 사용에 내재한 화자의 담화전략 연구, 《어문연구》 60, 어문연구학회, 27-56.

강소영(2014), 화제 첫머리에 분포하는 담화표지의 실제, 《어문연구》 79, 어문연구학회, 5-30.

강연임(2005), 담화표지 '저기(요)/있잖아(요)'에 대하여, 《한밭한글》 9 · 10, 한글학회대전지회, 1-20.

강우원(2000), 담화표지 '참'과 어찌말 '참'의 비교 연구, 《언어과학》 7-1, 한국언어과학회, 5-26.

강우원(2002), 담화표지 '아'와 '어'의 특성 비교 연구, 《우리말연구》 3, 우리말학회, 241-257.

강우원(2012), 경남 방언의 대화 시작말 '있다아이가'류에 대한 연구, 《우리말연구》 30, 우리말학회, 89-110.

강우원(2013), 경남 방언의 대화 시작말 '머꼬'에 대한 연구, 《우리말연구》 3, 우리말학회, 57-79.

강현화(2012), 한국어교육학에서의 담화 연구 분석, 《한국어 교육》 23, 국제한국어교육학회, 219-256.

강희숙(2006), 소설『태백산맥』의 화용론 - 담화 표지 '와, 웨, 잉'을 중심으로, 《한국언어문학》 57, 한국언어문학회, 5-31.

강희숙(2011), 전남방언 담화 표지 고찰 - 종결 담화 표지를 중심으로, 《언어사실과 관점》 27, 연세대학교 언어정보연구원, 43-67.

고경재(2019), 한국어 담화표지에 대한 고찰 - 담화표지의 정체 및 형성의 문제와 관련하여, 《한국어학》 83, 97-128.

구종남(1997), 간투사 '아니'의 의미 기능, 《한국언어문학》 39, 한국언어문학회, 43-64.

구종남(1998), 화용표지 '좀'에 대하여, 《한국언어문학》 41, 한국언어문학회, 411-434.

구종남(1999), 담화표지 '어디'에 대하여, 《언어학》 7-3, 대한언어학회, 217-234.

구종남(2000), 담화표지 '뭐'의 문법화와 담화 기능, 《국어문학》 35, 국어문학회, 5-32.

구종남(2008), 담화표지 '다'에 대하여, 《한국언어문학》 67, 한국언어문학회, 37-59.

구종남(2015), '참'의 감탄사와 담화표지 의미 기능, 《한민족어문학》 69, 한민족어문학회, 399-428.

구지민(2005), 강의 담화표지의 학습이 강의 청해에 미치는 영향, 이화여자대학교 석사학위논문.

구현정(2018), 한국어 담화표지 연구의 동향과 전망, 신용권 외, 《한국어 연구의 새로운 흐름》, 박이정, 219-253.

김광희(2004), 담화 표지 '인자'의 정보 유도와 응집성 실현, 《한국어의미학》 15, 한국어의미학회, 181-206.

김귀화(2014), 담화표지 '좀'의 담화전략에 관한 연구, 《중국조선어문》 195, 길림성민족사무위원회, 19-23.

김금하(2000), 담화표지 {그러-}형의 담화기능, 고려대학교 석사학위논문.

김명희(2005), 국어 의문사의 담화표지화, 《담화와 인지》 12-2, 담화인지언어학회, 41-62.

김명희(2006), 국어 의문사 '무슨'의 담화표지 기능, 《담화와 인지》 13-2, 담화인지언어학회, 21-42.

김명희 · 이다미(2003), 아동담화에서의 문중 -요의 양상과 기능, 《텍스트언어학》 14, 한국텍스트언어학회, 47-68.

김미선(2012), '그런데'의 담화 기능 연구, 《인문과학연구》 34, 강원대학교 인문과학연구소, 35-53.

김미숙(1997), 대화구조로 본 '아니'의 기능, 《담화와 인지》 4-2, 담화인지언어학회, 77-101.

김미진(2018), 제주도 방언의 담화표지에 대한 사회언어학적 연구, 《방언학》 27, 한국방언학회, 156-180.

김민국(2011), '말이다' 구성의 문법화와 화용화, 《국어학》 62, 국어학회, 73-106.
김보영(2014), 구어 말뭉치와 한국어 교재에서의 담화표지 '좀'의 기능 비교 연구, 《언어정보와 사전편찬》 34, 연세대학교 언어정보연구원, 81-102.
김상훈(2013), 한국어 담화표지 연구 - '아무튼/어쨌든/하여튼'을 중심으로, 상명대학교 교육대학원 석사학위논문.
김선영(2016), 구어 담화에서 나타나는 '무슨(museun)'의 담화표지 기능, 《언어와 문화》 12-3, 한국언어문화교육학회, 83-98.
김선정 · 김신희(2013), 여성 결혼이민자의 구어에 나타난 담화표지 사용 양상 연구, 《언어과학연구》 64, 언어과학회, 25-46.
김선희(1995), 담화표지의 의미연구, 《목원대학교 논문집》 27, 목원대학교, 5-26.
김성옥(2010), 발표 담화표지 학습이 학문적 구두 발표 능력에 미치는 영향, 이화여자대학교 석사학위논문.
김수빈(2005), 담화표지 '저기(요)', '아니 근데', '그래'에 대한 연구, 강원대학교 석사학위논문.
김에스더(2008), 한국어 학습자를 위한 담화표지 연구, 경희대학교 석사학위논문.
김영란(2000), '왜'의 화용 기능, 《한국어 의미학》 6, 한국어의미학회, 1-26.
김영진(2014), 한국어 담화표지 {그래}의 관용표현 기능 연구, 상명대학교 석사학위논문.
김영철(2004), 우리말 담화표지의 기능 고찰 - '거시기'를 대상으로, 《한국언어문학》 52, 한국언어문학회, 23-36.
김영철(2005), 우리말 담화표지 '아' 고찰, 《국어문학》 40, 국어국문학회, 161-174.
김영철(2006), 국어 담화표지 '어'의 고찰, 《국어문학》 41, 국어국문학회, 249-266.
김영철(2007), 우리말 담화표지 '참' 고찰, 《국어문학》 43, 국어국문학회, 235-252.
김영철(2008), 우리말 담화표지 '자' 고찰, 《국어문학》 45, 국어국문학회, 5-23.
김영철(2010), 우리말 담화표지 '막' 고찰, 《국어문학》 48, 국어국문학회, 5-22.
김영철(2015), 우리말 담화표지 '인자' 고찰, 《국어문학》 58, 국어국문학회, 29-48.
김영희(1995), 화용 표지 '말이다'의 통사론적 고찰, 《한국학논집》 2, 계명대학교 한국학연구원, 115-134.
김원보(2017), 제주방언 문두 담화표지어 "양"과 "기"의 담화 기능과 운율적 특성, 《교육과학연구》 19-2, 제주대학교 교육과학연구소, 1-16.

김은정(1998), 담화표지 '그래, 글쎄, 아니'의 기능, 부산대학교 석사학위논문.
김인환(2017), '그러-' 계열 접속부사의 기능에 대한 통시적 연구, 영남대학교 석사학위논문.
김정남(2008), 텍스트 유형과 담화 표지의 상관관계, 《텍스트언어학》 24, 한국텍스트언어학회, 1-26.
김종택(1982), 《國語話用論》, 형설출판사.
김주미(2004), 담화 표지 '있잖아'에 대하여, 《한말연구》 14, 한말연구학회, 93-116.
김진수·이윤희(2015), 대전 지역 담화 표지 사용 양상의 화용론적 분석, 《인문학연구》 54-4, 충남대학교 인문과학연구소, 167-194.
김태엽(2000), 국어 담화표지의 유형과 담화표지되기, 《우리말글》 19, 우리말글학회, 1-21.
김태엽(2002), 담화표지되기와 문법화, 《우리말글》 26, 우리말글학회, 61-80.
김태인(2015), 서남방언 담화표지 '이' 고찰, 《방언학》 21, 한국방언학회, 25-51.
김하수(1989), 언어행위와 듣는 이의 신호에 관한 화용론적 분석 시도 - 담화 속에 '네', 《말》 14, 연세대학교 한국어학당, 55-71.
김향화(2001), 한국어 담화표지의 기능, 《한국학논집》 28, 계명대학교 한국학연구소, 113-140.
김향화(2002), 한국어 담화표지에 대한 연구, 계명대학교 박사학위논문.
김향화(2005), 담화표지 《말이다》에 대한 고찰, 《중국조선어문》 136, 길림성민족사무위원회, 13-16.
김현지(2015), 한국어 구어에서 '정말?', '진짜?'의 담화 기능 연구, 《언어와 언어학》 6, 한국외국어대학교 언어연구소, 45-72.
남기심·고영근(1985), 《표준국어문법론》, 탑출판사.
남길임·차지현(2010), 담화표지 '뭐'의 사용패턴과 기능, 《한글》 28, 한글학회, 91-119.
노대규(1989), 국어의 구어와 문어의 특성, 《한국정보과학회 언어공학연구회 학술발표논문집》, 한국정보과학회 언어공학연구회, 81-84.
노은희(2012), 본격적인 화제 전환을 위한 담화 표지 연구, 《화법연구》 20, 한국화법학회, 39-68.

리련희(2016), '좀'의 기능에 관한 고찰, 《중국조선어문》 202, 길림성민족사무위원회, 45-52.

모홍월(2016), 중국인 학습자를 위한 한국어 담화표지 교육 방안 연구 -담화표지 '그러게'를 중심으로, 부산대학교 석사학위논문.

목정수(2001), '좀'의 기능과 문법화, 《언어학》 28, 한국언어학회, 77-100.

문병우(2002), 화용표지 '요'에 대한 연구, 경상대학교 박사학위논문.

문숙영(2018), 관련성 이론의 관점에서 본 접속부사의 의미기능, 《국어학》 88, 97-136.

문순덕 · 김원보(2012), 제주방언 담화표지 '계메' 연구, 《언어학연구》 17-1, 한국언어연구학회, 29-48.

박근영(2000), '거시기'의 문법화, 《한국어 의미학》 7, 한국어의미학회, 29-48.

박근영(2006), '이', '그', '저(뎌)'의 의미 기능 변화, 《언어와 문화》 2-1, 한국언어문화교육학회, 65-93.

박석준(2007), 담화표지화의 정도성에 대한 논의, 《한말연구》 21, 한말연구학회, 87-106.

박애양(2008), 중국인 한국어 학습자의 토론능력 향상을 위한 말하기 교육 방안 - 토론담화표지를 활용하여, 《비교문화연구》 12-1, 경희대학교 비교문화연구소, 31-37.

박영순(2004), 《한국어 담화 · 텍스트론》, 한국문화사.

박지윤(2011), 경북방언 '인자'의 담화표지 실현 양상 - 중부방언 '인제'와의 비교를 중심으로, 《화법연구》 18, 한국화법학회, 215-250.

박혜선(2011), 담화표지어 '좀' 사용 연구 - 중국인 한국어 학습자를 대상으로, 《응용언어학》 27-1, 한국응용언어학회, 29-52.

박혜선(2012), 담화표지어 '그냥'에 대하여, 《언어학》 20-1, 대한언어학회, 211-228.

서경희(2016), 담화표지, 김해연 외, 《(현대 언어학 총서 9) 담화분석》, 종합출판, 121-169.

서성교(1999), 담화 연결사 '그러니까'에 관한 연구, 《언어학》 7-3, 대한언어학회, 379-398.

서승아 · 김혜숙(2008), 구어(口語) 담화표지(談話標識)의 환담적(歡談的) 기능

(機能) 연구(硏究) - 무릎 팍 도사의 담화 표지 '오'를 중심으로, 《새국어교육》 80, 한국국어교육학회, 183-213.

서희정(2010), 한국어 교육 항목으로서 담화표지 '말이다'에 대한 고찰, 《이중언어학》 43, 이중언어학회, 217-246.

손세모돌(1988), '좀'의 상황적 의미, 《한국학 논총》 14, 국민대 한국학연구소, 477-508.

송병학(1987), 관심획득표지(atention-geter)의 의미기능, 《언어》 8, 충남대학교 어학연구소, 5-24.

송병학(1994), 담화불변화사 {아니}, 연산도수희선생 화갑기념논총 간행위원회, 《우리말 연구의 샘터》, 박이정, 384-401.

송인성(2013), 담화표지 '뭐'의 기능과 운율적 특성, 《한국어학》 58, 한국어학회, 83-106.

송인성(2014), '막'의 운율적 특성과 담화적 기능, 《한국어학》 65, 한국어학회, 211-236.

송인성(2015), 국어 담화표지의 기능과 운율, 고려대학교 박사학위논문.

송인성(2017ㄱ), 부사 기원 담화표지의 형태와 운율 특성, 《어문논집》 79, 민족어문학회, 115-137.

송인성(2017ㄴ), '정말', '진짜'의 담화 기능과 운율 특성, 《한국어학》 77, 한국어학회, 155-179.

송인성(2018), '네/예'의 담화 기능과 운율 특성, 《한국어학》 81, 한국어학회, 169-196.

송인성(2019), '글쎄'의 담화 기능에 따른 운율 실현 양상, 《한말연구》 52, 한말연구학회, 139-170.

송인성 · 신지영(2014), 담화표지 {좀}의 기능과 형태운율적 특성의 실현 양상, 《국어학》 62, 한국어학회, 315-339.

신아영(2011), 감탄사를 활용한 한국어 말하기 전략 교육 연구 - '네', '그래', '아니'류의 담화 기능을 중심으로, 세종대학교 석사학위논문.

신우봉(2015), 濟州方言 談話標識 '계메'의 韻律的 特性과談話的 機能의 相關關係, 《어문연구》 43-4, 한국어문교육연구회, 143-166.

신우봉(2019), 제주방언 담화표지 '양'의 담화 기능과 운율적 특성, 《방언학》 29,

한국방언학회, 175-200.
신지연(1988), 국어 간투사의 위상 연구, 서울대학교 석사학위논문.
신칠범(2011), 국어 감탄사의 담화표지 기능 연구 - 화자의 담화전략을 중심으로, 한국교원대학교 석사학위논문.
신현숙(1989), 담화대용표지의 의미 연구, 《국어학》 19, 국어학회, 427-451.
신현숙(1990), 담화대용 표지 {그래}의 의미 연구, 《인지과학》 2-1, 한국인지과학회, 143-164.
심란희(2011), 의사소통 중심의 한국어교육을 위한 담화표지 '그냥'의 기능 연구, 연세대학교 석사학위논문.
심란희(2019), 한국어 담화표지의 기능 연구, 연세대학교 박사학위논문.
안윤미(2012), 담화 표지 '그러게'에 대한 연구, 《한국어학》 56, 한국어학회, 91-118.
안정아(2008), 담화 표지 '막'의 의미와 기능, 《한국어학》 40, 한국어학회, 251-279.
안정아(2015), 부사 기원 담화 표지의 담화 기능 비교 연구 - "그냥", "막", "좀"을 중심으로, 《언어와 정보 사회》 26, 서강대학교 언어정보연구소, 313-342.
안주호(1992), 한국어 담화표지 분석, 《외국어로서의 한국어교육》 17-1, 연세대학교 한국어학당, 135-159.
안주호(2009ㄱ), 축약형 담화표지 '좀/막'에 대한 연구, 《한국사전학》 14, 한국사전학회, 199-223.
안주호(2009ㄴ), 한국어 교육에서의 담화표지 위계화 방안, 《한국어 교육》 3, 국제한국어교육학회, 21-38.
안주호(2010), 축약형 담화표지 '좀'에 대한 연구, 《국제언어문학》 2, 국제언어문학회, 99-117.
안주호(2012), 감탄사 유래 담화표지의 의미기능 연구, 《언어과학연구》 61, 언어과학회, 91-116.
안주호(2014), 응답표지 기능의 {됐어}류에 대한 연구, 《한국어 의미학》 46, 한국어의미학회, 407-426.
양태영(2010), 설명텍스트의 표지와 텍스트구조 분석, 《한국어 의미학》 31, 한국어의미학회, 109-142.
염종진(2019), 충남 논산 지역어 담화표지 '머'의 기능과 분포, 《방언학》 30, 한국방언학회, 273-294.

염혜경(2012), 텍스트 구조 및 텍스트 구조 표지 활용 학문 목적 읽기 전략 교수 방안, 《언어사실과 관점》 30, 연세대학교 언어정보연구원, 159-180.
오선화(2008), 함경도 방언의 담화 표지 '응'과 '야'의 고찰, 《방언학》 8, 한국방언학회, 97-121.
오승신(1995), 국어의 간투사, 이화여자대학교 박사학위논문.
오양 · 전영근(2015), 담화표지 "좀"의 한어대응표현 고찰, 《중국조선어문》 6, 길림성민족사무위원회, 19-27.
우미혜(2013), 중국인 한국어 학습자를 위한 담화표지 연구 - '글쎄', '그러게', '그러니까'를 중심으로, 연세대학교 석사학위논문.
유 나(2011), 중국인 한국어 초급 학습자의 읽기 능력 향상을 위한 담화표지 교육 내용 구성에 대한 연구 - 접속표지를 중심으로, 《국제한국어교육학회 학술대회논문집》, 국제한국어교육학회, 455-467.
유 나(2015), 중국인 학습자를 위한 담화표지 '어디'에 대한 연구 - 한, 중 화용 기능의 대조를 중심으로, 《새국어교육》 103, 한국국어교육학회, 283-309.
유 나(2016), 중국어권 학습자를 위한 한국어 구어 담화표지 교육 연구, 서울대학교 박사학위논문.
유선주(2009), 한국어 동사구 담화표지 연구, 강남대학교 석사학위논문.
윤석민(1994), '-요'의 담화 기능, 《텍스트언어학》 2, 한국텍스트언어학회, 459-484.
윤창숙 · 김태호(2015), 한국어능력시험 듣기 텍스트에 나타나는 담화표지어 분석 연구, 《언어과학연구》 75, 231-250.
이기갑(1994), '그러하-'의 지시와 대용, 그리고 그 역사, 《언어》 19, 한국언어학회, 455-488.
이기갑(1995), 한국어 담화 표지 '이제', 《담화와 인지》 1, 담화인지언어학회, 261-287.
이기갑(2009), 동남 방언의 담화표지 '고마', 《우리말연구》 25, 우리말학회, 5-35.
이기갑(2010), 담화표지 '그냥', '그저', '그만'의 방언 분화, 《방언학》 1, 한국방언학회, 5-36.
이기갑(2013), 제주방언 담화표지 '근'과 '에', 《방언학》 17, 한국방언학회, 577-602.
이동혁(2017), 담화 표지 '있잖아'의 기능에 대하여, 《인문사회과학연구》 18-1, 부경대학교 인문사회과학연구소, 197-212.

이봉선(1998), 담화표지 '거시기'의 의미분석, 《현대문법연구》 13-1, 현대문법학회, 197-212.

이선미(2010), 말레이시아인 한국어 고급 학습자의 토론 담화 양상 연구, 《담화와 인지》 17-1, 담화인지언어학회, 91-111.

이성하(2003), 부정이 부정이 아닐 때 - 수사적 부정으로부터 담화표지와 보조사의 문법화, 《언어과학연구》 27, 269-290.

이수련(2003), '있다'의 문법화에 대한 의미화용적 연구, 《국어학》 42, 국어학회, 177-205.

이수현(2014), 담화 표지 유형 연구 - 경남 방언을 중심으로, 경상대학교 석사학위논문.

이원표(1992), 시간부사 '이제'의 담화기능, 《인문과학》 68, 연세대학교 인문과학연구소, 105-137.

이원표(1993), 의지감탄사 {예, 글쎄, 아니}의 담화 분석, 《인문과학》 69, 연세대학교 인문학연구원, 139-185.

이원표(2001), 《담화분석》, 서울: 한국문화사.

이은희(2015), 한국어 교육에서의 담화 표지에 대한 접근의 현황과 방향성, 《한중인문학연구》 46, 한중인문학회, 165-192.

이임라(2011), 담화표지 '이제'의 운율적 특징과 화용적 기능, 부경대학교 석사학위논문.

이정민 · 강현화(2009), 학문 목적 한국어(KAP) 학습자를 위한 보고서 담화표지 교육 연구 - 작품 분석, 비평하기 과제를 중심으로, 《외국어로서의 한국어 교육》 34, 연세대학교 언어연구교육원 한국어학당, 347-373.

이정민 · 박성현(1991), {-요} 쓰임의 구조와 기능, 《언어》 16-2, 한국언어학회, 361-389.

이정애(1999), 국어 화용표지의 연구, 전북대학교 박사학위논문.

이정애(2002), 《국어 화용표지의 연구》, 월인.

이주화(2014), 한국어 담화표지 '그런데'의 중국어 대응 양상, 《외국학연구》 30, 외국학연구소, 121-141.

이창봉(2017), 담화표지의 맥락 분석적 연구, 연세대학교 석사학위논문.

이춘근(1999), 담화엮음표지 '그리고'에 대하여, 《어문학교육》 21, 한국어문교육학회, 321-341.

이태성(2018), 전남 방언 담화 표지 연구, 조선대학교 석사학위논문.

이한규(1996), 한국어 담화표지어 '그래'의 의미 연구, 《담화와 인지》 3, 담화인지언어학회, 1-26.

이한규(1997), 한국어 담화 표지어 '왜', 《담화와 인지》 4 , 담화인지언어학회, 1-20.

이한규(1999), 한국어 담화 표지어 '뭐'의 의미, 《담화와 인지》 6-1, 담화인지언어학회, 137-157.

이한규(2008), 한국어 담화표지 '어디'의 화용분석, 《우리말글》 4, 우리말글학회, 83-111.

이한규(2011), 한국어 담화표지어 '예'의 의미, 《현대문법연구》 65, 현대문법학회, 171-197.

이한규(2012), 한국어 담화표지어 '아니'의 의미, 《현대문법연구》 67, 현대문법학회, 145-171.

이해영(1994), 담화표지 '글쎄'의 담화기능과 사용의미, 《이화어문논집》 13, 이화여자대학교 이화어문학회, 129-150.

이해영(2004), 학문 목적 한국어 교과과정 설계 연구, 《한국어 교육》 15-1, 국제한국어교육학회, 137-164.

이환환 · 김영주(2012), 중국인 한국어 학습자의 발표문에 나타난 화제 층위별 담화표지 연구, 《한국어 의미학》 39, 한국어의미학회, 369-395.

이효경(2014), 외국인 한국어 학습자를 위한 담화표지 연구 - '자', '참', '있잖아'를 중심으로, 한국외국어대학교 교육대학원 석사학위논문.

이효진(2005), '뭐'의 담화상 의미기능 연구, 《어문논총》 16, 전남대학교 한국어문학연구소, 65-81.

이희정(2003), 한국어의 그러-형 담화표지 기능 연구, 연세대학교 교육대학원 석사학위논문.

임규홍(1994), '-어가지고'에 대하여, 《배달말》 19, 배달말학회, 49-80.

임규홍(1995), 담화표지 '뭐냐'와 '있지'에 대하여, 《어문학》 56, 한국어문학회, 51-68.

임규홍(1996), 국어 담화 표지 '인자'에 대한 연구, 《담화와 인지》 2, 담화인지언어학회, 1-20.
임규홍(2005), 국어 담화 표지 '자'에 대한 연구, 《우리말글》 34, 우리말글학회, 141-177.
임규홍(2009), 경상방언 담화표지 '아이가'에 대한 연구, 《語文學》 104, 한국어문학회, 1-33.
임규홍(2011), 경상방언 담화표지 '마'에 대한 연구, 《배달말》 48, 배달말학회, 259-269.
장경현(2016), '좀'의 의미와 담화 기능, 《국어문학》 61, 국어문학회, 77-102.
전성호(2007), Levinon의 GCI 이론을 통한 "거시기"의 화용론적 분석, 《한국어 의미학》 23, 한국어의미학회, 161-180.
전영옥(2002), 한국어 담화표지의 특징 연구, 《화법연구》 4, 한국화법학회, 113-145.
전영옥(2006), 구어 어휘의 사전 기술 방법 - 담화표지를 중심으로, 《한국사전학》 8, 한국사전학회, 101-143.
전영옥(2007), 문어와 구어에 나타난 "그리고" 연구, 《한말연구》 14, 한말연구학회, 217-248.
전영옥(2015), 감탄사 '어'와 '응'의 담화 기능 연구, 《언어와 언어학》 69, 한국외국어대학교 언어연구소, 129-161.
전영옥(2016ㄱ), 담화에 나타난 '그래서' 연구, 《한말연구》 40, 한말연구학회, 113-146.
전영옥(2016ㄴ), 대화에 나타난 '그래서/그러니까'의 실현 양상 연구, 《어문논총》 70, 한국문학언어학회, 81-109.
전영옥(2017), 한국어 담화표지 연구의 현황과 과제, 《한말연구》 45, 한말연구학회, 127-160.
전정미(2011), 대화의 회고적 기능에서 살펴본 응답어 '네' 연구, 《우리말글》 52, 우리말글학회, 55-82.
정다운(2016), 외국인 대학원생을 위한 한국어 학위논문 서론 담화표지 교육 연구, 《어문논집》 68, 391-420.
정선혜(2006), 한국어 학습자를 위한 한국어 담화표지 연구, 상명대학교 교육대학원 석사학위논문.

정윤희(2001), '왜'의 함축 의미 연구, 동의대학교 석사학위논문.
정윤희(2005), 국어 의문사 '뭐'의 의미 분석, 《겨레어문학》 35, 겨레어문학회, 109-131.
조경순(2016), 한국어 화용론의 전개와 방향, 《한국어 의미학》 54, 한국어의미학회, 147-177.
조민정(2015ㄱ), 접속사의 담화표지적 쓰임에 대한 고찰 - "그러" 계열의 단어를 중심으로, 《문법교육》 25, 한국문법교육학회, 1-32.
조민정(2015ㄴ), '좀'의 의미와 기능 변화 양상 연구, 《한국어 의미학》 49, 한국어의미학회, 177-215.
조민정(2015ㄷ), 문법화에 따른 '막'의 기능 및 의미 변화 연구, 《한국사전학》 26, 한국사전학회, 163-195.
조민정(2016), 부사의 비대칭적 사용 양상 연구, 《한국어 의미학》 52, 한국어의미학회, 227-256.
주경희(2004), '좀' 문법화의 의미 화용론적 연구, 《국어교육》 15, 한국어교육학회, 433-452.
차윤정(2000), 이음말의 담화표지 기능, 《우리말연구》 10, 우리말학회, 105-125.
차지현(2010), 운율과 담화 기능의 상호 작용 - 문장 뒤에서 나타나는 한국어 담화 표지 '뭐'를 중심으로, 《언어사실과 관점》 25, 연세대학교 언어정보연구원, 227-256.
최소현(2015), 담화 맥락에 따른 '-어 가지고'의 의미와 의사소통 기능 연구, 연세대학교 석사학위논문.
최지현(2005), 담화표지 '막'의 기능 연구, 목포대학교 교육대학원 석사학위논문.
최하니(2012), '막이래'의 담화 기능 연구, 《텍스트언어학》 32, 한국텍스트언어학회, 241-264.
최현배(1971), 《(고친) 한글갈》, 정음사.
하은혜(2009), 화용표지 '말이다'의 품사론, 안동대학교 교육대학원 석사학위논문.
하지혜(2010), 일본인 학습자의 담화표지 '네'의 의미기능별 사용 양상 연구, 이화여자대학교 국제대학원 석사학위논문.
한국희(2013), 담화표지 독립용법의 한국어교육적 의미 - "물론이다"와 "당연하다"를 중심으로, 《漢城語文學》 32, 한성대학교 한성어문학회, 513-536.

한상미(2012), 한국어 학습자의 토론 담화에 나타난 화용적 문제 연구 - 담화표지 사용을 중심으로, 《국제학술대회 논문집》 2, 국제한국어교육학회, 335-348.

한인경(2019), 한국어 담화표지 사용 양상 연구, 한국외국어대학교 석사학위논문.

허상희(2004), '됐어'의 화용적 기능, 《우리말연구》 15, 우리말학회, 173-190.

허상희(2007), '괜찮다'의 화용적 기능과 특징, 《우리말연구》 20, 우리말학회, 259-280.

홍정하(2011), 담화 표지 '-는'/'-가'와 화자 시점 - 코퍼스 언어학적 접근, 《한국어 의미학》 34, 한국어의미학회, 451-477.

황병순(2010), 담화표지 연구에 드러난 몇 가지 의문, 《배달말》 47, 배달말학회, 115-135.

Aijmer, K.(1997), *I think* - an English modal particle, in T. Swan & O. Jansen-Westvik(eds.), *Modality in Germanic languages: Historical and comparative perspectives*, Berlin & New York: Mouton de Gruyter, 1-47.

Ameka, F.(1992), Interjections: The universal yet neglected part of speech, *Journal of Pragmatics 18*, 101-117.

Arroyo, J. L. B.(2011), From politeness to discourse marking: The process of pragmaticalization of *muy bien* in vernacular Spanish, *Journal of Pragmatics 43*, 855-874.

Auer, P. & S. Günthner(2005), *Die Entstehung von Diskursmarkern im Deutschen: Ein Fall von Grammatikalisierung im Deutschen(Linguistik - Impulse & Tendenzen 9)*, Berlin & New York: Walter de Gruyter, 335-362.

Bateson, G.(1972), A theory of play and fantasy, *Steps to an Ecology of Mind*, New York: Ballantine, 177-193.

Becker, A. L.(1988), Language in particular: a lecture, in D. Tannen(eds.), *Linguistics in Context: Connecting Observation and Understanding(Lectures from the 1985 LSA/TESOL and NEH Institutes)*, Norwood, NJ: Ablex, 17-35.

Beeching, K.(2016), *Pragmatic markers in British English: Meaning in social interaction*, Cambridge: Cambridge University Press.

Beeching, K. & U. Detges(2014), Introduction, in K. Beeching & U. Detges(eds.), *Discourse Functions at the Left and Right Periphery: Crosslinguistic Investigations of Language Use and Language Change*, Leiden: Brill, 1-23.

Blakemore, D.(1987), *Semantic constraints on relevance*, Oxford: Blackwell.

Blakemore, D.(1992), *Understanding Utterances*, Oxford Blackwell.

Blakemore, D.(1995), Relevance theory. in J. Verschueren, J-A. Östman & J. Blommaert(eds.), *Handbook of Pragmatics*, Amsterdam: John Benjamins, 443-452, reprinted in D. Archer & P. Grundy(eds.)(2011), *The Pragmatics Reader*, London: Routledge, 119-128.

Blakemore, D.(2002), *Relevance and Linguistic Meaning: The Semantics and Pragmatics of Discourse Markers*, Cambridge: Cambridge University Press.

Brinton, L. J.(1996), *Pragmatic markers in English: grammaticalization and discourse functions*, Berlin; New York: Mouton de Gruyter.

Brinton, L. J.(2017), *The Evolution of Pragmatic Markers in English: Pathways of Change*, Cambridge: Cambridge University Press.

Brinton, L. J. & E. C. Traugott(2005), *Lexicalization and language change*, Cambridge: Cambridge University Press.

Brown, G.(1977), *Listening to spoken English*, London: Longman.

Crystal, D. & D. Davy(1975), *Advanced conversational English*, London: Longman.

Degand, L. & A-M. Simaon-Vandenbergen(2011), Introduction: Grammaticalization and (inter)subjectification of discourse markers, *Linguistics 49-2*, 287-294.

Dér, C. I.(2010), On the status of discourse markers, *Acta Linguistica Hungarica 57-1*, 3-28.

Edmondon, W.(1981), *Spoken discourse: A model for analysis*, London: Longman.

Erman, B.(1986), Some pragmatic expressions in English conversation, in G. Tottie & I. Bäcklund(eds.), *English Speech and Writing: A Symposium,* Uppsala Universitet: Acta Universitatis Upsaliensis and Studia Anglistica

Upsaliensia 60, Stockholm: Almqvist & Wiksell, 131-147.

Erman, B.(2001), Pragmatic markers revisited with a focus on *you know* in adult and adolescent talk, *Journal of Pragmatics 33*, 1337-1359.

Erman, B. & U-B. Kotsinas(1993), Pragmaticalization: The case of *ba* and *you know, Studier i modern sprakvetenskap 10*, 76-92.

Fischer, K.(2006), Towards an understanding of the spectrum of approahces to discourse particles: introduction to the volume, in K. Fischer(eds.)(2006), *Approaches to discourse particles(Studies in Pragmatics 1)*, Bingley, UK: Emerald Group Publishing, 1-20.

Fischer, K.(eds.)(2006), *Approaches to discourse particles(Studies in Pragmatics 1)*, Bingley, UK: Emerald Group Publishing.

Frank-Job, B.(2006), A dynamic-interactional approach to discourse markers, in K. Fischer(eds.), *Approaches to discourse particles(Studies in Pragmatics 1)*, Bingley, UK: Emerald Group Publishing, 395-413.

Fraser, B.(1986), Pragmatic formatives, *Indiana Linguistics Club twentieth anniversary volume*, Indiana Linguistics Club, 67-83, reprinted in J. Verschueren & M. Bertuccelli-Papi(eds.), *The pragmatic perspective: Selected papers from the 1985 International Pragmatics Conference (Pragmatics and Beyond, Companion Series 5)*, Amsterdam-Philadelphia: John Benjamins, 179-194.

Fraser, B.(1988), Types of English discourse markers, *Acta Linguistica Hungarica 38*, 19-33.

Fraser, B.(1990), An approach to discourse markers, *Journal of Pragmatics 14-3*, 383-398.

Fraser, B.(1996), Pragmatic markers, *Pragmatics 6-2*, 167-190.

Fraser, B.(1998), Contrastive discourse markers in English, in A. Jucker & Y. Ziv(eds.), *Discourse Markers: Description and Theory*, Amsterdam and Philadelphia: John Benjamins, 301-326.

Fraser, B.(1999), What are discourse markers?, *Journal of Pragmatics 31*, 931-952.

Fraser, B.(2006), Towards a theory of discourse markers, in K. Fischer (eds.)(2006), *Approaches to discourse particles(Studies in Pragmatics 1)*, Bingley, UK: Emerald Group Publishing, 189-204.

Fraser, B.(2009), Topic orientation markers, *Journal of Pragmatics 41-5*, 892-898.

Grice, H. P.(1989), *Studies in the Way of Words*, Cambridge: Harvard University Press.

Halliday, M. A. K.(1970), Language structure and language function, in J. Lyons(eds.), *New horizons in linguistics*, Harmondsworth: Penguin, 140-165.

Halliday, M. A. K.(1979), Modes of meaning and modes of expression: Types of grammatical structures and their determination by different semantic functions, in D. J. Allerton, E. Carney & D. Holdcroft(eds.), *Function and context in linguistic analysis: A Festschrift for Williams Haas*, Cambridge: Cambridge University Press, 57-79.

Haselow, A.(2013), Arguing for a wide conception of grammar: The case of final particles in spoken discourse, *Folia Linguistica 47-2*, 375-424.

Heine, B.(2013), On discourse markers: Grammaticalization, pragmaticalization, or something else?, *Linguistics 51-6*, 1205-1247.

Heine, B. & T. Kuteva(2002), *World lexicon of grammaticalization,* Cambridge: Cambridge University Press.

Heine *et al.*(1991), *Grammaticalization: A conceptual framework*, Chicago, IL: University of Chicago Press.

Hobbs, J. R.(1985), On the coherence and structure of discourse. in L. Polanyi (eds.), *The structure of discourse*, Norwood, N.J.: Ablex.

Holmes, J.(1986), The functions of *you know* in women's and men's speech, *Language in Society 15*, 1-22.

Holmes, J.(1988), Playing compliment: A sex-preferential politeness strategy, *Journal of Pragmatics 12*, 445-465.

Hopper, P. J.(1991), On some principles of grammaticalization, in E. C.

Traugott & B. Heine(eds.), *Approaches to Grammaticalization*, Amsterdam: John Benjamins, 17-35.

Hovy, E. H.(1995), The multifunctionality of discourse markers, *The proceedings of the workshop on discourse markers*, Egmond aan Zee, The Netherlands, 1-12.

James, A. R.(1983), Compromisers in English: A cross-disciplinary approach to their interpersonal significance, *Journal of Pragmatics 7*, 191-206.

Keller, E.(1979), Gambits: Conversational strategy signals, *Journal of Pragmatics 3*, 219-238.

Keller, E. & S. Taba-Warner(1976a), *Gambits 1, Openers*, Ottawa: Supply and Services Canada.

Keller, E. & S. Taba-Warner(1976b), *Gambits 2, Links*, Ottawa: Supply and Services Canada.

Keller, E. & S. Taba-Warner(1979), *Gambits 3, Responders, Closers and Inventory*, Hull, Quebec: Canadian Government Publishing Centre, Supply and Services.

Knott, A. & R. Dale(1994), Using linguistic phenomena to motivate a set of coherence relations, *Discourse Processes 18*, 35-62.

Kuryłowicz, J.(1965), The evolution of grammatical categories, *Diogenes 51*, 55-71.

Labov W. & D. Fanshel(1977), *Therapeutic discourse: Psychology as conversation*, New York: Academic Press.

Lehmann, C.(1985), Grammaticalization: Synchronic variation and diachronic change, *Lingua e stile 20*, 303-318.

Levinson, S. C.(1983), *Pragmatics*, Cambridge: Cambridge University Press.

Lewis, D.(2006), Discourse markers in English: A discourse-pragmatic view, in K. Fischer(eds.), *Approaches to discourse particles(Studies in Pragmatics 1)*, Bingley, UK: Emerald Group Publishing, 61-76.

Mann, W. C. & S. A. Thompson(1987), Rhetorical structure theory: A theory of text organization, in L. Polanyi(eds.), *Discourse Structure*, Norwood,

N.J.: Ablex, 85-96.

Mann, W. C. & S. A. Thompson(1988), Rhetorical Structure Theory: Toward a Functional Theory of Text Organization, *Text 8-3*, 243-281.

Maschler, Y.(1994), Metalanguaging and discourse markers in bilingual conversation, *Language in Society 23*, 325-366.

Maschler, Y.(1998), *Rotse lishmoa keta? Wanna hear something weird/funny?* Segmenting Israeli Hebrew Talk-in-Interaction, in A. H. Jucker & Y. Ziv (eds.), *Discourse markers: Descriptions and Theory*, Amsterdam and Philadelphia: John Benjamins.

Maschler, Y.(2009), *Metalanguage in interaction*, John Benjamins Publishing Company.

Maschler, Y.(2012), Emergent projecting constructions: the case of Hebrew yada("know"), *Studies in Language 36-4*, 785-847.

Maschler, Y. & D. Schiffrin(2015), Discourse markers: Language, meaning, and context, in D. Tannen, H. E. Hamilton & D. Schiffrin, *The Handbook of Discourse Analysis(2nd ed.)*, 189-221.

Müller, S.(2004), *Discourse markers in native and non-native discourse*, Amsterdam: John Benjamins.

Norde, M.(2009), *Degrammaticalization*, Oxford: Oxford University Press.

Onodera, N.(2004), *Japanese Discourse Markers: Synchronic and Diachronic Discourse Analysis*. Amsterdam: John Benjamins.

Östman, J-O.(1981), *You know: A discourse functional view(Pragmatics and Beyond II: 7)*, Amsterdam & Philadelphia: John Benjamins.

Östman, J-O.(1982), The symbiotic relationship between pragmatic particles and impromptu speech, in N. E. Enkvist(eds.), *Impromptu Speech: A Symposium*, Meddelanden från Stiftelsens för Åbo Akademi Forskiningsinstitut 78, Åbo: Åbo Akademi, 147-177.

Östman, J-O.(1995), Pragmatic particles twenty years after, in B. Wårvik, S-K. Tanskanen & R. Hiltunen(eds.), *Turkuensia Anglicana: Organization in discourse*, Turun Yliopisto, 231-239.

Quirk, R.(1955), Colloquial English and Communication, in B. I. Evans(eds.), *Studies in Communication,* London, Secker & Warburg, 169-182.

Redeker, G.(1991), Linguistic markers of discourse coherence, *Linguistics 29*, 1139-1171.

Rhee, S. H.(2013), "I know I'm shameless to say this": Grammaticalization of the Mitigating Discourse Marker Makilay in Korean, *Procedia - Social and Behavioral Sciences 97*, 480-486.

Rhee, S. H.(2014), "I know you are not, but if you were asking me": On Emergence of Discourse Markers of Topic Presentation from Hypothetical Questions, *Journal of Pragmatics 60*, 1-16.

Rhee, S. H.(2016), LP and RP in the development of discourse markers from what in Korean. *Journal of Historical Pragmatics 17-2*, 255-281.

Sanders *et al.*(1992), Toward a taxonomy of coherence relations, *Discourse Processes 15*, 1-35.

Schiffrin, D.(1987), *Discourse markers(Studies in Interactional Sociolinguistics 5)*, Cambridge University Press.

Schiffrin, D.(1994), *Approaches to Discourse*, Oxford: Blackwell.

Schiffrin, D.(1997), Theory and method in discourse analysis: what context for what unit?, *Language and Communication 17-2*, 75-92.

Schiffrin, D.(2001), Discourse markers: language, meaning, and context, in D. Tannen & H. E. Hamilton(eds.), *The handbook of discourse analysis*, Oxford & Malden, MA: Blackwell, 54-75.

Schiffrin, D.(2006), Discourse marker research and theory: revisiting *and*, in K. Fischer(eds.), *Approaches to discourse particles(Studies in Pragmatics 1)*, Bingley, UK: Emerald Group Publishing, 315-338.

Schourup, L. C.(1985), *Common Discourse Particles in English Conversation*, New York: Garland.

Sperber, D. & D. Wilson(1986), *Relevance: Communication and Cognition*, Oxford: Blackwell.

Sperber, D. & D. Wilson(1995), *Relevance: Communication and Cognition(2nd ed.)*, London: Wiley-Blackwell.

Stubbs, M.(1983), *Discourse analysis: The sociolinguistic analysis of natural language*, Oxford: Basil Blackwell.

Tannen, D. & H. E. Hamilton(eds.)(2001), *The handbook of discourse analysis*, Oxford & Malden, MA: Blackwell.

Traugott, E. C.(1982), From propositional to textual and expressive meaning: A Symposium, Some semantic-pragmatic aspects of grammaticalization, in W. P. Lehmann & Y. Malkiel(eds.), *Perspectives on historical linguistics*, Amsterdam: John Benjamins, 245-271.

Traugott, E. C.(1988), Pragmatic strengthening and grammaticalization, in S. Axmaker, A. Jaiser & H. Singmaster(eds.), *Proceedings of the fourteenth annual meeting of the Berkeley Linguistics Society*, Berkeley, CA: Berkeley Linguistics Society, 406-416.

Traugott, E. C.(1989), On the rise of epistemic meanings in English: An example of subjectification in semantic change, *Language 65*, 31-55.

Traugott, E. C.(1995a), The role of the development of discourse markers in a theory of grammaticalization, *Paper presented at the International Conference of Historical Linguistics XII*, Manchester, August.

Traugott, E. C.(1995b), Subjectification in grammaticalization, in D. Stein & S. Wright(eds.), *Subjectivity and Subjectification*, Cambridge: Cambridge University Press.

Traugott, E. C.(1999), The rhetoric of counter-expectation in semantic change: a study in subjectification, in A. Blank & P. Koch(eds.), *Historic Semantics and Cognition*, Berlin & New York: Mouton de Gruyter, 177-196.

Traugott, E. C.(2003), Constructions in grammaticalization, in B. D. Joseph & R. D. Janda(eds.), *The handbook of historical linguistics*, Oxford: Blackwell, 624-647.

Traugott, E. C.(2007), Discussion article: Discourse markers, modal particles, and contrastive analysis, synchronic and diachronic, *Catalan Journal of*

Linguistics 6, 139-157.

Traugott, E. C.(2010), (Inter)subjectivity and (inter)subjectification: A Reassessment, in K. Davidse, L. Vandelanotte & H. Cuyckens(eds.), *Subjectification, Intersubjectification and Grammaticalization*, Berlin: De Gruyter Mouton, 29-71.

Traugott, E. C.(2016), On the rise of types of clause-final pragmatic markers in English, *Journal of Historical Pragmatics 17-1*, 26-54.

Traugott, E. C. & R. B. Dasher(2002), *Regularity in semantic change(Cambridge Studies in Linguistics 96)*, Cambridge: Cambridge University Press.

Traugott, E. C. & E. König(1991), The semantics-pragmatics of grammaticalization revisited, in E. C. Traugott & B. Heine(eds.), *Approaches to Grammaticalization Vol. I*, Amsterdam: John Benjamins, 189-218.

Zwicky, A. M.(1985), Clitics and particles, *Language 61*, 283-305.

제2부

담화와 담화표지

1. 이야기 담화에서의 담화표지 '맞다'의 기능과 형성

후박문

1. 서론

지난 1970년대에 담화 분석 학파가 등장하면서 실생활에서 벌어지는 일상 대화에 대한 관심이 높아짐에 따라, 담화표지란 개념이 본격적으로 등장하였다. 근 50년간 적지 않은 학자들은 담화표지의 정체를 밝혀내기 위해 많은 제안들을 했으나 담화표지를 바라보는 이론적 고려의 출발점이 서로 다르기 때문에 현재 담화표지의 개념과 범위를 규정하는 것은 학자마다 다른 실정이다.

견해차가 있음에도 불구하고, 영어의 'oh, well, anyway'와 같이 종래에 연구되던 내용어보다 기능어에 더 가깝고, 명제의 진리치에 영향을 미치지 않으며, 담화 맥락상 응집성을 강화시키거나 담화의 흐름을 원활하게 하는 기능을 지니는 장치가 범언어적으로 보편적이라는 사실에 대해서는 언어학 연구에 있어 피할 수 없는 과제라고 본다. 명칭과 분류에는 크고 작은 차이가 있으나, 담화표지와 관련 언어 현상을 탐구하는 것은 언어 연구, 특히 구어 연구를 조명하는 데에 의의가 있다.

한국어 이야기 담화에서 담화표지가 흔히 쓰이는 것도 관찰할 수 있다. '글쎄, 그렇지 않다니깐.'에서 발화한 '글쎄', '거봐, 내 말이 맞지?'에서 쓰인 '거봐'와 같은 말이 바로 이에 해당한다. 이러한 담화표지는 모어 화자에게 아주 흔한 말이지만, 이들을 처음 접하는 외국인에게는 이해하기에 쉽지가 않을 것이다.[1)]

이 글에서 관심을 두는 담화표지는 어떤 생각이나 기억이 문득 떠오를 때 사용되는 '아 맞다', '아 참'과 같은 표현이다. 특히 '맞다'는 원래 '틀리다'의 반대말로 쓰이는 실질적인 단어이기 때문에, 어떻게 담화표지로 발달되었는지가 주목된다. 다양한 구어 자료를 분석함으로써 '맞다'가 담화표지로 쓰일 때의 특성을 밝히고, 담화적 기능과 형성 기제를 논의해 보며, 또한 이와 비슷한 기능을 수행하는 언어 형식이 다른 언어에서는 어떻게 표현되는지를 범언어적으로 조사하고자 한다.[2)]

이 글에서 담화표지를 바라보는 이론적 입장은 언어의 사회적 상호작용적 기능을 중요시하는 Schiffrin, Maschler 등의 학자를 따른다. 곧, 담화란 언어의 한 단위일 뿐만 아니라 사회적 상호작용의 과정이다(Maschler & Schiffrin 2015: 190). 담화표지는 텍스트 측면에만 머무르지 않고, 대화 참여자, 발화행위, 인지 과정 등 여러 영역에서 일정한 역할을 담당하는 언어 장치이다. 그 중, 특정 영역에 속하는 전형적인 담화표지가 있고, 여러 영역에서 다기능적으로 작동하

1) 이 글에서 다루고자 하는 '맞다'도 역시 처음에 접했을 때 필자에게 적지 않은 충격을 준 말이다. 한국어를 접한 지 얼마 안 된 시기에, 한 발화자가 아주 공적인 상황에서 '아 맞다'를 하고서 해요체를 이어 사용하는 장면을 우연히 예능 프로그램에서 봤다. 그때 한국어로 말할 때 높임말을 철저히 지켜야 한다는 인식을 선생님으로부터 받아서인지, 도대체 어떻게 공적인 대화에서 해요체와 같이 말할 수 있을까, 이렇게 말하면 예의가 없는 것이 아닌가, 왜 이 말을 들은 사람은 심지어 연세가 높으신데 화가 나시지 않았을까와 같은 질문이 머릿속에서 계속 맴돌았던 기억이 있다.

2) 이 글에서 이용한 구어 자료는 21세기 세종계획 구어 말뭉치이다. 담화를 전사하는 데 쓰이는 표기는 구현정·전영옥(2002)에서 제시한 지침을 따르며, 기존 지침에서 명시적으로 반영되지 못한 부호는 Du Bois et al.(1992) 자료를 참조하였다. 전사 자료에서 나타난 약호는 주로 다음과 같다. '-'는 끊어진 억양단위, '@'는 웃음표시, '='는 끊어진 단어, '[ ]'는 말 겹침, 'H'는 들어마시는 숨이다.

는 담화표지도 있다.

2. 담화표지 '맞다'의 특성

'맞다'는 자동사, 타동사 용법을 모두 지니는 다의어이다. 우리의 논의 대상인 '맞다'는 '새해를 맞다', 혹은 '주사를 맞다' 등의 타동사 용법과 관련을 짓기 어렵고, '옳다'의 뜻으로 쓰인 자동사 용법과 관련이 있다.

자동사인 '맞다'의 사전 기술을 정리하면 다음 〈표 1〉과 같다.[3)]

〈표 1〉 '맞다'의 사전 기술

《표준국어대사전》	「1」 문제에 대한 답이 틀리지 아니하다. 「2」 말, 육감, 사실 따위가 틀림이 없다. 「3」 (앞 사람의 말에 동의하는 데 쓰여) '그렇다' 또는 '옳다'의 뜻을 나타내는 말.
《연세한국어사전》	「1」 틀리지 않다. 「2」 정해진 것과 잘 일치하다. 「3」 더하거나 덜하지 않고 적당하다. 「4」 틀림이 없다. 「5」 [문장의 맨앞에 쓰이어] (앞 사람의 말에 동의하여) 그렇다. 옳다.
《고려대한국어대사전》	「1」 (기본의미) [(명)이] (문제에 대한 답이) 어긋나거나 틀리지 아니하다. 「2」 [(명)이] (말이나 육감이) 틀림이 없다. 「3」 문장 앞에서 앞사람의 말에 동의하는 데 쓰여, '그렇다' 또는 '옳다'의 뜻을 나타내는 말.

3) 사전에서는 '맞다'가 들어가는 문형에 따라 다시 조사 '이/가', '와/과', '에/에게' 등과 결합하는 통사 정보를 제시하면서 의미를 세분하여 기술하고 있다. 〈표 1〉에서 제시한 격틀은 모두 '1이 맞다'의 구조이다. 여기서는 어휘적 의미를 파악하는 데 목적을 두고 있으므로 상세한 격틀 정보는 생략하고자 한다.

〈표 1〉에서 볼 수 있듯이, '맞다'가 지니는 어휘적 의미는 대개 '틀리지 않다', 그리고 '틀림이 없다'로 규정할 수 있다. 다음 (1)은《고려대 한국어대사전》의 1번과 2번 해석에 해당하는 예문이다.

(1) 가. 수학 문제를 풀 때에는 답이 맞는지 꼼꼼히 검토하는 습관이 중요하다.
나. 거봐, 내가 한 말이 맞지?

(1)에 나타난 '맞다'는 문장에서 온전한 서술어 역할을 담당하고 있고 활용에 제한을 지니지 않는다. 이런 용법을 가진 것을 '맞다$_1$'로 부르기로 한다.

이상 세 가지 사전의 마지막 항목을 보면, 공통된 기술은 '맞다'가 문장 앞에 쓰여, 앞사람의 말에 동의한다는 것이다. 이런 경우는 주로 발화 앞에 나타나고 활용할 때 어간이 일반적으로 종결어미와 붙는 형식이 제한된다. 이런 용법을 가진 것을 '맞다$_2$'로 부르기로 한다.

(2) 가. 맞아, 그가 그러는 데에는 무슨 이유가 있어.
나. 맞다, 너의 말처럼 잘될 거야.

(2)의 예문은《연세한국어사전》에서 제시한 것이다. 여기서 '맞다'는 종결어미 '-아', '-다'와 결합하고, 뒤에 또 하나의 문장이 이어진 경우인데, 원래 '맞다'가 서술어로서 요구하는 주어 성분이 나타나지 않고 문장이 소형문(minor sentence)의 형식으로 나타난다. 이때는 '그렇지'처럼 동의하는 대상이 곧 선행 발화 내용이기 때문에, 대체로 '네 말이 맞다'처럼 보충할 수 있다. 담화 내용에 따라 '맞다$_2$' 뒤에 문장이 이어지지 않는 때도 있다.

다음 (3)과 같은 대화를 살펴보자.

(3) 〈토론_언어생활#2〉 (00289-00297)

1 A: - 방송에서 사람들에 대해서 사람들의 생각이나 이런 걸 이케 주제화한다든지 할 때,

2 B: 음.

3 A: 너무 정말 폭력적으로 하는 경우가 많다는 생각이 들어요.

4 근까 그래서 쇼프로 같은 데서도 정말 어떤 때 보면 정말 안하무인격으로,

→ 5 B: 어 맞아.

6 A: 그렇게 하는 것 같은데,

7 좀 그게 방송하는 사람 입장에서는 사실 어떻게 보면 우리가 소비자잖아요.

8 근데 왜 근까 소비자 중심으로 방송이 이끌어 가는 게 아니라,

9 B: 음.

(후략)

위 대화 (3)-5에서 '어 맞아'라는 발화는 B가 A의 발화 내용을 동의한다는 뜻으로 쓰인 것이다. 담화 구조를 보면, 대화 (3)은 대개 화자 A가 오랫동안 말차례를 가지고 방송 프로그램에 대한 비판 의견을 말하는 구조다. B는 이 발화의 수령자로서 (3)-2, (3)-5, (3)-9 발화에서 보이듯이 화자의 발화를 집중해서 듣고 긍정적인 반응을 표현하였다. 박성현(2007: 62)에 따르면 한 사람이 한 말차례를 차지하고 있을 때, 청자들은 현재 화자의 말에 대해 주의를 집중하고 있다는 표시를 한다. 이는 고개를 끄덕이는 것과 같이 언어 외적인 수단, 그리고 '음, 예, 응, 그렇지' 등의 반응 표현을 통해 이루어진다. 이런 반응 표현은 대체로 무엇에 동의하고 있을 때 사용하고, 반대를 표시하는 '아니'와 같은 말이 반응 발화 자리에 올 수가 없다.

따라서 앞에서 말한 내용에 대한 동의를 표시하는 '맞다$_2$'는 뒤에 이어지는 문장이 없을 때 일종의 반응 표현에 해당한다고 볼 수 있다.

이는 담화·화용 영역에서 작용하는 표현이지만, 새로운 담화 기능을 획득한 것이 없으니 담화표지 개념과는 거리가 있다. 위에서 B의 발화 '어 맞아'는 다시 '어 네 말이 맞아'처럼 주어를 보충할 수 있으므로 '맞다$_1$'의 어휘 의미와 같고, 들어갈 수 있는 격틀 구조와도 다름이 없다고 판단된다.

실제 담화에서 발견되는 또 하나의 '맞다$_3$'은 기존 사전에서 기술된 의미와 다소 차이가 있고, 형태 면에서 기본적으로 '-다'와 결합하여 하나의 굳어진 표현인 '맞다'로 나타나며, 통사 면에서도 '맞다$_1$'이 출현하는 '무엇이 맞다'의 격틀 구조에 들어갈 수 없다는 특징을 보인다. 다음 대화 (4)를 통해서 이상의 특징을 살펴보고자 한다.

(4) 〈주제대화_일상#1〉 (00114-00125)

```
    1  A: 어 @전공이야@
    2     나 그거 끝에서 오등 했어 @
    3                      [안 돼 안 돼].
    4  B:                  [기말]
    5     기말 잘 보면 다 만회되니까 걱정 [[하지 마]],
    6  A:                             [[아]].
→   7     아 맞다 나 오늘,
    8     그 심리학
    9     적응과 심리학 [그거],
    10 B:              [어].
    11 A: 그거 봤는데::,
    12    성적이 나왔다 중간 고사?
```

대화 (4)의 앞부분, (4)-1∼(4)-6 발화의 내용은 A와 B는 성적에 관해서 대화하는 것이다. A가 중간고사를 잘 못 봤다고 하자 B는 기말고사를 잘 보면 된다고 위로한다. (4)-6 발화 '아'는 A가 B의 '걱정하지

마'라는 내용에 대한 반응 발화로 볼 수 있다. 이어지는 뒷부분 (4)-7~(4)-12 발화의 내용은 A가 적응과 심리학의 성적이 나왔다는 새로운 화제를 도입하여 이야기하는 것이다. (4)-7 발화의 '아 맞다'는 곧 A가 갑자기 이러한 생각이 떠올랐다는 것을 표시하는 것이다. 대화 구조상으로 보면 이 발화로부터 화제가 전환되었다.

여기서 '맞다'는 통사적으로 주변 환경으로부터 독립적이고, '무엇이 맞다', '무엇이 무엇에 맞다', 혹은 '무엇이 무엇과 맞다'와 같이 기존 '맞다$_1$'이 실현되는 격틀에 모두 나타나지 못한다. 그리고 '그렇지'로 대치할 수 없다는 현상에서도 볼 수 있듯이 '맞다$_2$'처럼 상대방의 말에 동의한다는 것을 표시하는 의미도 아니다. 이는 오히려 '참'으로 대치할 수 있는데 자신이 기억이나 생각이 문득 떠오를 때 쓰이는 것으로 해석될 수 있다. 이러한 인지 상태의 변화가 반영되는 의미는 다음 대화 (5)에서도 확인할 수 있다.

(5) 〈일상대화_수강신청과목〉 (00749-00756)

	1	A:	또 누구 갔지?
	2	B:	준식이.
	3		기현이 아직 안 갔을 거 같구.
	4	A:	갔어.
	5	B:	갔어?
→	6		**맞다.**
	7	C:	걔도 갔잖아.
	8		그 남자애 누구지?
			(후략)

대화 (5)의 내용은 대학생들이 군대 간 친구 수를 세는 것이다. B는 아직 기현이 군대에 가지 않은 줄 알았는데, A의 말을 듣고 다시 생각

해 보니 간 것이 맞음을 떠올리게 되었다. (5)-6 발화에 나타난 '맞다'는 바로 다시 생각해 보니 기현이가 군대에 갔다는 기억이 떠오른다는 것으로 이해된다.

'맞다$_3$'이 드러내는 이러한 심리적 변화는 소설의 서술을 통해서도 확인할 수 있다.

(6) "별일 아니예요. 명자에겐 잘못이 없으니 염려마세요." 그때서야 내 곁에 섰는 효순을 발견했는지 명자 어머니는 "**맞다**, 니가 우리 명자에게 누명을 씌웠다문서."하고는 말릴 겨를도 없이 효순의 머리를 한대 쥐어박는다.

(유서춘《닫힌 교문을 열며》)

위 (6)에서 '그때서야 내 곁에 섰는 효순을 발견했는지'라는 지문은 곧 잊었던 사실이 갑자기 떠오른 명자 어머니의 심리적 변화를 묘사한 것이다. 이에 발화의 맨 앞에 '맞다'가 쓰였다. 이상의 논의를 통해 '맞다$_3$'의 의미는 '맞다'의 어휘적 의미는 상실되고, 개념적 의미보다 절차적 의미에 더 가까워졌다고 할 수 있다.[4] 이러한 절차적 의미는 곧 화자가 어떤 기억이나 생각이 문득 떠올랐음을 표시하는 것으로 규정할 수 있다.

4) 개념적 의미(conceptual meaning)와 절차적 의미(procedural meaning)의 구분은 관련성 이론에서 제기한 것이다(Sperber & Wilson 1993). Fraser(1990)에서는 '절차적 의미'의 개념을 받아들여, 담화표지는 명제적 의미가 없는 대신 선후행 발화의 명제적 관계를 나타내는 절차적 의미가 있다고 밝힌 바가 있다. Blakemore(2002)에서도 관련성 이론의 관점에서 출발하여 담화표지가 인지 과정에서 어떠한 역할을 담당하는지에 주목하여, 담화표지가 절차적 의미를 지닌다고 주장한다. Fraser(1990)과 Blakemore(2002)에서 모두 담화표지의 의미를 절차적 의미로 규정한 바가 있지만, 이로써 어떤 언어 형식을 담화표지로 판정하는가에서는 차이가 있어 보인다. 두 연구자는 'but, however, so, nevertheless'를 담화표지로 인정하기는 하지만, Blakemore는 Fraser와 달리 'in contrast, as a result, as a consequence'를 담화표지로 간주하지 않는다.

이상으로 담화표지를 판정하는 첫 번째 기준으로서 의미적 특성을 살펴보았다. 다음으로 형태적 특성을 보고자 한다. 형태 면에서 '맞다'는 형용사의 활용형 '-다'와의 결합이 가능하고, 동사의 활용형 '-는다'와의 결합이 불가능하다는 특징이 있다.

(7) 가. 선생님의 답이 아니라 네 답이 {맞다/맞는다}.
   나. 어학은 내 적성에 잘 {맞다/맞는다}.
   다. 이 노트북은 내 것이 {맞다/??맞는다}.
   라. {맞다/*맞는다}. 너 어제 학회 갔어?

'맞다'의 동사와 형용사 활용 양용의 현상은 일찍부터 밝혀진 바 있다(유현경 1998, 남길임 2004, 도원영 2008, 김선영 2011 등). (7가)는 '틀리지 않다'의 뜻으로 쓰인 것이고, (7나)는 '알맞다'의 뜻으로 쓰인 것이며, 모두 '맞다$_1$'의 용법을 가진다. 두 예문은 동사, 형용사 활용형이 모두 허용된다. (7다)는 '맞다$_2$'에 해당하는 것인데, '틀림이 없다'의 뜻으로 해석된다. 도원영(2008: 144)에 따르면 의미적으로 '틀림이 없다'는 뜻을 가진 경우나 문두에서 '옳다'는 뜻으로 쓰이는 경우에는 동사 활용형이 허용되지 않고 형용사 활용만 허용된다.[5] (7라)의 경우는 담화표지 '맞다$_3$'에 해당하는 것인데, 이것도 역시 '맞는다'로 실현되지 못한다. 김선영(2011: 37)에서도 이 현상을 밝힌 바가 있는데 화자가 대상을 정확히 식별하지 못하거나 대상이 머릿속에 떠오르지 않아 긴가민가하는 상황에서 순간적으로 알아보거나 떠오르는 경우에는 '맞다', '맞군'과 같이 형용사 활용형만이 쓰인다고 한다.[6]

---

5) 도원영(2008: 144)에서 제시한 예문은 다음과 같다.
   가. 이 안경은 내 것이 {맞다/?*맞는다}.
   나. 불러준 번호가 내 핸드폰 번호가 {맞다/?*맞는다}.
   다. {맞다/*맞는다}, 내가 말한 바로 그 남자야.

이에 담화표지 '맞다$_3$'의 형태는 본래의 어휘 의미를 지닌 '맞다$_1$'과는 다른 유형을 지니고, 응답 표현으로서도 쓰이는 '맞다$_2$'와 더 유사하다고 본다. 후술하겠지만 이러한 연관성은 '맞다'의 담화표지 쓰임의 형성 기제와 관련이 있음을 암시한다.

마지막으로 '맞다'의 통사적 특성을 살펴보고자 한다. 21세기 세종계획 구어 말뭉치에서 '맞다$_3$'의 용법은 오직 종결어미 '-다'와 결합하는 형태만 발견된다. 그러나 박성현(2007: 187)에서 제시한 대화를 보면, 종결어미 '-어'와 결합하여 '맞어'가 쓰이는 예도 나타난다.

이와 관련해서 박나리(2004: 101)에 따르면, '-어'와 '-다'가 예상치 못한 외부자극에 대한 즉각적인 반사작용으로 문장을 발화한 경우에 유표적인 쓰임새를 보인다는 공통점을 가진다. 둘 다 다음과 같은 발화 상황에서 사용되기는 하지만, 서로 교체가 불가능한 경우이다.

(8) 가. (뜨거운 라면을 한입 먹자마자) 앗, 뜨거워.
　　나. (아이스크림을 한입 베어 먹자마자) 아이, 시려.
　　다. (심마니가 산삼을 보자마자 놀라면서) 앗, 산삼이다.
　　라. (TV에서 처음 보는 가수의 노래를 들으면서) 와, 노래 정말 잘한다.

(8가, 8나)는 '-어'가 쓰이고, '-다'로 바뀌면 어색한 경우이고, (8다, 8라)는 '-다'가 쓰이고, '-어'로 바뀌면 어색한 경우이다. 박나리(2004)에서는 이러한 차이가 지각의 유형에 따라 결정된다고 본다. 즉, '-어'가 사용되는 환경은 근각(近覺)에 해당하는 통각, 미각, 촉각의 외부자극이 미칠 경우이고, 시각, 청각의 원각(遠覺)적인 외부자극이 미칠 때에는 '-다'가 구분되어 선택된다고 논의하고 있다.

---

6) 김선영(2011: 37)에서 제시한 예문은 다음과 같다.
가. (몰라보게 달라진 친구를 순간 알아보며) "용하, 용하가 {맞군, *맞는군}."
나. (무엇을 먹을까 궁리하다가) "{맞다, *맞는다}, 어제 먹다 남은 케잌이 있었지."

지각 정보의 유형에 대한 접근이 일리가 있기는 하지만, 새로 깨닫게 되는 것을 말할 때 쓰이는 '맞아'와 '맞다'는 외부자극과 관련이 느슨하고, 특정한 맥락에서 유발한 내부의 지각 변화를 표현한다고 할 수 있다. '맞다'와 '맞아'가 모두 허용된다는 것은 박나리(2004)에서 제기한 '반사성', '즉각성'의 의미 자질에 부합하나, '맞다'와 '맞아'가 지니는 뉘앙스 차이가 있다는 사실에 대해서는 설명할 수 없다. 즉, 생각이 떠오를 때의 갑작스러움의 정도에 있어서 '맞다'가 '맞아'보다 더 높다는 뉘앙스를 설명하지 못한다는 것이다.

이 글에서는 이러한 차이점이 '맞다'와 '맞아'가 쓰이는 발화 유형에 기인한 것으로 본다. '맞다'는 '맞아'보다 혼잣말의 성격이 더 강하다는 것이다. 장소원(2018: 228)에 의하면 혼잣말의 발화 유형은 세 가지로 나뉠 수 있다. 첫 번째는 화자 혼자 있는 발화 상황에서 어떤 청자도 상정하지 않고 이루어지는 발화 또는 그러한 발화가 문자화된 결과물이고, 두 번째는 청자 옆에서 청자의 존재를 무시하고 구성하는 발화이며, 세 번째는 청자 옆에서 청자가 듣기를 바라지만 청자를 의식하지 않는 것처럼 가장한 발화이다.

특정한 청자를 상정하지 않고 화자가 혼자만 있는 발화 상황에서는 무언가 떠오를 때 '맞다'가 '맞아'보다 더 많이 쓰인다. 이러한 현상은 소설에서 인물의 내적 심리 변화를 표현할 때 '맞다'가 쓰인다는 사실을 통해서도 확인할 수 있다.

(9) 가. 오늘은 하루종일 빨주노초파남보의 잡탕생이었다. 그렇다면 무슨 색깔을 칠하게 해야 저토록 기나긴 손톱(꿈이냐, 생시냐)에 걸맞는 색깔이 될까. 생각에 골몰해 있는데 문득 아까 내가 그녀의 등에 채찍을 내리 갈겼을 때 생겨난 검붉은 핏자국이 머리 속에 떠올라 온다. <u>맞다</u>. 역시 영원히 물리지 않는, 영원히 싫증나지 않는 관능

적 색깔은 붉은색이다.

(마광수《권태》)

나. "자네 당구 칠 줄 알지?"
"당연하죠."
"얼마 치나?"
"200 놔도 됩니다."
"하수군."
엉? 200이 하수야? 아, <u>맞다</u>, 아버님이 500정도 되신다고 들었다.
"한 게임 할 텐가?"
"정말 한 게임 해도 되겠습니까?"

(이현철《연하가 뭐 어때》)

혼자만 있는 발화 유형에서 전형적으로 쓰이는 '맞다'가 청자가 있는 상황에 나타날 때는 갑작스럽게 떠오른 일이 있음을 상대방에게 알리는 역할을 담당한다. 화자의 입장에서는 청자가 있는 것을 감지하고 있음에도 불구하고 무시하는 듯이 '맞다'를 사용한다. 청자의 입장에서는 이러한 굳어진 언어 형식을 통해, 화자의 급작스러운 깨달음을 계기로 이어질 발화 내용과 앞선 내용이 달라질 것임을 알아차리게 된다. 이처럼 '맞다'가 근원적으로 화자가 혼자 있는 발화 상황에서 쓰이는 말로부터 유래된 사실을 보면, '맞다'가 '맞아'보다 더 전형적인 형식이라고 할 수 있다.7)

형태 및 통사적 특성을 살펴본 결과, '맞-'과 '-다'의 결합은 '맞-'과 다른 종결어미 형식의 결합보다 더욱 특정한 문법 의미를 띠고 담화

7) 이와 관련해서 '-구나'와 '-네'의 비교도 할 만하다. '-구나'와 '-네'는 [새로 앎]의 양태 의미를 지니지만, 상대방의 말에 동의할 때는 '맞네'가 쓰일 수 있는 데 비해, '맞구나'는 다소 어색하다. 반면에 '맞다'가 담화표지로서 쓰일 때는 혼잣말처럼 하는 '맞군'은 허용되지만 '맞네'는 사용될 수 없다.

상황적 특성을 지닌다. 이에 '맞다'는 일반적인 통사 단위의 결합보다는 더 긴밀하게 결합한 형식이고, 형태적 고정성을 띤 언어 형식이라고 할 수 있다. 또한, 문장에서 독립적으로 나타나고 후행 발화의 명제적 의미에 관여하지 않는다는 특성이 있고, '맞다'가 지니는 의미는 개념적 의미보다 '어떤 기억이나 생각이 문득 떠올랐음을 표시함'이라는 절차적 의미가 더 두드러진다. 그리고 담화 구조 면에서는 청자에게 후행 발화가 갑자기 떠오른 것임을 알려주고, 담화 내용이 바뀔 것을 예고한다는 담화의 흐름을 조절하는 기능을 갖는 것이다. 이상의 특성을 종합해 보면 '맞다'가 담화표지의 지위를 갖는 것으로 판정된다.

3. 담화표지 '맞다'의 담화적 기능

담화표지가 지니는 기능에 대해서는 아직 확고한 설이 없지만, Schiffrin(1987)에서부터 담화구조 층위에 머무르지 않고 다양한 층위에서 담화표지를 다루기 시작했다.[8] 최근 Maschler(2009)에서는 상호작용 언어학적(Interactional Linguistics) 관점에서 기존 담화표지의 논의를 종합하여, 담화표지가 적용되는 주요 영역에 따라 다시 텍스트 담화표지(Textual DM), 대인관계 담화표지(Interpersonal DM), 인지 담화표지(Cognitive DM)로 분류한 바가 있다.[9]

8) Schiffrin(1987: 24-29)에서는 담화표지를 다섯 층위에서 분석한 바가 있다. 이는 교환구조(exchange sturcture), 행위구조(action structure), 개념구조(ideational structure), 참여자 틀(participation framework), 정보 상태(information state)이다.

9) 텍스트 담화표지는 다시 지시 영역(Referential Realm), 구조 영역(Structural Realm)으로 나뉘고, 전자에 해당하는 경우는 지시사(now)와 접속사(and), 후자에 해당하는 경우는 담화 구조에 관여하는 것이다(first of all, anyway). 대인관계 담화표지는 담화참

전술한 것처럼 '맞다'는 잊었던 사실이 기억나거나 어떤 생각이 갑자기 떠오를 때 쓰이는 것이므로 화자의 인지 상태의 전환을 드러내는 인지 담화표지에 해당한다. 한편, 앞서 대화 (4)에서 밝힌 바와 같이 '맞다'는 화제를 전환하는 기능도 보인다. 이는 기원적으로 '맞다'가 혼잣말의 특성이 강한 표지로서 인지 영역에 속하지만, 발화에서 실현되면 담화를 구조화하는 텍스트 영역의 기능을 담당하기도 한다는 것이다. 다음으로 '맞다'가 출현하는 담화 구조를 더 상세히 살펴봄으로써, 결속하는 화제 간의 연관성을 기준으로 담화적 기능을 화제 전환, 화제 추이, 정보 수정으로 나누어 제시하기로 한다.

(1) 화제 전환

'맞다'의 가장 전형적인 기능은 화제 전환이다. 곧, 화자의 새로 떠오른 생각에 대해 말하며 대화 화제를 새로운 화제로 바꾸는 것이다. 이런 기능을 지니는 '맞다'는 말차례가 바뀌는 구조에서 나타날 수 있고, 같은 말차례에서도 나타날 수 있다.

(10) 〈일상대화_관광 명소 등에 대해〉 (00528-00540)

1 A: 쪼끔만 기달려.
2 B: 얼마나?
3 A: 이제 쪼끔만 기달리면 될 거 같애.
→ 4 B: (H) 아 <u>**맞다**</u>.
5 그 옛날에 그~ 뭐지~?

여자 사이의 관계와 상호작용에 관여하는 것이고 화자의 태도, 대화 참여자의 관계 등을 표시한다. 이는 Schiffrin(1987)에서 제시한 참여자 틀과 유사한 것이다. 인지 담화표지는 틀 바꾸기(frame-shifting) 과정에서 화자가 지니는 인지적 과정을 드러내는 것이다. 정보를 처리하는 과정을 표시하는 'hmm', 신정보를 인지할 때 쓰이는 'oh' 등의 담화표지가 이에 해당한다(Maschler 2009: 22-24).

6 중앙 박물관인가?
7 그거 대체 어디루 갔어?
8 A: 거기 있지 않어?
9 B: 안에 있는 시설하구 다 옮겼잖아.
10 A: 옮겼다구?
11 B: 어 안에 있는 소장품을 다 옮겨갔어.
12 어디루,

(11) "앞으론 우리집에서 길어가라. 내가 우리 엄마한테 말해줄게."
"그치만 너희 집은 약수터보다 더 멀잖아."
"아, 맞다. 내가 그 생각을 깜박했다. 빵 먹을래?"
혜미가 포켓몬스터빵 봉지를 뜯어서 스티커는 제가 가지고 빵은 아이한테 주었다. 아이는 빵을 바퀴벌레가 파먹지 않도록 하기 위해서 비닐봉지에 꼭꼭 싼 다음 밥그릇을 엎어서 그 속에 넣어두었다.
(공선옥《멋진 한세상》)

위 (10)과 (11)은 각각 구어 담화와 소설에 나타난 대화의 예이다. 두 예의 공통점은 '맞다' 뒤에 이어지는 발화가 전의 화제와 전혀 관련이 없는 새로운 화제로 바뀌는 것이다. (10)은 중앙 박물관이 어디로 옮겼는지에 대한 것이고, (11)은 빵을 먹느냐고 하는 청자에 대한 물음이다. 화자는 '맞다'를 통해서도 말차례 가져가기의 효과를 일으킨다.

다음 대화도 함께 살펴보자.

(12) 〈독백_잡담#3〉 (00090-00100)
1 강사: 그까 이게 서로 다르구나 그런 걸 느끼면서,
2 서로 다른 거를 인정을 해야지 처음에 딱 오면은 문화에 대해서 부정적인 시각을 딱 먼저 가지잖아요,
3 그런 거 나도 공부도 많이 하고,
→ 4 아 맞다 또 이런 사람도 있었어요.

5　　캐나다 사람인데,
6　　무슨 대학교에 영어교수였는데 그 사람... 은 정말로 정말로 진짜 부정적이야 한국에 대해서 부정적인데,
7　　그리고 또 언어를 잘 완곡어법을 써서 표현을 못하니까 되게 직접적으로 얘기를 하는 거예요 그래 가지고,
8　　갑자기 인제~ 음식 문화 다른 거 뭐~ 그런 걸 얘기를 하는데,
9　　어~ @한국 사람들이,@
10　　이렇게 입을 벌려 벌린 상태로 음식을 먹는대요,
11 청중: @@@

대화 (12)는 같은 말차례에서 나타난 '맞다'의 예시이다. 위 대화는 강사가 외국인에게 한국어를 가르치는 경험을 소개하는 수업의 일부 내용이다. 강사가 외국인을 가르칠 때 경험한 몇 가지 사례를 이어서 얘기하고 있다. (12)-1～(12)-3 발화는 강사가 전에 말한 사례를 마무리 짓고 자신의 소감을 나눈 것이다. (12)-4 발화의 맨 처음에 나타난 '아 맞다'는 새로 생각난 사례가 있음을 표시하고, 화자는 이어서 캐나다 학생의 일화를 언급했다. 곧, '맞다' 뒤에 이어지는 화제가 전혀 다른 것으로 바뀌는 것이다.

(2) 화제 추이

화제 전환 기능을 지닌 '맞다'는 기존 담화 화제와 아무 관련도 없는 화제가 떠올라 발화하는 경우라고 한다면, 화제 추이 기능은 선행 발화의 유도로 갑자기 관련된 일이 떠오르고 이어서 조금씩 화제가 바뀌는 것이다. 화제의 정보성으로 보면 '맞다' 뒤에 이어지는 화제는 신정보이지만, 선행 발화에서 나타난 구정보와 관련이 있고, 또한 하나의 큰 화제에서 하위를 차지하고 있기 때문에 대화의 전체적인 맥

락에서 화제가 완전히 바뀌는 것이 아니다.

다음과 같은 대화는 화제 추이 기능에 해당하는 경우이다.

(13) 〈일상대화_관광 명소 등에 대해〉 (01305-01315)

1 A: 진주만 실패했잖아.
2 B: 결국은 실패했지만.
3 A: 어 어 진주만 @실패@ 쫌 우울해 했겠지.
4 걔네두 뭐~ 영화 거기 영화에 한 육천 억 칠천 억 들어서.
5 그리구 실패하드라두 뭐~,
6 일딴은 뭐~ 하기야 그게 올여름 블럭버스터였다.
→ 7 B: 아 맞다.
8 그 배급망이 전세계니까.
9 A: [완전 실패했다구 그래두],
10 B: [본전 뽑잖아].
11 A: 본전은 뽑았겠지.
12 대박은 터트린 건 아니구.

대화 (13)은 A와 B가 영화의 흥행 수입에 관한 얘기를 한 것이다. (13)-1~(13)-6 발화 내용을 통해서 알 수 있듯이, B는 영화 진주만이 결국은 실패였다고 생각했는데 A는 이 영화가 어쨌든 올여름의 블록버스터였다고 언급하고 있다. B는 이러한 맥락에서 이 영화의 배급량이 전세계적임을 떠올렸다. 이어서 새로운 정보를 제시함으로써 대화를 진전시켰다.

(3) 정보 수정

담화 전개에 따라 화자가 갑자기 선행 발화에서 잘못된 발화를 깨닫게 되는 경우가 있다. 이럴 때 '맞다' 뒤에 오는 발화 내용은 기존 발화를 수정하는 기능을 수행한다. 다음과 같이 (14), (15) 대화는 이에 해당하는 경우이다.

(14) 〈주제대화_일상#1〉 (00097-00102)

1 A: 음::~ 아니야 내일 나 수업 없어,
2 B: 좋= @ 하,
3 좋겠다. @
→ 4 A: 아 **맞다**,
5 심리학 하나 있구나,
6 B: 나도 하나,

(15) 〈일상대화_삼십대〉 (02808-02817)

1 A: 왜 싸워서?
2 열 받아서?
3 B: 싸웠지.
4 싸우고 나왔는데 열 받아서 나왔는데,
5 다 나와서 술 마시고 있는 거야.
6 같이 술 마시고 @새벽 첫날밤에, @
→ 7 첫날밤에 아 **맞다** 첫날밤에 나는 피곤해서 잔 게 아니라,
8 첫날밤에 가서 싸우고,
9 A: 첫날밤에 싸웠어? @
10 B: @@ 그리구 나와서 혼자서 맥= 칼스버그 그~ 방콕에서 맥주 마시다가,
(후략)

대화 (14)에서는 A가 '아 맞다'를 발화하고 나서 이어서 내일 수업이 하나 있다는 것을 밝히고, 선행 수업이 없다는 정보를 수정했다. 대화 (15)에서는 B가 자신의 말차례를 유지하는 동시에 첫날밤에 싸웠다는 정보를 밝히고 있는 것으로 보인다.

위에서 다룬 기능은 모두 화제를 결속하는 면에서 발견된 텍스트적 기능이라고 할 수 있다. '맞다'는 그것이 연결하는 선·후행 발화 간 정보의 관련성에 따라, 전혀 관련이 없는 경우는 화제 전환의 기능을 갖고, 큰 화제 아래 조금씩 화제를 바뀌는 것은 화제 추이, 후행 발화가 자신의 선행 발화에 대한 수정일 때는 정보 수정의 기능을 지닌다. 화제 전환 기능에서 후행 발화는 선행 발화와 전혀 관련이 없지만 화제 전환과 정보 수정 기능은 선행 발화와 일정한 관련이 있다고 할 수 있다.

담화표지 '맞다'는 흔히 상대방의 말차례를 가져오고 새로운 화제를 시작하는 위치에 출현한다. 유의해야 하는 것은 '말차례 가져오기'란 현상은 화자가 의도적으로 말차례를 일부러 빼앗는 것이 아니라는 점이다. '맞다'는 상대방의 말차례가 끝난 다음에 새로운 화제로 넘어가는 것이기 때문에 말차례 가져오기는 일종의 결과물에 불과하다. 이는 전형적으로 상대방의 말차례가 끝나기 전에 발화를 시작하는 '자, 저, 저기' 등 말차례 빼앗기 기능을 지닌 담화표지와 다른 양상을 보인다. 다시 말해서, '맞다'가 일으킨 말차례 교체는 화청자 간에 서로 합의가 된 것이라고 할 수 있다.

화청자 간 합의가 이뤄졌다는 사실은 '맞다'를 듣는 사람의 입장, 즉 이해하는 입장에서 다시 설명할 수 있다. 만약 화자가 갑자기 전혀 관련이 없는 화제로 바꾼다면 대화 격률 중 하나인 관련성 격률에 어긋날 것이다. 이에 '맞다'를 사용함으로써 후행 발화 내용이 바뀔 것임을 예고하면 청자도 이 신호를 받아들여 뒤에 이러한 전환을 기대할 것이다. 요컨대, '맞다'는 대화를 원활하게 진행하기 위해 '화제가 바뀔 것을 예고함'이라는 절차적 의미를 표시한다. 이처럼 '맞다'는 다기능적으로 화자의 인지 상태의 변화를 표현하는 인지 담화표지에 속하면서도, 담화 구조를 표시하는 텍스트 담화표지로서의 기능도 수행한다.

4. 담화표지 '맞다'의 형성 기제

앞서 내용을 통해서 담화표지 '맞다'의 특성과 담화적 기능을 살펴보았다. 아직도 하나의 질문이 남아 있는데 '틀리지 않다, 혹은 틀림이 없다'의 뜻으로 쓰인 '맞다'는 어떻게 담화표지로 발달해 가는가 하는 문제이다. '맞다'처럼 비슷한 의미 기능을 지니는 형식은 한국어에서는 '참, 옳다, 옳다구나'가 있고, 모두 '진실, 정확하다'로 해석할 수 있는 '眞'과 관련된 뜻을 지닌다. 이와 비슷한 의미 변화의 현상은 다른 언어에서도 발견된다. 이 장에서는 먼저 한국어 내부의 자료를 살펴봄으로써 '맞다'의 의미 변화의 경로를 논의한 다음에 다른 언어의 현상을 검토하고자 한다.

(1) 의미 변화의 경로

앞서 2장에서 밝힌 바와 같이 '맞다$_2$'는 '맞다$_3$'과 여러 가지 유사성을 지닌다. 활용형은 모두 형용사의 활용형을 지니고, 담화 구조상으로는 모두 발화의 앞 위치에 쓰이며, 담화적 기능상 전자는 응답 표현으로 나타나고, 후자는 담화표지로 나타난다. 따라서 '맞다$_3$'이 '맞다$_1$'보다는 '맞다$_2$'에서 발달했을 가능성이 더 크다.

다음 (16) 대화에서 나타난 '맞다'는 상대방에 동의하는 것임을 나타내기도 하지만, 또 어떤 면에서는 무언가 생각이 난다는 의미도 있다.

(16) 〈일상대화_정치와 경제〉 (00886-00892)

1 A: 근데 아직까지,
2 군사 그 명령권이 미국에 있지 않냐?
3 비상시에,
→ 4 B: 아 **맞다 맞다**.
5 A: 그러니까 미국이 철수한다는 게 그거를 먼저 고치지 않으면은, 불가능한 거 아니야?
6 B: 그치.

(16)-1~(16)-3 발화에서 A가 한국의 비상시 군사 명령권이 아직 미국에 있다는 것을 말했다. 이 말을 듣고 B가 '아 맞다 맞다'로 말을 이어간다. 이는 그 정보는 예전에 알고 있었고 A의 발화로 인하여 다시 그 기억을 깨닫게 된다는 인지 상태의 변화를 나타낸다.

여기서 나타난 '아 맞다 맞다'는 '맞다$_2$'와 '맞다$_3$'의 의미를 겸한다. 즉, 상대방의 말에 대한 동의와 확인의 의미로 쓰이면서도 이런 정보의 출처가 자신이 원래 가진 것이고, 이와 관련된 기억이 순간적으로 떠올랐다는 인지 과정을 알려준다. 한편, 담화표지 '맞다$_3$'에 비하여 '화제가 바뀔 것을 예고함'이라는 담화적 기능을 수행하지 않는다는 점에서는 차이가 있다. 이때 B의 발화 뒤에 새로운 화제로 이어지는 말이 없으니 응답 표현 '맞다$_2$'와 비슷하게 상대방의 말을 긍정하는 기능을 수행한다. 이로부터 다시 확인할 수 있는 것은 담화표지 '맞다'는 인지 층위에서 작동할뿐더러 텍스트 층위에서도 기능한다는 것이다.

(16)에서 나타난 '맞다$_2$'와 '맞다$_3$' 의미의 겹침 현상에서 짐작할 수 있듯이, '맞다'가 담화표지로 발달하는 과정은 상대방을 긍정하는 응답 표현으로서 쓰이는 형태와 연관이 있음을 시사한다. '맞다'의 의미를 더 메타적인 차원으로 생각해 보면, '맞다'가 서술한 사건은 반드

시 판정이나 확인의 인지 과정이 필요한 듯하다. 예컨대, '신발이 내 발에 맞는다'에서 표현하는 사건은 반드시 신발과 발의 크기를 서로 비교하고 적당한지를 판정하며 신발이 발에 맞는지 여부를 파악한 후에야 '신발이 내 발에 맞는다'라는 결과를 얻을 수 있다. 또한, '이 일은 내 적성에 맞는다'는 판단도 자신의 성격과 그 일의 특성을 서로 비교하는 작업을 통해서만 적성에 적합하다는 판단을 내릴 수 있는 것이다. 이처럼 '맞다'가 쓰이는 발화는 말하는 이의 두 대상이 일치하는지를 판단한다는 인지적 과정이 필요하다고 볼 수 있다.

'맞다$_2$'와 '맞다$_3$'의 경우도 그렇다. 앞사람의 말에 동의할 때는 자신의 생각이 상대방의 말에 일치하는 것으로 해석될 수 있다. 화자가 겪은 인지 과정을 추측해 보면 자신의 생각이 상대방이 하는 말에 일치하는지를 판정하고, 일치한다면 '맞다'의 결과가 도출된다. 어떤 일이 갑자기 머릿속에 떠오를 때는, 그 일이 인지적 처리 과정에서 원하는 것과 일치하는 것으로 해석된다. 이럴 때 화자의 인지 과정은 자신의 생각에 대한 판정으로 이해될 수 있고, 부합한다면 '맞다'의 결과가 나타난다. 달리 말해서, '맞다$_2$'가 판정하는 대상이 상대방의 말이라고 한다면, '맞다$_3$'이 판정하는 대상은 곧 자기 생각이라고 할 수 있다.

이상의 논의를 종합해 보면 '맞다'가 담화표지화 과정에서 나타난 여러 특징은 다음과 같이 정리할 수 있다.[10)]

10) 담화표지의 형성 과정이 문법화인지 화용화인지는 아직 의견이 분분하다. 여기서는 이러한 이론적 고려를 숙고하지 못하므로 일단 이러한 발달 양상을 통틀어 '담화표지화'로 가리키기로 한다.

〈표 2〉 '맞다'의 담화표지화의 과정

	맞다$_1$	맞다$_2$	맞다$_3$
인지 과정	두 대상 사이에 대한 판단	상대방의 말에 대한 판단	자신의 생각에 대한 판단
주관화 정도	객관성이 강함	객관성 ― 주관성	주관성이 강함
의미	개념적 의미	개념적 의미 ― 절차적 의미	절차적 의미
'맞다'의 형태	통사적 결합	통사적 결합	통사적 결합 ― 굳어진 형식
담화구조 위치	담화 층위에서 요구하지 않음	억양 단위의 맨 앞	말차례 교체 위치, 억양 단위의 맨 앞

'맞다'와 같이 '어떤 기억이나 생각이 문득 떠올랐음을 표시함'이라는 의미를 지니고 '화제가 바뀔 것을 예고함'이라는 기능을 지니는 담화표지로는 '참, 옳다, 옳다구나'의 예를 더할 수 있다. 이들의 어휘적 의미는 모두 '진실, 정확하다'를 드러내는 '眞'과 관련된 뜻을 지니므로 '맞다'에서 보이는 의미 변화의 경로와 비슷한 양상을 보인다.

'옳다, 옳다구나'의 경우는 현대 한국어에서 자주 쓰이지 않고 간혹 사극 영화·드라마에서 들을 수 있다. 《표준국어대사전》의 기술에 따르면 '옳다'는 어떤 기억이나 생각이 순간적으로 떠오르거나 어떤 일이 자기의 생각과 꼭 들어맞을 때 하는 말이라고 한다. 그리고 '옳다구나'는 이런 뜻을 지닌 '옳다'를 강조하여 이르는 말이라고 한다.

여기서 주목할 만한 것은 담화표지 '맞다'와 같은 용법을 지닌 '옳다'와 '옳다구나'의 품사가 모두 감탄사로 표시되어 있다는 것이다. 그리고 《표준국어대사전》에서 '옳다' 계열이 감탄사로 표시되는 것은 '옳다, 옳다구나' 이외에 '옳지, 옳소, 옳아'가 더 있다. 이러한 처리는 아마도 특정한 담화적 기능을 지니는 이러한 언어 형식들이 현대 한국어에서 더 이상 통사적으로 결합하지 않고 고정된 형식으로 나타난다는 것을 짐작하게 한다. '맞다'의 경우도 이와 마찬가지로 종결어미 '-다'와 어간 '맞-'의 결합이 '맞아'보다 더 빈번하게 전형적으로 나타나고 하나의 굳어진 단어처럼 행동하는 경향이 있는 것으로 보인다.

한편, '참'은 '맞다'에 비하면 어휘적 의미가 더 많이 상실되어 있다. '참'이 담화표지로서 쓰일 때는 원래 명사가 갖는 '거짓'에 대립되는 의미와 관련짓기 어렵고, 품사는 감탄사로 간주해야 한다.[11] 따라서 담화표지 '참'은 '맞다'에 비하여 상대방의 말에 대한 긍정이나 확인의 용법으로 쓰이지 않는다. 어휘적인 의미가 더 상실되고 화제를 전환한다는 기능 면에서는 '맞다'보다 더 두드러진 것으로 보인다. 다음 대화 (17)은 '참'이 '맞다'와 같이 나타난 경우이다.

(17) 〈일상대화_식생활에 대해〉 (01333-01339)

1 A: 근까 그때 몸이 안 좋아 수술하고 나서,
2 B: 음.
→ 3 A: 참 <u>맞다</u>.
4 걔가 수술하고 나 가지= 나서,
5 몸이 안 좋았는데 개고기를 먹었대.
6 B: 음.
7 근데 걔는 되게 맛있다고 그러드라고.

(17)-3 발화는 '참 맞다'로 나타나는데 '참'과 '맞다'는 비슷한 의미를 지니기는 하지만, '참'이 먼저 쓰이는 것은 더 두드러진 화제 전환의 기능을 담당하기 때문인 것으로 짐작된다.

---

11) '참'에 대한 선행연구는 김영철(2007), 구종남(2015) 등을 참조할 수 있다. 구종남(2015)에 따르면 '참'이 '거짓'의 반대말로 쓰이는 명사, '참으로'의 뜻으로 쓰이는 부사의 형태가 있고, 감탄사로서는 실망, 당혹, 기쁨 등을 드러내는 감정/느낌을 표현하는 용법과 문득 떠오른 생각이 있음을 드러내는 용법을 가진다. 여기서 거론하는 담화표지 '참'은 바로 마지막 용법에 해당한다.

Maschler(2009: 17)에 따르면 담화표지는 전형적인 담화표지와 비전형적인 담화표지로 구분되고, 하나의 연속체의 특성을 보인다고 한다. 전형적인 담화표지는 의미와 구조 측면의 기준을 모두 만족시켜야 한다. 의미적으로는 사용되는 맥락에서 메타-언어적으로 해석되어야 하며, 구조적으로는 화자가 바뀌는 시점이든지 동일한 화자가 계속할 경우든지 반드시 억양 단위의 시작 위치에 나타나야 하는데, 지속되던 이전 억양과는 다른 억양 구조가 바로 뒤에 나타나야만 한다고 주장했다.[12] 이러한 관점으로 보면 화제 전환인 텍스트 영역의 기능에 있어서 '참'은 '맞다'보다 더 전형적인 담화표지라고 할 수 있다.

이와 관련해서 '맞다'가 감탄사 '아'와 빈번하게 공기하여 '아 맞다'와 같이 복합형 담화표지로 나타난다는 특징이 있다.[13] 이 같은 현상은 영어에서도 비슷하게 'oh, by the way'처럼 나타난다. Fraser(2009)에서는 담화 구조에서 메타-주해 기능을 지닌 언어 형식을 담화 관리 표지(discourse management markers)라고 설정하고, 이를 다시 담화 구조 표지(discourse structure markers), 주제 도입표지(topic orientation marker), 주목 표지(attention marker)로 나누었다.[14] 그 중, 주목 표지가 자주 담화 구조 표지와 같이 나타난다는 현상을 기술하고 있다.

12) 이에 대한 한국어 번역은 구현정(2018: 226)을 참조한 바가 있다.

13) 강소영(2014)에서는 두 가지 이상의 담화표지가 결합한 형식을 복합형 담화표지라고 규정하고, '아 근데'와 '아니 근데'에 대해서 분석한 바가 있다.

14) Fraser(2009)에 따르면 담화 구조 표지에는 'first ~ then, in summary, I add...' 등이 포함되고, 주제 도입 표지에는 'anyway, back to my original point, before I forget, but, by the way...' 등이 포함되며, 주목 표지에는 'ah, oh, alright, anyway, anyhow, hey...' 등이 포함된다.

(18) 가. There's a lot of good people working hard. **<u>And, by the way</u>**, we've also changed the culture of the FBI to have counterterrorism as its No. 1 priority.

나. You regained consciousness about half an hour after I started talking to you. **<u>Oh, that reminds me</u>**, when you came round, you mumbled something about having heard me calling you. Do you remember that?

다. We should be considering much more than just four elements. <u>Anyway, returning to</u> the four elements mentioned above. . .

(Fraser(2009: 895-896)에서 재인용)

Fraser(2009: 896)에 따르면 이런 공기 현상은 주목 표지가 청자의 주의를 이끌고 다음에는 곧 화제의 변화가 일어남을 암시한다. 이들은 대립(well, alright), 강화(so), 반응(now, now then, so), 그리고 놀라움(but, oh)처럼 다양한 의미 관계를 예고할 수 있고, 담화에서 딱딱한 화제 도입을 피하는 역할을 담당한다고 한다.

'아 맞다'도 역시 이와 마찬가지로 '아'가 주목 표지로 쓰이고 어떤 생각이나 기억이 문득 떠오를 때의 심리 상태를 표시한다. '참 맞다'가 나타날 수 있는 현상도 '참'이 주목 표지로 쓰일 수 있음을 알 수 있다. 이에 '참'이 '맞다'보다 담화표지로서의 사용 영역이 더 넓은 것으로 판단된다.

(2) 다른 언어의 현상

영어학계에서는 담화표지 'oh'에 대해 논의하는 과정에서 'oh'와 함께 출현한 표현도 고려하였다(Heritage 1984, 1998, 2002). 그 중 Heritage (1984: 338)에서는 처음으로 'oh, that's right'을 언급한 바가 있는데,

이는 "이전에 독립적으로 알려진 정보에 대한 '방금 다시 관련된 것으로 떠오른' 기억('just-now-recollected-as-relevant' remembering)"을 의미하는 표현이라고 한다. 이러한 기술은 '어떤 기억이나 생각이 문득 떠올랐음을 표시함'이라는 '맞다'의 의미와 상통한다고 할 수 있다.

그 후, 이와 같은 복합형 담화표지에 '깨달음 토큰(Realization Token)'이라는 이름이 붙여졌고, 독일어, 덴마크어, 핀란드어 등의 언어에서도 비슷한 형식이 발견된다는 것이 알려지게 되었다. 선행연구에서는 영어의 'oh, that's right'(Küttner, 2018), 독일어의 'achja'(Betz & Golato, 2008), 덴마크어의 'nåja'(Emmertsen & Heinemann, 2010), 핀란드어의 'ai nii(n)'(Koivisto, 2013)에 대해서 논의한 바가 있다. 신기하게도 이들 형태의 공통점은 모두 '감탄사+긍정 표지'의 형태로 쓰이는 것인데, 이는 인지 상태의 변화를 나타내는 감탄사('oh', 'ach', 'nå', 'ai')와 상대방의 말을 긍정하는 말('right/yes', 'ja', 'ja', 'nii(n)')이 결합한 것이다(Koivisto 2013: 280).15)

한국어 '맞다'의 의미 변화 양상과 거의 동일하게, '정확하다'라는 실질적인 의미로부터 자신의 기억이나 생각이 새롭게 떠올랐다는 인지 과정을 표시하면서, 화제가 바뀔 것을 예고한다는 기능을 지니는 언어 형식은 이탈리아어와 중국어에서 찾을 수 있다.16)

이탈리아어 'Giusto'는 형용사, 부사의 용법으로 쓰이는데 영어의 'just, right, correct'에 해당한다. 담화표지로 쓰일 때는 '맞다'와 같은 용법으로 쓰인다. 그리고 '아 맞다'와 같이 감탄사가 붙어서 'Ah,

15) 한편, 일본어에서 '아, 맞다'에 해당하는 표현은 'あ、そうだ'이다. 'そうだ'는 '그렇다'의 뜻을 지니는데 상대방의 말을 긍정하는 것으로 쓰인다. 그러므로 일본어의 'あ、そうだ'도 '감탄사+긍정 표지'의 형식으로 볼 수 있다.

16) 이탈리아어의 용법은 서울대학교 국어국문학과 석사 졸업생 아마도리 프란체스코 선생님의 제보에 따른 것이다.

Giusto'로 쓰이기도 한다. 다음 예문 (19가)와 (19나)는 'Giusto'의 형용사와 부사의 용법이고, (19다)는 상대방의 말이 맞을 때 강렬하게 긍정을 표현하는 용법이며, (19라)는 어떤 생각이 문득 떠오를 때 쓰이는 담화표지의 용법이다.

(19) 가. La risposta che hai dato è **giusta**.
　　당신의 대답은 맞습니다.
　나. Hai risposto **giusto**.
　　당신은 정확하게 대답했습니다.
　다. - Sei americana?
　　- 미국 사람입니까?
　　- **Giusto**!
　　- **그렇죠**!
　라. **Giusto**! Volevo chiederti un piacere.
　　맞다! 부탁 하나 해도 될까?

중국어에서는 '맞다'의 뜻을 지닌 '对'가 語氣助詞 '了'와 결합하여 점차 어휘화된 단어인 '对了(*duì le*)'가 담화표지 '맞다'와 같은 의미 기능을 수행한다. '对了'의 형성에 대해서 董秀芳(2004: 187)에서 어휘화의 관점에서 밝힌 바가 있다. 원래 '对了'는 '형용사+상표지/어기사'의 문법적인 결합 관계인데, 상대방의 말이 맞다는 것을 확인하는 의미를 지닌다.[17] 그런데 또한 문득 든 생각을 추가로 말할 때는 담화표지의 특성을 띤다. 문장에서 독립언으로 나타나고 휴지가 뒤따르며 발화를 결속하는 관계로 해석된다. 이에 해당하는 예문은 다음과 같다.

17) 중국어에서 '단음절 X+了'의 구조로 담화표지를 형성한 예가 적지 않다. '对了' 외에도 '好了', '完了', '行了', '算了', '罢了' 등이 있다(彭伶楠 2006, 高增霞 2011).

(20) 老师 : 世界上人口最多的是哪个国家？
선생님 : 세계에서 인구가 가장 많은 나라가 어느 나라입니까?
学生 : 中国。
학생 : 중국입니다.
老师 : 对了。
선생님 : 맞습니다.

(21) 噢，对了，你没见过美萍，她是新入咱们伙儿的，过去跟我们三T公司特熟。
오, 맞다. 미핑 씨 만나 본 적 없지요? 우리 회사에 새로 들어온 사람인데요. 전에는 우리 '3T'회사와 가까웠어요.
(王朔《顽主》)

(20)에서 '对了'의 결합은 통사적인 결합인데, (21)에서 쓰이는 '对了'는 담화표지의 용법이다. 陈家隽(2019: 145)에서는 '对了'의 공시적 형태를 세 가지로 구분하고 있는데, '对了$_1$'은 통사적 결합이고, '对了$_2$'는 자신의 인지 상태를 반영한 깨달음 표지이고, '对了$_3$'은 화제 전환 기능을 수행하는 담화표지이다. '对了'를 한국어로 직역해 보면 '맞다'와 완전히 같지만, 기능 면에서는 '참'과 대응할 수도 있다. 전술했듯이 화제 전환 기능에 있어서 '참'은 '맞다'보다 더 전형적인 담화표지이기 때문이다. 다음으로 번역 대등성(translation equivalences)인 연구 방법론으로 중국어의 '对了'와 한국어의 '맞다'와 '참'의 사용 양상을 살펴보고자 한다.[18]

먼저 중국어 소설《最好的我们》과 한국어 번역본에서 '对了'의 번

18) Aijmer & Simon-Vandenbergen(2004)에서는 병렬말뭉치가 같은 의미장에 속하는 언어 형식의 의미론과 화용론적 관계를 더욱 잘 반영할 수 있다는 장점이 있다고 주장하여, 번역 대등성이란 방법론을 제시하였다.

역 양상을 보자.

〈표 3〉《最好的我们》에서 중국어 '对了'의 한국어 번역 양상

중국어 원문	한국어 대역어	빈도수
对了	참	14
	아, 맞다	1
	저기	1
对了对了	참	1
欸，对了	아, 맞다	2
哦，对了	아, 맞다	1

〈표 3〉에서 볼 수 있듯이, '对了'가 단독적으로 나타날 때는 '참'으로 번역한 것이 가장 높은 빈도수를 차지한다. 그리고 '저기'로 번역한 것은 새로운 화제로 도입하는 기능이 반영된다. 한편, '对了' 앞에 '欸(*ei*), 哦(*o*)'와 같은 감탄사가 있는 경우에는 모두 '아, 맞다'로 번역하였다.

다음 예문도 검토해 보자.

(22) "<u>对了</u>," 我突然想起 "最好的时光"，所以很激动地揪住他的袖子，"余淮，你帮我写吧，你好像写字很好看啊。"
"<u>아, 맞다</u>." 문득 '가장 좋은 시절'이 생각난 나는 흥분해서 위화이의 소매를 꽉 쥐었다. "위화이, 네가 써주라. 너 글씨 잘 쓰는 것 같던데."
(《最好的我们》 제8장)

(23) "是这样，我有个同学，哦，是女的是女的"，我补充了一句，以防万一，"她家长会遇到点儿不顺，我陪她一会儿，所以回去晚了，马上到家，让你妈妈别担心。<u>对了</u>，我吃过饭了，别做我那份。"
"그러니까 누나 친구가 말이지. 아, 여자애야 여자애." 나는 만일을

위해 강조했다. "걔가 학부모 회의 때문에 안 좋은 일이 있어서 같이 있어주느라 좀 늦었어. 곧 도착하니까 너네 엄마한테 걱정하지 않으셔도 된다고 전해줘. **참**, 저녁은 먹었으니까 따로 식사 준비 안 하셔도 돼."

(《最好的我们》 제24장)

(22)와 (23)을 비교해 보면, 하나는 말차례 교체 위치에 나타나고, 하나는 한 발화자의 발화 내부에 있다. (22)의 지문에서 바로 확인할 수 있듯이, 이는 문득 생각날 때 하는 말이다. (23)의 경우는 청자에게 새로운 정보를 추가적으로 전달할 의도가 있어 '참'의 쓰임으로서 화제 전환 기능을 수행한 것이다. 여기서 '对了'를 '맞다'로 대체하면 부적절하다.

반대로 한국어를 중국어로 번역한 양상을 보자. 여기서는 한국 소설 《두근두근 내 인생》과 중국어 번역본을 조사하였다. 원문에 담화표지 '맞다'가 많이 사용되지 않기 때문에 '对了'로 번역된 표현을 모두 뽑아냈다.

〈표 4〉 《두근두근 내 인생》에서 '对了'로 번역된 한국어 표현

한국어 원문	중국어 대역어	빈도수
맞아/맞다	对了 (*duì le*)	4
그래 맞아		1
근데/그런데		7
그런데 이거		1
저, 근데/그런데		3
저/저기		3
그러니까		3
그래서, 그리고, 뭐, 그래		각 2회
그럼, 그다음엔, 야, 아니, 있잖아, 있죠		각 1회

〈표 4〉에서 확인할 수 있듯이, '对了'로 번역된 한국어 표현은 '맞아/맞다' 말고도 상당히 풍부하다. 가장 많은 빈도수를 차지한 담화표지는 화제 전환 기능을 담당한 '그런데' 계열이다. 또한, '对了'가 말차례 시작 위치에 쓰이는 '저, 저기, 그러니까, 그래서, 그리고, 있잖아, 있죠' 등 다양한 담화 관리 표지로도 대응될 수 있다는 것을 보면 '对了'가 수행하는 텍스트적 기능이 '맞다'보다 더 넓다고 할 수 있을지도 모른다. 예컨대, 다음 (24)의 '对了'는 깨달음 표지로서 쓰이는 '맞아'에 대응하지만, (25)에서는 '화제 시작하기' 기능을 수행하는 '저'에 해당한다.

(24) "<u>맞아</u>, 최씨 할머니 손자도 만날 오토바이 타잖아요. 그래서 제가 저번에 물어봤거든요? 형! 형은 오토바이 탈 때 무슨 생각 해요?하고."

"<u>对了</u>，崔奶奶的孙子不是每天都骑着摩托车吗？我上次不是还问过吗？哥哥！骑摩托车的时候，哥哥心里在想什么？"

(《두근두근 내 인생》 제3부)

(25) "<u>저</u>…… 근데 아저씨한테 고마운 거 있어요."

"<u>对了</u>……我还要谢谢叔叔呢。"

"응? 뭐?"

"嗯？怎么了？"

(《두근두근 내 인생》 제3부)

이상으로 중국어와 한국어의 대역 자료에 대한 분석을 통해서 우리는 담화표지 '맞다', '참' 그리고 '对了'에 대해서 한층 더 깊이 이해할 수 있었다. 다시 Maschler(2009)에서 제시한 분류법으로 설명하자면, '맞다'는 전형적으로 인지 영역에서 속한다고 할 수 있고, 흔히 감탄사 '아'와 함께 말차례 교체 위치에서 복합형 담화표지 '아, 맞다'의 형태로 나타난다. 텍스트 영역에서 '화제가 바뀔 것을 예고함'이라는 기능도 수행할 수 있지만 깨달음 표지로서의 부차적인 기능일 듯하다. 이에 비해, '참'과 '对了'는 인지 영역과 텍스트 영역에서 모두 작동하는 담화표지인데, 텍스트 영역에서 '맞다'보다 더 절차적 의미를 띤다. 이들의 위치도 말차례 교체 위치에만 머무르지 않고 다양하게 나타날 수 있다. 한편, 한국어에서 '对了'로 번역할 수 있는 표현이 많다는 점은 한국어에서 화제 전환, 화제 시작과 관련된 담화표지의 양이 중국어보다 더 풍부하다는 것을 암시한다.

5. 결론

지금까지 한국어 이야기 담화에서 어떤 생각이나 기억이 문득 떠오를 때 사용되는 '맞다'에 대해서 살펴보았다. '맞다'는 사전 기술에 따라 어휘 의미로 쓰이는 '맞다$_1$'과 앞사람의 말에 동의할 때 쓰이는 '맞다$_2$', 그리고 갑자기 어떤 기억이나 생각이 떠오를 때 쓰이는 '맞다$_3$'의 세 가지 용법으로 구분할 수 있다. 이 중 '맞다$_3$'의 용법은 형태, 의미, 통사 그리고 담화의 측면에서 담화표지의 지위를 가졌음을 확인할 수 있었다. 담화표지 '맞다'가 나타나는 다양한 담화 구조를 살펴봤을 때, '맞다'의 텍스트적 기능은 그것이 연결하는 선·후행 발화의 정보 관련성에 따라 '화제 전환', '화제 추이', '정보 수정'으로 분류할 수 있다. 담화표지 '맞다'가 지니는 절차적 의미는 인지 영역에서는 '어떤 기억이나 생각이 문득 떠올랐음을 표시함'으로, 텍스트 영역에서는 '화제가 바뀔 것을 예고함'으로 정의하는 것이 가능하다.

이와 더불어 담화표지 '맞다'의 형성 기제와 의미 변화 경로는 유형론적으로도 부합하는 것으로서, 이러한 의미 변화의 원리가 보편적인 현상일 수도 있음을 보았다. 또한, 중국어와 한국어의 대역 자료를 분석함으로써 한 언어 내부에서 관찰하기 어려운 현상을 언어 간 비교를 통해서 새롭게 고찰하였다. 이 글에서 사용한 대역 자료는 규모가 작아서 옮긴이의 개인 성향이 개입되어 있을 수 있다는 한계가 있어, 규모가 더 큰 말뭉치를 구축하여 번역 대등성의 측면에서 담화표지를 분석하는 후속 연구를 기약한다.

궁극적으로 이 글에서는 여러 이론에서 제기한 담화표지의 정의와 특성을 참조하여 담화표지 '맞다'의 정체를 밝히는 데 노력을 기울였다. 담화표지에 대한 많은 수의 선행연구는 상향적(bottom-up) 접근법을 이용하여 담화표지를 분류하거나 대화 구조에서 드러난 관계를 기술한 것이다. 앞서 살펴본 바와 같이 담화표지는 텍스트 영역, 대인관계 영역, 인지 영역 등 여러 가지 층위에서 작동하기 때문에 결국은 기능 면에서는 하나로 규정하기가 어렵다고 본다. 이러한 이유에서 인지 Blakemore(2002: 184)에서는 기존 연구에서 담화표지로 칭하는 상위 범주를 폐기할 필요가 있다고 주장하지만, 담화표지로 칭하는 언어 형식은 함축에 의한 언어 이해 등 언어 사용의 인지적 기제를 관찰할 수 있는 창구라는 점에서 연구할 가치가 있다고 한다.

언어 사용의 인지적 기제를 밝히기 위해서는 반드시 비슷한 기능을 지닌 담화표지를 서로 비교함으로써 교체할 수 있는지, 공기가 일어나는지 등의 문제가 밝혀져야 한다고 본다. 이 글에서는 '맞다'와 '참'이 지니는 기능과 사용 환경에 대해서 한국어 내부의 자료, 그리고 중국어 대역 자료를 통해서 간략하게 살펴보았으나, 더 많은 검증과 한국어의 통시적 자료와 관련 논의가 요구된다. 또한, 중국어의 '对了'를 '근데, 저기, 그러니까, 있잖아'와 같은 다양한 담화표지로 번역할 수 있다는 점에서, 이들이 어떻게 비슷하면서도 다른지, 어떤 맥락에서 교체할 수 없는지 등의 질문은 후속 연구에서 답해야 할 것들이다. 이처럼 인지 상태의 변화나 화제 전환을 비롯한 크고 작은 단위로 묶일 수 있는 담화표지 부류에 대한 더 세부적인 연구가 기대된다.

참고문헌

코퍼스 자료

국립국어원, 21세기 세종계획 말뭉치(http://sejong.or.kr).

김애란(2011), 《두근두근 내 인생》, 창비.

바웨창안 저, 강은혜 역(2018), 《최호적아문(1-2)》, 달다.

金愛爛 著, 徐丽红 译(2014), 《我的忐忑人生》, 上海文艺出版社.

八月长安(2013), 《最好的我们》, 湖南文艺出版社.

사전류

고려대학교 민족문화연구원(2008), 《고려대 한국어대사전》, 고려대 출판부.

국립국어원 편(1999), 《표준국어대사전》, 두산동아.

연세한국어사전(https://ilis.yonsei.ac.kr/ysdic/).

표준국어대사전(https://stdweb2.korean.go.kr).

논저류

강소영(2014), 복합형 담화표지의 의미기능 연구, 《한국어 의미학》 44, 313-344.

구종남(2015), '참'의 감탄사와 담화표지 의미 기능, 《한민족어문학》 69, 399-428.

구현정(2018), 한국어 담화표지 연구의 동향과 전망, 《한국어 연구의 새로운 흐름》, 박이정, 219-253.

구현정 · 전영옥(2002), 구어와 구어 전사 말뭉치, 《한국어 구어 연구(1)-구어 전사 말뭉치》, 말뭉치기반국어연구총서 9, 한국문화사.

김선영(2011), 형용사 · 동사 양용 용언에 대한 연구, 서울대학교 대학원 박사학위논문.

김영철(2007), 우리말 담화표지 참 고찰, 《국어문학》 43, 235-252.

남길임(2004), 활용 양용 용언 연구, 《형태론》 6, 221-236.

도원영(2008), 《국어 형용성동사 연구》, 태학사.

박나리(2004), 한국어 교육문법에서의 종결어미 기술에 대한 한 제안, 《이중언어학》 26, 91-116.

박성현(2007), 《한국어 대화 화제와 말차례 체계》, 텍스트 언어학 총서 7, 집문당.
심란희(2019), 한국어 담화표지의 기능 연구, 연세대학교 대학원 박사학위논문.
유현경(1998), 《국어 형용사 연구》, 한국문화사.
이원표(2001), 《담화분석》, 한국문화사.
장소원(2018), 혼잣말 종결어미의 형태론, 《(宋喆儀先生退任紀念) 國語學論叢》, 태학사, 223-252.
Aijmer, K. & A.-M. Simon-Vandenbergen(2004), A model and a methodology for the study of pragmatic markers: the semantic field of expectation, *Journal of Pragmatics 36-10*, 1781-1805.
Betz, E. & A. Golato(2008), Remembering relevant information and withholding relevant next actions: The German token achja, *Research on language and social interaction 41-1*, 58-98.
Blakemore, D.(2002), *Relevance and Linguistic Meaning: The Semantics and Pragmatics of Discourse Markers*, Cambridge: Cambridge University Press.
Du Bois, J. W., S. Schuetze-Coburn, S. Cumming & D. Paolino(1992), Discourse Transcription, *Santa Barbara Paper in Linguistics Vol. 4*, Santa Barbara: Department of Linguistics, University of California, Santa Barbara.
Emmertsen, S. & T. Heinemann(2010), Realization as a Device for Remedying Problems of Affiliation in Interaction, *Research on Language and Social Interaction 43-2*, 109-132.
Fraser, B.(1990), An approach to discourse markers, *Journal of pragmatics 14-3*, 383-398.
Fraser, B.(1996), Pragmatic markers, *Pragmatics 6-2*, 167-190.
Fraser, B.(1999), What are discourse markers?, *Journal of pragmatics 31-7*, 931-952.
Fraser, B.(2009), Topic orientation markers, *Journal of pragmatics 41-5*, 892-898.
Heritage, J.(1984), A change-of-state token and aspects of its sequential placement, in J. M. Atkinson & J. Heritage(eds.), *Structures of social action: Studies in conversation analysis,* Cambridge: Cambridge University

Press, 299-345.

Heritage, J.(1998), Oh-prefaced responses to inquiry, *Language in Society 27-3*, 291-334.

Heritage, J.(2002), Oh-prefaced responses to assessments: a method of modifying agreement/disagreement, in C. E. Ford, B. A. Fox & S. A. Thompson(eds.), *The Language of Turn and Sequence,* Oxford: Oxford University Press, 196-224.

Koivisto, A.(2013), On the Preference for Remembering: Acknowledging an Answer With Finnish Ai Nii(n) ("Oh That's Right"), *Research on Language and Social Interaction 46-3*, 277-297.

Küttner, U.-A.(2018), Investigating inferences in sequences of action: the case of claiming "just-now" recollection with oh that's right, *Open Linguistics 4-1*, 101-126.

Maschler, Y. & D. Schiffrin(2015), Discourse markers: Language, meaning, and context, in D. Tannen, H. E. Hamilton & D. Schiffrin, *The Handbook of Discourse Analysis(2nd ed.)*, Malden, MA: Wiley-Blackwell, 189-221.

Maschler, Y.(2009), *Metalanguage in interaction: Hebrew discourse markers,* Amsterdam: John Benjamins.

Schiffrin, D.(1987), *Discourse markers(Studies in Interactional Sociolinguistics 5)*, Cambridge: Cambridge University Press.

Sperber, D. & D. Wilson(1986), *Relevance: Communication and Cognition*, Oxford: Blackwell.

陈家隽(2019),《汉语话语标记的语用功能与历时演变》, 复旦大学出版社.

董秀芳(2004),《汉语的词库与词法》, 北京大学出版社.

高增霞(2011), 从评价到语气—兼论"吧"的意义,《河南师范大学学报: 哲学社会科学版》38(6), 180-183.

彭伶楠(2006), 现代汉语双音词"X了"的虚化与词汇化研究, 上海师范大学硕士学位论文.

2. 라디오 방송 담화의 담화표지

강주은

1. 서론

텔레비전과 유튜브 등 영상 매체들에 의해 자신의 자리를 잃어 가고 있다지만, 그래도 라디오 방송은 아직도 많은 사람들에게 사랑을 받는 매체 중 하나이다. 라디오 방송 담화는 미리 쓰인 대본에 따라 진행되고 다수의 청자를 대상으로 하며 대부분의 경우 생방송으로 진행된다는 점에서 공식적인 담화라 할 수 있지만, 뉴스나 보도 프로그램과 같은 방송보다는 비격식적으로 진행된다는 특징이 있다. 이는 라디오 방송 프로그램이 일방적인 정보 전달을 목적으로 하기보다는 청취자와의 소통에 중점을 두기 때문이다. 그래서 라디오 방송 담화는 공식적인 담화와 비공식적 담화 그 사이에 있는 담화 유형이라 할 수 있다.

담화표지는 서로 다른 담화 요소들을 하나의 단위로 묶어 주는 역할을 한다. 담화표지를 사용함으로써 화자는 대화를 통해 전달하고자 하는 자신의 의도를 보다 효과적으로 나타낼 수 있으며, 청자는 화자의 의도를 효과적으로 이해할 수 있다.

라디오 방송은 구어로 진행되는 담화 유형이므로, 담화표지를 적절하게 사용함으로써 자신의 발화들을 연결 짓고 청취자의 이해를 도울 수 있다. 하지만 담화표지를 과도하게 사용할 경우, 청취자의 집중을 방해할 뿐만 아니라 방송이 전문적으로 보이지 않을 위험도 있다. 물론 이는 방송 담화가 아닌 일상 담화에서도 마찬가지일 것이다.

이에 이 글에서는 공식적인 담화와 비공식적 담화의 사이에 놓여 있는 라디오 방송 담화의 특성이 방송 진행자의 담화표지 사용에 어떠한 영향을 미치는지를 다룬다. 분석 자료는 2019년 12월 12일에서 20일 사이에 방영된 라디오 프로그램 12개 전사본으로, 일정 시간대 동안 사용된 담화표지를 분석하였다. 해당 방송은 한 회차당 약 100분에서 120분 정도 진행되며, 방송이 1-2부로 구성된 경우 1부만을, 1-4부로 구성된 경우 1부와 2부를 분석 대상으로 삼았다. 즉 한 회차의 절반 분량만을 분석하였다. 한 방송의 절반만을 분석한 이유는 두 시간 동안 진행되는 라디오 방송 중 앞의 한 시간은 진행자 단독으로, 뒤의 한 시간은 게스트와 함께 진행하는 경우가 많았기 때문이다. 음악과 광고 등을 제외한 분량은 각 방송당 약 15분에서 25분 내외였다. 분석 대상이 된 라디오 프로그램명과 방송일, 방송시간은 다음과 같다.

〈표 1〉 분석 프로그램명과 방송사, 방송일, 방송시간(계속)

프로그램명	방송사	방송일	방송시간
김원준의 라디오스타	KBS	12월 20일 (금)	18:00~20:00 (120분)
나르샤의 아브라카다브라	SBS	12월 18일 (수)	14:40~16:00 (100분)
문희준의 뮤직쇼	KBS	12월 17일 (화)	14:00~16:00 (120분)
박경의 꿈꾸는 라디오	MBC	12월 17일 (화)	20:00~22:00 (120분)
박소현의 러브게임	SBS	12월 19일 (목)	18:00~20:00 (120분)
박원의 키스더라디오	KBS	12월 16일 (월)	22:00~24:00 (120분)
산들의 별이 빛나는 밤에	MBC	12월 13일 (금)	22:05~24:00 (115분)
악동뮤지션 수현의 볼륨을 높여요	KBS	12월 15일 (일)	20:00~22:00 (120분)
굿모닝 FM 장성규입니다	MBC	12월 20일 (금)	07:00~09:00 (120분)

정소민의 영스트리트	SBS	12월 12일 (토)	20:00~22:00 (120분)
정은지의 가요광장	KBS	12월 15일 (일)	12:00~14:00 (120분)
오늘 아침 정지영입니다	MBC	12월 20일 (금)	09:00~11:00 (120분)

이 글에서는 진행자가 홀로 말을 하면서 사용한 담화표지에 초점을 맞추어 분석하기 위해, 게스트가 출연하지 않은 회차만을 분석하였다. 진행자의 발화는 진행자 혼자 말을 한다는 점에서 독백이라고 할 수 있겠지만, 청취자와 소통을 중요시하며 마치 가상의 청자가 앞에 있는 것과 같이 말한다는 점에서 대화의 특성도 지닌다고 할 수 있다. 각 프로그램 진행자의 연령, 성별, 직업 정보는 다음과 같다.

〈표 2〉 진행자 정보

프로그램명	진행자	연령	성별	직업
김원준의 라디오스타	김원준	40대	남	가수
나르샤의 아브라카다브라	나르샤	30대	여	가수
문희준의 뮤직쇼	문희준	40대	남	가수
박경의 꿈꾸는 라디오	박경	20대	남	가수
박소현의 러브게임	박소현	40대	여	배우
박원의 키스더라디오	박원	30대	남	가수
산들의 별이 빛나는 밤에	산들	20대	남	가수
악동뮤지션 수현의 볼륨을 높여요	수현	20대	여	가수
굿모닝 FM 장성규입니다	장성규	30대	남	아나운서
정소민의 영스트리트	정소민	30대	여	배우
정은지의 가요광장	정은지	20대	여	가수
오늘 아침 정지영입니다	정지영	40대	여	아나운서

진행자는 20대 여성 2명, 30대 여성 2명, 20대 남성 2명, 30대 남성 2명, 40대 여성 2명, 40대 남성 2명, 총 12명으로 설정하였다. 진행자들의

본래 직업은 가수가 8명으로 가장 많았고, 배우와 아나운서가 각각 2명 씩 있었다.

2. 담화표지의 출현 위치 분석

12개의 라디오 프로그램을 분석한 결과, 총 353개의 담화표지가 발견되었다. 이 글에서 집중적으로 관찰한 담화표지는 '그, 네, 뭐, 아, 아니, 야, 어, 예, 음, 응, 자, 저'이다. 이들이 라디오 방송 담화에서 사용된 모든 담화표지라고 할 수는 없겠지만, 이 글에서는 단어 본래의 어휘적 의미는 거의 사라지고 발화와 발화 사이 또는 발화 내부의 관계를 나타내는 기능만이 남아 있는 표현들에 초점을 맞추어 살펴보았다. 즉 이 글에서 살펴본 담화표지는 제1부 제1장에서 정의한 좁은 의미의 담화표지에 속하는, 발화의 명제적 의미에 직접적으로 참여하지 않는 것들이다.

전영옥(2002)는 담화표지가 억양·휴지 등과 같은 운율 요소와 밀접하게 관련되어 실현됨을 지적하면서, 담화표지가 정보의 흐름 단위라 할 수 있는 억양 단위(intonation unit)의 시작이나 끝에 나타나는 경향이 높다고 하였다.

그는 담화 표지가 억양 단위의 어느 위치에 나타나는지에 따라 그 기능이 달라진다고 보았는데, 억양 단위의 시작에 나타나는 담화표지는 발언권을 획득하고, 화제를 시작하거나 전환하는 등의 역할을 한다고 보았다. 또한 억양 단위의 중간에 나타나는 담화표지는 다음 발화를 생각할 시간을 벌면서 자신의 발화를 유지하려는 의도를 드러낸다고 보았으며, 억양 단위의 끝에 나타나는 담화표지는 다음 발화를 준비하는 디딤말의 기능을 하거나 자신의 생각을 더 강하게 표현하거나 상대방의 반응을 요구하는 것과 같은 발화자의 심리적 태도가 담겨 있다고 하였다.

이 글의 분석 대상이 된 담화표지가 나타난 위치의 빈도는 다음과 같다.

〈표 3〉 담화표지 출현 위치 빈도

위치	빈도	백분율
시작	121	34.28%
중간	175	49.58%
끝	57	16.15%
합계	353	100%

전영옥(2002)에서는 담화표지가 억양 단위의 시작이나 끝에서 많이 나타난다고 하였지만, 라디오 방송 담화에서는 억양 단위의 중간에서 담화표지가 가장 많이 사용되었다. 총 353회 중 175회(49.58%)가 억양 단위의 중간에서 사용되어, 절반에 가까운 사용 빈도를 보였다.

라디오 방송은 음성으로만 송출되기 때문에 잠깐의 침묵만 이어져도 큰 방송사고로 여겨진다. 이를 방지하기 위해 진행자가 담화표지를 사용함으로써, 다음 발화에 필요한 시간을 벌 수 있다. 음성의 공백을 최대한 줄여야 하는 라디오 방송의 특성상, 다른 담화 유형과는 다르게 담화표지가 억양 단위의 중간에서 가장 많이 사용되었을 것이라 추측해 볼 수 있다.

그 다음으로는 억양 단위의 시작에서 사용되는 담화표지가 많이 발견되었다. 총 121회(34.28%) 사용되었는데, 새로운 화제를 시작할 때 그 화제의 도입이나 전환을 나타내기 위해 자주 쓰였으리라 추측해 볼 수 있다. 비교적 긴 시간 동안 어떠한 시각 자료 없이 음성만을 전달하기 때문에, 담화표지를 통해 화제의 시작을 효과적으로 나타낼 수 있었을 것이다.

한편, 담화표지가 가장 적게 사용된 위치는 억양 단위의 끝이었다. 총 57회(16.15%)의 사용이 발견되었다. 억양 단위의 끝 부분에서 담화표지가 사용된 경우, 말하고자 하는 바를 간접적으로 강조하면서 발화를 마무리하는 효과를 갖는다.

3. 개별 담화표지의 사용 양상 분석

이 글에서 집중적으로 살펴본 담화표지 '그, 네, 뭐, 아, 아니, 야, 어, 예, 음, 응, 자, 저'의 출현 빈도는 다음과 같았다.

〈표 4〉 담화표지 빈도

담화표지	빈도	백분율
그	13	3.68%
네	52	14.73%
뭐	91	25.78%
아	26	7.37%
아니	9	2.55%
야	2	0.57%
어	53	15.01%
예	31	8.78%
음	25	7.08%
응	3	0.85%
자	47	13.31%
저	1	0.28%
합계	353	100%

총 13회(3.68%) 발견된 담화표지 '그'는 억양 단위의 시작과 중간에서만 사용되었다. '그'는 새로운 화제를 시작하거나 한 화제에서 다른 화제로 전환할 때 시간을 벌기 위해 주로 사용되었다.

(1) 가. 그~ 쿨 이재훈 씨와 유리 씨의 하모니가 참 잘 어울리죠. (김원준)
나. 그렇게 후하신, 그~, 식당들이 몇 군데 있죠. (나르샤)

이처럼 담화표지 '그'는 다음 발화에 필요한 시간 벌기 기능을 수행하면서 사용되었는데, 해당 음절을 길게 늘여 발음하는 경우가 자주 발견되었다. 보통 음성의 공백을 만들지 않으면서 다음 발화를 위한 시간을 벌기 위해 이 담화표지가 사용되곤 했다.

담화표지 '네'도 총 52회(14.73%) 발견되어 높은 빈도를 보였다. '네'가 억양 단위의 시작에서 발견된 경우는 분석에 포함하지 않았는데, 이는 '네'가 억양 단위의 시작 부분에서 사용되었을 때는 청취자의 사연 등에 대한 직·간접적인 대답의 기능을 한다고 보았기 때문이다. 억양 단위의 중간과 끝 부분에서 사용된 담화표지 '네'는 자신이 말하고자 하는 바를 한 번 더 짚고 넘어가면서 시간을 벌어 주는 역할을 하였다.

(2) 키스더라디오로 손 편지 보내주시는 분들도 많이 계셔서, 네, 뭐 그런 거보면은, 네, 어떻게 했는지 잘 알겠네요. (박원)

예문 (2)와 같이 담화표지 '네'가 억양 단위의 중간에서 사용된 경우, 발화에 필요한 시간을 확보하는 기능을 해 주었다.

여러 가지를 나열하면서 그 사이에 '네'를 사용하는 진행자도 있었다. 이 경우, '네'는 대상의 나열이 아직 끝나지 않았음을 나타내면서 자신의 발언권을 유지하는 기능을 수행한다.

(3) 가. 뭐~ 자전거, 영화, 웹툰, 네, 이렇게, 만화, 이렇게 정해져 있어 가지고. (산들)
나. 시공간을 분리해야 한다, 네, 약간 좀 거리를 둬야 된다, 그런 얘기 잖아요. (산들)

담화표지 '네'가 억양 단위의 끝에서 사용된 경우, 문장을 마무리 지으면서 내용을 보다 강조하는 효과가 있었다.

(4) 가. 어~ 역시 빵집은 독일 빵집이다, 네. (박원)
나. 우리 8682님 꼭 가실 회사 있을 겁니다, 네. (산들)

(4)와 같이 억양 단위의 끝 부분에서 '네'가 사용되면, 진행자가 말하고자 하는 바를 한 번 더 짚어 주는 효과를 갖는다.

라디오 방송 담화에서 가장 많이 발견된 담화표지는 '뭐'로, 총 91회(25.78%)의 사용 빈도를 보였다. 구종남(2000)에서는 '뭐'가 일반적으로 의문사나 부정사로 쓰이는 '무엇'의 축약어로 받아들여지나, '무엇'으로는 해석되지 않는 '뭐'의 쓰임을 볼 수 있다고 언급하였다. 이한규(1999)는 대명사 '뭐'와 담화표지어 '뭐'의 차이를 기술한 바 있는데, 담화표지어 '뭐'는 오직 축약된 사태로만 사용되며, 문장의 명제 의미에 아무런 기여를 하지 않고, 조사와 결합하지 않으며, 다른 의문사와도 함께 나타날 수 없다. 이 글에서도 대명사가 아닌 담화표지의 쓰임을 갖는 '뭐'만을 분석의 대상에 포함하였다.

송인성(2013)은 화자가 '뭐'를 사용함으로써 불확실함, 머뭇거림, 부정적 심리 등의 발화 의도와 심적 태도를 효과적으로 전달하고, 시간을 확보하거나 발화 내용을 강조할 수 있다고 주장하였다. 남길임·차지현(2010)에서는 대용량 구어 말뭉치 자료를 바탕으로 하여, 자유대화와 독백 자료에서 나타나는 '뭐'의 출현 환경을 분석하고 사용 패턴을 유형화하여, '뭐'의 기능을 제시하였다. '뭐'는 대화보다 독백에서 약 40% 이상 더 많이 쓰이는데, 이는 '뭐'의 의미 기능이 화자와 청자의 상호작용에 있다기보다는 화자가 자신의 이야기를 이끌어가기 위한 담화 전략과 관련이 있음을 나타낸다.

라디오 방송 담화에서 담화표지 '뭐'는 대부분 억양 단위의 중간에서 많이 발견되었는데, 머뭇거림이나 다음 발화를 위한 준비 역할로 많이 사용되었다.

(5) 가. 사실 뭐, 다이어트는 그냥 뭐, 일상이죠. (김원준)
　나. 저도 뭐, 십 년 넘게 봐주는 사람도 없는데. (박소현)

예문 (5)처럼 억양 단위의 중간에서 사용된 담화표지 '뭐'에는 발화 내용에 대한 화자의 태도가 담겨 있다고 할 수 있다. (5가)의 '뭐'는 발화 내용에 대한 막연함, 불분명함을 드러낸다면, (5나)의 '뭐'에는 발화 내용에 대한 진행자의 부정적인 태도가 나타나 있다.

불확실함을 드러내는 '뭐'도 종종 사용되었다.

(6) 가. 진짜 뭐, 13일 정도 남았나요. (문희준)
　나. 구독자 수도 지금 뭐, 칠천오백 분 가까이 됩니다. (장성규)

예문 (6)에서 나타난 것처럼, 불확실함을 드러내는 '뭐'는 주로 수치의 앞에 사용되어 '대략'의 의미를 나타내는 데 사용되었다.

'뭐'가 억양 단위의 시작에서 사용된 경우, 화제를 시작하면서 발화 준비를 위한 시간을 버는 기능을 하였다. 음절을 길게 늘여 발음하는 경우도 종종 발견되었다.

(7) 가. 뭐, 그런 재미에 우리가 쿠폰을 모으는 거니까요, 예. (나르샤)

나. 뭐~ 요즘은, 네, 저도 제가 놀라울 정도로, 네, 대단한 것 같아요. (박원)

억양 단위의 끝에서 사용된 담화표지 '뭐'는 발화를 마무리하며 그 내용을 강조하는 역할을 수행하였다.

(8) 아~ 이건 좀, 서운할 만하네요, 뭐. (정소민)

예문 (8)의 '뭐'는 발화 내용 뒤에 덧붙여져 이를 강조해 준다. 더불어 발화 내용에 대한 화자의 태도를 간접적으로나마 드러낸다.

'아'는 화제를 시작할 때 주의를 집중시키거나 발화에 필요한 시간을 확보하는 역할을 한다. 주로 억양 단위의 시작에서 나타나지만, 중간 부분에서도 자주 사용되었다. 라디오 방송 담화 안에서 담화표지 '아'는 총 26회(7.37%) 발견되었다.

(9) 가. 아~ 정말 중요한 고민들을 많이 하고 계시네요. (장성규)
나. 한 번도 달콤한 느낌을, 아~ 이렇게 느껴본 적이 없는 것 같아요. (문희준)

'아'가 억양 단위의 시작에서 사용된 경우, 앞에서 언급된 내용에 대한 화자의 반응을 나타내 주면서 이전 발화와 현재 발화를 연결하는 역할을 수행한다. 이와 동시에 다음 발화를 위한 시간 벌기 기능도 갖게 된다. 억양 단위의 중간에서 사용된 경우에도 두 가지 기능을 가질 수 있겠지만, 대체로 시간 벌기의 기능이 훨씬 더 강해 보인다.

'아니'는 총 9회(2.55%) 사용되어 그렇게 높은 빈도를 보이는 것은 아니지만, 단어의 원래 의미와 멀어진 채 특별한 쓰임을 가지고 있다는 점에서 살펴볼 의의가 있다. '아니'는 원래 부정이나 반대를 나타내는 말이지만, 담화표지로 사용될 때는 그 의미가 거의 상실된 채로 사용된다.

이한규(2012)는 '아니'가 담화표지어로 사용된 경우, 맞장구, 시간 벌기, 자기방어, 화제 전환, 말차례 가져오기, 다른 의견 제시, 관심 끌기, 청자의 동의와 참여 유도, 자기 수정 등의 의미를 가진다고 보았다.

(10) 가. 아니, 글로만 보다가 이렇게 목소리 들으니까 왜 이렇게 신기하죠? (정지영)
나. 마음은 감사한데, 아니, 우리가 뭐라고. (박소현)

예문 (10)에서 사용된 '아니'가 무엇을 부정하거나 반대하는 데 쓰였다고 보기는 어렵다. 오히려 긍정적인 발화 내용과 함께 사용되었다. 이들은 주의를 집중시키거나 발화 내용에 대한 화자의 반응을 나타내는 역할을 수행한다. '아니'는 억양 단위의 시작과 중간에서만 쓰이고, 억양 단위의 끝에서는 사용되지 않는 양상을 보였다.

'아니'가 접속 부사 '그런데'의 준말 '근데'와 결합하여 사용된 경우도 3회 발견되었는데, 이를 주목해 볼 만하다.

(11) 가. 음~ 아니 근데 참 이게, 이래도 걱정, 저래도 걱정인 상황이에요. (문희준)
나. 아니 근데, 정말로 이게, 어른들이 봐도 짠한 포인트가 분명 있어요. (정은지)

'아니 근데'가 함께 쓰여 화제를 전환하면서 주의를 집중시키는 기능을 수행하고 있다. 강소영(2014)는 단어가 아닌 구로 이루어진 담화표지를 '복합형 담화표지'로 정의하고, 그 예로 '아 근데'와 '아니 근데'를 제시하였다. 그는 '아니 근데'는 화제 일탈, 화제 복귀, 시차를 둔 수정의 의미 기능을 가지고 있다고 보고, 이것이 '아니'와 '그런데' 각각의 의미와는 다르기 때문에 하나의 복합형 담화표지로 보아야 한다고 주장하였다. '아니 근데'를 하나의 담화표지로 보아야 한다는 견해는 충분히 재고해 볼 만하나, 이 글에서는 일단 '아니'의 기능에 초점을 맞추어, 별개의 담화표지로 다루지는 않았다.

담화표지 '야'는 총 2회(0.57%) 발견되었다. 두 번 모두 억양 단위의 시작 부분에서 사용되었다는 것이 특징이다.

(12) 야~ 5년 동안 정말 고생 많으셨네요. (나르샤)

이 '야'는 앞서 살펴본 '아'와 비슷한 기능을 하는 것 같아 보인다. 억양 단위의 시작에서 사용된 '야'는 '아'와 마찬가지로 앞에서 언급된 내용에 대한 화자의 반응을 나타내면서 이전 발화와 현재 발화를 연결해 주었다.

담화표지 '어'는 총 53회(15.01%) 사용되어 두 번째로 높은 빈도를 보였다. 억양 단위의 시작, 중간, 끝 모든 위치에서 다양하게 사용되었다.

(13) 가. 어~ 너무 많은 분들이 반겨주셨어요. (정지영)
나. 근데 어~ 그때 영스 가족들을 처음으로 대면한 자리였잖아요. (정소민)
다. 본인이 좋아하는, 음~ 그런 사진이면 더 좋죠, 어. (문희준)

김영철(2005)는 억양 단위의 시작에 나타난 '어'가 화제 시작, 주의 집중, 시간 벌기 기능, 끼어들기 기능, 화제 전환의 역할을 한다고 보았다. 한편, 전영옥(2015)는 발화 도중이나 발화의 마무리에 나타나는 '어'가, 다음 발화를 생각할 시간을 벌거나 자신의 질문·제안·요청 등에 대해 답변·수락을 재촉하거나 자신의 주장·진술·평가 등의 내용을 강조하는 기능을 수행한다고 주장하였다. 라디오 방송 담화에서 사용된 '어' 역시 담화 안에서 다양한 기능을 수행하고 있었는데, 특히 시간 벌기 기능을 위해 사용된 경우 해당 음절은 길게 늘여 발음되었다.

'예'는 총 31회(8.78%) 발견되었는데, 이 역시 '네'와 마찬가지로 억양 단위의 시작 부분에서 나타난 경우는 앞말에 대한 대답으로 보고 분석에서 제외한 결과이다.

(14) 가. 자~ 우리 고장미 님께는 아이스크림, <u>예</u>, 보내드리구요. (문희준)
나. 원하는 것을 그냥 물건으로 주는 게 더 좋은 나이인 것 같기도 하구요, <u>예</u>. (수현)
다. 저도, 할 거 없어 가지고, <u>예</u>, 얼죽크를 만든 게 아닙니다, <u>예</u>. (박소현)

'네'와 '예'가 유의어인 만큼, 담화 안에서 수행하는 역할도 크게 다르지 않음을 살펴볼 수 있었다. 억양 단위의 중간에서 사용된 경우 발화를 끊어 주면서 다음 발화를 준비하는 기능을 가졌고, 억양 단위의 끝에서 사용된 경우 문장을 마무리 지으면서 내용을 보다 강조하는 효과가 있었다.

담화표지 '음'은 총 25회(7.08%)의 빈도를 보였다. '음'은 억양 단위의 시작, 중간, 끝 모든 부분에서 고루 사용되었다.

(15) 가. <u>음~</u> 웹툰 작가의 이야기로 시작한 금요일의 별밤. (산들)
나. 제가 악뮤 싸인 <u>음~</u> 앨범 보내드리도록 할게요. (수현)
다. 이 어플로, 예, 이렇게 들을 수 있는 고 이름, <u>음</u>. (문희준)

(15)의 예문 모두 담화 내용을 연결해 주면서, 다음 발화를 위한 시간을 확보하여 음성의 공백을 줄이는 역할을 한다. (15가)와 (15나)가 길게 발음되면서 시간 벌기 기능이 중점으로 나타났다면, (15다)는 시간 벌기 기능보다는 화제를 마무리하면서 발화 내용을 강조하는 기능이 더 잘 드러난다.

'응'은 총 3회(0.85%) 발견되었는데, 억양 단위의 끝 위치에서 발화를 마무리하는 역할로 사용되었다.

(16) 인생은 타이밍인 것 같아, 응. (문희준)

전영옥(2015)는 억양 단위의 끝에 나타나는 '응'이 다음 발화를 생각할 시간을 벌거나 자신의 질문·제안·요청 등에 대해 답변·수락을 재촉하거나 자신의 주장·진술·평가 등의 내용을 강조하는 기능을 수행한다고 보았다.

담화표지 '자'는 총 47회(13.31%) 사용되었다. 이는 억양 단위의 시작에서만 사용되었다.

(17) 가. 자~ 서울은 언제쯤 눈이 올지, 오늘 날씨 알아봐야죠. (장성규)
나. 자~ 영화 관람권 보내드립니다. (정은지)

예문 (17가)와 (17나)는 새로운 화제의 도입을 알리는 역할을 한다. (17가)는 방송 속 날씨를 알리는 코너가 시작됨을 알리고, (17나)는 사연을 보낸 청취자에게 경품을 보낼 것임을 알린다. 청취자의 주의를 환기하는 효과도 기대할 수 있다.

앞서 언급한 바와 같이, 라디오 방송 담화는 어떠한 시각 자료 없이 긴 시간 동안 진행자의 음성 발화만으로 진행된다. 즉, 방송을 진행하는 동안 방송의 흐름을 구조화하고 정리해 주는 표현이 필요한데, 이것이 바로 담화표지의 역할이다. 라디오 방송 담화에서 담화표지 '자'는 새로운 화제를 시작하거나 한 화제에서 다른 화제로 전환할 때 사용되면서, 방송의 구조를 나타내는 역할을 해 준다.

마지막으로, 담화표지 '저'는 단 1회(0.28%) 발견되었다.

(18) 그리고 저~ 조금 더 쉬다가 들어갈 수 있고. (문희준)

예문 (18)의 '저'는 억양 단위의 중간에 쓰여, 다음 발화에 필요한 시간을 벌기 위해 사용되었다.

이정애(2002)는 담화표지 '이, 그, 저'가 사태를 가리키는 지시어에서, 지시적 기능이 상실 또는 약화되면서 화자의 태도를 표명하는 표현적 의미로 굳어졌다고 보았다. 박근영(2006) 역시 무엇을 지시하는 '이, 그, 저'가 본래의 의미를 소실하고 담화상의 공백을 메워 담화의 응집성을 유지하는 담화표지로 기능하게 된다고 언급한 바 있다. 즉, 지시나 한정의 의미를 상실하고, 시간 벌기의 기능을 갖게 된다는 것이다. 담화표지로 사용되는 '이, 그, 저'는 지시 대명사와 같이 조사를 취하거나, 지시 관형사처럼 후행하는 명사를 수식하지 않는다는 특징이 있다.

이 글에서 분석한 담화표지 '그'와 '저' 또한 원래는 지시어였으나, 지시의 의미를 잃고 담화표지로 사용되었다고 할 수 있다. 다만, 담화표지로 사용되는 '이'는 한 번도 발견되지 않았다.

4. 진행자의 특성에 따른 담화표지 사용 빈도 분석

지금까지는 라디오 방송 담화에서 사용된 개별 담화표지들에 대해 구체적으로 살펴보았다면, 여기에서는 진행자의 특성에 따른 담화표지 사용 빈도를 간단하게나마 다룬다.

황정민(2008)에서는 여성 담화표지어의 종류가 남성에 비해 훨씬 많으며, 빈도에 있어서도 확연한 차이를 보인다고 언급한 바 있다. 라디오 방송과 드라마 대본을 바탕으로 여성 화자들의 담화표지어 사용 양상을 연구한 임지룡 · 배문경(2003)에서도 대화 상황에서 남성보다 여성이 담화표지어를 더 많이 사용한다고 주장하였다.

하지만 이 글에서 분석한 성별에 따른 담화표지 사용 빈도는 선행 연구들과 반대되는 결과를 보였다.

〈표 5〉 성별에 따른 담화표지 사용 빈도

성별	빈도	백분율	평균
여성	82	23.23%	13.67
남성	271	76.77%	45.17
합계	353	100%	

여성 진행자가 평균적으로 13.67회의 빈도를 보인 반면, 남성 진행자는 평균적으로 45.17회의 빈도를 보였다. 즉 남성 진행자가 여성 진행자보다 세 배 넘게 담화표지를 많이 사용하고 있었다.

연령대에 따른 담화표지 사용 양상은 다음과 같았다.

〈표 6〉 연령대에 따른 담화표지 사용 빈도

연령	빈도	백분율	평균
20대	81	22.95%	20.25
30대	118	33.43%	29.5
40대	154	43.63%	38.5
합계	353	100%	

20대가 평균적으로 20.25회의 담화표지를 사용했다면, 30대는 29.5회, 40대는 38.5회 사용하면서, 연령대가 높아질수록 더 높은 담화표지 사용 빈도를 보였다. 물론 10대와 5,60대를 포함하여 조사한다면 보다 확실한 경향이 드러날 것으로 기대된다.

성별과 연령을 함께 고려한 담화표지 사용 빈도의 양상은 다음과 같은데, 40대 남성이 평균 61.5회(34.84%)로 가장 높았고, 20대 여성이 평균 12.5회(7.08%)로 가장 낮았다.

〈표 7〉 성별과 연령에 따른 담화표지 사용 빈도

성별	연령	빈도	평균	백분율
여	20대	25	12.5	7.08%
남	20대	56	28	15.86%
여	30대	26	13	7.37%
남	30대	92	46	26.06%
여	40대	31	15.5	8.78%
남	40대	123	61.5	34.84%

진행자의 원래 직업도 담화표지 사용 양상에 영향을 미치리라 상정해 볼 수 있다. 진행자의 직업에 따른 담화표지 사용 빈도는 다음과 같다.

〈표 8〉 직업에 따른 담화표지 사용 빈도

직업	빈도	평균
가수	300	37.5
배우	26	13
아나운서	27	13.5
합계	353	

분석 대상이 된 진행자들이 가수 8명, 배우 2명, 아나운서 2명으로 이루어졌기 때문에, 빈도의 비교는 의미가 없겠지만 그 평균의 차이는 살펴볼 만하다. 가수가 평균적으로 담화표지를 37.5회 사용하는 동안, 배우와 아나운서는 각각 13회와 13.5회 사용했다. 배우와 아나운서보다 가수가 약 3배 가까이 담화표지를 많이 사용하는 양상을 보였다. 아나운서는 바른 언어 사용에 대한 훈련을 충분히 받는 직종이며, 배우 또한 자신의 연기를 잘 전달하기 위해 표준어와 표준발음에 대해 신경 쓸 필요가 있다. 이에 반해 가수는 그러한 의식이 상대적으로 적으므로 담화표지를 더 편하게 사용했으리라 생각해 볼 수 있다. 하지만 이는 더 많은 자료를 바탕으로 한 상관관계 분석이 이루어질 필요가 있다.

더불어 방송 시간대와 담화표지 사용 빈도 사이의 관계에 대해서 살펴보고자 한다. 오전 7시와 오전 9시에 시작하는 프로그램들을 아침 시간대의 방송으로 보았고, 오후 12시와 오후 2시에 시작하는 프로그램들을 낮 시간대의 방송으로 보았다. 오후 6시, 오후 8시, 오후 10시에 시작하는 프로그램들은 저녁 시간대의 방송으로 분류하였다.

〈표 9〉 방송 시간대에 따른 담화표지 사용 빈도

방송 시간대	빈도	평균
아침	27	13.5
낮	129	43
저녁	197	28.14
합계	353	

낮 시간대의 방송에서 담화표지가 평균 43회로 가장 많이 사용되었다. 그 다음으로 높은 빈도를 보인 시간대는 저녁 시간대로, 담화표지가 평균 28.14회 사용되었다. 담화표지가 가장 적게 사용된 방송 시간대는 아침 시간대인데, 평균 13.5회의 빈도를 보였다.

이는 낮 시간대의 방송이 아침이나 저녁 시간대의 방송보다 활기찬 분위기로 진행되기 때문이 아닐까 생각해 볼 수 있다. 하지만 이것은 어디까지나 연구자의 추측일 뿐, 타당한 상관관계가 연구될 필요가 있다. 아침 시간대의 진행자 두 명이 모두 아나운서라는 점도 담화표지의 적은 사용 빈도에 영향을 미쳤으리라 생각된다.

5. 결론

지금까지 라디오 방송 담화에서 담화표지가 사용되는 양상에 대해 살펴보았다. 총 12개의 라디오 방송 담화를 전사하여, 사용된 담화표지들을 구체적으로 분석하고 담화표지 사용 빈도를 진행자의 특성과 연관 지어 살펴보았다.

담화표지가 사용된 위치에 따라 담화 안에서 다른 역할을 수행한다고 할 수 있는데, 라디오 방송 담화에서는 억양 단위의 중간에서 담화표지가 가장 많이 사용되었다. 그 다음으로는 억양 단위의 시작에서 많이 사용되었으며, 억양 단위의 끝에서는 가장 적게 사용되었다.

이 글에서 집중적으로 살펴본 담화표지는 '그, 네, 뭐, 아, 아니, 야, 어, 예, 음, 응, 자, 저' 총 12개로, 모두 단어 본래의 의미를 상실하고 담화 요소들을 하나로 결합하는 데 사용되었다. '뭐'가 가장 높은 빈도로 발견되었고, '어', '네', '자' 등이 그 뒤를 이었다.

진행자의 특성과 담화표지 사용 빈도 사이의 관계에 대해서도 살펴보았는데, 남성 진행자가 여성 진행자보다 담화표지를 더 많이 사용한다는 것이 밝혀졌다. 연령별 담화표지 사용 빈도는 40대, 30대, 20대 순으로 높았다. 원래 직업이 가수인 진행자가 담화표지를 가장 많이 사용하였으며, 배우와 아나운서는 비슷한 평균 빈도를 보였다. 또한 낮 시간대의 방송에 담화표지가 가장 많이 사용되었으며, 아침 시간대의 방송에 가장 적게 사용되었다.

이 글은 라디오 방송 담화라는 한 유형에서 담화표지가 어떻게 사용되었는지를 구체적으로 살펴보았다는 점에서 의의가 있다. 하지만 앞서 언급한 바와 같이, 이 글에서 다루어진 12개의 담화표지가 라디오 방송 담화에서 사용되는 모든 담화표지라 할 수 없다. 이들 외에도 많은 표현들이 사용되고 있으며, 이들에 대한 논의 역시 필요하다. 진행자의 연령대는 20대부터 40대까지밖에 살펴보지 못했는데, 50대와 60대 진행자를 포함하여 연구한다면 그 경향성을 살펴보기에 더 좋을 것이다. 또한 진행자들의 성별과 연령에 초점을 맞추어 선정하였기 때문에, 직업군과 방송 시간대에 대한 고려는 하지 못해 가수 출신 진행자가 진행하는 저녁 시간대의 방송이 많았다. 보다 많은 진행자의 담화를 더 긴 시간 동안 전사하여 연구한다면, 더 뚜렷한 경향을 발견할 수 있을 것이라 생각한다.

참고문헌

강소영(2014), 복합형 담화표지의 의미기능 연구 - 아 근데, 아니 근데를 중심으로, 《한국어 의미학》 44, 한국어의미학회, 313-344.

강우원(2002), 담화표지 '아'와 '어'의 특성 비교 연구, 《우리말연구》 12, 우리말학회, 241-257.

강현화(2012), 한국어교육학에서의 담화 연구 분석, 《한국어 교육》 23-1, 국제한국어교육학회, 219-256.

구종남(2002), 담화표지의 '뭐'의 문법화와 담화 기능, 《국어문학》 35, 국어문학회, 5-32.

김미숙(1997), 대화구조로 본 '아니'의 기능, 《담화와인지》, 담화 · 인지언어학회, 77-101.

김영철(2005), 우리말 담화표지 '아' 고찰, 《국어문학》 40, 국어문학회, 161-174.

김영철(2006), 국어 담화표지 '어'의 고찰, 《국어문학》 41, 국어문학회, 249-266.

김영철(2008), 우리말 담화표지 '자' 고찰, 《국어문학》 45, 국어문학회, 5-23.

김용식(2004), 방송언어의 특성 연구, 《화법연구》 7, 한국화법학회, 203-222.

김정남(2008), 텍스트 유형과 담화 표지의 상관관계 - 유학생의 한국어 쓰기 교육에서의 활용을 위하여, 《텍스트언어학》 24, 한국텍스트언어학회, 1-26.

김향화(2001), 한국어 담화표지의 기능, 《한국학논집》 28, 계명대학교 한국학연구소, 113-140.

박근영(2006), '이', '그', '저(뎌)'의 의미 기능 변화, 《언어와 문화》 2-1, 한국언어문화교육학회, 65-93.

송인성(2013), 담화표지 '뭐'의 기능과 운율적 특성, 《한국어학》 58, 한국어학회, 83-106.

심란희(2019), 한국어 담화표지의 기능 연구, 연세대학교 대학원 박사학위논문.

안주호(1992), 외국어로서의 한국어 교육의 실제 - 한국어 담화표지 분석, 《외국어로서의 한국어교육》 17, 연세대학교 언어연구교육원, 21-38.

이정애(2002), 《국어 화용표지의 연구》, 월인.

이한규(1999), 한국어 담화 표지어 '뭐'의 의미, 《담화와인지》 6-1, 담화 · 인지언어학회, 137-157.
이한규(2011), 한국어 담화표지어 "예"의 의미, 《현대문법연구》 65, 현대문법학회, 171-197.
이한규(2012), 한국어 담화표지어 "아니"의 의미, 《현대문법연구》 67, 현대문법학회, 145-171.
임규홍(2005), 국어 담화표지 '자'에 대한 연구, 《우리말글》 34, 우리말글학회, 99-121.
임지룡·배문경(2003), 여성 발화의 화용적 특성 연구, 《문화와융합》 25, 한국문화융합학회, 161-202.
장소원(2000), 방송인의 언어사용 실태와 문제점 - 보도프로그램의 경우를 중심으로, 《방송연구》 51, 한국방송학회, 255-283.
장소원(2013), 방송보도의 말과 톤 문제, 《관훈저널》 129, 관훈클럽, 66-72.
전영옥(2002), 전통 화법과 화법 교육 - 한국어 담화 표지의 특징 연구, 《화법연구》 4, 113-145.
전영옥(2006), 구어 어휘의 사전 기술 방법 - 담화표지를 중심으로, 《한국사전학》 8, 한국사전학회, 101-143.
전영옥(2015), 감탄사 "어"와 "응"의 담화 기능 연구, 《언어와 언어학》 69, 한국외국어대학교 언어연구소, 129-161.
전영옥(2017), 한국어 담화표지 연구의 현황과 과제, 《한말연구》 45, 한말연구학회, 127-160.
차지현(2010), 운율과 담화 기능의 상호 작용 - 문장 뒤에서 나타나는 한국어 담화 표지 "뭐"를 중심으로, 《언어사실과 관점》 25, 연세대학교 언어정보연구원, 227-256.
황정민(2008), 성별 담화표지어의 사용 양상 비교 연구 - 중국인 한국어 학습자를 대상으로, 《한국언어문화학》 5-1, 국제한국언어문화학회, 347-371.
Schiffrin, D.(1987), *Discourse Marker*, Cambridge University Press.

3. 서술형 독백 텍스트 속 담화표지 '그러니까'

하의뢰

1. 서론

구어에서는 '그러니까, 그니까, 근까' 등을 비롯한 '그러니까'와 그 이형태가 활발하게 사용되고 있다.[1] 한송화(2013: 146)에서 21세기 세종계획 구어 코퍼스에 나온 792,087어절을 자료로 하여 접속부사의 사용 빈도를 조사한 결과, '그러니까'는 5,068개로 전체 접속부사 중에 22.2%를 차지하며 '그런데(25.6%)', '그래서(20.3%)'와 함께 구어에서 가장 많이 사용되는 접속부사로 꼽힌다. 이만큼 '그러니까'는 구어에서 많이 사용되고 있으며 그 사용이 많아짐에 따라 쓰임도 다양해진다. 즉, '그러니까'는 "앞의 내용이 뒤의 내용의 이유나 근거 따위임을 나타낸다"(《국립국어원 표준국어대사전》)는 접속부사[2]로서

1) 기존 연구에서는 '그러니까'와 그의 축약형인 '그니까, 근까, 긍까'의 관계를 다루는 방식이 대체로 두 가지가 있다. 하나는 축약형을 이형태로 보고 '그러니까'라는 대표 형태 아래에서 다루는 것이고 다른 하나는 본래 형태와 축약형을 분리하여 따로 분석하는 것이다. 이 글에서는 '그러니까'의 축약형을 그 이형태로 보되 '그러니까'가 사용되는 양상을 더욱 잘 살펴보기 위해 분석할 때 축약형과 본래 형태를 따로 보도록 하겠다.

2) '그러니까'를 비롯한 '그러-' 계열의 단어들이 어떤 품사에 속하느냐에 대해서는 연구자들이 견해차를 보인다. 접속부사로 보고 부사라는 품사에 속하게 하는 견해(고영근·남기심 1985)가 있는가 하면 하나로 묶어서 '접속사'라는 새로운 품사를 설정하는 견해(김민수, 1983; 이관규, 2002; 조민정 2006)도 있다. 이 글은 '그러니까'가 속하는 품사에 관심을 두는 것이 아니라 '그러니까'가 담화표지로서 갖는 기능에 관심을 두기 때문에 이 문제를 자세히 다루지 않고 '그러-' 계열의 단어들을 '접속부사'로 칭

의 쓰임 이외에 다른 쓰임도 가지고 있다는 것이다.

(1) 가. 하이튼 그래서? 그렇게 해 가지고, 거기 문맹 퇴치, 그~ 학급을 여는 거예요. 우리, 그~, 고등학교 땐가 중학교 땐가 그~ 상록수를 보면, 응. 막~ 그 애들 막~ 모아서, 한글 가르치는 거하고, 너무 비슷하드라구요. <u>그러니까</u> 거기 사람들이, 그 나라 전체에서 쓰는 공용어도 그렇고, 그 담에 새로 만든 이~, 파샤이어도 너무 배우고 싶어 하는 거예요.

나. 일본에 대해서 뭐~ 가서 우리가 뭘 볼 것인가부터 시작해서, 코스를 설정도 하고, 또 그 처음 이케 몇 번 모임을 가지면서, 일본에 대해서 조, 조를 짜 가지구, <u>근까</u> 대안학교 학생 한 명, 대학생 한 명 이케 해 가지구, 아~ 일본에 대해서 각각 알고 싶은 그 주제 발표를 하는 거였어.

(1)을 통해서 확인할 수 있듯이 '그러니까'는 접속부사로서의 기능 외에 다른 기능도 가지고 있다. (1가)에서 '그러니까'는 '화제 복귀'의 기능을, (1나)에서 '근까(그러니까)'는 '부연 설명'의 기능을 각각 가지고 있다. 이처럼 '그러니까'는 '화제 복귀'라든지 '부연 설명'이라든지 등의 새로운 담화 기능을 이차적으로 획득한 언어적 요소로서 담화표지로 볼 수 있다. 그러나 '그러니까'가 담화표지로서 갖는 기능에 대해서는 연구자마다 다르게 제시하고 있다. 이 글에서는 '그러니까'의 이러한 쓰임에 초점을 두고 그 기능을 하나하나 검토하겠다.

한편, 이 글에서 활용할 자료로는 21세기 세종계획이 구축한 구어 코퍼스에 나온 '독백_여행이야기#2, 전자전사자료', '독백_일본여행기, 전자전사자료'가 있다. 이 두 개의 자료는 모두 화자가 독백의 형식으로 자기의 여행에 대해서 청자에게 서술한 내용을 전사한 것이

하기로 한다.

다. 여행 경험 기반의 자료는 대체로 시간의 흐름에 따라 서술하고 문법적으로는 이른바 과거 시제 및 시간 규정어와 처소 규정어를 많이 사용한다는 특징을 가지고 있는데(클로우스 브링커 2002: 72), 이는 서술형 텍스트의 특성에 잘 부합한다. 또한, 독백의 형식은 청자의 영향을 배제하고 화자의 발화 특성을 더욱 잘 반영할 수 있을 뿐만 아니라 화자가 되도록 논리적으로 이야기하려고 하기 때문에 담화표지의 '화제와 화제의 결속' 기능을 더욱 잘 드러낼 수 있을 것이다. 따라서 이 글은 서술형 독백 텍스트로 한정해서 담화표지 '그러니까'가 갖는 기능, 특히 그 '화제와 화제의 결속' 기능에 집중한다.

2 '그러니까'의 분석 틀

그동안의 연구에서 '그러니까'를 '그래서, 그런데, 그리고' 등과 함께 '그러-' 계열로 묶어서 그 기능을 살펴보는 경우가 많았다. 조민정(2015: 170-173)에서는 '그러-' 계열의 단어를 중심으로 접속부사의 담화표지적 쓰임에 대해 고찰을 했는데 '그러니까'의 담화표지적 용법으로는 '이유 및 원인', '선행 발화의 대용', '부연 설명', '발화 개시 및 청자 반응 신호'를 제시하였다.[3] 그러나 조성민(2015: 170-173)에서 '이유 및 원인'과 '선행 발화의 대용'을 담화표지적 용법으로 제시한 것은 문제가 될 수 있다고 본다. '이유 및 원인', 그리고 '선행 발화의 대용'은 '그러니까'의 개념적 의미이지 담화표지적 기능이 아니기 때문이다.

3) 조민정(2015: 149-150)에 따르면 '그러-' 계열은 문장과 문장, 선행 발화와 후행 발화를 이어 주는 접속 기능뿐만 아니라 대화에서 발화자의 다양한 입장 및 태도도 드러낸다고 하였고 문어에서 갖는 접속 기능이 아닌 기능을 담화표지적 용법이라고 하였다.

또한, 국어 지시 용언에 대한 연구를 한 신지연(1998)에서는 '그니까(그러니까)'를 후행 발화에서 자세한 설명을 하겠다는 화자의 의도를 나타내는 설명의 표지로 논하였다. 신지연(1998)에 따르면 '그니까(그러니까)'는 선행 발화 단위뿐만 아니라 선행 발화의 명사구, 화자의 말차례 전체에 대한 설명의 표지로 쓰일 수 있으며 나아가 특별한 부연의 대상이 없는 경우, 설명을 요구하는 질문에 대한 대답의 서두에서도 쓰이는 점을 감안할 때 앞뒤 성분을 연결해주기보다는 단지 후행 발화에서 더 자세한 설명을 첨부하겠다는 화자의 의도를 드러내는 표지라고 볼 수 있다. 그러나 '그러니까'를 후행 발화에서 더 자세한 설명을 하겠다는 화자의 의도를 표시하는 담화표지로 보는 것이 다소 타당하지 않다.

다음 예문을 검토해 보자.

(2) 가. 근데 차마 이야기를 안 하고, 못하고 있다가, 내가 말을 꺼냈지. 어~ "언니 그거 가고 싶지 않아요?" **그러니까**, '엉 나도 너무 가고 싶어.'

나. 뭐~ 장모님. 이런 분들하고 인사하고. 막 그런 거지, 옛날에 우리 조선 시대랑도 비슷해, **그러니까** 사랑방에서 이렇게 손님을 대접하면서? 부녀자들은 안방에서 나올 수가 없잖아요? 뭐~ 그런 거야.

신지연(1998)의 논의를 따른다면 (2가)에서의 '그러니까'와 (2나)에서의 '그러니까'는 똑같이 더 자세한 설명을 첨부하겠다는 화자의 의도를 드러낸다는 기능을 보여야 한다. 그러나 (2나)에서의 '그러니까'가 '부연'의 의미를 드러낸다 할지라도 (2가)에서의 '그러니까'는 그러한 의미를 나타내지 않는다. (2가)에서의 '그러니까'는 부연 설명하겠다는 화자의 의지를 나타내는 것이 아니라 단순히 앞뒤 내용을 연결만 하는 기능을 나타낸다. 또한 (2나)에서의 '그러니까'는 설명을 첨부하겠다는 화자의 의도를 나타낸다기보다는 상위 화제와 그 상위 화제에 대한 자세한 설명인 하위 화제를 연결해주는 기능을 하는 것으로 이해되는 것이 더 나을 것 같다. 즉, '그러니까'가 갖는 화자의 의도성이 너무 약할뿐더러 모든 상황에 다 적용되는 것이 아니라는 말이다. 따라서 이 글에서는 신지연(1998)의 논의와 다른 입장을 취하여 '그러니까'의 '화제와 화제의 결속' 기능에 초점을 맞추어서 (2나)에서 나타난 담화표지 '그러니까'의 기능을 '부연 설명'으로 상정하고 그것을 '화제 및 화제 결속 기능' 중의 하나로 인정하겠다.

한편, 기존의 연구에서 '그러니까'의 의미 및 기능을 분석할 때 제시한 분석의 틀도 다양하다. 이를 표로 간략하게 정리해보면 다음과 같다.

〈표 1〉 기존 연구에서 제시한 '그러니까'에 대한 분석의 틀(계속)

이희정(2003)	강소영(2007)	전영옥(2016)	전영옥(2017)
의미 관계: 원인	접속부사 (이유나 근거)	인과 관계	의미 관계: ① 인과 관계 ② 보충 설명 ③ 환언 ④ 수정 ⑤ 단순 연결
텍스트 결속 기능: ① 화제 전환 (상위 → 상위, 상위 → 하위, 하위 → 상위) ② 화제 전개 (보충 설명 등)	화제 심화, 복귀	정보의 완결과 보충	화제 전개: ① 화제 전환 ② 화제 복귀 ③ 화제 정리 및 마무리
화자의 의도성: ① 설명하기 ② 수정하기	되묻기	자기 발화 지속과 타인 발화 연결	화자의 발화 태도: 평가
상호 작용 기능: 호응하기	부연 설명	발언권 연결과 발화 연결	참여자 상호 작용: 동의하기

	수정		발화유지 및 발언권 유지: ① 발언권 유지 ② 발언권 획득 ③ 발화 연결

〈표 1〉을 통해서 알 수 있듯이 이희정(2003)에서는 '그러니까'가 나타내는 의미 관계로 '원인'만 제시하였으나 전영옥(2017)에서는 '인과 관계'와 함께 '보충 설명, 환언, 수정, 단순 연결'도 제시하였다. 그러나 '이유나 근거'는 층위가 동등한 두 개의 화제 간의 의미 관계이고 '보충 설명, 환언, 수정, 단순 연결'은 하나의 큰 화제 내부의 의미 관계라는 이유로 여기에서는 이들을 한데 묶어 다루지 않겠다. 더구나 '이유나 원인'은 '그러니까'가 접속부사로서 갖는 기능이지 담화표지로서 이차적으로 획득한 담화 기능이 아니다. 이러한 점을 감안하면 전영옥(2017)과 같이 '그러니까'가 갖는 접속부사의 기능을 그 담화표지적 기능과 함께 한데 묶어 논의하는 것이 타당하지 않다고 본다.

또한, 이희정(2003)과 전영옥(2017)에서는 분석의 틀에서 '화자의 의도성'도 제시하였으나 이 글에서는 이것을 인정하지 않는다. 앞에서도 논의하였듯이 '그러니까'가 갖는 의도성이 매우 약할 뿐만 아니라 이 글은 '그러니까'의 '화제와 화제의 결속' 기능에 분석의 중점을 두고 있기 때문이다. 그리고 이 글의 분석 자료는 독백 텍스트로 한정되어 있으므로 화자와 청자 사이의 상호 작용이 거의 없다. 이러한 점을 고려하여 '그러니까'의 '상호 작용' 기능이나 '발언권 유지' 기능은 분석의 틀에 넣지 않을 것이다.

위의 논의를 정리하면 다음과 같이 이 글에서 이용할 분석의 틀을 제시할 수 있다.[4]

〈표 2〉 '그러니까'에 대한 분석의 틀[5]

<table>
<tr><td rowspan="6">화제와 화제의 결속 기능</td><td>화제 전환 및 복귀</td></tr>
<tr><td>부연 설명</td></tr>
<tr><td>환언</td></tr>
<tr><td>수정</td></tr>
<tr><td>정리 및 마무리</td></tr>
<tr><td>단순 연결</td></tr>
<tr><td>화자와 화제의 결속 기능</td><td>시간 벌기</td></tr>
<tr><td>※접속 부사로서의 기능</td><td>이유나 근거</td></tr>
</table>

3. 담화표지 '그러니까'의 기능

(1) 화제와 화제의 결속 기능

화제 전환 및 복귀

담화표지 '그러니까'는 진행하던 화제를 새로운 화제로 바꿀 때나 원래의 화제로 돌릴 때 사용되어서 화제와 화제를 연결하는 기능을 한다. 사실 새로운 화제로나 원래의 화제로나 화제를 바꾸는 것은 넓은 범위에서 보면 모두 화제 전환으로 볼 수 있다.

4) 이 글은 담화표지 '그러니까'의 기능을 살펴보는 데에 중점을 두나, 담화표지 '그러니까'의 기능을 더욱 명확하게 살펴보기 위해 접속부사로서의 '그러니까'의 기능과 비교할 필요가 있다고 판단해서 분석의 틀에는 '접속부사로서의 기능'도 넣었다.

5) 이 글에서 사용할 분석의 큰 틀은 전영옥(2002), 안주호(2009), 한상미(2012), 송인성(2015) 등에서 제시한 담화표지 분석의 삼원 체계를 참고한 것이다. 삼원 체계를 제시하면 다음과 같다.

화제와 화제 결속 / 화자와 화제 결속 / 화자와 청자 결속

(3) 가. 음~ 내가 일본에 가서, 가기 전에 한 한달 동안을, **근까** 그거를 어떻게 가게 됐는가부터 말을 해야겠구나, 그래서 그~ 문화인류학이라는 수업을 들었잖아?

나. 그렇게 준비를 했는데 계속 만나면서도, 그렇게 뭐~ 친해 절대 막 친해질 수가 없는 것처럼 그렇게 느껴졌는데, 하루 만에 그렇게 빨리 친해졌다는 게 너무 신기했고, 그거에 대해서 막 교수님도 좀 연구를 해봐야겠다 이거는. 그런 그게 그~ 우리 **근까** 우리가 왜 그렇게 친해졌냐 하면은, 교수님이 그러시더라고, 여기는 우리밖에 없는 거라고.

다. 음~ 그리고 거기 기념품들이 되게 되게 아기자기하고 이뻐, 그게 그게 전부 사람들이 전부 기념품을 잘 개발을 하는 것 같애. 자기네들 음~ 우리 나라는 되게 경주에 가도, 똑같이 기념품 제주도에는 돌하루방이 있고, **그러니까** 그런데 교토는 교토밖에 기념품이 교토에서밖에 못 봤거든?

라. 그렇게 해 가지고, 거기 문맹 퇴치, 그~ 학급을 여는 거예요, 우리, 그~, 고등학교 땐가 중학교 땐가 그~ 상록수를 보면, 응. 막~ 그 애들 막~ 모아서, 한글 가르치는 거하고, 너무 비슷하드라구요, **그러니까** 거기 사람들이, 그 나라 전체에서 쓰는 공용어도 그렇고, 그 담에 새로 만든 이~, 파샤이 어도 너무 배우고 싶어 하는 거예요.

마. 그래서 우리가 견학을 갔었는데, 아~, 견학을 갔었는데? 그~ **근까**, 우리는 그냥, 한국에서는 대학생이고, 그냥 우리는 뭐~ 배우러 간 거고, 견학하러 간 건데 두, 그 사람들은, 아~, 뭐~ 외국에서 온 손님이다, 아, 그렇게 생각해서, 막~ 마치 우리가 장학관들이 올 때, 학교에서, 뭐~ 선생님들이 막 수업 미리 준비하는 것처럼, 거기도 그렇게 준비를 해 놓은 거야.

바. 이번 여름에, 그 아프가니스탄으로 여행을 갔다 왔거든요. 아~ **근까** 아프가니스탄에 직접 갈 수 있는, 그러니까 직항이 한국에서부터 없기 때문에, 파키스탄을 거쳐서 갔다 와서, 그게 결국, 두 개 나라를 갔다 온 셈이 됐는데, 고생도 많이 했지만, 그게 되게 재미있

고, 음~, 되게 많이 생각할 거리를 가지고 돌아오게 된, 그런 여행이었어요.

(3가)에서는 화자가 일본 여행에 대한 이야기를 하다가 일본 여행을 어떻게 가게 되었는가에 대한 이야기로 화제 전환을 하였는데 '근까(그러니까)'는 담화표지로서 화제 전환의 기능을 수행하였다. 마찬가지로 (3나)에서는 '빨리 친해졌다는 것에 대해 우리가 신기하다고 느꼈다'는 이야기로부터 '왜 친해졌는가'에 대한 이야기로, (3마)에서는 '우리가 견학을 갔다'는 이야기로부터 '우리가 대학생으로서 갔다'는 이야기로, (3바)에서는 '아프가니스탄으로 여행을 갔다 왔다'는 이야기로부터 '아프가니스탄에 가는 직항이 없어서 고생을 했다'는 이야기로 각각 화제 전환을 하였다. 이때 담화표지 '그러니까, 근까'는 두 화제 사이에 화제 전환의 표지로 사용되었다. 또한, (3다)에서는 화제가 원래 진행하던 '기념품'에 대한 화제로, (3라)에서는 화제가 원래의 '공용어 공부'에 대한 화제로 각각 복귀되었다. (3다)와 (3라)에서는 '그러니까'는 화제 복귀의 표지로서 화제 복귀의 기능을 한다고 할 수 있다. 따라서 담화표지 '그러니까'는 화제 전환 및 복귀의 기능을 나타낸다.

부연 설명

담화표지 '그러니까'는 뒤의 내용이 앞의 내용에 대한 부연 설명임을 나타내는 기능을 하기도 한다.

(4) 가. 처음 이케 몇 번 모임을 가지면서, 일본에 대해서 조 조를 짜 가지구, <u>근까</u> 대안학교 학생 한 명, 대학생 한 명 이케 해 가지구, 아~ 일본에 대해서 각각 알고 싶은 그 주제를 발표를 하는 거였어.

나. 거기는 몇 정거장을 가는데, 아무리 젤 싼 게 천칠백 원이고, <u>그니까</u> 거기 돈으로 천백칠십 엔이데, 우리 돈으론 천칠백 원이잖아.
다. 그 선생님이 원래, 서울시 대안교육센터라는 곳에서, 그~ 부센터장님을 하시는데, <u>근까</u> 대안 학교 대안교육에 대해서 되게 계속 그걸 하시는 분인데.
라. 그 다음에 그~ 엔지오는, <u>그러니까</u>, 이 단체가 주로 일을 하는 필드는 아프가니스탄인데, 아시다시피 아프가니스탄이 상황이 열악하고, 그렇기 때문에 그 안에서 무슨 컨퍼런스를 할 만한 장소가, 뭐~ 있기는 있겠지만, 거의 없어요.
마. 그 막~ 그런 거 물어보잖아요, <u>근까</u> 아프가니스탄에서 사역하기 위해서 필요한 게 뭐냐, 아까도 얘기했었지만, 뭐~ 이런, 특별히 아프가니스탄의 그런 어떤 필드 특성에 맞춰서, 뭐~ 하이튼 여러 가지 물어보는데.
바. 그 다음에 뭐~ 문법책이랑, 픽토리얼 딕셔너리, 그러니까 그림 사전, <u>근까</u> 뭐~ 예를 들어서, 코끼리 놓고, 공용어로 코끼리 뭐, 이 나라 말로 코끼리 뭐, 그래서 세 개의 언어가, 함께 나와 있는 그런, 그림 사전과, 그 다음에 가장 기본적인 이야기책, 전래 동화책, 왜~ 문법책, 이런 게? 구월에 나온다고 그러더라구요.

(4가)에서 '근까(그러니까)'의 뒤에 오는 내용은 '어떻게 조를 짰는가'에 대한 설명인데 앞의 내용에 대한 부연 설명임을 알 수 있고 (4나)에서 '그니까(그러니까)' 뒤에 오는 내용은 앞에 있는 '천칠백 원'에 대한 부연 설명임을 확인할 수 있다. (4다~바)에서도 마찬가지로 담화표지 '그러니까'는 뒤에 오는 내용이 앞에 있는 내용에 대한 부연 설명임을 나타내는 표지로서 기능한다.

환언

담화표지 '그러니까'는 환언을 나타내는 표지로 사용되는 경우에

'그러니까'가 연결하는 두 개의 화제는 그 명제적 의미가 같아서 사실 같은 화제로 볼 수도 있다. 그러나 같은 화제를 연결한다는 것도 화제와 화제를 연결하는 셈이어서 '화제 및 화제 결속' 기능으로 인정할 수 있다.

(5) 가. 우~ 그런 게 있잖아요, 관계가 되게 중요하고, 일보다도, 근까 일이 빨리 이루어지는 것보다도, 그 일, 같이 일을 하는 사람들과의 어떤 관계, 관계와 의사소통 이런 게 중요한, 그런 거를, 한국, 외국 사람들은 그냥 이론으로 배워야 되는 거를, 한국 사람들은, 그걸 쫌 이케 그냥 이케 말하지 않아도, 이케 저절로 캐취하는 그런 게 있다구.

나. 그 다음에 뭐~ 문법책이랑, 픽토리얼 딕셔너리, 그러니까 그림 사전, 근까 뭐~ 예를 들어서, 코끼리 놓고, 공용어로 코끼리 뭐, 이 나라 말로 코끼리 뭐, 그래서 세 개의 언어가, 함께 나와 있는 그런, 그림 사전과, 그 다음에 가장 기본적인 이야기책, 전래 동화책, 왜 ~ 문법책, 이런 게? 구월에 나온다고 그러더라구요.

다. 아~ 근까 아프가니스탄에 직접 갈 수 있는, 그러니까 직항이 한국에서부터 없기때문에, 파키스탄을 거쳐서 갔다 와서, 그게 결국, 두 개 나라를 갔다 온 셈이 됐는데, 고생도 많이 했지만, 그게 되게 재미있고, 음~, 되게 많이 생각할 거리를 가지고 돌아오게 된, 그런 여행이었어요.

라. 이~ 그래서 막~ 이~ 토론, 여기 이 분들이 지능이 떨어지거나 그런 건 아니니까, 그래 학교에서 공용어, 근까 파샤이어 말고, 공용어인 파쉬툰어를 가리키는 아 가르치는, 그런 언어 선생님들도 많이 있으니까, 그런 분들 다 모셔 놓고.

(5가)에서는 '관계가 되게 중요하고, 일보다도'라는 말을 다른 말로 '일이 빨리 이루어지는 것보다도, 그 일, 같이 일을 하는 사람들과의 어떤 관계, 관계와 의사소통 이런 게 중요하다'라고 표현하였다. (5

나)에서는 '픽토리얼 딕셔너리'라는 말을 다른 표현인 '그림 사전'으로 발화하였고 (5다)에서는 '직항'으로 '직접 갈 수 있다'는 말을, (5라)에서는 '파샤이어'를 '공용어'로 대신하였다. 이러한 환언의 과정에서 사용되는 담화표지 '그러니까'는 환언을 나타내는 표지로 기능한다.

수정

위에서 논의한 기능 외에 담화표지 '그러니까'는 앞의 내용을 뒤에 오는 내용으로 수정하는 기능도 가지고 있다.

(6) 가. 근데 배를 타고 가는데 스물 스물 <u>근까</u> 열 여덟 시간인가, 열 여덟 시간을 가는데도 되게 배를 타는 게 나중에는 더 좋았던 거 같애.

나. 나호르에 도착한 게, 그날 아, 그날 밤 열한 시 정도예요. 긍까는 시차를 감안하지 않고, <u>근까</u> 시차를 감안하면 시간이 훨씬 더 많이 걸린 거죠.

다. 저희가, 그~, 전체적으로 이 <u>근까</u>, 주로 한 게, 그~ 사역자들 한 사람 한 사람 만나서, 아프가니스탄에서 무슨 일을 하느냐, 뭐~어 지금 어떻게 구호 사역이 이루어지고 있느냐, 만약에 우리가 나중에 이, 그런 국제 엔지오에 취직을 하고자 한다면, 어떤 것을 준비해야 되느냐, 뭐~ 어떤 마인드를 가져야 되느냐, 이런 거 물어보기도 하고.

(6가)에서는 '스물 시간'이 아니라 '여덟' 시간이라고, (6나)에서는 '시차를 감안하지 않는' 것이 아니라 '시차를 감안하는' 것이라고 수정할 때 '근까(그러니까)'를 사용한 것이다. 마찬가지로 (6라)에서는 '전체적으로 (하는 일)'라는 표현을 '주로 하는 일'이라는 표현으로 수정하는 과정에서 '근까(그러니까)'를 사용하였다. 이처럼 담화표지 '그러

니까'는 앞에 나온 내용을 뒤에 오는 내용으로 수정하는 표지로 사용된다.

정리 및 마무리

담화표지 '그러니까'는 화제를 정리하거나 마무리할 때 사용되어서 화제 정리 및 마무리라는 기능을 나타내기도 한다.

(7) 가. 그래서 쪼금 기분이 나빴고, 근데 대체적으로 일본 사람들은 친절한 것 같애. 음~친절하고, 뭘 물어봐도 다 대답해주고, 근까 처음에 그런 재미가 있었지.

나. 이 여행을 가게 된 거는, 제가 파트타임으로 일하고 있는, 대학생 단체가 있는데, 그 학생들의 뭐~ 진로, 적성, 뭐 가이드. 그러니까 진로를 도와주는, 그런 프로그램의 일환으로, 그 중에? 뭐~ 해외에서의, 엔지오 사업이나, 뭐~ 구호 사업이나, 어~ 뭐~ 그런 것들에 관심이 있는 학생들을 모아서.

다. 그래서 유월 이십일 일인가 그때 가서 한국에 다시 돌아온 게, 칠월 구일이었는데, 맞나? 한 십팔박 십구일 정도 갔다 왔거든요, 긍까 기간도 긴 편이었고.

라. 옛날에 우리 조선 시대랑도 비슷해, 그러니까 사랑방에서 이렇게 손님을 대접하면서 부녀자들은 안방에서 나올 수가 없잖아요. 뭐~ 그런 거야, 긍까 그런 것도 약간 되게 뭐랄까, 재미있다고 할 수 없지만, 되게 인상 깊은 경험이었고.

(7가)에서는 앞의 내용에 대한 정리로 '처음에 그런 재미가 있었지'라는 말을 제시하였고 (7나)에서는 '진로, 적성, 가이드'를 한 단어인 '진로'로 정리하였다. 또한, (7다)에서는 앞에 나온 내용을 '기간도 긴 편이었다'라는 말로 정리함으로써 이 화제를 마무리하였고 (7라)에서는

앞에 있는 '아프가니스탄의 여자'에 대한 내용을 정리해서 '재미있다고 할 수 없지만 인상 깊은 경험'으로 대변하였다. 이럴 때 사용되는 '그러니까'는 '화제 정리 및 마무리'의 기능을 수행한다.

단순 연결

어떤 경우에 담화표지 '그러니까'는 단순히 앞뒤 내용을 연결만 하는 기능을 한다. 서술형 독백 텍스트에서 이 기능은 특히 화자가 혼자서 하나의 대화를 서술할 때 많이 보인다.

(8) 가. "언니 그거 가고 싶지 않아요?" <u>**그러니까**</u>, "엉 나도 너무 가고 싶어." 죽이 맞아 가지고 막 그~ 너무 희망이 그렇게 불타오르면서, 우리가 같이 가면 되겠다고.

나. 결국엔 너무 급하니까 한 건물에 들어가서, 어떤 아저씨한테 일본어로 물어봤어. "토이 토이레와 도꼬데스까." 그러면은, 어~ 그러면 그것도 우리가 물어본 것도 아니고, 대안학교 애가 물어봤어. <u>**그러니까**</u> 되게 친절하게 대답해주더라.

다. 처음엔 몰랐거든. 학생 할인 되는지 몰랐는데, 날 보면서 그 여자가, 어~ 혹시 학생이냐고 물어보는 거야. 그래서, 아~ 학생이라고 <u>**그러니까**</u> 학생증 주면 할인이 된대. 그래서 아~ 할인이 된다.

라. 그~ 이대 다니는 애가 있었는데, 걔가 그러드라고. <u>**긍까**</u>, 파키스탄이나 아프가니스탄이나 여자들을 만날 수가 없어서, 너무 좀 이케 아쉬웠대.

(8가)에서는 '언니가 가고 싶지 않아요?'와 '엉, 나도 가고 싶어' 사이에 단순히 시간상의 선후 관계가 있을 뿐, 부연이나 전환과 같은 의미 관계가 성립하지 않는다. 여기의 '그러니까'는 하나의 이야기를 서술할 때 중간에 나타나 단순히 발화를 연결하는 기능을 한다. (8나~라)

에서도 마찬가지이다. 따라서 담화표지 '그러니까'는 '단순 연결'의 기능을 하기도 한다.

(2) 화자와 화제의 결속 기능

위의 논의에서는 담화표지 '그러니까'가 갖는 '화제와 화제의 결속' 기능에 대해서 살펴보았다. 이 외에 담화표지 '그러니까'는 발화 도중에 생각할 시간이 필요할 때 사용되어서 '시간 벌기'의 기능을 하기도 한다. 담화표지 '그러니까'의 이러한 기능은 화자와 화제의 결속으로 이해될 수 있다.

(9) 가. 서로 우리가 막 그런 거 막 엽서 하나를 사도 팔십 엔이고 백 엔이고 막 이러니까, 와 싸다 싸다 그러면서 샀어, 거기서 싼 거는 백엔 뭐~ 이 정도니까, 가장 싼 게 백엔 팔십엔 막 이런 거니까, 너무 싸다고 그러면서 샀는데 나중에 보면은, 아~ 천 원이구나. 나중에 <u>근까</u> 깨닫는 거야.

나. 그래서, 커퍼런스는, 파키스탄의 머리라는, 그런 도시에서 있었는데, 응~ 거기가 어디냐면은 <u>긍까</u>, <u>긍까</u>, 파키스탄의 알프스라고 불리는 데거든요.

다. 그냥 그~ 단체의 한국, 사업가가 딱 한 명 있는데? 그 분이 너무 일을 잘 하는 거예요. 그래서, 한국 학생들이 더 많이 <u>긍까</u> 배우고, 어~ 더 많이 훈련을 받고, 뭐~ 이케 경험을 쌓고, 교육을 받아서 빨리 와 줬으며 좋겠다고, 그런 얘기를 하더라구요.

라. 그래서 이분이 주로 하시는 거는, 거기 말, 글들을 만들어 주는 거예요. 글자를, <u>그러니까</u>는, 그~, 〈pause dur="1.3"/〉 잘랄라바드에 주로 사는 민족은? 또 파쉬투도 아니고, 파샤이라는 종족이거든요? 근데 이 민족은, 그~ 물론 말은 있지만, 그러고 문법도 되게 정교하다 그러드라고요.

(9가)에서는 '근까(그러니까)'가 하나의 명제만 가지는 문장 중간에 쓰이기 때문에 화제를 연결하는 기능을 할 가능성이 없다. 여기의 '근까(그러니까)'는 단순히 화자가 머뭇거릴 때 발화가 끊기지 않고 계속 유지하기 위해 사용한 것이고 '시간 벌기'의 기능을 수행한다고 볼 수 있다. (9나)에서는 '긍까(그러니까)'의 연속 사용으로 이러한 기능이 더욱 명확하게 드러난다. 또한, (9다)에서는 '긍까(그러니까)'의 사용으로 화자가 발화의 공백을 메웠다. (9라)에서는 '그러니까'가 화제 전환의 기능을 하는 것처럼 보일 수도 있지만 그 뒤에 화자가 약 1.3초 정도 발화를 일시 정지한 것을 보면 여기의 '그러니까'는 '시간 벌기'의 기능을 한 것으로 보는 것이 타당한 것 같다.

4. '그러니까'의 실현 양상

앞에서 살펴본 담화표지 '그러니까'의 기능을 서술형 독백 텍스트의 특성과 관련지어 분석하기 위해서는 각 기능을 나타내는 담화표지 '그러니까'의 실현 빈도를 살필 필요가 있다. 또한, '근까, 긍까, 그니까'는 모두 '그러니까'의 이형태라고 할 수도 있지만 형태가 다른 만큼 이들이 텍스트에서 나타나는 기능도 다를 수도 있으므로 형태별로 그들의 출현 빈도를 통계로 제시하기도 할 것이다. 다음 〈표 3〉은 기능에 따른 '그러니까' 및 그 이형태의 출현 빈도를 분석한 결과를 나타낸다.

〈표 3〉 기능에 따른 '그러니까' 및 그 이형태의 사용 빈도

기능		형태	개수		
화제와 화제의 결속	화제 전환 및 복귀	그러니까	2	14	49
		그니까	3		
		근까	6		
		긍까	3		
	부연 설명	그러니까	3	12	
		그니까	2		
		근까	5		
		긍까	2		
	환언	그러니까	2	6	
		그니까	0		
		근까	4		
		긍까	0		
	수정	그러니까	0	3	
		그니까	0		
		근까	3		
		긍까	0		
	정리 및 마무리	그러니까	3	9	
		그니까	1		
		근까	3		
		긍까	2		
	단순 연결	그러니까	3	5	
		그니까	0		
		근까	1		
		긍까	1		
화자와 화제의 결속	시간 벌기	그러니까	1	6	6
		그니까	0		
		근까	1		
		긍까	4		
접속부사	이유나 근거	그러니까	7	13	13
		그니까	1		
		근까	3		
		긍까	2		
합계			68	68	68

〈표 3〉을 통해서 알 수 있듯이 서술형 독백 텍스트에서는 화제와 화제를 연결하는 기능을 하는 담화표지 '그러니까'가 압도적으로 많다. 이는 세종 구어 코퍼스를 바탕으로 '그러니까, 그니까, 근까, 그까'의 출현 빈도를 분석한 전영옥(2017: 142-145)의 결과와는 조금 다르다. 전영옥(2017: 142-145)에서 '그러니까, 그니까, 근까, 그까'를 기능에 따라 그 출현 빈도를 조사한 결과, 전체 1,229개의 '그러니까, 그니까, 근까, 그까' 중에서 화제 전개를 나타내는 '그러니까, 그니까, 근까, 그까'의 개수는 64개로 화자의 발화 태도를 나타내는 개수(69개), 참여자 상호 작용을 나타내는 개수(52개)와 거의 비슷하다. 또한 전영옥(2017: 147)에 따르면 발언권 획득 및 유지를 나타내는 '그러니까'와 그 이형태의 개수는 416개로 매우 많다. 이러한 차이는 서술형 독백 텍스트에서 화자가 혼자서 발화를 하는 것과 관련이 있다. 화자가 혼자서 발화하는 것이므로 청자와의 상호 작용이 거의 없을 뿐만 아니라 청자와 발언권을 경쟁할 필요도 없어서 발언권 유지 기능을 거의 나타내지 않는다.

한편, 서술형 독백 텍스트는 화자가 대체로 시간에 따라 자기의 경험을 서술하는 것이기 때문에 이러한 텍스트는 다른 일상 대화나 독백보다 그나마 논리성이 강하다는 특성을 가지고 있다. 이러한 특성 때문에 발화의 유창성을 위하여 화제 간의 관련성이 더욱 명확하게 부각되는데 이때 화제 간의 연관성을 유지하기 위한 담화표지도 많이 사용된다. 이것은 또한 화제와 화제를 연결하는 기능을 하는 담화표지 '그러니까'의 압도적인 사용을 통해서 확인될 수 있다. 그리고 '화제와 화제의 결속' 기능 중 다른 기능보다 화제 간의 연관성을 더 잘 반영할 수 있는 '화제 전환 및 복귀', '부연 설명', '정리 및 마무리' 기능이 유난히 많이 사용되는 것도 위와 같은 사실을 입증할 수 있다.

주의를 기울여야 하는 것은 접속부사로서의 '그러니까'도 서술형 텍스트에서 많이 사용되고 있는데 특히 '그러니까' 형태의 사용이 압도적이라는 점이다. 이는 축약형에 비해 본래 형태의 '그러니까'가 그 원래 의미인 '이유나 근거'를 나타내는 경우가 더 많다는 것을 의미한다. 다시 말하면 '그러니까'의 축약형은 접속부사로서의 쓰임보다는 담화표지로서의 쓰임이 더 많다는 뜻이기도 하다.[6]

한편, '그러니까'와 그 이형태가 담화표지로서 갖는 기능에 있어서 차이를 보이는지를 살펴보기 위해 형태에 따른 담화표지 '그러니까'의 사용 빈도를 분석할 필요가 있다. 그 결과를 표로 정리하면 다음과 같다.

〈표 4〉 형태에 따른 '그러니까'의 사용 빈도(계속)

<table>
<tr><th>형태</th><th colspan="2">기능</th><th colspan="3">개수</th></tr>
<tr><td rowspan="8">그러니까</td><td rowspan="6">화제와 화제의 결속</td><td>화제 전환 및 복귀</td><td>2</td><td rowspan="6">13</td><td rowspan="8">21</td></tr>
<tr><td>부연 설명</td><td>3</td></tr>
<tr><td>환언</td><td>2</td></tr>
<tr><td>수정</td><td>0</td></tr>
<tr><td>정리 및 마무리</td><td>3</td></tr>
<tr><td>단순 연결</td><td>3</td></tr>
<tr><td>화자와 화제의 결속</td><td>시간 벌기</td><td>1</td><td>1</td></tr>
<tr><td>접속부사</td><td>이유나 근거</td><td>7</td><td>7</td></tr>
<tr><td rowspan="4">그니까</td><td rowspan="4">화제와 화제의 결속</td><td>화제 전환 및 복귀</td><td>3</td><td rowspan="4">6</td><td rowspan="4">7</td></tr>
<tr><td>부연 설명</td><td>2</td></tr>
<tr><td>환언</td><td>0</td></tr>
<tr><td>수정</td><td>0</td></tr>
</table>

6) 전영옥(2017)에서는 분석을 통해서 '그러니까'의 축약형이 원래의 어휘 의미를 상실하고 새로운 의미를 갖는 것은 아니지만 본말보다 축약형이 담화표지로서의 의미 기능을 더 많이 수행하고 있음을 알 수 있다고 하였다. 이는 축약 형태가 인과 관계의 의미 기능의 약화나 발언권의 유지와 획득 기능의 강화와 관련되어 있기 때문이라고 본다.

		정리 및 마무리	1		
		단순 연결	0		
	화자와 화제의 결속	시간 벌기	0	0	
	접속부사	이유나 근거	1	1	
근까	화제와 화제의 결속	화제 전환 및 복귀	6	22	26
		부연 설명	5		
		환언	4		
		수정	3		
		정리 및 마무리	3		
		단순 연결	1		
	화자와 화제의 결속	시간 벌기	1	1	
	접속부사	이유나 근거	3	3	
긍까	화제와 화제의 결속	화제 전환 및 복귀	3	8	14
		부연 설명	2		
		환언	0		
		수정	0		
		정리 및 마무리	2		
		단순 연결	1		
	화자와 화제의 결속	시간 벌기	4	4	
	접속부사	이유나 근거	2	2	
합계			68	68	68

〈표 4〉를 통해서 본래 형태로 나타날 때 '그러니까'가 접속부사로 쓰이는 경우가 제일 많음을 알 수 있다. 이는 그 축약형이 가장 많이 나타나는 기능이 모두 접속부사 기능이 아닌 다른 기능인 것과는 대조된다. 또한, 접속부사로 쓰이는 경우를 제외하면 담화표지로 쓰이는 '그러니까, 그니까, 근까, 긍까' 중에서 '근까'가 23개로 가장 많이 나타난다. 물론 어떤 형태의 '그러니까'를 사용하는가는 화자의 언어 습관과 관련이 있고 또한 이 글에서 사용한 자료의 수가 적기 때문에 어

떤 형태가 서술형 독백 텍스트에서 제일 많이 사용되는지, 각 형태가 제일 많이 나타나는 기능이 무엇인지에 대한 통계는 무의미할지도 모른다. 그러나 〈표 4〉를 통해서 어떤 형태이든 화제와 화제를 연결하는 기능이 제일 활발하게 이루어지는 것을 알 수 있는데 이것은 서술형 독백 텍스트에서 화제와 화제의 결속 기능이 잘 부각된다는 앞의 논의를 다시 확인하게 해준다.

5. 결론

'그러니까'는 '화제와 화제의 결속', '화자와 화제의 결속'이라는 분석의 큰 틀로 분석할 수 있는 담화표지이다. 조금 더 구체적으로 살펴보면 '화제와 화제의 결속'에는 '화제 전환 및 복귀', '부연 설명', '환언', '수정', '정리 및 마무리', '단순 연결'의 기능이 있고, '화자와 화제의 결속'에는 '시간 벌기'의 기능이 포함된다. 이를 바탕으로 서술형 독백 텍스트에서의 담화표지 '그러니까'의 실현 양상과 그 특성, 담화표지 '그러니까'의 기능을 서술형 독백 텍스트의 특성과 관련지어 본 결과, 서술형 독백 텍스트에 대한 특성을 다음과 같이 도출할 수 있었다.

서술형 독백 텍스트는 대체로 시간에 따라 독백의 형식으로 자기가 경험한 것을 서술하는 것이기 때문에 대개 두 가지 특성을 보인다. 첫째, 청자와의 상호 작용이나 발언권 경쟁이 거의 없다는 것이다. 둘째, 서술형 독백 텍스트는 비교적으로 논리성이 있는 텍스트 유형이므로 발화를 할 때 화제와 화제 간의 관련성이 더 명확하게 드러난다는 것이다.

서술형 독백 텍스트에서는 청자와의 상호 작용이나 발언권 경쟁이

거의 없다. 그렇기 때문에 서술형 독백 텍스트에서 나타나는 담화표지의 기능을 보면 '청자와 청자 간의 상호 작용'이나 '발언권 획득 및 유지'와 같은 기능이 나타나지 않는다. 이를 고려하여 분석의 틀을 설정할 때도 '화제와 화제의 결속'과 '화자와 화제의 결속'만 제시하였다.

한편, 서술형 독백 텍스트는 화제와 화제 간의 관련성이 더 명확하게 부각되는 텍스트 유형이다. 이러한 특성으로 인해 서술형 독백 텍스트에서는 '화제와 화제의 결속' 기능이 더 잘 드러나는 것이다. 구어 코퍼스를 바탕으로 분석한 결과, '화제와 화제의 결속' 기능을 나타내는 담화표지 '그러니까'의 개수가 제일 많다는 것이 좋은 증거이다. 이뿐만 아니라 '화제와 화제의 결속' 기능 중에서도 '결속'의 기능이 더 강하게 드러나는 '화제 전환 및 복귀', '부연 설명', '정리 및 마무리' 기능이 다른 기능보다 많이 나타난다. '결속'의 기능이 강하고 약하다는 것은 곧 '화제 전환 및 복귀', '부연 설명', '정리 및 마무리'와 같이 서로 다른 화제를 연결하는 것이라면 '결속'의 기능이 더 강하게 나타나는 반면에 '수정', '환언'과 같이 같은 화제를 연결하는 것이라면 '결속'의 기능이 상대적으로 떨어진다는 뜻이다. 이 점은 분석 텍스트에서 '화제와 화제의 결속' 기능 중 다른 기능보다 '화제 전환 및 복귀', '부연 설명', '정리 및 마무리' 기능이 유난히 많이 사용되는 것을 통해 확인할 수 있다.

이 외에 접속부사로서 쓰일 때 '그러니까' 형태의 사용이 압도적이라는 사실을 통해서 축약형에 비해 본래 형태의 '그러니까'가 '이유나 근거'를 나타내는 경우가 더 많다는 것을 밝혔다. 반대로 말하면 축약형은 담화표지로서 쓰이는 경우가 더 많다는 것이다.

참고문헌

강소영(2009), 담화표지 '그러니까'의 사용에 내재한 화자의 담화전략 연구, 《어문연구》 60, 어문연구학회, 27-56.

고경재(2019), 한국어 담화표지에 대한 고찰 - 담화표지의 정체 및 형성 문제와 관련하여, 《한국어학》 83, 한국어 학회, 97-128.

고영근 · 남기심(1985), 《표준국어문법론》, 탑출판사.

김금화(2000), 담화표지 {그러-}형의 담화기능, 고려대학교 석사학위논문.

김미선(2008), 접속부사의 화용 기능 연구, 《화법연구》 13, 한국화법학회, 97-122.

김정남(2008), 텍스트 유형과 담화표지의 상관관계: 유학생의 한국어 쓰기 교육에서의 활동을 위하여, 《텍스트언어학》 24, 한국텍스트언어학회, 1-26.

김향화(2001), 한국어 담화표지의 기능, 《한국학논집》 28, 계명대학교 한국학연구원, 113-140.

문숙영(2018), 관련성 이론의 관점에서 본 접속부사의 의미기능, 《국어학》 88, 국어학회, 97-136

신지연(1998), 《국어 지시용언 연구》, 태학사.

이기갑(1994), '그러하-'의 지시와 대용 그리고 그 역사, 《언어》 19, 한국언어학회, 455-488.

이희정(2003), 한국어의 [그러-]형 담화표지 기능 연구, 연세대학교 석사학위논문.

전영옥(2016), 대화에 나타난 '그래서/그러니까'의 실현 양상 연구, 《어문논총》 70, 한국문학언어학회, 80-109.

전영옥(2017), 구어 말뭉치에 나타난 '그러니까, 그니까, 근까, 그까' 비교 연구, 《어문논총》 74, 한국문학언어학회, 125-152.

조민정(2015), 접속사의 담화표지 쓰임에 대한 고찰 - '그러' 계열의 단어를 중심으로, 《문법교육》 25, 한국문법교육학회, 147-177.

클라우스 브링커(2002), 《텍스트언어학의 이해(수정 5판)》, 이성만 역(2004), 역락.

한송화(2013), 한국어 접속부사의 사용 양상 - 텍스트 유형에 따른 양상을 중심으로, 《언어사실과 관점》 31, 연세대학교 언어정보연구원, 139-169.

4. 강의텍스트의 담화표지 '이제'

유우흠

1. 서론

최근 몇 년간 담화 상황에 따른 담화표지 연구가 점점 증가하였다. 라디오, TV 예능 프로그램, 대학생의 발표 등과 같은 상황에서 담화 내용을 전사하고, 또 담화표지를 분석하는 작업이 이루어졌다. 이는 담화표지들의 기능이나 실현 양상이 특정한 상황에 따라 달라지고 담화표지들의 실현 양상 또한 해당 상황이나 텍스트유형의 특징을 반영하기 때문이다.

한국어 교육 분야에서는 '강의, 토론, 발표' 상황을 중심으로 '다음으로(계속하여) -를 살펴보겠습니다', '본 연구는 -라는 점에서 의의가 있다', '-한 바와 같이' 등 '담화구조표지'[1]를 다루면서 한국어 학습자의 발표 실력이나 한국어 표현능력을 향상시키기 위한 연구를 진행해 왔다.

그런데, 여기에 더해 강의 상황에서의 미시담화표지[2] 또한 중요하게 다루어질 필요가 있다. 강의 상황은 한국어 학습자나 유학생이 접

1) 한국어 교육 분야에서 담화표지로 지칭되는 표현들을 심란희(2019: 79)에서는 '담화구조표지'로 칭하며 전형적인 담화표지와 구분하였다.

2) 거시 담화표지와 미시 담화표지에 대해 윤창숙·김태호(2015: 235-236)를 참조할 수 있다.

하는 전형적인 한국어 학습 상황이고 이를 통해 한국어 능력과 한국어로 실현되는 지식습득 능력을 더욱 향상시킬 수 있기 때문이다. 따라서 이 글에서는 강의에서 교사가 사용하는 미시담화표지를 집중적으로 살펴보고자 한다.

강의는 공적이고 문어적인 특징이 있는 구어로서 대화보다 화자(교사)와 청자(학생)의 상호작용이 비교적 적고 학생에게 지식을 보다 효과적으로 전달하기 위한 목적을 우선시한다. 일방성이 강한 제보 기능을 하는 텍스트 유형이라고도 할 수 있다. 이 글에서 분석한 자료는 21세기 세종 구어 말뭉치에서 추출한 강의 전사 파일이다. 현재 구축된 말뭉치 중에 강의내용이 전사된 파일은 18개가 있으나 그 중에서 중학교나 학원에서 진행되는 강의, 교수자 세 명이 함께 강의를 진행하는 특수한 상황 등을 제외하고 대학교에서 한 명의 교수가 한 반의 학생들에게 수업을 진행하는 12개의 대학교 강의 상황만을 연구 자료로 삼았다. 그러나 12개의 자료 중 '4CM00107'은 '이제'가 한 번도 나오지 않았다. 이에 이 자료는 연구 자료에서 제외하였다.

이 글에서는 부사 기원 담화표지 '이제'가 강의 상황에서 어떠한 기능을 수행하는지 분석한다. '인제'는 박지윤(2011)에서 중부방언으로 다루었고, 이기갑(1995: 263)에서는 '인제'가 '인자, 인저'와 같이 '이제'의 방언으로 실현된다고 논의하였으나, 《표준국어대사전》에서는 이를 방언이라고 등재하지 않았으며 이 글의 분석 대상 파일도 모두 표준한국어로 구축되어 있기 때문에 '인제'는 '이제'와 구별하지 않고 분석 대상으로 삼았다(이하 모두 '이제'로 통칭한다).[3]

3) '이제'는 표준어의 형태 그대로 담화표지로 기능하는 한편 '이제'의 방언 형태 '인자, 인저'도 담화표지로 기능할 수 있다. 특히 임규홍(1996: 11)에서 '인자'는 다양한 계층에서 두루 사용하고 있으며 사용 빈도수가 높은 담화표지로 밝혀진 바가 있다. 담화표지 '인자'에 관하여 김광희(2004), 김영철(2015)를 더 참조할 수 있다. 이 글에서는 표

2. '이제'의 담화표지화 가능성

어떤 형태가 담화표지로 기능할 때는 어휘적 의미가 약화되거나 상실되어 '의미의 탈색'을 겪고 새로운 담화적 용법을 획득하는 것으로 알려져 있다. '이제'가 쓰인 자료에서도 그러한 양상을 확인할 수 있다. 예컨대 아래 예문 (2)에서 담화표지 '이제'는 부사 '이제'와 다른 층위에서 기능하고 어휘적 의미를 더 이상 지니지 않음을 볼 수 있다.

(1) 여러분들 요거만 알아두세요. <u>이제</u> 맨 위에 보세요.

(2) 유엔 활동을 이케 알리는 쪽이고, 이렇게 나누어져 있고, 거기에서도 <u>이제~</u>, 그~ 말하자면 유엔에서, 어~ 엔지오들의 그런 활동들을 굉장히 <u>이제</u> 많이 <u>인제</u> 이~

(1)은 교사가 교재를 가지고 학생들에게 한 가지 설명을 끝낸 다음에 다른 설명을 계속하기 위해 지금 책 맨 윗부분을 보라는 말이다. 이러한 '지금'과 별 차이 없는 '이제'의 본디 의미와 달리 (2)에서의 '이제'는 '말하는 바로 이때'의 뜻이 아니라 일종의 발화 공백을 채우거나 청자인 학생들과 같은 시·공간에 있다는 잠재 의식에서 나오는 말이다. 즉 (1)에서의 '이제'는 문장 층위에서 시간부사로 기능하는 데 반하여 (2)에서의 '이제'는 담화 층위에서 담화표지로 기능하고 있다.

이러한 '의미의 탈색'은 흔히 '문법화'라고도 한다. 그러나 고경재(2019: 122-123)에서는 '문법화'는 '덜 문법적인 요소가 더 문법적인 형식으로의 변화'만을 가리킨다고 보고 있다. 담화표지는 문장의 명제적 의미와 관련이 없고 언제든지 생략이 될 수 있으므로 담화표지

준어 '이제'와 '인제'에 한하여 분석하였다.

를 더 문법적인 형식이라고 보기 어렵다. 따라서 이러한 현상은 '화용화'라고 칭하는 것이 더 적절하다고 하였다. 다른 한편으로는, 문법화의 범위를 넓게 인식하면 문법화를 '범주 변화를 수반하는 언어 변화 원리' 정도로 보는 김태엽(2002) 등의 논의처럼 담화표지로의 변화는 문법화로 설명될 수 있다. 그러나 이러한 인식의 차이는 결국은 이 현상을 바라보는 언어 층위의 시각이 다르다는 것에서 발생한다. 언어 층위를 고려하여 부사로 기능할 때는 문장 층위에서 논하는 것이고 담화표지로 기능할 때는 같은 요소이지만 이차적인 기능을 획득하였기에 담화 층위에서 논하는 것이다. 이 글은 이러한 용어의 정확한 쓰임을 규명하는 데 중점을 두지 않기 때문에 편의상 어휘적 의미가 약화되거나 상실되어 새로운 담화적 쓰임이 어느 정도 굳어지는 과정 혹은, 문장 층위에서 담화 층위로 올라가는 기능의 변화를 '담화표지화'로 칭한다.

'이제'의 담화표지화 가능성은 그 어휘적 특징에서 출발해야 한다. 이원표(2001: 29-56)에서는 '이제'를 '발화시간의 표시', '사건시간의 표시', '담화시간의 표시', 그리고 '담화표지'로 나누었다. 세 가지 시간의 표시로 기능할 때 '이제'는 통사적인 시간부사의 지위를 유지하는 반면에 담화표지로 기능할 때는 담화 측면에서 더 다양한 역할을 한다고 언급한 바가 있다. 그런데 이 네 기능은 '발화시간의 표시', '사건시간의 표시', '담화표지'로 줄일 수 있다고 본다. '담화시간의 표시'로서의 '이제'는 시간부사로 기능하기는 하지만 이미 담화 층위에서 작용하는 것이므로 '담화표지'와 구분하기가 모호한 면이 있기 때문이다. 즉 아래와 같이 '담화시간의 표시'는 '이제'가 '사건시간의 표시'에서 '담화표지'로 변해가는 한 연결 고리가 된다고 볼 수 있다.

발화시간의 표시(바로 이때, 말하는 이 순간)

⟶ **사건시간의 표시**(행위나 상태의 '대조', 사건의 '전환')

⟶ 담화시간의 표시 ⟶ **담화표지**

'이제'의 첫 번째 기능은 '발화시간의 표시' 기능이다. 이 발화시간은 흔히 지시시간이라고도 불린다. '이제'가 가리키는 가장 대표적인 시간은 일차적으로 화자의 발화시간이다. 즉 '이제'는 기술되고 있는 사건이나 상태를 내용으로 하는 명제와 그것을 발화의 형태로서 제시하는 사건이 일치되는 관계를 보여주는 것이다. 다음 예문은 '이제'가 화자의 발화시간을 가리킨다는 것을 말해 준다(이원표 2001: 30).

(3) 가. **이제부터/지금부터** 공부하기로 하자.
나. **이제까지/지금까지** 쌓였던 피로가 말끔히 가신 것 같다.
다. 나는 **이제/지금** 막 피어나기 시작한 진달래꽃을 입에 따 물었다.

(3가)에서는 공부할 것을 제안하는 발화시간을 가리키기 위해 '지금'과 마찬가지로 '이제'가 사용되고 있으며, (3나)에서도 '말하고 있는 순간까지 쌓였던 피로가 가셨다'는 의미 속에서 '이제'는 발화시간을 나타내고 있다. 그리고 (3다)도 '이제'가 '막'과 같은 강조표현과 더불어 짧은 순간의 발화시간을 가리킬 수 있음을 보여주고 있다. 즉 이러한 예들은 '이제'가 '시점 부사'로서의 역할을 하고 있음을 보여주고 있다. 이때 약간의 의미 차이가 느껴지나 일단 '이제'의 이러한 기능은 '지금'과 마찬가지로 화자의 발화시간을 나타내는 데 사용된 것으로 볼 수 있다(이원표 2001: 30).

또한, 이러한 지시시간은 '이제'의 내부 구조를 통해서도 확인할 수 있다. '이제'는 가까운 거리의 개념을 표현하는 '이'와 시간어 '제'의 결합형으로 '그제'나 '저제'와 대비되어 전형적으로 공간의 원근 관계로 나타내고 있는 지시대명사 '이것', '그것', '저것'과 대칭을 이루고 있다. 즉 '이제'는 시간적인 개념과 공간적인 개념이 일치하고 이 두 개념을 동시에 표현하는 것이다(이원표 2001: 34-35, 이정애 2002: 118-119). 이러한 특징 때문에 '이제'는 순수한 시간부사뿐만 아니라 작용하는 범주가 더 넓은 화행 사이의 연결이나 응집성 및 일관성을 높이는 역할을 하여 담화표지로 전이될 가능성을 가지게 된다. 그리고 이러한 특징 때문에 앞에서 언급한 (2)처럼 교사가 학생들에게 어떤 지식을 설명하는 과정에서 어떤 내용이 금방 생각나지 않을 때 학생들과 같은 시공간에 속해 있는 생각에 '이제'를 사용함으로써 자신의 발화를 유지하고 발화의 결속력을 강조하는 것이다.

'이제'의 두 번째 기능은 '사건시간의 표시' 기능이다. 즉 기술되고 있는 명제들 사이에서의 시간 관계를 표시하고 있다. '이제'는 지속된 상황이나 행동의 존재를 전제로 한 시간부사이기 때문에 '지금'보다 지시하는 시간의 폭이 더 넓어 시점(時點) 부사일 뿐만 아니라 시역(時域) 부사이기도 하다. 이기갑(1995: 265-266)에서 다음과 같은 예문을 제시하여 '이제'와 '지금'을 구별하였다.

(4) 가. (많이 먹었으니) <u>이제</u> 그만 먹어라.
(앞 상황과 관계없이 현재의 발화시) <u>지금</u> 그만 먹어라.
나. 자, (시간이 되었으니) <u>이제</u> 슬슬 일어섭시다.
자, (앞 상황과 관계없이 현재의 발화시) <u>지금</u> 슬슬 일어섭시다.
다. (기다렸는데) <u>이제</u> 비가 오고 있다.
(앞 상황과 관계없이 현재의 발화시) 지금 비가 오고 있다. (이정애 2002: 123)

(4)에서처럼 '이제'는 발화시 이전의 상황이나 행동이 지속적인 관계에 놓여 있음이 전제되어 있으나 '지금'은 그러한 전제가 없이 발화시

와 동일 시점을 표현한다.

이러한 차이는 《표준국어대사전》의 '이제'와 '지금'의 뜻풀이에서도 찾을 수 있다.

(5) 가. 이제

[Ⅰ] 「명사」 바로 이때. 지나간 때와 단절된 느낌을 준다.

[Ⅱ] 「부사」 바로 이때에. 지나간 때와 단절된 느낌을 준다.

나. 지금

[Ⅰ] 「명사」 말하는 바로 이때.

[Ⅱ] 「부사」 말하는 바로 이때에.

'지금'은 발화시를 강조하는 데 반하여 '이제'는 발화시 전의 상황과 단절되는 느낌을 강조한다. 단절되는 느낌을 주려면 반드시 발화 전에 어떤 사건이 있고 그 사건을 전제로 해야 한다. 임규홍(1996: 7)에서 '이제'와 '지금'의 본질적인 차이점은 아래의 예문을 통하여 밝혔다.

(6) 가. <u>지금</u> 철수는 공부하고 있다.

나. <u>이제</u> 철수는 공부하고 있다.

예문 (6가)처럼 '지금'은 말하는 순간 이전에는 철수가 공부했는지 하지 않았는지 모르지만 현재 '철수가 공부하고 있음'을 기술하고 있다. 그러나 예문 (6나)처럼 '이제'는 말하는 순간 이전에는 '철수가 공부하지 않았음'을 전제하는 것으로 보인다. 다시 말하면 '이제'가 선행 행위나 상태에 대한 '대조', 사건의 '전환'이라는 본질적인 의미 특성을 가지고 있으므로 지나간 때와 단절된 느낌을 주는 것으로 이해될 수 있다(당영 2011: 20). 이러한 단절된 느낌이나 앞선 상황을 전제로 하는 것은 '이제'가 두 사건이나 명제 사이에서의 시간 관계를 보여주는 것이다.

정리하면 '이제'와 '지금'의 차이는 다음과 같이 세 가지로 요약할 수 있다. 첫째, '이제'는 '지금'보다 지시하는 시간의 폭이 더 넓다. 둘째, '이제'는 지속된 상황이나 행동의 존재를 전제로 하여 '선행 행위나 상태에 대한 대조, 사건의 전환'의 의미를 함의하고 있다. 셋째, '지금'이 전형적인 시점 부사라고 한다면 '이제'는 시점 부사의 특성이 있으나 시역 부사의 경향성이 더 강하다. '이제'는 '지금'에 비해 이러한 특징이 있기 때문에 담화표지화를 겪을 수 있고 문장 층위뿐만 아니라 담화 층위에서도 기능하게 된다.

이원표(2001: 32-34)에 따르면 '이제'는 발화시간을 가리킬 수 있을 뿐만 아니라 과거, 미래의 어느 시점도 가리킬 수 있다고 하며, 아래의 예문을 통해서도 '이제'가 과거나 미래 시점에서 모두 사용될 수 있다는 사실을 검증할 수 있다. 이러한 특징은 Heine & Kuteva(2002)의 네 가지 문법화 기제 중의 '문맥의 확장' 정도로도 설명될 수 있다.[4)]

(7) 가. 서쪽 하늘에는 검은 구름이 흘러가고 있었으며 <u>이제</u>는 그 구름이 조금도 무서워 보이지 않았다. (과거)
나. 별것을 신통해 하는 것은 우스웠으나 여하튼 아기는 <u>이제</u> 제대로 된 것이었다. (과거)
다. 네가 만약 내일에 진지한 자세를 보인다면 <u>이제</u> 나도 너를 돕는 데 최선을 다할 것이다. (미래)
라. 강에 얼음이 풀릴 때면 <u>이제</u> 이 자식을 보내야 한다. (미래)

위 예문 (7가, 나)에서 '이제'는 각각 연결어미 '-(으)며'와 '-(으)나'로 이어지고 있는 첫 번째 절/명제의 시점인 과거를 가리키고 있다. (7

4) Heine & Kuteva(2002)의 네 가지 문법화 기제에 관한 내용은 김태엽(2002: 72) 각주 16번을 참조할 수 있다.

다, 라)에서는 '진지한 자세를 보이다', '강에 얼음이 풀리다' 등의 사건이 모두 아직 실현되지 않은 상황임에도 불구하고 그 다음에 '이제'가 사용된다. 이때 '이제'의 사용을 통해 화자는 자신과 청자를 앞말에 의해 설정된 상황 안으로 끌어들여 그 담화에서의 시간에 처하게 하여 뒷말을 이어간다. 이는 이원표(2001: 32-34)에서 사건시간의 표시로 다루었으나 그보다는 '사건시간의 표시'와 '담화표지'의 연결 고리로서의 '담화시간의 표시'에 더 가깝다.

그러므로 '이제'는 어느 특정한 시점에 의존하지 않고 모든 담화 시점에서 앞의 명제나 정황과 뒤에 언급되는 명제 사이의 연속적인 관계의 표현을 통해서 담화의 응집관계를 증진시키는 것으로 정의할 수 있다. 즉 '이제'는 '바로 이때'인 발화시간의 표시, 앞 사건과 단절된 의미인 사건시간의 표시에서 어휘적 의미가 점차 약해지고 시간의 폭이 넓어지며 현재뿐만 아니라 과거, 미래의 상황에서도 사용하게 되어 담화시간의 표시 단계를 거치고, 나아가 추상적인 담화표지로까지 발달하였다. 물론 실제 언어의 발달 단계의 경계는 명확하게 구분할 수 없으나, 이 글에서는 주로 아래의 몇 가지 측면에서 시간부사 '이제'와 담화표지 '이제'를 구분하였다.[5)]

먼저, 음운적으로 보면 시간부사 '이제'는 대체로 앞말과의 사이에 휴지가 있고 뒷말에 이어지는 경향이 있다(이기갑 1995: 267). 반면에 담화표지 '이제'는 다른 문장 성분보다 독립적인 요소이므로 때로는 앞말과의 사이, 때로는 뒷말과의 사이, 혹은 앞말과 뒷말 사이에 모두 휴지가 나올 수 있다.[6)] 다음 예문을 비교해 보자.[7)]

---

5) 이 부분은 주로 이기갑(1995: 266-269), 임규홍(1996: 9-11), 그리고 이정애(2002: 126-128)를 참조하였다.

6) 이기갑(1995: 267)에서 "담화표지 '이제'는 문장 앞에 있는 경우 앞말과는 쉼이 있고 뒷말에 이어지는 경향을 보이며 그 밖의 경우는 대체로 앞말과 이어지며 뒷말과 쉼이

(8) 돈도 떨어지고#**이제**^어떻게 하지?

(9) 가. 이 중에서 특히 교열리포트라는 책이#**이제**^작년에 나온 책인데---

나. 그러면^**이제**#학교 안이라고 그러면은 학교 안에서 어느 건물 쪽으로 가야 될지 모르니까 거기까지만 얘기하고#**인제**^건물 같은 경우는 들어가서 얘기하게 되잖아요?

다. 그렇지 않으면 뭐~, 어~#**인제**#그 외에 다른 이렇게 일상에 이렇게 아주 지속적인 게 아니고, 딱딱 나눠져 있는 일들.

예문 (8)에서는 시간부사 '이제'가 뒷말과 이어지는 경향이 더 강한 반면에 (9)에서 보이듯이 담화표지 '이제'가 앞말과 뒷말 사이의 휴지가 다양한 방식으로 실현될 수 있다.

둘째, 담화표지 '이제'에 '도, 가, 는' 등 조사를 붙여 쓸 수 없고 이미 굳어진 독립적인 형태로서 통사적 재구성이 불가능하다(이기갑 1995: 266-267, 임규홍 1996: 10). 아래 예문 (10가)와 (10나)의 비교를 통하여 알 수 있다.

(10) 가. 돈도 떨어지고 **이제/이제는** 어떻게 하지?

나. 그렇지 않으면 뭐~, 어~ **인제/*인제가/*인제는/*인제도** 그 외에 다른 이렇게 일상에 이렇게 아주 지속적인 게 아니고, 딱딱 나눠져 있는 일들.

셋째, 담화표지 '이제'는 현재의 시간 또는 상황의 의미를 표현하지 않기 때문에 다른 시간적 표현들이나 시간부사 '이제'와 동시에 사용

있는 경향을 보인다."라고 논의를 하였으나 담화표지로서의 '이제'는 문장에서 아주 자유로운 성분이기 때문에 이러한 휴지의 경향성은 사람마다, 맥락마다 다르므로 굳이 고정시킬 필요가 없다고 본다.

7) #는 휴지, ^는 이어짐을 표시한다. 또한 (9)에서 표시하는 휴지와 이어짐 관계는 고정된 것이 아니다.

될 때에도 담화 진행에 지장을 주지 않는다.

(11) 가. **이제**$_1$ 그 사람이 **이제**$_2$ 가려고 그러거든. 그러니 네가 좀 잘 타일러서 설득을 해 봐라. 그 사람 가면 아무래도 일이 잘 안될 것 같으니까. (이기갑 1995: 267)
나. 그래 사실 이제 그런 부분이 **이제** 지금 우리 나라가 ---
다. 저는 **인제** 다음 학기에 교과교육론을 맡게 되면, 그땐 이렇게 수업 방법을 달리 할 겁니다.

(11가)에서 '이제$_1$, 이제$_2$'가 모두 담화표지이거나, 아니면 둘 중의 하나가 담화표지로 쓰이고 다른 하나가 시간부사로 쓰일 수는 있어도 두 경우가 모두 시간부사이기는 어렵다. 담화표지로서 '이제$_1$'과 '이제$_2$'가 이러한 반복이 가능한 것과 (11나, 다)에서 담화표지 '이제'가 다른 시간부사(구)와 자유롭게 같이 나타나는 것은 '이제'의 두 쓰임이 전혀 다른 차원의 것이기 때문이다.

넷째, 담화표지 '이제'는 화자의 임의대로 담화 상에서 사용되는 선택적 자질이라는 점이다. 담화 내에서 다양하게 실현되는 담화표지 '이제'는 생략되어도 의미 전달에 큰 손상을 주지 않는다. 그러나 시간 표현어 '이제'는 필수적인 성분으로 문장 안에서 일정한 역할을 수행하여 생략하면 의미 차이가 크다(이정애 2002: 126).

(12) 가. **이제** 집에 돌아갈 시간이다./?집에 돌아갈 시간이다.
나. 저는 **(인제)** 다음 학기에 교과교육론을 맡게 되면, 그땐 이렇게 수업 방법을 달리 할 겁니다.

마지막으로, 원래 '이제'는 다른 시간 표현어처럼 기원적인 시간의 의미를 지녔으나 담화표지로 발달하면서 점점 추상적이고 심리적인

효과를 지녀 더 많은 담화 기능을 추가적으로 가지게 되었다(이정애 2002: 127).[8)]

3. 담화표지 '이제'의 기능[9)]

(1) 선후행 발화의 연결적 기능 강화

이정애(2002: 128-135)에서 '이제'의 첫 번째 담화 기능은 '선후행 발화의 연결적 기능 강화'로 설명하고 '이제'가 여러 접속사나 연결어미와 공기하여 해당 접속사나 연결어미의 의미를 강조하는 기능을 한다고 밝힌 바가 있다. 당연(2011: 32-35)은 이정애(2002: 128-135)의 '선후행 발화의 연결적 기능 강화'라는 부분을 '선행 발화와 후행 발화의 의미적 연결'로 표현하고 이를 바탕으로 '이제'가 공기하는 각 접속표현의 유형을 따라 이 부분을 다시 '순접 관계', '인과관계', '대등 관계', '조건-결과', 그리고 '전환 관계'로 세분하였다.

여기서는 당연(2011: 32-35)에서 이정애(2002: 128-135)의 논의를 세분한 것을 따라 강의 텍스트 중의 '이제'를 다루되, '이제'가 다른 연결표현 뒤에 나타나는 경우에만 한하므로 '선행 발화와 후행 발화의 의미적 연결'을 선후행 발화의 의미적 연결을 강화하는 기능으로 표현하기로 한다.[10)]

---

8) 이 글의 분석 자료는 모두 구어 전사 파일이므로 담화표지 판별의 기준으로 삼을 수 없었으나 담화표지 '이제'는 구어체에서만 나오는 것이고 문어체에서 나타날 수 없는 데 반해 시간부사 '이제'는 구어와 문어 텍스트에서 모두 나타난다는 차이점도 있다.

9) 이 부분은 주로 이정애(2002: 128-139)와 당연(2011: 29-38)을 재정리한 것이다.

10) 이 글에서 제시하지 않으나 이원표(2001: 41)에서 논의하였듯이 연결어미 등 다른

순접 관계

'이제'가 접속부사 '그래서, 그리고', 연결어미 '-아서(가지고)' 등 표현 뒤에 실현되면 사태가 시간순으로 이어가는 과정을 나타낸다. 즉 앞의 이야기에 이어서 순행으로 연결해 주는 역할을 한다.

(13) 가. 그래서 우리가 언어가 그~ 나라마다 언어 교육을 중요시해요. 그 이유가 뭐냐 하면은 으~ 한 국민의 언어가 그 국가 국민의 그~ 정신을 대변해 주는 그~ 매개체이기 때문이죠? 그래서 그 속에는 언어 교육을 통해서 어~ 어떤 그~ 정신을 순화시킬 수 있는 그런 것이 있다 하는 측면에서 언어 교육을 중요시하거든요? 그러, 그래서 **이제** 개별 언어 문제죠. 그래서 개별 언어와 겨레가 어떤 관련성이 있기 때문에 우리가 한국어를 중요하게 여기는 것인가.

나. 교수: 혹시 자기가 개인적인 사정이 생겨서 쫌 수업을 계속 들어오기가 어렵다 이런 경우에는 미리미리 저랑 상의를 하십시요. 아셨죠?

학생들: 예.

교수: 어~ 그리고 **이제** 그~ 과제물 분량이 과제물 분량을 에이포 용지 다섯 매 내외라고 해 드렸는데, 어~ 쪼끔 많을 수도 있어요. 그런데 과제물이 하나라고 생각했기 땜에 쪼끔 많이 해 드렸구요.

위의 예 (13가)에서 '이제'가 접속부사 '그래서' 뒤에 나타났는데 선행 발화 '정신을 순화시킬 수 있는 그런 것이 있다 하는 측면에서 언어 교육을 중요시하거든요?'라는 내용을 받으며 민족의 정신을 이어받

접속표현을 사용하지 않고 '이제'로만 나타나도 정도가 다소 약화되지만 똑같이 연결의 의미를 표현할 수 있다. 즉 '이제' 자체가 다른 접속표현 없이도 접속적 기능을 할 수 있는 것이다.

기 위해 언어 교육이 아주 중요하기 때문에 한국어 교육도 마찬가지라는 뜻으로 설명을 이어간다. (13나)에서 '이제'가 접속부사 '그리고' 뒤에 나타났는데 앞선 '수업을 계속 들어오기가 어렵다.'는 화제를 마무리한 다음에 과제에 관한 화제로 이어갔다.

인과관계

'이제'가 원인을 표현하는 접속부사 '그래서', 연결어미 '-(으)니까' 등 뒤에 나오면 원인을 설명하는 선행 발화와 결과에 해당하는 후행 발화 사이의 인과관계를 나타내 주는 효과를 보인다.

(14) 가. 이번 학기 내내 그것만 가지구두 설명을 할 수두 있지만, 그런 거를 설명을 하면, 여러분들이 좀 어려울 수도 있고, 본 강의의 목적이 어떤 말뭉치 연구는 아니기 때문에 내일 **인제** 보게 되겠지만 보면은 이케 컴퓨터상에서 딱 돌리면---

나. 근데 시민운동과 일반의 적용할 수 있는 얘기는 아니라는 거죠. 개인의 문제라고, 그래서 **인제** 사람들이 인제, 그 분이 워낙 인제 총선시민연대 그~ 대변인을 하고, 뭐~ 잘 나가던 사람이니까 **인제** 한꺼번에, 그 당시의 시민의, 언론의 인제 그~ 어떤, 인제 총선시민연대가 너무 이렇게 되면서, 언론의? 어떤 견제 그런 그~ 어떤 그~ 좀, 어~ 배제심리가 작용할 때 그런 문제가 터졌다고 볼 수 있는데, 그때 그 분이 와서 하던 얘기가 총선시민연대 활동들을 정리 정리해야 되겠다. 그걸 정리하면서 지금까지 시민 운동의? 십여 십 십여 년 동안에 시민 운동이 쭉 온 것을? 어~ 체계적으로, 정리한대요.

예문 (14가)에서의 '인제'가 시간부사 '내일' 뒤에 나오고 통사적인 기능이 아닌 담화적인 기능을 하는 것이 분명하다. 선행하는 '본 강의의 목적이 어떤 말뭉치 연구는 아니다.'라는 이유로 해당 부분을 당장 강의하지 않고 나중에 간단하게 이야기할 것이라는 의미를 전달한다. (14나)는 시민운동이 개인의 문제이기 때문에 사람들이 '그분'을 대표로 하고 또 '그분'이 워낙 잘 나가던 능력이 있는 사람이기에 시민운동을 체계적으로 정리하였다. '인제'가 선행하는 이유와 후행하는 결과 사이에 나옴으로써 앞뒤 사건을 인과관계로 연결해 주는 것이다.

대등 관계

'이제'가 연결어미 '-고' 뒤에 실현되면서 선행 발화와 후행 발화 내용상 대등한 자격으로 접속되는 관계를 나타내는 효과를 가질 수 있다.

(15) 그럼 어원적으로 살펴볼 수가 있고 <u>**인제**</u> 언어 문화적으로 비교해 볼 수도 있어 있을 텐데.

위 예문 (15)처럼 '이제'가 연결어미 '-고' 뒤에 이어지는 경우 선행 발화 '어원적으로 살펴볼 수가 있다.'라는 내용과 후행 발화 '언어 문화적으로 비교해 볼 수도 있을 텐데.'라는 내용 사이에 대등 혹은 병렬이라는 관계를 나타내고 있다.

조건–결과

'이제'가 '(으)면' 등 조건을 설정하는 표현 뒤에 나와 조건인 선행 발화와 그로 인해 나오는 결과인 후행 발화 사이의 '조건-결과' 관계를 강조하는 기능을 한다.

(16) 가. 어~ 특히나 인제요 근래도 요새도 되게 많이 이용 이제 이모티콘이나 아니면 <u>**인제**</u> 그~ 문자 언어 같은 것들 가지고도 자신의 감정을 표현할 수 있다는 거 자체가 어~ 기존 세대하고는 정말

이해가 안 되는 그런 모습일 수 있거든요?

나. 그~ 학생들보고, 해보라고 해서, 멥니까 그~ 각 문제마다, 그걸 내서, 맞는 학생, 틀린 학생, 그렇게, 재밌게 조사를 해보죠. 그렇게 자기가 지금 평가가 되는 건지도 몰라 학생들은, 그러면서 같이 한 시간 놀다 보면 끝나죠, 그러면 **인제**, 교사는, 그걸 갖다가 수업 돌아와서 그걸 그~ 문제점을, 찾아서, 처치, 어떻게 처치할 것인가, 그죠?

다. 근데 여기 학교가 인제 그 출입구가 뭐~ 동문도 있고 뭐~ 정문도 북문도 있고 이렇게 여러 군데가 있어서, 제가 동문으로 들어가 주세요. 그랬어요. 그러면 **이제** 학교 안이라고 그러면은 학교 안에서 어느 건물 쪽으로 가야 될지 모르니까 거기까지만 얘기하고 인제 건물 같은 경우는 들어가서 얘기하게 되잖아요? 그래서 저두 대충 보통 그렇게 '동문으로 들어가 주세요'까지만 얘기하고 그냥 말 안 하거든요.

위의 예문 (16가)처럼 '이제'가 연결어미 '-(으)면' 뒤에 실현되는 경우에 선행 발화 '많이 이용하는 이모티콘이 아니다.'라는 조건이 일단 성립이 된다면 '문자 언어 같은 것들 가지고도 자신의 감정을 표현할 수 있다.'라는 결과를 초래할 수 있다는 것을 '이제'를 통하여 한층 강화하여 보여준다. (16나)는 교과 교육론 수업 때의 내용인데 교수가 여러 교육방법을 소개하면서 그 중의 문항별 분석을 예로 들고 설명하는 상황이다. 문항별 분석을 하려면 교사가 미리 조사를 해야 그 다음에 분석을 할 수 있다. '인제'는 '그러면' 뒤에 나옴으로써 '조사'라는 조건이 성립되면 분석이 가능하다는 것으로 앞뒤 사건을 연결해준다. 예문 (16다)는 '이제'와 접속부사 '그러면'을 아우르며 '동문으로 들어가 주세요.'라고 하면 택시 기사는 정확히 어느 건물에 갈지 몰라도 일단 당연히 학교 안에 들어갈 것이라고 생각한다. 즉 '동문으로 가 주세요.'라는 말을 하면 학교 안에 들어가는 결과를 초래하는 것이다. 이 또한 선후행 발화를 '조건-결과'라는 관계로 연결하고 있다.

전환 관계

'이제'가 접속부사 '그런데(근데)'와 연결어미 '-(ㄴ)는데' 등 전환을 나타내는 표현 뒤에 실현되는 경우에 대조적 상황을 나타낸다기보다 화자가 다른 화제로 전이하려는 뜻을 나타내는 역할을 한다. 이런 경우에는 화자가 완전히 새로운 화제를 시작한다기보다 어떤 담화 화제의 하위화제를 도입하는 과정에서 '이제'가 사용되는 것이다. 이는 주로 화자의 생각이 앞의 내용과 연결되어 전개되고 있음을 표시하게 된다.

(17) 가. 엔지오는 그러지 말아야 된다라는 그런, 우리가 그런 관념을 가지고, 사실은 엔지오도 그럴 수 있는 거죠. 사람이 하는 거기 때문에. 근데 **인제**, 에~ 시민 운동이 인제 그런 측면에서 쭉 이렇게 오다가, 무슨 뭐~ 잘못을, 잘못을 옛날에 또 무슨, 그~ 대군가 어디에서 뭐~ 이렇게 시민 운동 하던 사람이 뭐~ 클럽 뭐~ 무슨 비슷한 주부 단체에서 뭐 테이프 사건. 테이프 사건도 마찬가지고요.

나. 자유 총연맹이 옛날의 자유 총연맹이 아니다, 그래서 하루는 옛날의 자유 총연맹 한 번 방문해 보시죠. 그거는 지금 그래 그래서 이제, 에~ 그런 부분들이 있죠. 그 다음에 또 하나가 **인제**, 지난번에 제가 말씀 드렸습니다마는, 유엔 공보 쪽, 디팔트먼트 오브 퍼블릭 인폴메이션.

위의 예문 (17가)에서 교수가 '사실은 엔지오도 그럴 수 있는 거죠. 사람이 하는 거기 때문에'라는 화제부터 '시민 운동' 화제로 전환한다. (17나)에서 '인제'가 '근데' 같은 전환 표현 뒤에 이어서 나타나는 것이 아니지만 '자유 총연맹'에 대한 얘기를 마무리하고 그 다음에 지난 번에 이야기했던 '유엔 공부'를 꺼내면서 다른 화제로 전환한다.

이상의 논의를 통해 '이제'가 흔히 다양한 연결어미 뒤에 나타나 접속사적 역할[11]을 한다는 사실을 알 수 있다. 이는 앞에서 논의한 것과 같이 '이제'의 특성과 관련이 있다. 즉 앞선 행동이나 상태를 전제로 하는 특성과 관련이 있는 것이다. 위에서 제시한 예문만 보면 언뜻 '순접'을 비롯한 다섯 가지 세부 기능이 모두 '이제'와 무관하게 앞에 나오는 접속부사나 연결어미 때문에 일어나는 것을 볼 수 있다. 그러나 '이제'만 가지고 있는 특성 때문에 여러 접속부사나 연결어미와 어울려 뒤에 자주 나타나게 되어 각 연결 의미를 강조하는 것도 사실이다. 그리고 다른 접속 표현들이 이미 명제 측면에서 연결 기능을 하고 있으므로 이것은 그들 뒤에 나온 '이제'가 시간 지시 역할을 하지 않고 담화 측면에서 의미적 연결을 강화해주고 결속력을 높이는 담화 표지라는 사실을 방증한다. 결국, 위의 여러 가지 사실을 고려해 볼 때 '이제'의 존재 유무는 시점을 명확히 해주거나 그와 관련된 상을 표현하기보다는, 앞뒤 문장 사이의 의미적 연결관계를 보다 분명히 해주는 것으로 어휘적인 의미가 변화한 것이다.

(2) 전경과 후경의 경계 표시

담화에서 화자의 발화 목적에 기여하는, 결정적으로 중요한 부분을 전경이라고 하면, 보조적이며 설명적인 부분을 후경이라고 한다. '이제'가 주제어 뒤에 사용됨으로써 전경과 후경의 경계 표시를 하면서 신정보와 구정보를 나누기도 한다. 이를 도상화하면 '후경(구정보) +

11) '접속사적인 역할'에 대해서는 이원표(2001: 45-53)을 참고할 수 있다.

이제 + 전경(신정보)'이다(이정애 2002: 135-137).

(18) 가. 저는 <u>인제</u>, 다음 학기에 교과교육론을 맡게 되면, 그땐 이렇게 수업 방법을 달리 할 겁니다.
나. 그래서 여기서는, 에너지라고 하는 개념을, <u>이제</u> 화학에서 반응열의 개념하고---

'이제'가 가지고 있는 전경과 후경의 표시 기능은 위의 예 (18가)처럼 주제어 뒤에 나타남으로써 실현된 경우가 많다. (18가)처럼 '인제'가 주제어 역할을 하는 주어 '저는'은 구정보로, 뒤의 신정보인 '다음 학기에 교과교육론을 맡게 되면, 그땐 이렇게 수업 방법을 달리 할 겁니다.'와 경계를 맺는다.

(18나)는 '화학에서 반응열의 개념'이라는 신정보를 전달하면서 여기에 초점을 맞추고 있다. 담화에서 전경은 결정적인 역할을 담당하기 때문에 신정보의 성격이 강하고 보조적인 역할을 담당하는 후경은 구정보의 성격이 더 강하므로 '이제'가 주제어 뒤에 나타나서 전경과 후경의 경계 표시 기능을 함으로써 신정보의 성격을 띠는 전경, 즉 후행 발화에 대한 초점을 맞추고 주의집중 효과도 가져올 수 있다.

(3) 부연설명

화자가 어떤 선행 발화를 하고 나서 청자가 그것을 이해하기 어려워할 것을 염두에 두어 '이제'를 사용하여 그 뒤에 보충하고자 하는 부연설명을 전개한다. 이러한 기능은 학생에게 지식을 효과적으로 전달하고 설명하는 것을 목적으로 하는 강의 상황에서 더욱 두드러진다.

(19) 가. 이 사람들이 주로 **인제** 학생이나 유학생들이나 교수들, 교수 가족들이니까 당연히 교육 교육도 높은 사람들이고, 그니까 오래 공부해 봤자 소용없다는 거예요.

나. 이 중에서 특히 교열리포트라는 책이 **이제** 작년에 나온 책인데, 어~ 이제 신문기자가 언어를 다룬 책이에요.

다. 연어와 관련된 항목들을 조사해 보면은 아래 표와 같다. 그 표는 **인제** 다음 시간에 저 제가 복사를 해 줄 텐데 표가 어떻게 어떻게 나오는 거거든요? 표는 다음 시간에 보도록 하구요?

예문 (19가)에서 교수가 선행 발화 '이 사람들이'라는 내용에 대해 학생들이 이해하지 못할 수도 있다는 염려 때문에 '이제'를 사용하여 선행 내용을 보완하고 있다. 즉 앞서 언급한 '이 사람들'이 학생이나 유학생들이나 교수들, 교수 가족들이라는 것을 학생들에게 구체적으로 설명해 준다. (19나, 다)에서의 '이제'도 같은 기능을 하고 '이제' 뒤에 앞의 내용을 설명해 주는 내용이 연결되어 있다.

(4) 공백 메우기

구어의 즉각성으로 인하여 화자는 전달하고자 하는 내용을 충분히 생각하고 정리할 시간이 부족하므로 한 번에 조리 있게 발화하지 못할 때가 있는데, 이때 발화 중간에 공백이 생기게 된다. 이러한 경우는 비교적 긴 시간 동안 교사가 혼자서 계속 발화를 하는 강의 상황에서도 드물지 않게 나타난다. 이러한 공백 시간을 담화표지로 채우지 않으면 발화의 결속력이 떨어지고 특히 수업에서 학생들의 연속적인 생각에 대해서도 좋지 않은 영향이 있다. 기존의 연구에서 담화표지의 이러한 기능을 흔히 '시간벌기'라고 한다. 그러나 이 글에서는 화자의 의도성을 강조한다기보다 담화의 연속성과 결속력을 위해 담화표지를 사용하는 입장으로 보아 심란희(2019: 170)에서 사용한 술어 '공백 메우기'를 취한다.

(20) 가. 어~ 이 단체가 <u>**인제**</u> 주로 <u>**이제**</u> 그~ 뭐~, 아시아 시빌 소사이어티 클럽이라고 작년에 혹시 방콕 갔다 오신 분 있어요,

나. 그렇지 않으면 뭐~, 어~ <u>**인제**</u> 그 외에 다른 이렇게 일상에 이렇게 아주 지속적인 게 아니고, 딱딱 나눠져 있는 일들.

위의 (20)처럼 '이제'가 공백 메우기 기능을 할 때 흔히 다른 담화표지와 같이 나타나고 일종의 군더더기처럼 보이지만 실제 발화에서 발화의 연속을 유지하거나 화자의 발언권을 유지하기 위해 필요하다.

(5) 발화 수정하기

화자가 어떤 말을 하고 나서 그것이 잘못된 발화라고 인식하면 '이제'를 사용함으로써 말실수를 수정하는 경우가 많다. 강의 상황에서 교사가 강의내용을 아무리 잘 준비해 놓아도 지식이나 자기의 생각을 항상 이상적이거나 완벽하게 학생에게 전달하는 것은 아니므로 자신이 하고자 하는 말을 의도한 것과 다르게 해 버리면 '이제'를 사용하여 도중에 다른 말로 바꿀 수 있다.

(21) 가. 그래, 그러믄 이제 학생들을, <u>**이제**</u> 학생들이 또 그러구 나서 그걸, 여러 가지로 이용을 많이 해요.

나. 박원순 처장님이 그~ 쓴? 그~ 지금은 <u>**이제**</u> 박원순 처장이 아니지만::, 아~ 그 분이 쓴 그 내용들을, 여러분들이 한 번, 아~ 다시 한 번 제가 지난 시간에 그런 말씀을 드렸는데, 에~ 그 분이 얘기하고자 하는 논리가 뭔가?

위의 예문 (21가)처럼 화자가 '학생들을'을 '학생들이'로 수정하기 위해 '이제'를 사용한다. (21나)에서 '이제'가 '지금'과 함께 실현되고 '지금'은 발화시간을 가리키지만 '이제'는 '박원순 처장이 아니지만'이라는 부정소와 공기하며 선행 발화를 반복하면서 수정한다.

이상의 논의에서 선행연구에서 다룬 '이제'의 여러 담화 기능을 강의 상황에 맞게 재정리를 하였다. 그러나 기능과 기능 사이의 경계를 분명하게 나누었다고 할 수 없는 것이 사실이다. 예를 들면 '전경과 후경의 경계 표시' 기능은 초점을 뒤의 신정보에 두면 '부연설명'으로 볼 수도 있고 여기서 따로 한 항목으로 제시하지 않은 '주의환기'라는 기능으로 이해해도 별문제가 없다.

강의는 화자인 교수가 학생들에게 지식을 가르쳐 주고 자기가 하는 말을 이해시키려는 목적을 가지고 있다는 제보 기능이 두드러지는 텍스트유형이라고 할 수 있다. 이러한 까닭에 담화표지도 화청자 사이의 상호작용을 강조하기보다 화자가 자신이 하는 말을 어떻게 연관성이 있게 청자에게 전달할 수 있는지에 중점을 둔다. 전영옥(2002: 139)에서 담화표지의 기능을 크게 세 가지 유형으로 나누었다. 바로 '화제와 화제 결속', '화자와 화제 결속', 그리고 '화자와 청자 결속(상호작용)'이 그것이다. 심란희(2019: 150-213)에서는 다시 '화자의 화제 결속 기능', '화자의 태도표현 기능', '화자의 청자 참여 유도 기능', '청자의 반응 기능', 그리고 '화청자의 순서교대 기능'인 다섯 가지로 나누었다. 담화표지 '이제'의 경우, 이 중에서 '화자의 화제 결속 기능'에만 기여한다. 다시 말하면, 위에서 살펴본 '이제'의 다섯 가지 담화 기능은 모두 '화자의 화제 결속' 기능으로 귀납할 수 있다는 것이다. 더 나아가 '이제'의 이러한 담화적 기능이 세분화되더라도 결국은 하나의 기능으로 귀납될 수 있다는 사실은 '이제'의 기능이 담화 층위에서 어느 정도 이미 굳어졌다는 것을 말해준다.

담화표지 '이제'는 '화자의 화제 결속' 기능이 뚜렷하다. 강의 상황에서 화자인 교수는 자신의 말을 어떻게 학생들에게 효율적으로 전달할 수 있는지를 염두에 둔다. 화자 중심의 담화표지인 '이제'는 화자 중심의 '강의 상황'과 완벽하게 일치하다. 이 점은 강의 말뭉치에서 다른 부사보다 '이제'가 가장 높은 빈도로 실현되는 사실로도 설명된다.[12)]

〈표 1〉 강의 말뭉치에서의 주요 부사 출현 빈도

부사	빈도(회)
이제	**652**
또	336
좀(쫌)	303
아주(아쭈, 어쭈)	116
그냥	110
정말	73
막	69
참	58
한번	58
딱	41
일단	31
아니	21
진짜	20
가만	2
아차	0
참말(로)	0

12) 심란희(2019: 149)에서는 기원별 담화표지 목록을 제시하였는데, 그중에서 부사 기원 담화표지들은 '가만, 그냥, 딱, 또, 막, 아니, 아차, 아주(아쭈, 어쭈), 이제, 일단, 정말, 진짜, 좀(쫌), 참, 참말(로), 한번'으로 16개가 제시되었다. 〈표 1〉은 이 16개의 부사들을 기능 층위를 구분하지 않고 말뭉치에서 추출하여 빈도를 조사한 것이다.

4. 결론

부사 '이제'는 '지금'과 달리 시간의 폭이 넓고, 앞선 행위나 상태를 전제해야 하며, 현재뿐만 아니라 과거, 미래 어느 시점에도 실현이 가능한 특징을 보이므로 담화표지로 전이되는 조건을 갖추었다. 이에 따라 '이제'가 '시간의 표시'뿐 아니라 '담화표지'로도 기능한다는 것을 확인할 수 있었다. 세부적으로 음운적인 휴지, 조사와의 결합, 생략 여부, 다른 시간 표현어와의 공기 관계, 그리고 사용 환경 등의 측면에서 시간부사 '이제'와 담화표지 '이제'의 차이점을 살펴보았다.

담화표지 '이제'의 기능은 선후행 발화의 연결적 기능 강화, 전경과 후경의 경계 표시, 부연설명, 공백 메우기, 발화 수정하기 등으로 나눌 수 있다. 이러한 다섯 가지 기능은 일견 그 종류가 다양해 보이지만 모두 '화자의 화제 결속 기능'으로 귀납될 수 있다.

'화자의 화제 결속 기능'으로 수렴되는 '이제'의 담화표지적 기능이 '강의'라고 하는 특정 담화 상황에서 가장 두드러지는 까닭은 강의에서는 화자가 담화의 중심이 되고 강의는 제보 기능을 주된 기능으로 하고 있기 때문이다. 이는 강의 상황에서 담화표지로 기능할 수 있는 여타 부사들과 비교해서 '이제'가 가장 많이 출현하고 있는 사실을 설명해 준다.

참고문헌

고경재(2019), 한국어 담화표지에 대한 고찰 - 담화표지의 정체 및 형성의 문제와 관련하여, 《한국어학》 83, 97-128.

김광희(2004), 담화 표지 '인자'의 정보 유도와 응집성 실현, 《한국어 의미학》 15, 한국어 의미학회, 181-206.

김영철(2015), 우리말 담화표지 '인자' 고찰, 《국어문학》 58, 국어문학회, 29-48.

김태엽(2002), 담화표지되기와 문법화, 《우리말글》 26, 우리말글학회, 61-80.

당 영(2011), 外國語로서의 韓國語敎育을 위한 韓國語 談話標識 硏究 - TV 토크쇼에 나타난 '이제', '막'의 事例를 中心으로, 중앙대학교 대학원 석사학위논문.

박미영(2010), 발표 담화에 나타난 담화 표지 실현 양상과 기능 - 대학 학습자의 자기소개 발표를 중심으로, 《새국어교육》 85, 455-474.

박지윤(2011), 경북방언 '인자'의 담화표지 실현 양상 - 중부방언 '인제'와의 비교를 중심으로, 《화법연구》 18, 한국화법학회, 215-250.

심란희(2019), 한국어 담화표지 기능 연구, 연세대학교 대학원 박사학위논문.

윤창숙 · 김태호(2015), 한국어 능력시험 듣기 텍스트에 나타나는 담화표지어 분석 연구, 《언어과학연구》 75, 231-250.

이기갑(1995), 한국어 담화 표지 '이제', 《담화와 인지》 1, 담화인지언어학회, 261-287.

이원표(1992), 시간부사 '이제'의 담화기능, 《인문과학》 68, 연세대학교 인문과학연구소, 105-137.

이원표(2001), 《담화분석》, 서울: 한국문화사.

이정애(2002), 《국어 화용표지의 연구》, 월인.

임규홍(1996), 국어담화표지 '인자'에 대한 연구, 《담화와 인지》 2, 담화 · 인지언어학회, 1-20.

전영옥(2002), 한국어 담화표지의 특징 연구, 《화법연구》 4, 한국화법학회, 113-145.

5. 방언조사 담화와 담화표지

김영규

1. 서론

국어방언학은 방언학이라는 분과의 내용적 측면뿐 아니라 연구 방법론의 측면에도 많은 관심을 기울여 왔다. 물론 그 초점은 현지 조사를 설계하고 수행하는 방법의 체계화에 있었다.[1] 체계적인 조사 방법론의 필요성은 1970년대에 들어 새삼 강조되기 시작했다(이익섭 1973; 1981; 전광현 1973; 최명옥 1980). 1980년대에는 〈전국방언조사연구〉 사업(한국정신문화연구원)을 계기로 국어 방언 조사의 한 표준이 마련되었고, 이를 토대로 점차 영역별 · 단계별 정밀화가 이루어지며 오늘에 이르러 있다.

그런데 지금까지의 조사 방법론 연구는 방언 조사의 미시적 차원에 착목해 왔다. 곧, 조사 항목의 선정('무엇을 물을 것인가?') 및 질문문 작성('어떻게 물을 것인가?') 방법이 가장 중요한 주제가 되어 왔

1) 독자에 따라서는 현지 방언 조사가 전혀 생소한 제재일는지 모른다. 현지 방언 조사란 연구자가 연구 대상이 되는 방언 사용자를 직접 찾아가 관찰 및 면담을 통해 방언 자료를 구득하는 방법을 말한다. 이때 자료를 제공해 주는 방언 화자를 제보자(提報者; informant; consultant)라 한다. 방언 조사에는 현지 조사 외에 간접적인 방법도 가능하며, 사회언어학이나 언어인류학에서의 방언 조사는 또 다른 접근을 취하기도 한다. 이 글에서 방언 조사라 하면 지역방언학의 현지 조사를 가리키는 것으로 한다. 곽충구(2003), 이익섭(2006) 4장, 정승철(2013) 2장 등에서 현지 방언 조사에 대한 개괄적인 이해를 얻을 수 있다.

다. 이러한 접근은 이론적으로 정교하고 치밀한 조사를 가능케 하지만, 한편으로는 방언 조사의 거시적 차원을 간과하는 한계를 갖는다. 거시적인 관점에서 방언 조사는 제보자와 조사자가 화·청자로 참여하는 한 편의 "대화"라 할 수 있다. 일방적인 묻고 답하기의 연속이 아니라 구체적인 상황 맥락 아래 복수의 참여자가 동시적으로 주고받는 언어적 상호작용인 것이다. 따라서 '어떻게 물을 것인가?'에서 나아가 '어떻게 대화할 것인가?'에 대한 대답 또한 탐색될 필요가 있다.

이 글은 거시적 차원의 방언 조사 연구를 탐색해 보는 시론으로서 방언 조사의 담화구조와 담화표지에 주목해 본다. 2장에서 대화의 한 유형으로서 방언 조사 텍스트의 담화구조를 개략적으로 살핀다. 3장에서는 방언 조사 텍스트에서 담화표지라 할 수 있는 요소들을 확인하고 담화구조와 관련지어 그 쓰임을 고찰한다. 담화표지의 목록이나 용법 자체는 일반적인 구어 텍스트의 그것과 크게 다르지 않으므로, 방언 조사라는 대화 유형에 특징적이라고 생각되는 지점들만을 다루기로 한다. 이 글에서 분석 대상으로 삼은 방언 조사 텍스트는 〈전국방언조사연구〉 사업에서 이루어진 조사 녹음본 중 2시간여 분량을 임의로 취해 필자가 직접 옮긴 것이다.

2. 방언 조사의 담화구조

이 장에서는 방언 조사를 대화의 한 유형으로 여기고 그 담화구조를 개괄적으로 살펴본다. 우선, 대화의 요건으로 아래와 같은 자질들이 제안된 바 있다(박용익 2014: 11-12).

(1) 대화를 구성하는 최소 자질

가. 의사소통 용도(혹은 말할이의 의사소통 목적)

나. 대화 기여들(turn) 사이의 주제적 관련성

다. 최소 두 명 이상의 구체적인 의사소통 참가자

라. 들을이와 말할이의 실시간적 역할 바뀜

(1)에 비추어 보건대 방언 조사를 하나의 대화로 규정하는 데에 무리가 없다. 방언 조사에는 적어도 조사자와 제보자 각 1인이 구체적인 주체로 참여하고(1다), 이들이 화·청자의 역할을 실시간으로 주고받으며 조사가 진행된다(1라). 조사자는 계획된 혹은 즉시적인 질문을 통해 제보자로부터 필요한 정보를 유도하고, 제보자는 조사자의 질문을 이해하고 적절한 대답을 제공하기 위해 노력한다. 이러한 문답의 연속은 물론 의사소통적 기능을 수행한다고 할 것이다(1가). 조사자의 질문과 제보자의 대답이 주제상의 관련성을 갖는 하나의 인접쌍(adjacency pair)을 이루며, 이런 인접 쌍들이 순차로 연쇄하며 한 편의 방언 조사를 구성한다(1나).

방언 조사의 담화구조는 조사 목적이나 범위에 따라 달라지겠으나 대체로 아래 세 가지 패턴이 가장 빈번히 나타나는 듯하다.[2] 먼저 (2)는 '쟁기, 보습, 쇠, 볏'의 방언형을 조사하는 과정을 전사한 것이다.

(2) 선형식 전개

가. 조사자: 이런 도구를 보고 그럼 쟁기라 그럽니까?

나. 제보자: 쟁기락 하제.

다. 조사자: 예. 쟁기 밑에 이 쇠로 된 걸 뭐라 그럽니까?

라. 제보자: 보섭이라 그라제, 보섭.

---

2) 이 절에 쓰인 '선형식, 순환식, 파생식' 등의 분류체계는 한국텍스트언어학회(2004: 69-73)를 참조한 것이다.

마. 조사자: 보섭은 나무로 된 게 아니라 뭘로 돼 있습니까?
바. 제보자: 쇠로 됐제.
사. 조사자: 음, 보습 위에 이렇게 쇠로 된 건요?
아. 제보자: 벳 단다 그라제, 벳이라고.

(2)의 대화는 (가-나), (다-라), (마-바), (사-아)가 각각 질문과 대답의 인접 쌍을 이루며, 이전 쌍에서 새로이 제시된 대상이 다음 쌍의 화제가 되는 선조적인 전개 구조를 보이고 있다. 이를테면, (가-나)에서 레마로 등장한 '쟁기'가 (다-라)에서 테마로 이어지고, 다시 (다-라)에서 레마로 나타난 '보섭'이 (마-바)에서 테마로 되는 식이다(T1→R1=T2→R2=T3→R3).

한편, 연속하는 인접 쌍 간에 주제상의 연속성이 없는 (3)과 같은 패턴도 적잖이 관찰된다. (3)은 동사 '맺-, 끄-, 거들-'의 모음어미 활용형을 조사하는 과정이다.

(3) 나열식 전개
가. 조사자: 열매가 많이 어째서 좋겄다? 맺어서 그럽니까, 맺아서 그럽니까?
나. 제보자: 음, 맺어서, 맺어서.
다. 조사자: 예. 불을 썼다가요, 필요 없으믄 불을 어째라 그럽니까?
라. 제보자: 아그들보고 불 꺼라 그라제.
마. 조사자: 일이, 일이 많을 때 옆엤는 사람보고 일 좀 어째라 그러죠.
바. 제보자: 좀 도와라 그라제.

(3)의 대화에서 (가-나), (다-라), (마-바)는 역시 질문과 대답의 인접 쌍을 이루지만 이 쌍들 간에는 어떠한 주제적인 관련성을 찾아보기 힘들다. 각 쌍마다 새로운 테마와 레마가 등장하며 이들은 다음 쌍에 재수용되지 않는다. 테마와 레마의 쌍이 관련성 없이 나열되는 전개

구조이다(T1→R1||T2→R2||T3→R3).

마지막으로 자주 등장하는 패턴은 순환식의 전개 구조이다. (4)의 대화는 명사 '자루(柄)'와 그 곡용형을 조사하는 과정이다.

(4) 순환식 전개

가. 조사자: 그 호맹이 잡는 부분은 뭐라 그럽니까?

나. 제보자: 자리. 호맹잇자리.

다. 조사자: 에, 그게 질면요, 손 잡는 데가 질믄은 뭐가 질다 그럽니까?

라. 제보자: 호맹이 자리가 질다고 그렇게.

마. 조사자: 거기에 흑이 묻었으면 어디에 흑이 묻었다 그럽니까?

(중략)

바. 제보자: 자리엔 흑이 안 묻제. 그랑께 호맹이 끄터리, 저 **에가 흑 묻었다고.

사. 조사자: 그러면 이 호맹이를 쥘 때 어디를 쥔다 그럽니까?

아. 제보자: 자리를 잡은다고 그라제.

(4)에서 또한 (가-나), (다-라), (마-바), (사-아)가 쌍을 이루는데, 여기서는 (가-나)에서 등장한 레마 '자리'가 (다-라), (마-바), (사-아) 모두에 공통된 테마로 기능하게 된다. 곧, 대화가 진행됨에 따라 새로운 테마가 등장하는 것이 아니라 이전의 테마로 다시 돌아가 레마만을 부가해 가는 전개 구조이다(T1→R1/T1→R2/T1→R3).

규모 있는 종합적인 조사는 어휘 조사, 음운 조사, 문법 조사의 세 부문으로 조직된다. 이 가운데 선형식 구조는 어휘 조사에서 빈번히 나타난다. 어휘 조사에서는 조사 항목들을 유해(類解)의 방식으로 분류해 놓기 때문에 연속하는 항목들 간에 내용적인 관련성을 갖게 된다. 따라서 자연히 선형식 구조를 따라 조사가 진행된다. 한편, 나열식 구조는 음운 조사나 문법 조사에 흔하다. 순환식 구조는 어떤 항목에 대해 부가 정보를 조사하는 과정에 드러난다. 위의 예에서처럼 굴절형을 조사한다거나 구형과 신형, 격식형과 비격식형 등등의 사회언어학적 정보를 조사할 때에 전형적이다.

그런데 방언 조사의 담화구조는 조사자와 제보자에게 서로 달리 해석될 수 있다. 예컨대, 제보자에게 (3)의 대화는 아무런 관련성 없는 질문들이 단절적으로 나열되고 있는 것처럼 받아들여진다. 그러나 조사자에게 이 대화는 모음조화 양상을 파악한다는 구체적이고 일관된 목적을 가지고 있으며, 어간 말모음, 말음절 유형, 음절수 등의 요인을 고려한 체계적인 문답의 연쇄로 받아들여진다. 말하자면 하나의 상위 테마가 있고 그에 부속되는 하위 테마들이 연속하는 구조, 곧 일종의 파생식 전개 구조로 이해되는 것이다(T1→R1/T2→R2/T3→R3; HT∋T1, T2, T3).

(4)의 대화 또한 제보자와 조사자가 받아들이는 전개 양상이 동질적이지만은 않다. (4)에서 조사자가 요구하는 대답, 곧 '자리가, 자리에, 자리를' 따위는 조사자에게는 새로운 정보일 수 있으나 제보자에게는 정보적인 가치가 거의 없다. 제보자가 대화를 진행해도 같은 테마만이 반복되고 정보성의 증가가 이루어지지 않는다고 판단하면, 이후의 대화가 원활히 전개되지 못하는 상황이 벌어지기도 한다.

이상의 사실은 대화 참여자(제보자와 조사자) 간의 비대칭성이라는 방언 조사 텍스트의 특수한 성격과 관련된다. 조사자는 대화의 내용보다는 발화 형식에 주목하는 반면, 제보자는 흔히 실세계의 지식에 비추어 자연스러운 대화를 지향한다. 따라서 이들은 테마 구조나 정보성을 판단하는 서로 다른 준거를 가지고 대화에 참여하는 셈이다. 여기에 이른바 관찰자의 모순(observer's paradox)을 극복하고자 조사자가 발화 목적을 의도적으로 숨긴다는 사실 그리고 대화 주제를 선정하는 권한을 대개 조사자가 독점한다는 사실은 이러한 비대칭성을 더욱 강화하는 요인이 된다.

지금까지의 논의를 바탕으로 대화의 한 유형으로서 방언 조사의 담화구조를 다음과 같이 나타내 볼 수 있다. 대단히 거친 도해에 불과하다.

(5) 방언 조사의 담화구조

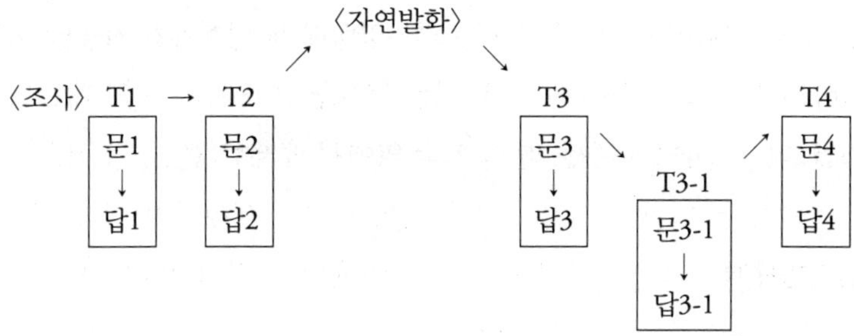

T1과 T2는 (2)에서처럼 관련성을 갖고 선형적으로 전개되는 구조를 가질 수도 있고, (3)과 같이 관련성 없이 나열적으로 연속하는 구조를 가질 수도 있다. T3-1, T3-2, …는 파생식 구조에서 T3에 딸린 하위 테마들을 나타내기도 하고, 순환식 구조에서 T3을 다시 참조하는 테마들을 나타내기도 한다. 한편, 조사 중간중간에 본류에서 벗어난 주변적인 대화가 삽입되고는 한다. 이 또한 넓은 의미에서 방언 조사의 일부이나 여기서는 〈자연발화〉라는 이름으로 분리해 두었다. 위 도해에서 테마와 테마 사이, 상위 테마와 하위 테마 사이, 조사와 자연발화 사이를 단지 화살표 하나로 마감하고 말았으나, 실제 조사에서 이 공간에 일어나는 대화의 전개는 대단히 역동적이다.

3. 방언 조사 텍스트의 담화표지 사용 양상

이 장에서는 방언 조사라는 대화 유형에 특징적인 담화표지 사용 양상을 살펴본다. 담화표지의 정의와 범주에 대해서는 다양한 이론이 양립하는데, 여기서는 본서 1부에서 규정한 개념을 따르며 되도록 '협의의 담화표지'에 초점을 모은다. 이에 따라 일차적인 기능만을 수행하는 감탄사, 이를테면 선행 의문문에 긍정 또는 부정의 대답으로 쓰인 '네'와 '아니' 따위는 본 장의 논의에서 배제한다.

(1) '그러면'

'그러면'은 방언 조사 텍스트에서 가장 자주 쓰이는 접속부사이다. '그러면'은 기본적으로 선행 발화를 배경 삼아 전경적 확장의 기능을 수행하나, 때로는 선행 내용을 중단하고 새로운 화제를 도입하는 기능으로 쓰이기도 한다(서반석 2018). 이때의 '그러면'은 본래적인 용법을 넘어 담화상의 기능을 수행하는 담화표지의 일원으로 보아도 좋을 것이며, '담화를 맺고자 하는 종결 표지' 내지는 '다음 문장을 발화하기 위한 전환 표지' 정도로 이해된다(양명희 1996; 김인환 2018).

방언 조사에서 '그러면'의 쓰임은 담화구조에 관련지어 볼 때 아래 (6, 8, 9) 세 가지의 경우로 대분할 수 있다. 먼저 (6)은 (2)와는 다른 조사자가 '쟁기, 보습, 볏, 쇠'를 조사하는 과정이다.

(6) 테마와 테마 사이의 전환(선형식 구조)

가. 조사자: 인제 보통 논을 갈 때 요런 걸로 갈죠? 요거 이름이……?

나. 제보자: 쟁기라고 그러지요.

다. 조사자: <u>그러믄</u> 그, 쟁기 보믄은 밑에 이렇게 땅에 들어가는 데가

요거 달렸죠, 요거. 요거는 이름이 뭐인가요?

라. 제보자: 요건 보십이고. 요것은 빗이고.

마. 조사자: <u>그러믄</u> 이 보십이나 빗이나 나무로 됐는가요?

바. 제보자: 쇠로 되았죠.

(6)은 전형적인 선형식 전개를 보이는데, 이전 테마에서 다음 테마로의 전환 시에 '그러면'이 삽입해 있다. 여기서 '그러면'은 선행 발화를 배경으로 한 일차적인 접속 기능을 수행함과 동시에, 대화의 한 화제를 마치고 그다음 화제를 도입하는 담화상의 기능도 갖는다. 이로써 조사자는 이전 질문과의 내용상 관련성을 드러내면서 자연스럽게 다음 질문을 이어갈 수 있게 된다. 방언 조사 텍스트에서 '그러면'의 가장 전형적인 용법이라 할 수 있다.

대조적으로, (7)과 같은 나열식 구조에서는 테마와 테마 사이에 '그러면'이 개입하지 않고는 한다. (7)은 (6)에서와 동일한 조사자가 동사 '켜-, 펴-, 건너-'의 모음어미 활용형을 조사하는 과정이다.

(7) 나열식 구조

가. 조사자: 날이 어둥게로 불을 좀 어째라?

나. 제보자: 키라, 써라 두 가지지.

다. 조사자: 그럼 킨다고?

라. 제보자: 헐 수도 있고 썬다고 헐 수도 있고.

마. 조사자: 가슴을 좀 쭉 어짜, 쭉?

바. 제보자: 벌리락 헌 놈이나 피락 헌 놈이나 한가지지.

사. 조사자: 그래서 가슴을 쭉 어쨌다?

아. 제보자: 음, 피었다.

자. 조사자: 냇물을 뛰어 가지고 훌쩍 어쨌다?

차. 제보자: 건니뛰었다. 건니뛴다.

(7)에서는 (가-라), (마-아), (자-차)를 경계로 테마가 전환된다. 그런데 (6)과 달리 여기서는 새로운 테마를 도입하는 지점, 곧 (7마)의 문두나 (자)의 문두에 '그러면'이 나타나지 않는다. 이는 선형식 구조에서는 전환되는 테마 간에 내용상 관련성이 있어 '그러면'에 의한 접속이 자연스러운 반면, 나열식 구조에서는 그렇지 못하기 때문으로 보인다. '그러면'이 담화표지로 쓰이더라도 접속부사로서의 일차적인 기능과 완전히 유리되는 것은 아니므로 분포상 제약을 받는다고 이해된다.

아래 (8)은 순환식 구조를 갖는다.

(8) 테마의 순환 경계(순환식 구조)

가. 조사자: 그러믄 호맹이 인제 손으로 잡는 여그는 뭐라 근가요?

나. 제보자: 여그, 자루라 그죠. 호맹잇자루라고.

다. 조사자: <u>**그러믄**</u> 그것에 이제 요, 여기에요, 흑이 묻었으믄은 어디에 흑이 묻었다? 호맹이……?

라. 제보자: 여그 호맹이 자리가 되았든 여가 되았든 흑이 묻었이믄 보통이로 봐서는 호맹이, 호무한티 가서 흑이 많이 묻었다 이렇게 봐야지.

마. 조사자: 예.

(휴지)

바. 조사자: <u>**그럼**</u> 여그를 손으로 쥐믄은 어디를 쥔다고 허믄……?

사. 제보자: 여, 보통은 여그, 쇠 아니고 여그를 잡죠, 쇠를 잡으믄 손이 아프닝게.

(가-나)에서 '자루'를 도입한 뒤 (다-마), (바-사)에서는 다시 이 화제로 돌아가 그 곡용형 '자루-에, 자루-를'을 조사하고 있다. 이때 테마의 순환이 일어나는 인접 쌍의 경계마다 '그러면, 그럼'이 삽입되어 있다. 여기서의 '그러면, 그럼'은 지금의 테마를 유보시키면서 부가되

는 질문을 도입한다는 점에서 (6)의 테마 전환 표지와는 다소 다르다.

(9)는 '벼 이삭'을 조사하는 과정인데, 목도열병에 관한 1분 이상의 자연발화가 개입해 있다.

(9) 자연발화에서 본 조사로의 복귀

가. 조사자: 이것이 추수를 허고 인제 논에 이런 것이 많이 떨어져 있으믄 여런 거 줏어 오라 그르죠? 뭐 줏어 오라고……?

나. 제보자: 나락 모가지 줏으라 그러지, 아까 말씀같이 나랙이라고 히놔서.

다. 조사자: 예.

(중략)

라. 제보자: 그르기 따문에 시방 정부이서 농약을 빨리 히라, 히라, 빠지지 말고 해라, 목도열병 걸린다 이것인디,

마. 조사자: 예.

바. 제보자: 이 목도열벵이다는 것이 이 잎도열벵이 있고 목도열벵인디,

사. 조사자: 예.

아. 제보자: 잎도열병 있을 때는 반드시 모가지가 없응게 그럴 줄로 알지만,

(중략)

자. 제보자: 그렁게 정부이서 목도열병이 무섭다 허고 자꼬 선전허고 약을 뿌리 달란 것이 그것이여요.

차. 조사자: 예.

(휴지)

카. 조사자: 이제 <u>그러믄</u> 혹시 나락 이시락 줏으로 댕긴다 그런 말은 안 쓰십니까?

(9)에서는 자연발화가 마무리되는 지점에 조사자가 본 조사로 복귀하며 역시 담화표지 '그러면'을 통해 질문을 도입함을 알 수 있다. 조사자는 자연발화의 진행 중에는 '예'를 반복하다가, 본 조사로 돌아와

질문을 시작하는 때에는 '이제'와 '그러면'을 씀으로써 국면의 전환을 알리고 있다. 청자 반응 표지로서의 '예'(후술 참조)와 전환 표지로서의 '그러면'의 기능이 대비되며 대화가 전략적으로 전개되고 있다.

요컨대, 아래 도해에서처럼 방언 조사에서 담화표지 '그러면'의 쓰임은 담화구조와 밀접하게 연계되어 있다. 테마와 테마 사이에(T1→T2), 테마의 순환 경계에(T3→T3-1), 자연발화에서 본 조사로의 복귀 시에 '그러면'이 빈번히 쓰이는 반면, 나열식 구조에서는 테마의 전환 시에도 '그러면'의 출현이 제약된다. 전환 표지 '그러면'이 빈번히 쓰인다는 사실은 테마의 전환이 빠른 속도로 이루어지며 대화가 전개된다는 방언 조사의 담화론적 특성에 기인한다.

(10) 방언 조사에서 담화표지 '그러면'의 분포

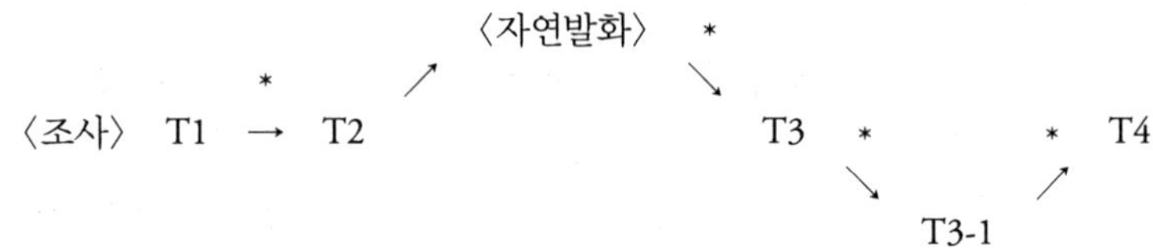

'그러면'이 전환 기능과 전경적 접속 기능을 모두 갖는다는 사실은 때때로 중의적인 해석을 야기한다. (11)은 '쌀벌레' 항목을 조사한 뒤 다음 항목인 '날벌레'를 묻는 과정인데, 제보자는 '날벌레'가 아니라 쌀벌레의 일종인 '바구미'를 답하고 있다.

(11) 가. 조사자: 그럼 그 쌀을 갉아먹는 하얀 거, 아주 쪼그만한 거 있죠?
나. 제보자: 있제. 쌀버러지라고 있어.
다. 조사자: 예. **그럼** 버러지 가운데서 날아댕기는 것은 무슨 버러지 라고?[3]
라. 제보자: 바기미. 바기미.

(11다)의 '그럼'은 중의적으로 해석된다. 조사자는 전환 표지의 기능을 의도하고, 테마를 '쌀벌레'에서 '날벌레'로 바꾸기 위해 '그럼'을 사용했다. 반면, 제보자는 이를 전경적 접속의 기능으로 해석하여, (11다)의 화제가 여전히 '쌀벌레'이고 그로부터 확장되는 질문이라 받아들인 것이다. 조사자의 사전 지식이 없었더라면, 위 상황에서 조사자는 '날벌레'를 뜻하는 방언형으로 '바기미'를 보고하고 말았을 것이다.

아래 (12)도 유사한 사례이다. (12)는 '뉘'와 연어를 이루는 동사 '추려내다'를 조사한 뒤 다음 항목인 명사 '볍씨(종자)'를 조사하는 과정이다. (12마)에서 조사자는 명사 '종자'에 대응하는 방언형을 캐고자 했으나, 제보자는 '뉘'와 '추려내다'의 관계에 평행하게 '종자'에 어울려 쓰이는 동사 '두다'를 답변하고 있다.

(12) 가. 조사자: 그거는 그럼 그 뉘를 어터게 해고 나서 인제 밥을 먹는다근가요?
　　나. 제보자: 밥을 히 불었을 때는, 먹음서도 고놈이 뉘가 있을 거 같으믄 줏어내고 먹어야죠.
　　다. 조사자: 예. 그, 줏어낸다고 헌가요, 추려낸다고 헌가요?
　　라. 제보자: 추리낸다고도 허지마는 보통……, 그렇죠, 추, 추리낸다고 허는 말이 많죠.
　　마. 조사자: **그러면** 인제 다음 해에 씨로 쓸라고 이렇게 따로 좋은 나락 같은 거는 이제 따로 놔뚜죠? 그 종자를 보통 뭐라고?
　　바. 제보자: 에, 나락 종자를 뒀다 그러죠.[4)]

3) 이 발화가 과연 날벌레를 물은 것인지, 그야말로 쌀벌레 가운데 날아다니는 것을 물은 것인지 모호하다고 판단하는 독자가 있을 수 있다. 그러나 질문지(《한국방언조사질문지》) 및 (11)에 이어지는 실제 대화를 보면 날벌레를 의도한 것임이 분명해 보인다.

4) 역시 문면에는 잘 드러나지 않지만, 실제 발화에서는 '뒀'에 강세가 있어 답변의 초점이 '두다'임이 뚜렷이 인식된다.

조사자의 의도와 달리, 제보자는 연어관계를 형성하는 동사를 묻고 답한다는 인지적 기반을 유지한 채로 (12마)의 질문을 해석했기 때문에 (바)와 같은 대답을 한 것이다. 이 또한 '그러면'의 일차적인 문법 기능이 선행 발화를 배경으로 한 확장적 접속에 있다는 사실에 기인한다.

(11-12)에 보인 '그러면'의 중의적 해석은 역시 방언 조사의 담화론적 특성에 무관하지 않다. 조사자가 대화의 주도권을 쥐고 독점적으로 화제를 결정한다는 점, 그리고 조사자는 언어 형식에 관심을 두고 제보자는 실세계의 지식에 따라 내용상 자연스러운 대화를 좇는다는 점 때문에 제보자가 조사자의 의도한 의미를 올바로 추론해 내지 못한 것이다. 조사자가 일방적으로 화제를 빠르게 전환하는 조건에서 제보자는 나름대로 내용상 가장 자연스러운 해석을 취하게 되는데, 바로 여기서 조사자의 의도와는 어긋나는 의미 해석이 발생한다.

(2) '예, 네'

'예, 네'는 방언 조사 텍스트에서 가장 자주 쓰이는 감탄사이다. 이들은 물론 상대의 질문에 긍정적인 응답을 하는 것이 일차적인 기능이나, 담화표지로서 담화상의 여러 기능을 수행하기도 한다(김하수 1989; 이원표 1993; 전정미 2011). 방언 조사에서 전형적인 '예'의 쓰임은 바로 상대방의 말을 경청하고 있음을 알리는 기능(backchanneling)과 발화를 끝맺으며 경계를 표시하는 기능(bracketing)이다.

아래 (13)은 '곁두리(샛거리)' 항목에서 점심과 저녁 사이에 먹는 곁두리의 방언형을 조사하는 과정이다.

(13) 청자 반응 표시

가. 조사자: 그러믄 거, 점심밥하고 저녁 사이에 묵는 것도 그렇게 그

런가……?

나. 제보자: 그 사이는, 점심을,

다. 조사자: 네.

라. 제보자: 인자 품 팔러 댕기는 사램이 곤란한 사람이 안 댕기요?

마. 조사자: 네.

바. 제보자: 그러닝게 즈희 집서 설묵고 오닝게 배가 고플까 무성게 아이 때는, 오전에는 샛거릴 주고,

사. 조사자: 예.

아. 제보자: 점심은 인자 에, 내 식구가 아니고 넘이라고 해서,

자. 조사자: 예.

차. 제보자: 좀 작기 해서 주닝게,

카. 조사자: 예.

타. 제보자: 많이 뭐 긍게, 오후이 샛거리란 것은 없어.

파. 조사자: 예.

청자 반응 표지로서의 '예'는, 앞서 (9)에 보듯, 제보자 주도의 자연발화가 길어질 때 조사자의 반응으로 흔히 나타난다. 위의 (13)은 자연발화가 아니라 본 조사 과정에서도 제보자 주도의 발화가 길어질 때 '예, 네'가 삽입됨을 보여준다. 조사자가 제보자의 발화를 경청하고 있음을 알리는 신호로 작용한다.

아래 (14)는 '왕왕-이, 앞-이, 다음-이'에서 움라우트의 실현을 조사하는 과정이다.

(14) 경계 표시(나열식 구조)

가. 조사자: '왕왕이'라는 말 쓰십니까? 왕왕이 그런 일 있다, 왕왕이.

나. 제보자: 여그는 그런 말 안 써.

다. 조사자: 왕왕이라는 말은 잘 안 쓰시구요.

라. 제보자: 해남 가께 그렇게 말해, 왕왕이 어째. 거이 사투린디.

마. 조사자: 예.

바. 제보자: 왕왕이 어쩐단 소리 하드만.

사. 조사자: **예.**

아. 조사자: 안개가 꽉 쪄서요, 어디가 안 뵌다 그러죠?

자. 제보자: 압이 안 뵌다고.

차. 조사자: 압이 안 뵌다 그럽니까, 앞이 안 뵌다 그럽니까?

카. 제보자: 앞이 안 뵌다고.

타. 조사자: **네.**

파. 조사자: 바뿡께 다음에 하자. 다음에 하자, 댐에 하자 어느 말을?

하. 제보자: 다음에 하자 그라제.

거. 조사자: **예.**

(14)에서 (가-사), (아-타), (파-거)가 각기 하나의 테마로 구성되는데, 매 단락을 맺을 때마다 '예, 네'가 삽입되어 있다. (14마)의 '예' 또한 동일한 기능을 의도한 것이겠으나 제보자가 말을 이어가는 바람에 (사)에서 다시 한번 '예'를 반복했다. 한 단락을 마무리 짓고 다음 단락으로 넘어가고자 하는 의도를 제보자에게 각인시키기 위함이다.

요컨대, 담화표지 '예'의 쓰임은 역시 방언 조사의 담화구조와 밀접히 연계되어 있다. 경계 표지로서 '예'는 테마와 테마 사이에 나타나며, 청자 반응 표지로서 '예'는 자연발화 중간중간에 빈번히 출현한다.

(15) 방언 조사에서 담화표지 '예'의 분포

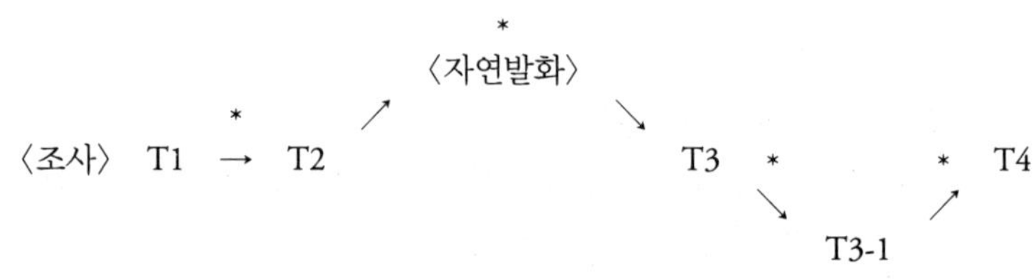

경계 표지 '예'와 전환 표지 '그러면'은 테마와 테마 혹은 단락과 단

락의 경계에 나타나는 공통점이 있다. 이에 따라 두 담화표지가 자주 공기하고는 한다. (16)은 위 (6)에 뒷부분을 조금 더해 실은 것이다. '쟁기, 보습, 볏, 쇠'를 조사한 뒤 '극젱이(깍쟁기)'를 조사하는 과정이다.

(16) '예'와 '그러면'의 공기

가. 조사자: 인제 보통 논을 갈 때 요런 걸로 갈죠? 요거 이름이……?
나. 제보자: 쟁기라고 그러지요.
다. 조사자: 그러믄 그, 쟁기 보믄은 밑에 이렇게 땅에 들어가는 데가 요거 달렸죠, 요거. 요거는 이름이 뭐인가요?
라. 제보자: 요건 보십이고. 요것은 빗이고.
마. 조사자: 그러믄 이 보십이나 빗이나 나무로 됐는가요?
바. 제보자: 쇠로 되았죠.
사. 조사자: 예?
아. 제보자: 쇠. 쇨로 되았어요. 그리서 이 전치를 갖고 쟁기라 그러죠.
자. 조사자: **예예, 그러믄은** 이제 요런 데서는요, 땅을 파기가 너무 뭐허고 그 독, 독이 많고 그러믄 다른 걸로 쓰죠, 쟁기로 안 쓰고?
차. 제보자: 이건 산중에서 많이 쓴 거죠. 저, 깍쟁기라 그리요.

(16)은 크게 (가-아) '쟁기, 보습, 볏, 쇠' 단락과 (자-차) '극젱이' 단락으로 나뉜다. (가-아)는 '쟁기'로부터 비교적 긴밀하게 관련된 테마들이 선형적으로 이어지고, (자)에서 '쟁기'에 대비되는 '극젱이'가 테마로 등장한다. 이때 조사자는 (아)와 (자)의 경계에 '예예'와 '그러믄'을 함께 배치하여, '쟁기' 단락을 끝맺고 이제 '극젱이' 단락으로 넘어가려는 의도를 뚜렷이 드러낸다. 끝맺음 표지와 전환 표지의 공기는 조사자가 효율적으로 대화를 전개하려는 책략의 하나로 이해된다.

그러나 '예'와 '그러면'의 분포가 동일한 것만은 아니다. '그러면'이 자연발화와 본 조사 사이에서 전환적 기능을 수행하는 반면, '예'는 자연발화와 본 조사의 경계에 독립적으로 쓰일 수 없다. 아래 대화를 보면, (17나-바) 구간에 제보자의 자연발화가 이어진 뒤 (아)에서 본 조사로 돌아가고 있다. 일견 그 경계인 (사)의 '예'가 자연발화를 경계 짓는 것처럼 보인다.

(17) 자연발화와 본 조사의 경계

가. 조사자: 그래서 그럼 보통 몇 번 매고 만가요?

나. 제보자: 여그 지금 논밭 안 맵니다.

다. 조사자: 예.

라. 제보자: 아잇! 전부 일헐 사람들은 전부 기양 도회지로 다 돈벌이 허로 가뿔지, 어디 **로 가뿔지.

마. 조사자: 예.

(중략)

바. 제보자: 한 육칠 일 안에 기양 지초지를 사다 걍 삭 뿌리두고 냅둬부려 기양.

사. 조사자: <u>예.</u>

(휴지)

아. 조사자: 그러고 그, 밭맬 때는 처음에 매는 거허고, 첨모냐 매는 것허구 두 번채 매는 것허구…….

그러나 이때 경계 표시의 기능은 '예'보다는 휴지에 있고, (17사)의 '예'는 (다, 마)와 같은 청자 반응 표시의 기능을 마지막으로 수행한 요소로 이해하는 편이 좋겠다. 이는 앞서 (9)와 동일한 패턴이다. (9)에서도 긴 자연발화 뒤 (9차)에서 '예'와 휴지가 함께 나오고 (카)에서부터 본 조사가 이어진다. 여기서는 휴지뿐 아니라 담화표지 '이제'와 '그러면'의 도움까지 받고 있다. 긴 호흡의 자연발화 뒤 경계 표지로서 '예'가 단독으로 출현하는 일은 드물어 보인다.

아마도 '예'가 다른 보조적인 수단을 수반하지 않은 채 독자적으로 자연발화와 본 조사를 경계 짓는 기능을 수행하지는 못하는 것 같다. '예'가 단음절 형식이기 때문에 (14)와 같이 짧은 단락 단위의 경계를 표시할 수는 있지만, 자연발화와 같은 긴 단위를 경계 지을 수는 없는 것으로 생각된다. 따라서 자연발화와 본 조사의 경계에서 '그러면'이 단독으로 쓰이는 데 반해, '예'는 휴지나 다른 담화표지를 수반해야 한다.

(3) 초점 성분 앞의 감탄사 및 부사들

'협의의 담화표지'에는 들지 않지만, 방언 조사 텍스트에서 담화 책략으로서 대단히 고정적이고 생산적으로 쓰이는 구문이 있다. 아래 감탄사 및 부사들의 용례에 주목해 본다. (18-19)는 〈 〉를 유도하기 위한 조사자의 질문이다.

(18) 감탄사

가. 이제 장, 그 맛을 보고 나서 "아! 뭣 맛있다, 뭣이 맛있다."? --〈장-이〉

나. 그것이 참 좋게 돼 있다믄, 좋게 돼 있다믄 "아! 뭣이 참 좋다."? --〈섭-이〉

다. 밥, 밥, 근디 그것이 맛있으믄은 "아따, 요것이……!"? --〈밥-이〉

라. 에유, 저 사람은 어째서 일도 안 한다고? --〈게으르-어서〉

마. 아이, 어째서 그냥 바깥에 나가지도 못헌다고? --〈부끄럽-어서〉

(19) 부사

가. 담을 높::이 어쨌다? --〈쌓-았다〉

나. 가슴을 좀 쭉:: 어짜, 쭉::? --〈펴-어라〉

다. 경치가 참:: 어쩧다 그럽니까? --〈아름답-어〉

라. 어, 어디 가지 말고 집에 꼭 어째라? --〈기다리-어라〉

마. 어디 나갈 때에는 문을 꽉 어째라 그럽니까? --〈잠그-어라〉

(18-19)의 감탄사와 부사들은 의문의 초점이 되는 성분 바로 앞에 놓인다는 점, 표현적 장음이나 강세를 수반한다는 점, 구체명사의 단독형을 조사할 때에는 등장하지 않고 곡용형이나 활용형, 또는 추상어를 조사할 때에 주로 쓰인다는 점에서 특징적이다. 조사자의 발화 가운데 이와 같은 용례는 흔하게 찾아진다.

이들은 제보자가 답하기 어려울 것 같은 질문에 쓰여서 제보자의 주의를 집중시키는 동시에 의문의 초점이 바로 뒤에 이어짐을 예고하는 역할을 한다. 이 또한 대화를 원활하게 하기 위한 조사자의 한 책략으로 볼 수 있다. 방언 조사 외에도 알아맞히기 놀이와 같은 문답식의 대화 유형들에서 유사한 책략이 사용되는 것을 관찰할 수 있다. 다만 협의의 담화표지를 다루는 지금의 논의에서 벗어나므로 이상의 언급에 그치도록 한다.[5)]

4. 결론

방언 조사를 대화의 한 유형으로 보고 담화론적 접근을 시도했다. 방언 조사의 거시적 차원을 탐색하고자 한 시도였다. 현지 경험이 일천한 필자로서는 버거운 작업이 아닐 수 없었다. 장차 이러한 작업이 실제 조사에 응용될 수 있는 실용성과 확장성을 갖춘 연구로 발전되기를 기대해 본다. 아래 요약으로써 결론을 갈음한다.

방언 조사는 선형식, 나열식, 순환식, 파생식 등의 테마 전개 구조

5) 일상적인 대화에서 '아'는 문두에서 청자의 주의를 끌며 대화를 시작하는 담화표지로 기능한다(김영철, 2005; 전영옥, 2019). (18)의 감탄사들도 그러한 맥락에서 협의의 담화표지로 볼 여지가 있다. 방언 조사 텍스트에서는 이들의 주된 담화 기능이 의문의 초점 성분을 예고하는 데 있다는 점에서 차이가 있다.

를 갖는다. 그런데 음운 및 문법 조사의 경우에, 조사자로서는 상위 테마와 하위 테마가 체계적으로 조직된 파생식 전개 구조를 의도했지만, 제보자로서는 내용상 관련 없는 테마들이 연속하는 나열식 구조로 수용되기도 한다. 이는 대화 참여자 간의 비대칭적 조건이라는 방언 조사 텍스트의 특수성에 기인한다.

'그러면, 그럼'은 테마와 테마 사이, 상위 테마와 하위 테마 사이, 자연발화와 본 조사의 경계에서 전환 표지로 빈번히 쓰인다. 테마 간 관련성이 없는 나열식 구조에서는 잘 나타나지 않는데, 이는 '그러면'이 선행 발화를 배경으로 한 확장적 접속 기능을 일차적인 기능으로 가지기 때문이다. 조사자와 제보자 간 비대칭성에 따라 '그러면'이 중의적으로 해석되는 사례도 살펴보았다.

'예, 네'는 자연발화 중간중간에 청자 반응 표지로 등장하거나 테마와 테마 사이, 단락과 단락 사이에 끝맺음 표지로 출현한다. 긴 호흡의 자연발화를 끝맺는 위치에서는 휴지나 다른 담화표지를 동반해야 하는데, 이는 단음절 형식인 '예'의 기능적 한계로 이해된다. 전환 표지 '그러면'과 마찬가지로 테마 간 경계에 나타나지만, '예'는 나열식 구조에도 쓰인다는 점에서 다르다.

방언 조사에서 의문의 초점이 되는 성분 앞에 감탄사나 부사가 놓여 담화상의 기능을 수행하고는 한다. 이들은 표현적인 장음을 수반하며, 추상성이 강한 항목을 조사할 때에 나타나 제보자의 주의를 모으고 초점 성분을 예고하는 역할을 한다. 이들은 비록 협의의 담화표지로 규정되지는 않으나 방언 조사의 담화 전개에 중요한 구실을 하는 것으로 생각된다.

참고문헌

곽충구(2003), 방언 조사(방언 지리학), 방언연구회 편, 《방언학 사전》, 태학사, 133-145.

김영철(2005), 우리말 담화표지 '아' 고찰, 《국어문학》 40, 국어문학회, 161-174.

김인환(2018), '그러-' 계열 접속부사의 세 가지 영역, 《어문학》 139, 한국어문학회, 21-49.

김하수(1989), 언어 행위와 듣는 이의 신호에 관한 화용론적 분석 시도 - 담화속에 "네", 《외국어로서의 한국어교육》 14, 연세대학교 한국어학당, 55-70.

박용익(2014), 《대화분석론》 4판, 현문사.

서반석(2018), 한국어 접속 부사에 대한 인지·텍스트적 연구, 서울대학교 박사학위논문.

양명희(1996), 현대국어 대용어에 대한 연구, 서울대학교 박사학위논문.

이원표(1993), 의지감탄사 "예, 글쎄, 아니"의 담화분석, 《인문과학》 69·70, 연세대학교 인문과학연구소, 139-185.

이익섭(1973), 「아재」고 - 방언조사방법의 한 반성, 《동아문화》 12, 서울대학교 동아문화연구소, 33-58.

이익섭(1981), 영동영서의 언어분화 - 강원도의 언어지리학, 서울대학교 박사학위논문.

이익섭(2006), 《방언학》 개정판, 민음사.

전광현(1973), 방언의 어휘론적 시고(1) - 그 방법과 태도, 《한국언어문학》 10, 한국언어문학회, 325-334.

전영옥(2019), 대화에 나타난 감탄사 '아'의 담화 기능, 《언어사실과 관점》 48, 연세대학교 언어정보연구원, 543-568.

전정미(2011), 대화의 회고적 기능에서 살펴본 응답어 '네' 연구, 《우리말글》 52, 우리말글학회, 55-82.

정승철(2013), 《한국의 방언과 방언학》, 태학사.

최명옥(1980), 《경북 동해안 방언연구 - 영덕군 영해면을 중심으로》, 영남대학교 민족문화연구소.

한국정신문화연구원 어문학연구실 편(1980), 《한국방언조사질문지》, 한국정신문화연구원 어문학연구실.
한국텍스트언어학회 편(2004), 《텍스트언어학의 이해》, 박이정.

제3부

텍스트와 담화표지

1. 한국어 사전에서의 담화표지 기술

이윤경

1. 서론

담화표지[1)]는 담화 내에서 의사소통을 원활하게 하는 기능을 한다. 이 글에서는 다양한 담화표지 중 감탄사에서 유래된 담화표지가 한국어 사전에서 어떻게 기술되어야 하는지를 중점적으로 다루어 볼 것이다. 다만, 한 가지 밝혀 둘 것은 담화표지에 관한 논의에서 담화표지에 해당되는 품사를 감탄사로 한정하는 경우가 있으나 담화표지는 품사의 한 종류가 아니라는 것이다(남기심 · 고영근 · 유현경 · 최형용 2019: 181 각주17). 담화표지에는 여러 품사가 포함될 수 있고, 감탄사도 그 중 하나일 뿐이다. 이 글에서는 이러한 입장을 바탕으로 하되, 모든 담화표지의 사전적 기술을 한자리에서 살펴보기보다는 품사별로 나누어 살펴보는 것이 보다 효율적일 것이라는 판단하에 그 첫 번째로 감탄사에 대해서 논의하기로 하며, 감탄사 중에서도 구어성 점수가 높은 '네, 아, 어, 에, 예, 음, 응'에 대해서 다루기로 한다.[2)]

1) 이 글에서 일컫는 '담화표지'는 좁은 의미의 담화표지에 한정된다. 넓은 의미의 담화표지와 좁은 의미의 담화표지의 개념에 대해서는 제1부 제1장을 참조할 수 있다.

2) 안의정(2008: 103)에서 구어성 점수에 따라 제시한 감탄사 중 상위 열 개의 감탄사는 '어, 아, 뭐, 음, 예, 네, 응, 에, 아니, 저'이다. 이 중 《표준국어대사전》에 감탄사로 등재되어 있고, 다른 품사와 통용되지 않으며, 다의어이면서 담화표지로서의 쓰임을 가지고, 방언, 북한어, 옛말 등에 해당하지 않는 것은 '네, 아, 어, 에, 예, 음, 응'이다. 이 글

담화표지와 사전을 관련시켜 논의한 연구에는 전영옥(2006), 남길임(2007), 안주호(2012), 김희숙(2019) 등이 있다. 먼저 전영옥(2006)에서는 언어는 구어와 문어로 이루어지기 때문에 문어만을 기준으로 하는 기존 국어 사전의 의미 기술에는 부족한 점이 있다고 지적하였다. 이에 국어 사전에서 구어에 대한 기술이 제대로 이루어져야 하며, 그렇게 함으로써 부족한 점을 극복할 수 있다고 하였다. 여기에서는 이 글에서 다루는 감탄사 중 '아, 어, 응, 음'에 대한 사전적 기술 방안을 제안하였는데, '네, 예'에 대해서는 추가적인 의미 기술이 필요하다는 언급만 하고 실제 기술 방안을 제안하지는 않았다.

남길임(2007)에서는 사전의 미시 구조적 측면에서 참고 정보로 담화 기능을 기술하여 주는 것이 바람직하다고 하였다. 남길임(2007: 86)에서 언급한, 담화 기능 정보에 대한 기술이 필요한 표제어류에는 수행 동사, 감탄사를 비롯한 담화표지, 양태 표현 담당 어미, 단어 이상의 상투 표현, 관용어구 등이 있는데, 특히 담화표지는 사전적 기술이 필요한 표제어류라고 강조하였다. 또한 사전에서 담화 기능 정보를 제공하는 것은 한국어를 배우는 외국인 학습자에게 도움이 될 것이라고도 하였다.[3)]

안주호(2012)에서는 감탄사에서 유래된 담화표지 중 고빈도로 쓰이는 '아, 어, 에, 응, 음, 네, 아니' 등을 중심으로 그 의미 기능을 살펴보았다. 그리고 그 중 '아, 어, 에, 응, 음'에 대해서는 《표준국어대사전》, 《연세 한국어 사전》, 《고려대 한국어대사전》을 기준으로 각 사전에서 그 의미를 어떻게 기술하고 있는지를 비교하고 기술에 보완이

에서는 이 일곱 개의 감탄사를 우선적으로 살펴보고자 한다.

3) 그러나 담화표지에 대한 정보는 한국어 학습자뿐만 아니라 모국어 화자에게도 필요한 정보일 수 있다. 한국어 학습자와 모국어 화자 모두에게 도움이 될 수 있는 방향으로 사전적 기술이 이루어지는 것이 좀 더 바람직할 것이다.

필요한 부분이 있음을 밝혔다. 하지만 담화표지의 사전적 기술과 의미 기능을 완전히 연결시키지는 못했다.

김희숙(2019)에서는 담화표지를 한국어 학습 사전에서 어떻게 다루어야 하는지를 보여 주었다. 이 연구에서는 담화표지의 의미 기술이 의미 항목 추가, 축약 표현, 새로운 표제어 선정의 세 가지 유형으로 나뉘어 이루어질 필요가 있다고 하였다. 이 중 새로운 표제어 선정은, 감탄사가 아닌 다른 품사의 단어가 담화표지로서 기능할 때, 이를 새로운 표제어로 올리고 감탄사라는 품사를 새로 주어야 한다는 것이다. 그러나 앞서 언급했듯이 담화표지는 하나의 품사가 아니기 때문에 감탄사가 아닌 다른 품사가 담화표지로 쓰였다고 하더라도 그것은 해당 품사의 다의어로서 처리해야 하는 것이지 품사를 모두 감탄사로 처리하기는 어렵다고 본다. 예를 들어, 김희숙(2019: 94)에서 감탄사로 새로 등재해야 한다고 한 '무슨'은, '너는 당장 내일이 시험인데 무슨 여행을 가겠다는 거니?'와 같은 예문을 보아도 아직 '무슨'이 뒤에 오는 '여행'을 수식하는 관형사의 기능을 유지하고 있음을 알 수 있다. 이 때문에 감탄사로서 처리하기는 무리일 것으로 보인다. 다만, 그 담화표지로서의 기능을 사전에서 기술하고자 한다면 '무슨'이라는 관형사의 또 다른 의미로서 기술할 수 있을 것이다.

이 외에도 여러 연구가 이루어졌는데, 개별 담화표지에 대한 연구는 각각의 담화표지를 살펴보면서 언급하도록 한다.

2. 한국어 감탄사의 분류

한국어 사전에서 감탄사로부터 유래된 담화표지를 어떻게 기술하고 있는지에 대해 논의하기에 앞서 한국어의 감탄사를 종류별로 분류하는 작업이 선행될 필요가 있다. 감탄사를 분류하는 기준을 살펴보다 보면 어디까지가 감탄사가 지니는 본래의 의미이고 어디까지가 담화표지로서의 의미인지를 파악하기가 용이해지기 때문이다.

한국어 감탄사는 두세 가지 정도로 분류되어 왔다. 두 가지로 분류하는 경우에는 감탄사를 감정적 감탄사와 의지적 감탄사[4]로 나누기도 하고(최현배 1961, 신지연 1988), 감정 감탄사와 서법 감탄사로 나누기도 하며(김선희 1994)[5], 정감적 감탄사와 양태적 감탄사로 나누기도 한다(고영근 2018). 세 가지로 분류하는 경우에는 감탄사를 감정 감탄사, 의지 감탄사, 입버릇 및 더듬거림으로 나눈다(고영근·구본관 2018). 이렇게 감탄사를 분류하는 데에는 대체로 화자가 발화 시 청자를 의식해야 하는지 의식하지 않아도 되는지가 기준으로 작용한다. 이에 따르면 화자가 청자를 의식하지 않고 자신의 감정을 표출하는 경우에 쓰이는 감탄사는 감정적 감탄사, 정감적 감탄사로 분류되고, 화자가 청자를 의식하면서 자신의 태도나 생각을 전달하는 경우에 쓰이는 감탄사는 의지적 감탄사, 서법 감탄사, 양태적 감탄사로 분류된다.

---

4) 신지연(1988)에서는 '음, 저, 그, 어, 거시기, 뭐, (에, 마)' 등의 감탄사를 형식 감탄사라고 하여 의지적 감탄사에 포함시켰는데, 특히 문장 중간에 오는 형식 감탄사는 해당 문장이 담고 있는 정보와는 관련이 없기 때문에 가장 순수한 대화상의 단어로 볼 수 있다고 하였다. 분류 기준으로는 '청자를 상정하는 상관적 장면과 청자를 상정하지 않는 단독적 장면에 관련된 특성([±communicative])'과 '감동성([±emotive])'을 제시하였다. 이에 따르면 감정적 감탄사는 [-communicative], [+emotive]의 특성을 가지고, 의지적 감탄사는 [+communicative], [-emotive]의 특성을 가진다.

5) 김선희(1994)에서는 감정 감탄사와 서법 감탄사 모두 청자를 상정하는 상관적 장면과 관련이 있다고 하며, 두 종류의 감탄사 모두 담화표지로서 기능할 수 있다고 주장하였다. 또한 잉여 자질(군말)로 여겨져 오던 '음' 역시도 뒤에 '휴지(pause)'가 이어지면 담화표지로서 기능할 수 있다고 하였다. 이 글에서는 이러한 의견을 일부 받아들여, 감정을 나타내는 감탄사이든지 태도나 생각을 나타내는 감탄사이든지에 상관없이 담화 상황에 따라 모두 담화표지로서 기능할 수 있다고 본다.

이 글에서는 이 중에서 고영근(2018)에 따라 감탄사를 정감적 감탄사와 양태적 감탄사로 나누어 살펴보기로 한다. 이 글에서 다루는 '네, 아, 어, 에, 예, 음, 응'을 정감적 감탄사와 양태적 감탄사로 나누면 다음과 같다.

(1) 고영근(2018)에 따른 감탄사 분류
① 정감적 감탄사: 아, 어, 에
② 양태적 감탄사: 네, 예, 응, 음

고영근·구본관(2018)에서 입버릇 및 더듬거림으로 다루었던 '어, 에'와 '음'을 각각 정감적 감탄사와 양태적 감탄사에 포함시킨 것은 '어, 에'와 '음'의 기본적 의미[6]와 관련이 있다. 한국어 감탄사의 분류는 대체로 해당 감탄사의 기본적 의미를 기준으로 이루어졌으므로, '어, 에'와 '음' 역시도 감탄사로서 지니는 본래의 의미를 기준으로 하여 분류되어야 할 것이다. 《표준국어대사전》에서 제시하고 있는 '어, 에'와 '음'의 첫 번째 의미와 《고려대 한국어대사전》에서 제시하고 있는 기본 의미 정보를 고려하면, '어'는 놀람, 당황 등을 나타내는 감탄사로서, '에'는 속상함을 나타내는 감탄사로서 정감적 감탄사에 속할 수 있고, '음'은 상대방의 말에 대해 수긍함을 나타내는 감탄사로서 양태적 감탄사에 속할 수 있다.

---

6) 정감적 감탄사의 본래의 의미는 담화표지에 속하지 않는다. 그러나 양태적 감탄사의 본래의 의미는 넓은 의미의 담화표지에 속할 수 있다. 다만, 이 글에서는 좁은 의미의 담화표지를 사전에서 보다 체계적으로 기술하기 위한 방안을 모색하는 데 초점을 맞추고 있으므로, 정감적 감탄사의 본래의 의미와 양태적 감탄사의 본래의 의미를 모두 아우르는 표현으로 '기본적 의미'라는 용어를, 이와 대비하여 담화표지로서의 의미를 가리키는 표현으로 '담화표지적 의미'라는 용어를 사용하고자 한다.

3. 한국어 사전에 추가되어야 할 감탄사의 담화표지적 의미

감탄사의 담화표지적 의미 중에는 사전에 미처 반영되지 못한 것들이 다수 존재한다. 이에 각 감탄사의 의미가 사전에 어떻게 기술되어 있는지를 비교하고 선행 연구를 통해 어떤 의미가 추가적으로 기술되어야 하는지를 살펴보기로 한다.

(1) 정감적 감탄사

아, 어

먼저 '아'와 '어'에 대해서 살펴보도록 한다. 다음은 사전에서의 '아'와 '어'의 기술을 정리한 것이다.

〈표 1〉 '아'에 대한 사전적 기술(계속)

표준국어대사전
① 놀라거나, 당황하거나, 초조하거나, 다급할 때 가볍게 내는 소리. ② 기쁘거나, 슬프거나, 뉘우치거나, 칭찬할 때 가볍게 내는 소리. ③ 말을 하기에 앞서 상대편의 주의를 끌기 위하여 가볍게 내는 소리. ④ ((억양을 내렸다 올리면서)) 모르던 것을 깨달을 때 내는 소리.
연세 한국어 사전7)
① 가벼운 놀라움이나 당황한 느낌 등을 나타낼 때 쓰는 말. ② 감동적인 느낌을 나타낼 때 쓰는 말. ③ 한탄, 걱정, 근심, 유감 등의 느낌을 나타내는 말. ④ 모르던 것을 깨닫게 되었을 때 감탄하듯이 소리 내는 말. ⑤ 남에게 말을 걸거나 할 때 남의 주의를 끌려고 말에 앞서 내는 말. ⑥ 말을 처음 시작할 때 약간 말을 끌면서 내는 말.
고려대 한국어대사전
① 어떤 생각이 갑자기 떠오르거나 몰랐던 것을 깨달았을 때 내는 말. ② 무언가 감동적인 것을 보거나 듣고 감탄할 때 내는 말. ③ 놀라움이나 당황한 느낌을 나타낼 때 내는 말.

④ 근심, 걱정, 절망, 한탄 따위의 느낌을 나타낼 때 내는 말.
⑤ 말을 하기 전에 남의 주의를 끌거나 강조하려고 할 때 내는 말.

한국어기초사전
① 놀라움, 당황함, 초조함, 다급함의 느낌을 나타낼 때 내는 소리. ② 기쁨이나 감동의 느낌을 나타낼 때 내는 소리. ③ 걱정, 근심, 안타까움, 한탄의 느낌을 나타낼 때 내는 소리. ④ 남에게 말을 걸거나 주의를 끌 때, 말에 앞서 내는 소리. ⑤ 모르던 것을 깨달았음을 나타낼 때 내는 소리.

〈표 2〉 '어'에 대한 사전적 기술(계속)

표준국어대사전
① 놀라거나, 당황하거나, 초조하거나, 다급할 때 나오는 소리. ② 기쁘거나, 슬프거나, 뉘우치거나, 칭찬할 때 내는 소리. ③ 말을 하기에 앞서 상대의 주의를 끌기 위하여 내는 소리.
연세 한국어 사전[8)]
① 가벼운 놀라움이나 당황한 느낌 등을 나타냄. ② 감동의 느낌을 나타냄. ③ 한탄, 걱정, 근심, 유감 등의 느낌을 나타냄. ④ 모르던 것을 깨닫게 되었을 때 감탄하는 소리. ⑤ 남에게 말을 걸거나 할 때 남의 주의를 끌려고 말에 앞서 냄. ⑥ 말을 처음 시작할 때 약간 말을 끌면서 내는 소리.
고려대 한국어대사전
① 가볍게 놀라거나 당황했을 때 내는 말. ② 무엇에 감동했을 때 내는 말. ③ 상대방의 주의를 불러일으킬 때 내는 말.

7) 《연세 한국어 사전》에서 제시하고 있는 '아'에 대한 참고 정보는 다음과 같다. 참고 정보의 번호는 의미 번호와 일치한다.

(1) '아'에 대한 참고 정보
① 짧게 뒤끝을 올려서 소리 냄.
② 길게 앞뒤의 높이가 같게 소리 냄.
③ 길게 한숨을 쉬듯이 소리 냄.
④ 길게 낮았다가 높게 소리 냄.
⑤ 짧고 높게 소리 냄.
⑥ 길게 낮게 소리 냄.

한국어기초사전

① 놀라움, 당황함, 초조함, 다급함의 느낌을 나타낼 때 내는 소리.
② 기쁨이나 감동의 느낌을 나타낼 때 내는 소리.
③ 걱정, 근심, 안타까움, 한탄의 느낌을 나타낼 때 내는 소리.
④ 남에게 말을 걸거나 주의를 끌 때, 말에 앞서 내는 소리.
⑤ 모르던 것을 깨달았음을 나타낼 때 내는 소리.
⑥ 주저하며 말을 시작할 때 내는 소리.

감정을 나타내는 '아'와 '어'의 기본적 의미는 네 사전에서 대체로 유사하게 기술되었으나 그 외의 담화표지적 의미는 그 기술에 있어 다소 차이를 보인다. '어'의 경우에는, '주저하며 말을 시작할 때 내는 소리'라는 의미가 《한국어기초사전》에만 기술되어 있다. 이처럼 각 사전에서의 '아'와 '어'에 대한 기술에 차이가 나는 것은 '아'와 '어'의 담화표지적 기능을 두루 파악하지 못했기 때문인 것으로 보인다. '아'와 '어'를 담화표지로서 논의한 여러 연구를 살펴보면서 그 의미를 어떻게 기술하는 것이 나을지를 알아보기로 한다.

강우원(2002)에서는 담화표지로 쓰이는 '아'와 '어'를 통사적 측면과 화용적 측면에서 비교하면서 둘의 공통점과 차이점을 밝혔다. 여러 공통점과 차이점 중 주목할 만한 점은 의문문, 청유문, 명령문에 대해서 '아'는 대답으로 쓰일 수 없지만 '어'는 대답으로 쓰일 수 있다

8) 《연세 한국어 사전》에서 제시하고 있는 '어'에 대한 참고 정보는 다음과 같다. '아'와 마찬가지로 참고 정보의 번호는 의미 번호와 일치한다. '아'와 다른 점은 '한탄, 걱정, 근심, 유감 등의 느낌을 나타냄'이라는 의미에 대한 참고 정보가 없다는 것인데, 이는 단순히 지면상의 문제 때문에 누락된 것으로 보인다.

(1) '어'에 대한 참고 정보
① 짧게 뒤끝을 올려서 소리 냄.
② 길게 앞뒤의 높이가 같게 소리 냄.
④ 길게 낮았다가 높게 소리 냄.
⑤ 짧고 높게 소리 냄.
⑥ 길게 낮게 소리 냄.

는 점, '아'는 발화의 첫머리에만 위치할 수 있지만 '어'는 발화의 첫머리와 끝머리에 모두 위치할 수 있다는 점, '아'와 '어'는 화용적으로 둘 다 머뭇거림을 나타낼 수 있다는 점 등이다. 이러한 특성은 뜻풀이 자체 또는 괄호 정보로 기술해 줄 만하다.

김영철(2005)와 김영철(2006)은 각각 담화표지 '아'와 '어'에 대한 연구이다. 우선 김영철(2005)에서는 '아'의 기능을 화제 시작, 주의 집중, 시간 벌기, 대화 진행 조정하기, 화제 전환으로 나누어 살펴보았다. 이때 시간 벌기는 말할 것이 떠오르지 않을 때, 말하기 어려워서 머뭇거릴 때, 시간적 여유를 가지고 문제 해결에 접근할 때와 같은 경우에 쓰인다고 하였다. 김영철(2006)에서는 '어'의 기능을 화제 시작, 주의 집중, 시간 벌기, 끼어들기, 화제 전환으로 나누어서 살폈는데, 여기서 끼어들기는 회의, 토론, 발표 등의 담화에서 진행을 조정하는 기능을 가리키는 것이다. 담화상 이러한 기능을 가지는 것은 분명하지만, 사전에서 기술할 때에는 화제 시작, 주의 집중, 대화 진행 조정하기, 끼어들기, 화제 전환 등은 묶어서 '주의를 집중시킬 때 내는 말' 또는 '주의를 환기하기 위해 내는 말'로 기술할 수 있어 보인다. 두 연구에서는 공통적으로 억양에 따라 의미가 달라진다는 사실도 언급하였다. '아'는 억양에 따라 어떤 사실에 대해 동의하거나 어떤 사실을 깨달았음을 나타낼 수 있고, '어'는 억양에 따라 긍정적인 감정이나 부정적인 감정을 나타낼 수 있다고 하였다.

전영옥(2006)에서는 사전에서 담화표지를 어떻게 기술해야 하는지를, 말뭉치를 기반으로 하여 자세히 보여 주었다. 여기에서 기존 뜻풀이와 관련해 지적한 것은 《연세 한국어 사전》에 '아'와 '어'의 시간 벌기 기능이 기술되어 있기는 하지만, '말을 처음 시작할 때'라는 조건이 붙어 있어 정확하지 않다는 것이었다. '아'와 '어'가 시간 벌기 기능을 할 때에는 말의 시작뿐만 아니라 말의 중간에서도 충분히 쓰일 수 있기 때문이다. 따라서 이에 대한 의미를 '다음에 할 말이 빨리 생각나지 않아 시간을 끌려고 내는 말'로 기술해야 한다고 하였다. 또한 억양에 따라 감탄사의 의미가 달라질 수 있음을 언급하고, 이에 대한 정보를 사전에서 제공해야 한다고 하였다.[9] 전영옥(2006)에서 제시한 것과 같은 상세한 의미 기술은 감탄사 '아'와 '어'가 담화표지로서 기능할 때 어떤 의미를 지니는지를 잘 보여 줄 수 있다는 점에서 매우 유용하다. 그러나 일부 의미들은 하나의 의미로 함께 기술할 수 있을 듯하며, '아'와 '어'에 아주 구분될 만한 차이가 있는지는 다소 고민스럽다. 전영옥(2006)에서는《연세 한국어 사전》에서 '아'와 '어'의 의미를 거의 유사한 것으로 기술한 것이 실제 언어생활에서 쓰이는 것과 차이가 있다고 하였으나, 이 글에서는 '아'와 '어'의 의미를 거의 동일

---

9) 전영옥(2006)에서는 '아'와 '어'의 의미 기술을 다음과 같이 할 것을 제안하였다.

(1) 감탄사 '아'의 의미(전영옥 2006: 122)

① (주로 새로운 말을 시작하거나 화제를 바꾸기 위해) 갑자기 어떤 생각이 떠오르거나 새로 알게 된 사실에 대해 감탄하듯이 내는 말.
② 앞에 나온 말이나 상대방의 말이 불만스럽거나 못마땅할 때 내는 말.
③ 한탄, 걱정, 근심, 유감 등의 느낌을 나타내는 말.
④ 가벼운 감탄의 느낌을 나타내는 말.
⑤ 놀라움이나 당황한 느낌 등을 나타내는 말.
⑥ 상대방의 말에 대해 수긍을 하는 말.
⑦ 상대방의 말을 잘 듣고 있다는 단순한 반응으로 내는 말.
⑧ 다음 말이 생각나지 않아 고민하며 약간 시간을 끌려고 내는 말.

(2) 감탄사 '어'의 의미(전영옥 2006: 126-127)

① 상대방의 말에 대해 긍정적으로 받아들이거나 묻는 말에 대답하는 말.
② 상대방의 말을 잘 듣고 있다는 반응을 나타내는 말.
③ 다음 말이 생각나지 않아 약간 시간을 끌려고 내는 말.
④ (억양을 올리며 발음하여) 상대방에게 자신의 생각에 동의를 구하는 표현으로 사용하는 말.
⑤ (말의 끝에 위치하며 올림 억양으로 발음하여) 상대방과 의견이 다를 때 자기 주장이 더 옳지 않느냐고 상대방에게 반문하는 말.
⑥ 놀람이나 감탄의 느낌을 나타내는 말.

한 것으로 보고자 한다. 다만, '어'의 경우에는 '부름에 대답할 때 쓰는 말', '물음, 권유, 명령 등에 대답할 때 쓰는 말', '말의 끝에 쓰여 상대방에게 동의를 구하는 말'이라는 의미를 추가적으로 기술해 주어야 한다고 본다.

안주호(2012: 96-97)에서는 '어'에 대해서 '다음 말을 이을 때 내는 소리', '상대방의 말에 호응할 때 내는 소리', '상대방의 부름, 물음, 명령 등에 대답할 때 쓰는 말', '상대방에게 대답 또는 행동을 하도록 조를 때 쓰는 말', '상대방의 말이나 행동이 마음에 들지 않아 다르게 하도록 할 때 쓰는 말' 등의 의미가 사전에 기술되어 있지 않음을 지적하였다. 보통 '아'와 '어'를 이형태로 생각하지만, 물음, 권유, 명령 등에 대한 대답으로 쓰일 때에는 '어'가 '아'가 아닌 '응'과 비슷한 기능을 가진다고 한 것 또한 눈여겨볼 만하다.

이상의 논의를 종합하여 사전에서 기술해야 할 '아'와 '어'의 의미를 제시하면 다음과 같다.10)

(2) 사전에서 기술해야 할 '아'와 '어'의 공통적 의미

① 놀라움이나 당황함 등의 느낌을 나타내는 소리.

② 기쁨이나 슬픔 등의 감정을 나타내는 소리.

③ 감동적인 느낌을 나타내는 소리.

④ 한탄, 근심, 걱정, 유감 등의 느낌을 나타내는 소리.

---

10) 이 글에서 다루는 감탄사를 사전에서 찾아보면, '-하는 소리' 또는 '-하는 말'로 뜻풀이가 되어 있음을 알 수 있다. 관점에 따라서는 기준이 달라질 수도 있겠지만, 이 글에서는 '소리'는 자신의 감정 등을 표현하는 것과 같은 비의식적인 것에, '말'은 화자가 어떤 의도를 가지고 사용하는 의식적인 것에 대한 뜻풀이 용어로 사용하고자 한다. 그러나 이러한 구분에서 '말'로 정의된 것이 곧 담화표지라는 것으로 이해되어서는 안 된다. 예를 들어, '네, 예'의 경우 모두 '말'로 뜻풀이가 이루어져 있지만, 대답의 의미는 기본적 의미로, 그 이외의 의미는 담화표지적 의미로 볼 수 있기 때문이다. 따라서 이 글에서 '소리'와 '말'로 뜻풀이를 구분하는 것은 단지 그것이 일차적으로 화자의 의도와 관련이 있는지 없는지를 구분하기 위한 것임을 밝혀 둔다.

⑤ 모르는 것을 알게 되거나 새로운 사실이 떠올랐을 때 하는 말.
⑥ 상대방의 말이 불만스럽거나 못마땅할 때 내는 말.[11)]
⑦ 말을 하기 전 주의를 끌기 위해 하는 말.
⑧ 상대방의 말에 동의하거나 상대방이 하는 말을 잘 듣고 있음을 나타내는 말.
⑨ 말할 것이 바로 떠오르지 않거나 말을 꺼내기 어려워 잠시 시간을 끌기 위해 쓰는 말.

(3) '어'에 대해 추가적으로 기술해야 할 의미
⑩ 부름에 대답할 때 쓰는 말.
⑪ 물음, 권유, 명령 등에 긍정하여 대답할 때 쓰는 말.
⑫ 말의 끝에 쓰여 상대방에게 동의를 구하는 말.

에

다음으로 '에'에 대해서 살펴보도록 한다. 다음은 사전에서의 '에'의 기술을 정리한 것이다.

〈표 3〉 '에'에 대한 사전적 기술(계속)

표준국어대사전
① 뜻에 맞지 아니하여 속이 상할 때에 혼자서 하는 소리. ② 가볍게 거절하는 뜻으로 하는 소리. ③ 남을 나무랄 때 하는 소리. ④ 스스로 생각을 끊어 버리려 할 때 내는 소리. ⑤ 무엇을 생각하거나 기억을 더듬을 때 내는 소리. ⑥ 말을 시작하거나 말하기를 망설일 때, 또는 말하는 도중에 뒷말이 곧 나오지 아니할 때 내는 군소리. ⑦ 기분이 상쾌할 때 스스로 내는 소리.

11) 단, '아'는 발화의 첫머리에서 쓰이고, '어'는 경우에 따라 발화의 첫머리와 끝머리에 모두 올 수 있음을 각각 명시해 주어야 할 것이다.

연세 한국어 사전

① 말을 시작하거나 말하는 도중에 생각을 정리하기 위해 내는 소리.[12)]
② 기분이 상쾌하거나 좋을 때 내는 소리.

고려대 한국어대사전

① 선뜻 말하지 못하고 망설이거나 말을 하다가 뒷말이 곧 나오지 않아 생각을 정리할 동안 내는 말.
② 마음에 들지 않아 속이 상할 때 내는 말.
③ 남의 부탁 따위를 가볍게 거절할 때 내는 말.
④ 남의 잘못된 행동이나 말을 나무랄 때 내는 말.
⑤ 스스로 어떤 생각을 끊어 버리려고 할 때 내는 말.
⑥ 무엇을 생각하거나 기억을 더듬을 때 내는 말.
⑦ 기분이 좋거나 상쾌할 때 내는 말.

한국어기초사전

① 원하는 대로 되지 않아 속이 상할 때 혼자서 하는 소리.
② 가볍게 거절하는 뜻으로 하는 소리.
③ 남을 나무랄 때 하는 소리.
④ 스스로 생각을 떨쳐 내려 할 때 내는 소리.
⑤ 무엇을 생각하거나 기억이 잘 나지 않을 때 내는 소리.
⑥ 말을 시작하기 전이나 말하기를 망설일 때, 또는 말하는 도중에 뒷말이 바로 나오지 않을 때 내는 군소리.
⑦ 기분이 상쾌할 때 혼자서 내는 소리.

'에'의 의미는 《연세 한국어 사전》을 제외한 나머지 세 사전에서 거의 유사하게 기술되었다. '에'가 가지는 기본적 의미뿐만 아니라 담화표지로서 새롭게 얻게 된 의미 또한 대체로 잘 기술되어 있다. 하지만 《표준국어대사전》이나 《한국어기초사전》에서와 같이 '군소리'라고 뜻풀이를 기술하는 것은 감탄사 '에'의 담화표지로서의 기능을 제대로 보여 주지 못하는 것이다. 담화표지라는 분명한 기능을 기술하고 있는 것이기 때문에 아무 의미가 없는 '군소리'라고 풀이하는 것은 적절하지 않다. 네 사전에 반영되지 못한 '에'의 담화표지적 의미도 존

12) 《연세 한국어 사전》에서는 해당 의미에 대하여 '길게 발음됨'이라는 참고 정보를 주고 있다.

재하는데, '에'를 담화표지로서 논의한 연구를 살펴보면서 어떤 의미가 추가적으로 반영되어야 하는지를 검토해 보기로 한다.

신칠범(2011)에서는 '에'의 기능으로 대화 시작, 주제 전환, 발언권 넘겨주기와 이어받기, 발언권 유지하기와 발언권 빼앗기, 다음 말을 잇기 위한 디딤말, 발화 내용 강조하기와 수정하기 등을 들었다. 그러나 신칠범(2011: 94)에서 발화 내용 강조하기 기능을 한다고 제시한 '에'는 다음 말을 잇기 위해 쓰인 디딤말로도 볼 수 있을 듯하다.[13)]

안주호(2012)에서는 주의 환기, 화제 전환, 말차례 가져오기, 말차례 유지 또는 발언권 유지 등을 '에'의 담화표지로서의 기능으로 보았다. 앞서 논의한 다른 감탄사들과 같이 '에'의 주의 환기, 화제 전환, 말차례 가져오기 등의 의미는 사전에서 '말을 시작하기 전에 주의를 끌기 위해 하는 말' 정도로 기술할 수 있을 것이다. 말차례 유지 또는 발언권 유지 기능은 '말하기를 망설이거나 뒷말이 바로 나오지 않을 때 하는 말'에 해당한다.

심란희(2019)에서는 '에'의 담화 기능으로 화제 시작하기, 공백 메우기, 듣고 있음을 알리기, 말차례 시작하기, 말차례 유지하기 등을 들었다. 심란희(2019: 198)에서 제시한 예에서는 듣고 있음을 알리는 기능으로 쓰인 '에'가 발화 중간에 사용된 것만을 확인할 수 있지만, 다른 담화표지를 참고하면 선행하는 발화가 끝난 후에도 충분히 사용될 수 있을 것으로 보인다. '에'를 비롯한, 듣고 있음을 알리는 담화표지들은 상대방이 자신의 말을 듣고 있는지 직접 확인할 수 없는 전

13) 신칠범(2011: 94)에서 제시한 문장은 "에~ 무엇보다도 대한민국의 위상이 지난 2년간 금융 위기 속에서 오히려 높아졌고 또 그 속에서 이제는 세계 속의 대한민국, 세계 속의 더 큰 대한민국을 만들 수 있는 성과를 거두었다 이렇게 생각을 합니다."이다. '에'가 '지난 2년간 금융 위기를 극복하면서 대한민국의 위상이 올라갔다'는 주장을 강조한다고 본 것인데, '에'가 강조 기능을 하고 있다기보다는 뒤에 오는 '무엇보다도'가 그 기능을 담당하고 있는 것 같다.

화 통화와 같은 담화에서 빈번하게 나타난다고 하였다.

이와 같은 논의에 따르면 '에'의 의미에는 주의 끌기와 경청 등이 추가되어야 할 것으로 보인다. 사전에서 기술해야 하는 '에'의 의미를 종합하면 다음과 같다.

(4) 사전에서 기술해야 할 '에'의 의미
① 뜻대로 되지 않아 속이 상할 때 내는 소리.
② 기분이 상쾌할 때 혼자서 내는 소리.
③ 스스로 생각을 떨쳐내기 위해 내는 소리.
④ 가볍게 거절할 때 쓰는 말.
⑤ 상대방을 나무랄 때 하는 말.
⑥ 말 시작하기를 망설이거나 뒷말이 바로 나오지 않을 때 하는 말.
⑦ 말을 시작하기 전에 주의를 끌기 위해 하는 말.
⑧ 상대방의 말을 경청하고 있음을 나타내는 말.

(2) 양태적 감탄사

네, 예

다음으로 '네'와 '예'에 대해 살펴보도록 한다.[14] 다음은 사전에서의 '네'와 '예'의 기술을 정리한 것이다.

---

14) 고영근(2018: 319)에서는 '네'와 '예'가 상황에 따라 달리 사용된다고 하였다. '네'는 사사로운 대화에 어울리고, '예'는 출석을 부를 때와 같은 격식적인 상황에 어울린다는 것이다. 그러나 실제 언어생활에서 '네'와 '예'가 반드시 이렇게 구분되어 사용되는 것 같지는 않다. 학교에서 출석을 부르는 상황을 생각해 보아도 학생들은 '네'와 '예'를 별다른 구분 없이 사용하기 때문이다. 다른 상황에서도 '네'와 '예'의 쓰임은 큰 차이를 보이지 않을 가능성이 커 보인다. 따라서 이 글에서는 '네'와 '예'를 동일한 의미를 지닌 것으로 파악하고자 한다.

〈표 4〉 '네'에 대한 사전적 기술

표준국어대사전
① 윗사람의 부름에 대답하거나 묻는 말에 긍정하여 대답할 때 쓰는 말. ② 윗사람이 부탁하거나 명령하는 말에 동의하여 대답할 때 쓰는 말. ③ 윗사람의 말을 재우쳐 물을 때 쓰는 말. ④ 윗사람에게 조르거나 사정할 때 쓰는 말.
연세 한국어 사전
① 존대할 자리에서 대답하거나 반문하는 말.
고려대 한국어대사전
① 윗사람의 물음이나 부탁에 긍정하여 대답할 때 하는 말. ② 윗사람이 한 말을 잘 이해하지 못했거나 뜻밖의 말에 놀라 반문할 때 하는 말. ③ 윗사람의 부름에 대답할 때 하는 말. ④ 주로 문장 끝에 쓰여, 윗사람에게 조르거나 재촉할 때 하는 말.
한국어기초사전
① 윗사람의 부름에 대답할 때 쓰는 말. ② 윗사람의 물음이나 명령 등에 긍정하여 대답할 때 쓰는 말. ③ 윗사람의 말을 다시 물을 때 쓰는 말. ④ 윗사람에게 무엇을 조를 때 쓰는 말.

〈표 5〉 '예'에 대한 사전적 기술(계속)

표준국어대사전
① 윗사람의 부름에 대답하거나 묻는 말에 긍정하여 대답할 때 쓰는 말. ② 윗사람이 부탁하거나 명령하는 말에 동의하여 대답할 때 쓰는 말. ③ 윗사람의 말을 재우쳐 물을 때 쓰는 말. ④ 윗사람에게 조르거나 사정할 때 쓰는 말.
연세 한국어 사전15)
① 묻는 말에 긍정적으로 대답하는 말. ② 잘 알지 못하거나 미심쩍어서 재차 되묻는 소리. ③ 상대방의 말에 이어서 응답해 다음 말을 이어가는 존대의 말. ④ 무엇인가를 요구하거나 확인하는 존대의 말.
고려대 한국어대사전
① 윗사람의 물음이나 부탁에 긍정하여 대답할 때 하는 말.

15) 《연세 한국어 사전》에서는 '예'의 전체 의미에 대해서 '존대말'이라는 참고 정보를 제시하고 있다.

② 윗사람이 한 말을 잘 이해하지 못했거나 뜻밖의 말에 놀라 반문할 때 내는 말.
③ 윗사람의 부름에 대답할 때 하는 말.
④ 윗사람에게 조르거나 재촉할 때 말끝에 덧붙여 하는 말.

한국어기초사전

① 윗사람의 부름에 대답할 때 쓰는 말.
② 윗사람의 물음이나 명령 등에 긍정하여 대답할 때 쓰는 말.
③ 윗사람의 말을 다시 물을 때 쓰는 말.
④ 윗사람에게 무엇을 조를 때 쓰는 말.

'네'와 '예'에 대한 사전적 기술은 네 사전에서 대체로 동일하게 이루어졌다. 한 가지 차이점이 있다면, 《표준국어대사전》, 《고려대 한국어 대사전》, 《한국어기초사전》에서는 '네'와 '예'의 의미를 동일하게 기술한 반면, 《연세 한국어 사전》에서는 '네'의 의미를 매우 간략하게 기술하고 '예'의 의미만을 자세히 기술하였다는 것이다. 이 중 '상대방의 말에 이어서 응답해 다음 말을 이어가는 존대의 말'이라는 '예'의 의미는 《연세 한국어 사전》에만 기술되어 있는 의미인데, 예문으로 '예, 오늘 입학식이라서요, 저도 학생이거든요.'와 같은 문장을 제시하고 있어 그 맥락을 파악할 수가 없다. 따로 기술될 수 있는 의미인지는 의문스럽다. 또한 '네'와 '예'의 경우, 사전에서 담화표지적 의미가 제대로 기술되지 못하고 있다. 몇 가지 논의를 참고하여 사전에서 기술해야 할 '네'와 '예'의 담화표지적 의미를 알아보기로 한다.

신아영(2011)에서는 응답 표지로서의 '네'·'그래'·'아니'류의 감탄사를 다루었다. 그 중에서 '네'에 대해서는 가장 명백한 기능으로 긍정, 수락, 순응 등을 들었다. '네'류 감탄사의 담화표지로서의 기능은 선행 발화에 대한 호응, 선행 발화에 대한 정보 요청, 시간 벌기로 구분하였는데, 선행 발화에 대한 호응은 상대방의 말을 경청하고 있음을 나타내는 것이고, 선행 발화에 대한 정보 요청은 제대로 알아듣지 못한 정보에 대해 다시 묻는 것이다. 시간 벌기는 '네' 자체에 대한 내용이 아니라 격식체인 '네'와 대비하여 비격식체인 '응/어'와 관련된 내용을 언급하였다.

안주호 · 김영란(2013)에서는 한국어 교실에서 쓰이는 '네'와 '아니'의 응답 표지 기능과 체면 유지 기능을 살폈다. '네'의 경우 체면 유지 기능으로 경청, 이해, 부탁이나 제안에 대한 간접적인 거절, 청자의 주의 환기, 화제 전환, 관심이나 동의 유도, 논리적 추론 등을 들었다. 이 중에서 경청이나 주의 환기[16] 등의 기능은 한국어 수업이 이루어지는 교실에서뿐만 아니라 일상적인 언어 환경에서도 쓰일 수 있다고 여겨진다. 따라서 이에 대한 의미는 사전에 충분히 기술될 수 있을 것으로 보인다.

송인성(2018)에서는 '네'와 '예'를 같은 것으로 보고, 그 기능을 상대 발화의 반응 표현 관련 기능과 자기 발화의 진행 표현 관련 기능으로 나누어 살펴보았다. 상대 발화의 반응 표현과 관련된 기능에는 긍정, 부름에 응답, 경청, 재발화 및 설명 요구, 의문 제기 등이 포함되고, 자기 발화의 진행 표현과 관련된 기능에는 발화 시작, 발화 종결, 발언권 가져오기, 발언권 유지(디딤말, 시간 벌기), 강조, 반응 행동 요구, 얼버무림 등이 포함된다. 이 중 경청, 강조, 시간 벌기 등의 기능은 사전에 기술되어 있지 않아 보완하여 기술할 필요가 있어 보인다. 송인성(2018)에서는 운율과 관련된 담화표지의 특성도 상세하게 분석하였다. 이 글에서는 자세히 다루지 않지만, 담화표지로 쓰이는 감탄사의 경우 억양, 장음 등의 정보가 중요하다는 점에서 이러한 운율 관련 연구는 사전적 기술에 꽤 많은 도움이 될 것이다.

16) 선행 발화가 없는 상황에서 사용될 수 있는 '네, 그럼 이제 식사들 하러 가실까요?'와 같은 예문을 생각해 볼 수 있다.

'네'와 '예'에 대한 논의를 살펴보았을 때, 사전에서 '네'와 '예'의 의미로 경청, 주의 환기/주의 집중, 발화 종결, 시간 벌기 등을 추가적으로 기술해야 할 것으로 보인다. 또한 '네'와 '예'가 반드시 윗사람과의 관계에서만 쓰이는 것이 아니라 동등한 관계일 때에도 경어를 사용하는 경우라면 쓰일 수 있기 때문에 '윗사람의 말'과 관련된 뜻풀이보다는 담화 상황과 관련된 뜻풀이를 해야 한다.[17] 이를 정리하여 제시하면 다음과 같다.

(5) 사전에서 기술해야 할 '네'와 '예'의 의미
① 부름에 대답하는 말.
② 물음, 부탁, 명령 등에 긍정하여 대답하는 말.
③ 말을 되묻거나 반문할 때 쓰는 말.
④ 조르거나 사정할 때 쓰는 말.
⑤ 말을 경청하고 있음을 나타내는 말.
⑥ 말을 하기 전 주의를 끌기 위해 하는 말.
⑦ 말의 끝에 쓰여 동의를 구하는 말.
⑧ 말을 마무리할 때 쓰는 말.
⑨ 말할 것이 바로 떠오르지 않아 잠시 시간을 끌기 위해 쓰는 말.

응

다음은 '응'에 대해서 살펴보도록 한다. 다음은 사전에서의 '응'의 기술을 정리한 것이다.

17) 그러나 이 글에서는 이에 대한 구체적인 기술 방안을 마련하지 못하였다. 지금으로써는 '윗사람의 말'과 관련짓지 않고 뜻풀이를 기술한 《연세 한국어 사전》의 기술 방식('존대할 자리에서'라는 뜻풀이 기술, '존대말'이라는 참고 정보 제시)이 가장 참고할 만하나, 이 역시도 담화 상황과 관련된 것은 아니다. 이러한 이유로 담화 상황에 대한 기술은 일단 제외하고 의미를 제시하였다.

〈표 6〉 '응'에 대한 사전적 기술

표준국어대사전
① 상대편의 물음에 긍정적으로 대답하거나 부름에 응할 때 쓰는 말. 하게할, 또는 해라할 자리에 쓴다. ② 상대편의 대답을 재촉하거나 다짐을 둘 때 쓰는 말. ③ 남의 행동이 못마땅하여 질책할 때 하는 말.
연세 한국어 사전
① 나이가 비슷한 사이나 손아랫사람에게 대답하는 말. 대답을 재촉하는 소리. ② 무슨 일이나 남의 말이 자기 마음에 들지 아니할 때 불평을 나타내는 말.
고려대 한국어대사전
① 해라나 하게할 자리에 쓰여, 상대의 말에 대해 그렇다고 인정하거나 부름에 대답할 때 하는 말. ② 상대방의 대답을 재촉하거나 다짐을 받을 때 하는 말. ③ 남의 말이나 행동이 마음에 들지 않아 불평할 때 하는 말.
한국어기초사전
① 상대방의 부름에 대답할 때 쓰는 말. ② 상대방의 물음이나 명령 등에 긍정하여 대답할 때 쓰는 말. ③ 상대방의 말을 다시 물을 때 쓰는 말. ④ 상대방에게 대답이나 행동을 빨리 하도록 조를 때 쓰는 말. ⑤ 상대방의 말이나 행동이 마음에 들지 않아 불평을 할 때 쓰는 말.

'응'에 대한 사전적 기술 역시 각 사전에서 담고 있는 내용이 대체로 유사한데, '상대방의 말을 되물을 때 쓰는 말'이라는 의미는 《한국어기초사전》에만 기술되어 있다. 이에 대한 예문으로 '나 남자 친구 생겼어./응? 뭐라고?', '내일 한 시쯤 만날까?/응? 몇 시에 만나자고?' 등을 제시하고 있다. 분명 이러한 쓰임을 가지므로 다른 사전에서도 이 의미를 기술해 주어야 할 것이다. 이 외에도 감탄사 '응'이 담화표지로 쓰였을 때 가지는 의미는 다양하다.

전영옥(2006)에서는 사전에서 보완하여 기술해야 할 '응'의 의미로 '상대방의 말을 잘 듣고 있다는 단순한 반응으로 내는 말', '상대방의 동의를 구하는 말' 등을 들었다. '응'이 질문에 대한 대답의 말로 사용되기도 하지만 상대방의 말을 경청하고 있다는 것을 표현하기 위해 쓰이기도 하며, 발화의 마지막에 쓰여 상대방을 질책하는 데 쓰이기도 하지만 발화의 마지막에 쓰여 상대방의 동의를 구하는 데 쓰이기도 한다는 것이다. 다만, '응'의 시간 벌기 기능은 미미하여 기술에 포함시키지 않는다고 하였다. 이에 따라 '응'의 의미는 '상대방의 말을 잘 듣고 있다는 단순한 반응으로 내는 말', '상대방의 말을 긍정적으로 받아들이거나 질문에 대답하는 말', '(말의 끝에 위치하며 올림 억양으로 발음하여) 상대방에게 자신의 생각에 동의를 구하거나 자기 주장이 더 옳지 않느냐고 반문하는 말'로 기술될 필요가 있다고 하였다.

안주호(2012)에서는 경청, 발화 내용 강조, 상대의 동의 유도 등을 '응'의 기능으로 보았다. 발화 내용 강조 기능과 상대의 동의 유도 기능으로 쓰이는 '응'의 경우 발화의 끝머리에 위치한다는 공통적인 특징이 있는데, 발화 내용을 강조하기 위해 쓰이는 '응'의 경우 내려가는 억양으로 쓰이고, 상대의 동의를 유도하는 '응'의 경우 올라가는 억양으로 쓰인다는 차이가 있다.

심란희(2019)에서는 '응'이 화제 종료하기, 공백 메우기, 발화 경계 만들기, 생각 유도하기, 반응 유도하기, 듣고 있음을 알리기, 인지 상태(이해하지 못한 상태) 알리기, 말차례 종료하기, 말차례 넘겨주기, 말차례 유지하기 등의 기능을 가진다고 하였다. 이 중 공백 메우기는 말차례 유지하기와 연결되는 것으로, 심란희(2019: 214)에서는 발화 공백 메우기의 기능을 지니는 모든 담화표지가 말차례 유지하기 기능도 지닌다고 하였다. 그러나 전영옥(2006)에서 언급한 것처럼 사전에 그 의미를 기술하기에는 그 예가 많지 않은 듯하다.

이와 같은 논의에 따라 '응'의 사전적 기술은 다음과 같이 이루어져야 할 것이다.

(6) 사전에서 기술해야 할 '응'의 의미

① 부름에 응답하는 말.
② 물음, 명령 등에 긍정하여 대답하는 말.
③ 상대방의 말을 경청하고 있음을 나타낼 때 쓰는 말.
④ 말의 끝에 쓰여 상대방의 대답을 재촉하거나 다짐을 받을 때 쓰는 말.
⑤ 말의 끝에 쓰여 상대방에게 동의를 구하는 말.
⑥ 상대방의 말을 되물을 때 쓰는 말.
⑦ 말의 끝에 쓰여 상대방의 말이나 행동이 못마땅하여 질책하거나 불평할 때 쓰는 말.
⑧ 말의 끝에 쓰여 말을 마무리하거나 강조할 때 쓰는 말.

음

마지막으로 '음'에 대해서 살펴보도록 한다. 다음은 사전에서의 '음'의 기술을 정리한 것이다.

〈표 7〉 '음'에 대한 사전적 기술

표준국어대사전
① 무엇을 수긍한다는 뜻으로 내는 소리. 입을 다물고 입 속으로 낸다. ② 무엇이 불만스럽거나 걱정스러울 때 내는 소리. ③ 의문스러울 때 내는 소리.
연세 한국어 사전
① 상대방이 말한 것을 수긍하거나 고민스러울 때 내는 소리.
고려대 한국어대사전
① 상대방의 말을 수긍할 때 입을 다물고 조용히 내는 말. ② 불만이 있거나 고민이 있을 때 조용히 내는 말.
한국어기초사전
① 상대방의 말에 그렇다고 인정할 때 하는 소리. ② 마음에 들지 않거나 걱정스러울 때 하는 소리. ③ 믿지 못할 때 내는 소리.

'음'에 대한 네 사전의 기술은 대체로 비슷하지만, 문제는 네 사전 모두 '음'의 담화표지로서의 의미를 거의 반영하지 못하고 있다는 것이다. 화자의 태도나 생각을 나타내는 '음'의 기본적 의미만을 생각한다면 그리 부족한 기술은 아닐 것이나, 앞서 살펴본 다른 감탄사들의 경우에는 사전에서 담화표지적 의미를 함께 기술하고 있다는 것을 고려한다면 이는 부족한 기술임에 틀림없다. 기존의 의미 기술에 있어서도 '불만, 걱정, 고민 등을 나타내는 말'과 '의문을 나타내는 말'은 억양의 차이도 있으므로 이를 함께 기술하여 주는 것이 좋을 것이다. 다음의 선행 연구들을 통하여 사전에서 보완되어야 할 '음'의 담화표지로서의 의미에는 어떤 것이 있는지 살펴보기로 한다.

전영옥(2006)에서는 '음'이 상대방의 말에 대한 단순한 반응으로서 쓰이기도 하고, 다음 발화를 준비하기 위해 시간을 버는 데 쓰이기도 한다고 하였다. 이 두 가지 의미는 사전에 기술되어 있지 않은데, 전영옥(2006)에서는 이를 포함하여 '음'의 의미를 '상대방의 말을 잘 듣고 있다는 반응을 나타내는 말', '상대방의 말을 긍정적으로 받아들이거나 질문에 대답하는 말', '앞의 말에 대해 고민스럽거나 의문스럽거나 불만이 있을 때 내는 말', '다음 말이 생각나지 않아 약간 시간을 끌려고 내는 말'로 기술해야 한다고 하였다.

안주호(2012)에서는 '음'이 경청, 화제 전환, 말차례 가져오기, 발화 내용 강조, 상대의 동의 유도, 말차례 유지 또는 발언권 유지와 같은 기능을 한다고 하였다. 그러나 발화 내용을 강조하는 경우와 상대의 동의를 유도하는 경우의 '음'은 예문이 제시되어 있지 않고, '저 꼭 시험에 합격할 겁니다. 네.'와 같은 문장에서 내림조로 쓰이는 '네'처럼 쓰일 수 있다고 언급만 하고 있다.

심란희(2019)에서는 '음'의 기능으로 화제 시작하기, 화제 종료하기, 공백 메우기, 조심스러운 태도 표현하기, 인지 작용 표현하기, 듣고 있음을 알리기, 말차례 시작하기, 말차례 종료하기, 말차례 유지하기 등을 들고 있다. 이 중 화제 종료하기 기능으로 쓰인 '음'에 대해서는 전화 통화를 끝낼 때 사용된 '음'을 예로 들고 있는데, 분명 전화 통화를 끝내는 상황에서 '음'이 사용되는 것은 맞지만, 이것이 사전에 기술될 정도의 의미인지는 다른 말뭉치를 좀 더 살펴볼 필요가 있어 보인다.

이러한 논의에 따라 사전에서 기술되어야 할 '음'의 의미는 다음과 같이 정리할 수 있다.

(7) 사전에서 기술해야 할 '음'의 의미
　① 상대방의 말에 수긍할 때 하는 말.
　② (낮은 어조로 길게 말하여) 불만, 걱정, 고민 등을 나타내는 말.
　③ (짧게 올라가는 억양으로 쓰여) 의문을 나타내는 말.
　④ 상대방의 말을 경청하고 있음을 나타내는 말.
　⑤ 말 시작하기를 망설이거나 뒷말이 바로 나오지 않을 때 하는 말.
　⑥ 말을 시작하기 전에 주의를 끌기 위해 하는 말.

4. 한국어 사전에서의 담화표지 기술 방식 및 보완점

한국어 사전에서의 담화표지 기술은 의미적 측면에서뿐만 아니라 기술적 측면에서도 보완될 점이 있다. 보완되어야 할 부분을 구체적으로 파악하기 위해 먼저 한국어 사전에서 감탄사의 기본적 의미와 담화표지적 의미를 어떤 방식으로 기술하고 있는지 그 현황을 살펴보도록 한다. 이 글에서는 앞서 감탄사를 정감적 감탄사와 양태적 감탄사로 나눈 바 있다. 이에 따라 정감적 감탄사의 경우에는 감정을 나타내는 것을 기본적 의미로, 이를 제외한 나머지 의미를 담화표지적 의미로 파악할 수 있으며, 양태적 감탄사의 경우에는 대답, 수긍 등에 쓰이는 것을 기본적 의미로, 이를 제외한 나머지 의미를 담화표지적 의미로 파악할 수 있다. 이 점을 염두에 두고 감탄사의 기본적 의미와 담화표지적 의미를 대략적으로 분류하여 제시하면 〈표 8〉[18]과 같다.

〈표 8〉 한국어 사전에서의 감탄사의 의미 분류(계속)

			기본적 의미	담화표지적 의미
정감적 감탄사	아	《표준》	①, ②	③, ④
		《연세》	①, ②, ③	④, ⑤, ⑥
		《고려》	②, ③, ④	①, ⑤
		《기초》	①, ②, ③	④, ⑤
	어	《표준》	①, ②	③
		《연세》	①, ②, ③	④, ⑤, ⑥
		《고려》	①, ②	③
		《기초》	①, ②, ③	④, ⑤, ⑥
	에	《표준》	①, ④, ⑦	②, ③, ⑤, ⑥
		《연세》	②	①
		《고려》	②, ⑤, ⑦	①, ③, ④, ⑥
		《기초》	①, ④, ⑦	②, ③, ⑤, ⑥
양태적 감탄사	네	《표준》	①, ②	③, ④
		《연세》	①	①
		《고려》	①, ③	②, ④
		《기초》	①, ②	③, ④
	예	《표준》	①, ②	③, ④
		《연세》	①	②, ③, ④
		《고려》	①, ③	②, ④
		《기초》	①, ②	③, ④

18) 〈표 8〉의 번호는 각 표제어의 의미 번호를 가리킨다. 가능한 한 중복시키지 않고 분류하고자 하였으나 기본적 의미와 담화표지적 의미를 같은 의미 번호 내에서 함께 기술하고 있는 경우에는 부득이하게 중복으로 표시하였다.

	응	《표준》	①	②, ③
		《연세》	①	①, ②
		《고려》	①	②, ③
		《기초》	①, ②	③, ④, ⑤
	음	《표준》	①	②, ③
		《연세》	①	①
		《고려》	①	②
		《기초》	①	②, ③

〈표 8〉을 살펴보면, 의미 배열 순서가 섞여 있는 것도 있지만 대체적으로는 기본적 의미에 가까운 것이 먼저 제시되고 담화표지적 의미에 가까운 것이 그 다음에 제시된다는 것을 알 수 있다. 이러한 분류에 따라 감탄사의 담화표지적 의미만을 모아 보면 이를 기술하는 데 사용된 단어에 어느 정도 공통점이 드러난다. 담화표지적 의미 기술에는 주로 '상대편, 상대방, 남, 윗사람, 손아랫사람' 등과 같이 청자와 관련된 단어가 사용되었으며, '-할 때'와 같이 담화가 이루어지는 상황과 관련된 기술도 이루어졌다. 물론 기본적 의미의 뜻풀이에서도 '-할 때'와 같은 기술이 되어 있는 것을 확인할 수 있지만, 담화표지적 의미의 뜻풀이에서는 단순한 발화 상황이 아닌 '말을 하기에 앞서, 말을 처음 시작할 때, 남에게 말을 걸거나 주의를 끌 때, 주저하며 말을 시작할 때, 말하는 도중에 뒷말이 곧 나오지 아니할 때' 등과 같이 '청자, 말'과 관련된 담화 상황이 제시된다는 점에서 차이를 보인다.

이러한 사실은 '담화표지'라는 개념을 직접적으로 사용하지는 않았지만, 사전에서 감탄사의 의미를 기술하는 데 있어 감탄사의 담화표지로서의 쓰임을 이미 인식하고 이를 기술에 반영하였다는 것을 의미한다고 할 수 있다. 그러나 〈표 8〉에서도 볼 수 있듯이 현재 한국어 사전에서는 이러한 담화표지적 의미와 기본적 의미가 제대로 구분되어 기술되고 있지 않다. 감탄사의 첫 번째 의미가 기본적 의미이고 의미 번호가 점점 뒤로 갈수록 담화표지적 의미에 가까워진다는 것을 짐작만 할 수 있을 뿐이다. 이마저도 사전의 성격이나 편찬 취지에 따라 달라질 수 있어서 항상 추측 가능한 것도 아니다. 따라서 감탄사의 기본적 의미와 담화표지적 의미를 최대한 명료하게 제시하기 위해서는 사전에서 그 나름대로의 기술 방안을 마련할 필요가 있다.

이와 관련하여 영어 사전에서 담화표지를 어떻게 기술하고 있는지를 살펴보는 것이 도움이 될 수 있다. 몇몇 영어 사전에서는 어떤 것이 담화표지인지를 보다 명시적으로 기술해 주고 있기 때문이다. 여기에서는 영어의 담화표지 중 감탄사 'oh'의 사전적 기술에 대해서만 간략히 언급하기로 한다.

우선 《Collins COBUILD Advanced Dictionary》에서 'oh'를 찾아보면, 감탄사로 쓰일 때의 의미와 담화표지로 쓰일 때의 의미를 구분하여 제시하고 있음을 알 수 있다. 담화표지라는 말을 직접적으로 사용하지는 않지만, 담화표지적 의미에 품사 대신 관습적 표현(convention)이라는 정보를 줌으로써 기본적 의미와 구분하고 있다. 관습적 표현은 《Collins COBUILD Advanced Dictionary》 내에서 인사, 사과, 회답 등을 하는 경우에 쓰이는 'hello, sorry, no comment'와 같은 단어나 고정된 구를 가리키는 말이다. 느낌(feeling)을 나타내는 의미에는 감탄사(exclamation)라는 품사를 제시하고 있다. 《Oxford English Dictionary》에서는 담화표지(discourse marker)로서의 의미를 큰 범주로 묶어 기술하고 있어서 어떤 의미가 감탄사가 가지는 본래의 의미이고, 어떤 의미가 담화표지로서 쓰이는 의미인지를 쉽게 구별할 수 있다.[19]

---

19) 《Oxford English Dictionary》의 감탄사 'oh'에 대한 뜻풀이를 제시하면 다음과 같다

이러한 기술 방식을 참고하였을 때, 한국어 사전에서도 감탄사의 의미를 기술할 때 담화표지로서의 의미를 별도로 표시하는 방안을 고려해 볼 수 있을 것이다. 《Collins COBUILD Advanced Dictionary》에서처럼 담화표지로 쓰인 각각의 의미마다 담화표지라고 밝혀 줄 수도 있을 것이고, 《Oxford English Dictionary》에서처럼 담화표지로 쓰인 의미를 묶어서 제시할 수도 있을 것이다. 그러나 앞에서도 언급했듯이 담화표지라는 것이 어떤 특정한 품사를 가리키는 것이 아니기 때문에 《Collins COBUILD Advanced Dictionary》에서처럼 아예 품사를 표시하지 않는 것은 알맞지 않다고 본다. 《Oxford English Dictionary》에서처럼 품사는 감탄사로 명시하되, 뜻풀이에서 기본적 의미와 담화표지적 의미를 구분해 주는 방향으로 기술하는 것이 바람직할 것이다. 또한 이 글에서는 영어 사전만을 간략히 살펴보았으

(밑줄은 필자).

oh, int. and n.1

A. int.

1. Preceding a noun used vocatively; = O int. 1.
2. a. At the beginning of a clause. Expressing (according to intonation) surprise, frustration, discomfort, longing, disappointment, sorrow, relief, etc. Frequently preceding another interjection.
   b. Within a clause, intensifying a following phrase, usually one expressing degree or quantity.
   c. Expressing brief hesitation for recall, decision, or apt phrasing.
3. As a discourse marker, guiding the flow of dialogue or discussion.
   a. Introducing an expression of recollection or rediscovery of something.
   b. Introducing an expression dismissive of or disagreeing with an idea, a statement just made, etc.
   c. Introducing an expression indicating reception of information or new understanding of the situation.
   d. Introducing an expression giving information, conceding a point, signifying compliance, etc.
4. Added after the rhyme word at the end of a line in a ballad, song, etc., for metrical reasons; = O int. 3. Now rare and humorous.

나 담화표지의 사전적 기술 방안을 모색하기 위해서는 영어 사전뿐만 아니라 여러 언어 사전을 살펴볼 필요가 있을 것이며, 반드시 사전이 아니더라도 담화표지 기술에 도움이 될 만한 방법이 있다면 최대한 활용하려는 자세가 필요할 것이다.

5. 결론

이 글에서는 여러 선행 연구를 바탕으로 담화표지의 사전적 기술이 어떻게 이루어져야 하는지를 두루 살펴보았다. 이 글에서 다룬 감탄사 중에는 이미 그 사전적 기술 방안이 제안된 바 있는 것들도 있었지만, 그렇지 않은 감탄사도 있었다. 이에 이 글에서는 기존의 연구를 참고하여 사전적 기술 방안을 다른 감탄사에까지 확대 적용해 보고자 하였다. 논의 대상으로 삼은 감탄사는 '네, 아, 어, 에, 예, 음, 응'으로 총 일곱 개였으며, 이를 크게 정감적 감탄사와 양태적 감탄사로 나눈 후, 각 감탄사의 담화표지로서의 기능을 검토하여 사전에서 추가적으로 기술해야 할 의미를 추출해 내었다. 또한 기술적 측면에서는 영어 사전에서 담화표지를 어떻게 기술하고 있는지를 살펴봄으로써 한국어 사전에서 담화표지를 어떤 방식으로 기술하는 것이 좋을지도 고민해 보았다.

그러나 이 글은 따로 말뭉치를 분석하지 않고 기존의 연구에만 기대었다는 한계를 지닌다. 이 때문에 의미 번호도 개수만을 나타낼 뿐 무엇이 기본적 의미이고 무엇이 담화표지적 의미인지, 어떤 것이 더 자주 쓰이는 의미인지를 정확히 알 수 없게 되었다. 사전에서 기술되어야 하는 의미를 제시할 때에도 편의상 '-하는 소리'와 '-하는 말'로 구분하였지만 이는 화자의 의도와 관련된 것일 뿐 담화표지로서의 의미를 직접적으로 보여 주는 뜻풀이 용어는 아니었다. 담화표지를 정의하는 뜻풀이 방식에 대해서는 보다 자세한 논의가 이루어져야 할 것이다. 뜻풀이와 관련해서는 억양에 대한 정보도 체계적으로 제시될 필요가 있다. 이 글에서 미처 살펴보지 못한 많은 연구들을 바탕으로 개별 담화표지에 대한 논의가 좀 더 세분화되고 이 글의 부족한 부분을 보완해 나간다면 사전적 기술에도 많은 도움이 될 것이라 여겨진다.

참고문헌

사전류

고려대학교 민족문화연구원, 《고려대 한국어대사전》, 〈https://dic.daum.net/〉, 2019. 12. 19.

국립국어원, 《표준국어대사전》, 〈https://stdict.korean.go.kr/〉, 2019. 12. 19.

국립국어원, 《한국어기초사전》, 〈https://krdict.korean.go.kr/〉, 2019. 12. 19.

연세대학교 언어정보개발연구원(1998), 《연세 한국어 사전》, 두산동아.

Collins COBUILD Advanced Dictionary(2009), Boston: Heinle Cengage Learning.

Oxford English Dictionary(2019), Oxford University Press, https://www.oed.com/, (2020. 02. 08.).

논저류

강우원(2002), 담화표지 '아'와 '어'의 특성 비교 연구, 《우리말연구》 12, 우리말학회, 241-257.

고영근(2018), 《우리말 문법, 그 총체적 모습》, 집문당.

고영근·구본관(2018), 《우리말 문법론》, 개정판, 집문당.

김선희(1994), 감탄사와 담화표지의 관련성, 《우리말글연구》 1, 우리말학회, 265-283.

김영철(2005), 우리말 담화표지 '아' 고찰, 《국어문학》 40, 국어문학회, 161-174.

김영철(2006), 국어 담화표지 '어'의 고찰, 《국어문학》 41, 국어문학회, 249-266.

김희숙(2019), 담화표지의 한국어 학습사전 기술 연구, 한국외국어대학교 석사학위논문.

남기심·고영근·유현경·최형용(2019), 《표준 국어문법론》, 전면개정판, 한국문화사.

남길임(2007), 사전텍스트의 화용정보 유형 연구, 《텍스트언어학》 23, 한국텍스트언어학회, 69-94.

송인성(2018), '네/예'의 담화 기능과 운율 특성, 《한국어학》 81, 한국어학회,

169-196.
신아영(2011), 감탄사를 활용한 한국어 말하기 전략 교육 연구 - '네', '그래', '아니'류의 담화 기능을 중심으로, 세종대학교 석사학위논문.
신지연(1988), 국어 간투사의 위상 연구, 서울대학교 석사학위논문.
신칠범(2011), 국어 감탄사의 담화표지 기능 연구 - 화자의 담화전략을 중심으로, 한국교원대학교 석사학위논문.
심란희(2019), 한국어 담화표지의 기능 연구, 연세대학교 박사학위논문.
안의정(2008), 말뭉치를 이용한 어휘의 구어성 측정과 활용, 《어문논집》 57, 민족어문학회, 93-119.
안주호(2012), 감탄사 유래 담화표지의 의미기능 연구, 《언어과학연구》 61, 언어과학회, 91-116.
안주호 · 김영란(2013), 한국어 교실에서의 {네, 아니}의 사용 양상 연구, 《문법 교육》 18, 한국문법교육학회, 147-173.
전영옥(2006), 구어 어휘의 사전 기술 방법 - 담화표지를 중심으로, 《한국사전학》 8, 한국사전학회, 101-143.
최현배(1961), 《우리말본》, 제3판, 정음문화사.

2. 옛 한문 문헌 속 句讀點의 기능과 담화표지

-《訓民正音》解例本과《龍飛御天歌》를 중심으로 -

최준호

1. 서론

이 글은《훈민정음(訓民正音)》해례본(解例本)과《용비어천가(龍飛御天歌)》에 사용된 구두점(句讀點)의 용법을 검토하여 그 기능을 밝히고, 이들 문헌에서 사용된 구점(句點)이 텍스트에서 어떠한 기능을 수행하고 있는지 논의하는 데 목적이 있다.《훈민정음》해례본의 서지적 특징을 논의할 때는 이 책에서 구점과 두점의 위치가 구별되어 표기[1]되었다는 점이 빠지지 않고 거론된다.[2]《훈민정음》해례본과

1) 이 글에서는 '구두점이 사용되었다'와 '구점과 두점의 위치가 구별되어 표기되었다'는 다른 의미로 사용된다. 이후에도 논의하겠으나, 옛 한문 문헌에서 구두점이 사용된 것은《훈민정음》해례본과《용비어천가》뿐만이 아니다. 그러나 조선에서 간행된 문헌 중에서 구점과 두점의 위치를 구별하여 표기한 문헌은《훈민정음》해례본과《용비어천가》, 그리고《법화경언해》가 대표적으로 알려져 있다. 본고에서는 이들 문헌 중에서 세종 대에 편찬된 문헌인《훈민정음》해례본과《용비어천가》에 집중하고자 한다.《법화경언해》의 구두점에 대해서는 결론부에서 간략하게 다룰 것이지만, 상세한 사항에 대해서는 후고를 기약하기로 한다.

2) 구점과 두점의 위치가 구별되어 사용된 것이《훈민정음》해례본의 중요한 서지적 특징이기에,《훈민정음》해례본의 낙장을 복원할 때도 구두점을 어떻게 복원할 것인지가 중요하게 논의되고 있다.《훈민정음》해례본의 낙장 복원과 관련하여서는 다수의 논저가 존재한다. 문화재청(2017)에서 당시까지의 논의와 해석이 정리되었으며, 그 이후에도 백두현(2018), 정우영(2018) 등의 논의가 이어졌다.

함께 구두점의 위치가 구별되어 표기된 문헌으로는 《용비어천가》가 있다. 이 두 문헌은 세종 代에 편찬된 것으로서, 구두점 이외에도 사성점(四聲點)의 사용 등과 같은 공통점이 있다고 알려져 왔다.

《훈민정음》 해례본과 《용비어천가》에 사용된 구점과 두점은 흔히 현대 한국어의 마침표(.)와 쉼표(,)[3]에 그 용법이 대응된다고 논의되어 왔다.[4] 그런데 《훈민정음》 해례본과 《용비어천가》에 사용된 구점과 두점의 용례를 살펴보면, 두점은 대체적으로 현대 한국어의 쉼표에 대응하는 듯하나, 구점은 현대 한국어의 마침표에 대응되지 않는 예들을 발견할 수 있다.

(1) 가. ㅿ <u>。</u>半齒音<u>。</u>如穰字初發聲 〈正音 3ㄱ〉[5]

나. △이<u>**다.**</u> 반치음이<u>**다.**</u> 양(穰)자의 처음 발음되는 소리와 같다.

다. △<u>**는,**</u> 반치음이<u>**니,**</u> 양(穰)자의 처음 발음되는 소리와 같다.

(2) 가. 癸亥冬<u>。</u>我 殿下創制正音二十八字◦略揭例義以示之◦名曰訓民正音。〈正音解例 27ㄴ〉

나. 계해년 겨울이었<u>**다.**</u> 우리 전하께서 정음 28자를 창제하시고, 간략하게 예의를 들어 그것을 보이시고, 이름하여 훈민정음이라 하였다.

다. 계해년 겨울<u>**에,**</u> 우리 전하께서 정음 28자를 창제하시고, 간략하게 예의를 들어 그것을 보이시고, 이름하여 훈민정음이라 하였다.

---

3) 2017년 한글 맞춤법 개정안에서 '.'과 ','를 칭하는 명칭이 '온점'과 '반점'에서 '마침표'와 '쉼표'로 바뀌었다. 개정안에서는 '온점'과 '반점'이라는 용어도 허용한다고 하였으나, 한글 맞춤법 개정안을 따라서 '마침표'와 '쉼표'로 지칭하기로 한다.

4) 현대적 관점에 따르면 구점은 주로 문장이나 절의 경계에, 두점은 주로 절이나 구의 경계에 오게 된다. 달리 말하면 구점은 .[마침표] 위치에 오고 두점은 ,[쉼표] 위치에 온다. 하지만 이 대응도 정확한 것은 아니다(이승재 2001: 29). 이와 같은 기술은 이승재(2001) 외에도 구점과 두점을 설명하는 여러 논저들에서 발견할 수 있다.

5) 밑줄 및 강조는 인용자. 이하 인용된 모든 문장에서 동일하다.

(3) 가. 太祖康獻大王。___{改}挺上聖之資◦{改}應千齡之運。〈龍歌 進箋文〉[6]

나. 태조강헌대왕이<u>다.</u> 빼어난 성인의 바탕으로, 천년의 천운을 얻으셨다.

다. 태조강헌대왕<u>은,</u> 빼어난 성인의 바탕으로, 천년의 천운을 얻으셨다.

(4) 가. 惟我{改}本朝{平}。___司空始顯於羅代{改}奕葉相承◦{改}穆王初起於朔方{改}景命已兆。〈龍歌 進箋文〉

나. 우리나라이<u>다.</u> 사공이 처음 신라시대에 명성을 떨친 후로 대대로 위업을 이어오다가, 목왕이 처음 삭방에서 일어나면서 천명을 받을 조짐이 이미 나타났다.

다. 우리나라<u>는,</u> 사공이 처음 신라시대에 명성을 떨친 후로 대대로 위업을 이어오다가, 목왕이 처음 삭방에서 일어나면서 천명을 받을 조짐이 이미 나타났다.

(1), (2)는 《훈민정음》 해례본에서 (3), (4)는 《용비어천가》에서 가져온 것이다. (1나, 2나, 3나, 4나)는 구점을 현대 한국어의 마침표에 대응해서 현대 한국어로 옮긴 것이고, (1다, 2다, 3다, 4다)는 현대 한국어의 문맥상 자연스럽도록 옮긴 것이다. 이들 예를 보면, 《훈민정음》 해례본이나 《용비어천가》에 사용된 구점이 현대 한국어의 마침표에 그대로 대응되지 않는다는 것을 확인할 수 있다.

《훈민정음》 해례본과 《용비어천가》에서 구두점의 위치가 구별되어 표기되었다는 특징이 일찍부터 주목받은 것과는 대조적으로 이들 문헌에 사용된 구두점의 용법에 대해서는 그다지 관심이 기울여지지 않았던 듯하다. 구두점의 용법에 대한 논의들에서도 한문 문헌에서

6) 《용비어천가》의 경우 기본적으로 원간본(가람古貴 811.51-G995y)을 활용하였다. 다만, 원간본에는 진전문(進箋文)이 없기에 진전문에 한하여 만력본(奎 1846-v.1-5)을 사용하였다. 만력본에도 진전문 부분은 구점과 두점이 잘 구별되어 사용되어 있다. 《용비어천가》의 서지 사항은 이호권(2019)에 상세하게 제시되어 있다.

구점과 두점은 대체로 현대 한국어의 마침표와 쉼표에 대응된다는 정도로만 논의되어 왔다. 그런데 현대 한국어의 마침표, 쉼표의 용법에 비추어 당시의 구두점을 해석하는 것은 또 하나의 현대적 편견을 만들어 낼 여지가 있다.

따라서 이 글에서는 구두점이 구별되어 표기된 《훈민정음》 해례본, 《용비어천가》를 주된 자료로 하여, 《훈민정음》 언해본과 한국, 중국에서의 구두점에 대한 과거의 기술들을 살펴보면서 당시 사람들이 지닌 구두점에 대한 언어 의식의 일면에 접근해 보고자 한다. 《훈민정음》 해례본과 《용비어천가》에서 구두점이 어떻게 사용되었는지 그 쓰임새를 파악하는 것은 텍스트언어학의 관점에서 구두점의 기능에 대한 이해를 심화시킬 수 있을 뿐만이 아니라, 《훈민정음》 해례본의 현대어역과 낙장 복원에도 기여할 수 있는 점이 있다고 할 것이다.

이 글에서는 우선 중국에서 구두점이 사용된 최초의 용례와 구두점의 용법을 중국에서 어떻게 파악해 왔는지를 살펴보고, 구두점의 사용이 조선으로 어떻게 수입되었는지, 지금까지 구두점이 사용되었다고 논의된 문헌 등을 검토해 보고자 한다. 그 이후에 《훈민정음》 해례본과 《용비어천가》를 바탕으로 구두점의 사용 양상에 대해 살피고, 이들 문헌에서 구두점의 용법에 대하여 접근해 볼 것이다.

2. 중국에서의 구두점 용법 사용사(使用史)와 조선으로의 유입 과정

조선의 한문 문헌에서 구점과 두점을 사용하여 한문 문장을 단구(斷句)한 것은 고려나 조선에서 독자적으로 개발된 것이 아니며, 중국 문헌에서 이미 사용되고 있었던 구두점의 용법을 받아들인 것이라고 할 수 있다. 따라서 구두점에 대하여 살펴볼 때도 우선 중국 문헌에서 구두점이 언제부터 어떻게 사용되었는지, 중국인은 구두점에 대해 어떠한 인식을 가지고 있었는지 파악하는 것이 필요하다고 생각된다. 또한, 구점과 두점의 위치를 구별하여 표기한 《훈민정음》 해례본이나 《용비어천가》가 어떠한 서적을 참조하여 이루어진 것인지에 대해서도 고찰할 필요가 있다.

우선, 중국에서의 구두점 사용에 대하여 논의해 보고자 한다. 楊亦鳴(1998: 190, 섭보매 2016에서 재인용)에 따르면, 중국에서 구두(句讀)는 구두(句逗)라고도 하며, 구투(句投), 구도(句度)라고 적히기도 하였다. 또한, 중국 문헌에서 '구두(句讀)'라는 단어는 동한(東漢) 하휴(何休)의 《공양전해고자서(公羊傳解詁自序)》의 "援引他經, 失其句讀。"에서 최초로 나타나며, 초기에는 '句'와 '讀'가 구별되지 않고 사용되었으나, 당대(唐代) 이후로 점진적으로 '句'와 '讀'가 구별되기 시작하였다고 한다.[7)]

이러한 '句'와 '讀'에 대해서 처음으로 어기(語氣)나 말의 뜻(語義)의 각도에서 정의한 것은 당나라의 승려인 湛然(711-782)의 《법화문구기(法華文句記)》에서이다(管錫華 1995: 22, 섭보매 2016에서 재인용).

(5) 무릇 경서에서 문장과 말이 끊어지는 곳을 가리켜 '구(句)'라고 하며, 말이 아직 끊어지지 않아, 점을 찍어 읊조리는 데 편하게 하는 것을 '두(讀)'라 한다. [凡經文語絕處謂之句, 語未絕而點之以便誦詠謂之讀。] (湛然《法華文句記》卷1)[8)]

7) 섭보매(2016)은 구두점 및 사성점에 대한 중국에서의 연구 성과가 잘 정리되어 있으며, 이 글 또한 섭보매(2016)에서 소개한 중국 연구를 많이 참조하였다.

8) 번역은 필자의 것이다.

한편, 류탁일(1989: 99)에서는 구두점은 명대(明代)의 경창본(經廠本)[9)]에서 특히 많이 사용되었다고 하였다.

이상의 기술을 종합해 보면, 중국에서는 처음에는 구점과 두점이 구별되어 사용되지 않다가, 당대(唐代)에 와서는 구점과 두점이 구별되어 사용되었고, 명대(明代)에 와서 구두점이 특정 문헌에 자주 사용되었던 것으로 생각된다. 즉, 중국에서는 문헌에 구두점을 사용하여 한문 문장을 단구(斷句)하는 용법이 조선 시대 이전에 수립된 것이다.

이제, 조선의 문헌 중에서 구두점이 사용된 문헌을 검토하면서 구두점 용법이 언제부터 조선으로 들어온 것인지를 논의할 필요가 있다. 조선에서 편찬되어 간행된 서적 중에서, 구점과 두점의 위치가 구별되어 표기된 문헌으로 대표적인 것이 《훈민정음》 해례본과 《용비어천가》, 《법화경언해》[10)]이다. 그런데 구두점이 사용된 문헌을 논의할 때는, 이들 서적처럼 구점과 두점의 위치를 구별하여 사용된 문헌과 권점을 사용하여 단구하기는 했으나 위치를 구별하지 않고 사용된 문헌을 구분하여 다루어야 할 필요가 있다고 생각된다.

류탁일(1989: 58)에서는 "우리나라의 문헌으로서 句讀點을 찍은 現存하는 것으로 가장 오랜 문헌은 두말할 것도 없이 《訓民正音》 原本과 《龍飛御天歌》"라고 하면서, 가장 오래된 것은 "世宗 16年(1434)에 간행한 筆者所藏의 漢文本 《三綱行實圖(孝子圖)》"라고 하였다. 그런데, 류탁일(1974: 28)에서 제시하고 있는 사진을 보면 한문본 《삼

9) 《漢語大詞典》에 따르면 경창본(經廠本)이란 경창(經廠)에서 펴낸 서책을 가리킨다. 경창은 明代에 사례감(司禮監)에 소속되어 있던 서적의 편찬을 담당하던 기구이다. 판본이 크고, 자체도 크지만, 일을 책임지는 사람이 태감(太監)이었으며 교감(校勘)이 정밀하지 못하여 장서가(藏書家)들이 중요하게 여기지는 않는다고 한다. (經廠刻印的書本。經廠是明代司禮監所屬掌刻印書籍的機構。版本大, 字體大, 但主事者爲太監, 校勘不精, 不爲藏書家所重。《漢語大詞典》)

10) 《법화경언해》에 있는 구두점에 대한 본고의 해석은 결론에 제시되어 있다.

강행실도(효자도)》에 권점으로 단구가 이루어지기는 하였으나, 구점과 두점의 위치를 구별하지 않고, 하나의 위치, 즉 구점의 위치에만 권점을 표기했다는 것을 확인할 수 있다.

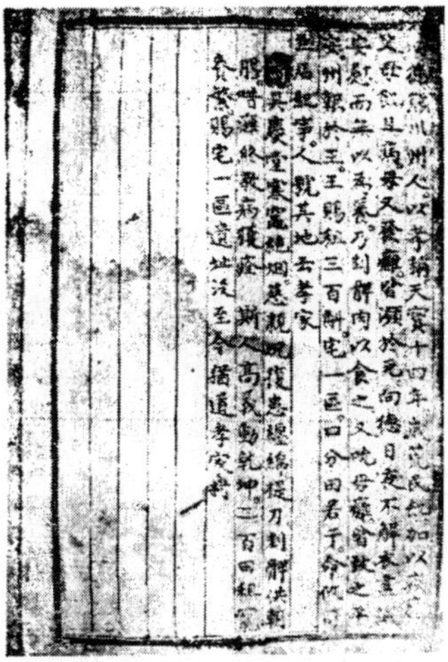

〈사진 1〉 한문본 초간 《삼강행실도》 효자도 제91장
(류탁일 소장본)

이는 권점을 사용하여 단구한 것이기는 하나, 《훈민정음》 해례본이나 《용비어천가》, 《법화경언해》와 같이 구두점의 위치를 구별하여 표기한 것은 아니라고 생각된다.

한편, 이승재(2001: 28)에 따르면 고려시대 자료인 《금강경(金剛經)》(1357년, 金宗圭本)이나 《상교정본자비도량참법(詳校正本慈悲道場懺法)》(1378년, 某氏本)에도 권점이 사용되었다고 하였다. 그러나 이들 문헌 역시 권점을 사용하여 단구했다는 것이지, 《훈민정음》 해례본이나 《용비어천가》, 《법화경언해》처럼 구점과 두점이 구별되어 표기된 것은 아니다.

심경호(2012: 294)에서는 조선전기에 간행된 한문 전적 가운데 단구본(斷句本)의 예로 《사서대전(四書大全)》, 《오경대전(五經大全)》, 《사서집석장도통의대성(四書輯釋章圖通義大成)》, 《용비어천가(龍飛御天歌)》, 《삼강행실도(三綱行實圖)》, 《구양론범(歐陽論範)》, 《가례대전서(家禮大全書)》, 《서전대문(書傳大文)》, 《성학십도(聖學十圖)》, 《소학집설(小學輯說)》(계유자본) 등이 있다고 하였다. 또한, 1481년에 간행된 《삼강행실도》와 1518년에 초간된 옥산서원본 《이륜행실도》를 보면 句와 讀의 곳에 권점이 붙어 있다고 기술하였다. 그런데 《삼강행실도》나 《이륜행실도》 또한 또한 권점으로 단구를 하고 있는 것은 사실이나, 이 역시 구점과 두점이 구별되어 표기된 것은 아니다. 따라서 《삼강행실도》나 《이륜행실도》는 《훈민정음》 해례본이나 《용비어천가》처럼 구점과 두점의 위치가 구별되어 표기된 문헌이라고 보기는 힘들다.

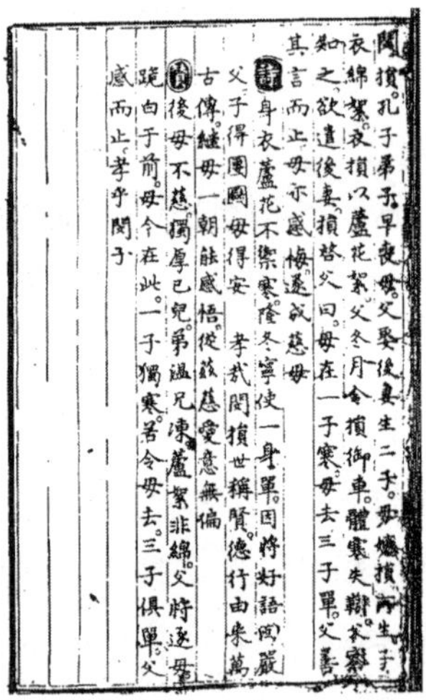
閔損孔子弟子早喪母父娶後妻生二子母嫉損所生子
衣綿絮衣損以蘆花絮父冬月令損御車體寒失靷父察
知之欲遣後妻損啓父曰母在一子寒母去三子單父善
其言而止母亦感悔遂成慈母
詩 身衣蘆花不禦寒隆冬寧使一身單因將好語爲嚴
父子得團圝母得安　孝哉閔損世稱賢德行由來萬
古傳繼母一朝能感悟從兹慈愛意無偏
贊 後母不慈獨厚己兒弟溫兄凍蘆絮非綿父將逐母
跪白于前母今在此一子獨寒若令母去三子俱單父
感而止孝乎閔子

〈사진 2〉《삼강행실도》
(런던대본)

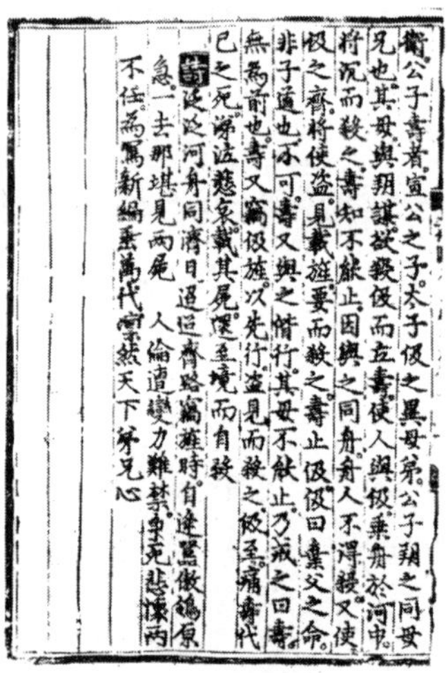
衛公子壽者宣公之子太子伋之異母弟公子朔之同母
兄也其母與朔謀欲殺伋而立壽使人與伋乘舟於河中
將沉而殺之壽知不能止因與之同舟舟人不得殺又使
伋之齊將使盜見載旌要而殺之壽止伋伋曰棄父之命
非子道也不可壽又與之偕行其母不能止乃戒之曰壽
無爲前也壽又竊伋旌以先行盜見而殺之伋至痛壽代
已之死涕泣悲哀載其屍還至境而自殺
詩 從泛河舟同濟日遥遥齊路竊旌時自逢驚傲鴝原
急一去那堪見兩屍　人倫道變力難禁東死悲懷兩
不任爲寫新編垂萬代嗚然天下弟兄心

〈사진 3〉《이륜행실도》
(옥산서원본)

구점과 두점의 위치를 구별하여 문헌에 표기하는 전통이 고려에서부터 내려온 것이 아니었고, 《훈민정음》 해례본이나 《용비어천가》 이전에는 구점과 두점의 위치를 구별하여 표기한 문헌이 발견되지 않는다면, 조선에서는 구점과 두점의 위치를 구별하여 문헌에 표기하는 것이 그리 흔한 일이 아니었다고 추정할 수 있다. 따라서, 《훈민정음》 해례본이나 《용비어천가》와 같이 구점과 두점의 위치를 구별하여 표기하기 위해서는 이렇게 구두점의 위치를 구분하여 표기하는 용법을 참고할 수 있는 서적이 있었어야 했을 것이다. 여기에서 심경호(2012: 295)에서 밝힌 "《사서대전(四書大全)》, 《오경대전(五經大全)》, 《사서집석장도통의대성(四書輯釋章圖通義大成)》은 명판본을 번각하면서 구와 두를 구분한 단구의 권점도 같이 새겼다"라는 기술이 참고된다. 이에 더해, 《훈민정음》 해례본과 《성리대전서(性理大全書)》의 관계 또한 깊게 고려될 필요가 있다(정우영 2015: 36).[11)]

1414년 11월, 명 성조(成祖) 영락제(永樂帝)는 호광(胡廣), 양영(楊榮), 김유민(金幼孜) 등에게 《사서오경대전》과 《성리대전》을 편찬하도록 했으며, 이듬해(1415년) 9월 《사서오경대전》과 《성리대전》이 동시에 완성된다. 그로부터 4년 후인 1419년(세종 1)에 《사서오경대전》과 《성리대전》이 조선으로 수입된다. 이후 번각본을 제작할 때 사용할 저본이 필요했던 세종은 명나라에 《사서오경대전》과 《성리대전》을 추가로 배포해 줄 것을 요청하였으며, 이에 《사서오경대전》과 《성리대전》이 1425년에 조선으로 다시 수입된다. 그리고 이때 수입된 책들이 번각본을 만드는 데 이용되었다.[12)]

11) 《훈민정음》 해례본이 《성리대전서》의 영향을 받았다는 것은 이미 학계에 널리 알려진 사실이 되었다. 이에 대해 논저로는 강신항(1963), 이숭녕(1972), 이정호(1975), 이성구(1983, 1985), 정우영(2015) 등이 있다.

12) 《사서오경대전》과 《성리대전》의 수입에 대해서는 김문식(2006) 참조.

이때 수입된 명의 영락판《성리대전》을 저본으로 복각하여 간행된《성리대전서》(1427)가 규장각에 소장되어 있고, 영락판《사서오경대전》을 저본으로 복각하여 간행된《논어집주대전》(1429)이 현재 국립중앙도서관에 소장되어 있다. 그리고 이들 문헌에는 구점과 두점의 위치가 구별되어 표시되어 있다.[13)]

性理大全書卷之一

太極圖

〈사진 4〉《성리대전서》

卷1: 1ㄱ

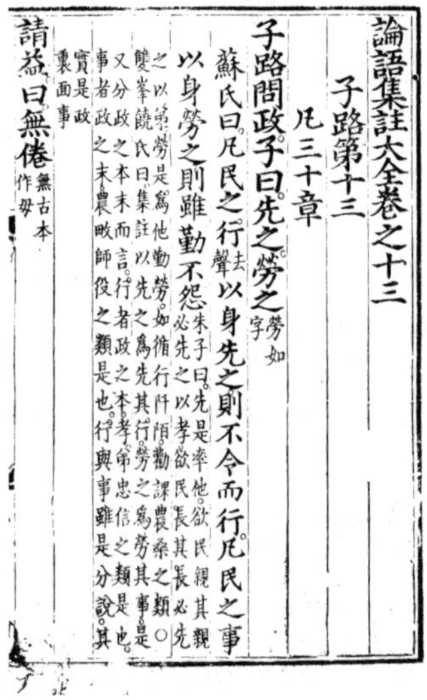
論語集註大全卷之十三

子路第十三

凡三十章

子路問政。子曰。先之。勞之。

請益。曰無倦。

〈사진 5〉《논어집주대전》

卷13: 1ㄱ

《사서오경대전》과《성리대전》이전에 조선에 유입된 문헌 중에 구점과 두점을 구별하여 표기한 문헌이 발견되지 않는 한, 현재로서는《훈민정음》해례본과《용비어천가》에 사용된 구두점의 용법은 바로

13) 규장각 소장《성리대전서》의 청구기호는 古貴1343-5, 국립중앙도서관 소장《논어집주대전》의 청구기호는 일산 貴1239-18. 안현주(2007: 205)에서는 국립중앙도서관에 소장된《논어집주대전》이 조선시대에 간행된 명판본계《논어집주대전》중 최고본(最古本)이라 하였다.

이 《사서오경대전》과 《성리대전》에서 많은 부분을 수용했다고 보아야 할 듯하다.[14)]

한편, 조선에서의 구두점 사용과 관련하여 주목되어야 하는 문헌 중에는 《고금운회거요(古今韻會擧要)》도 존재한다. 아래는 《고금운회거요》에서 확인할 수 있는 구두점에 대한 기술이다.

(6) 무릇 경서에서 하나의 문장을 이루고 그 의미(意味)가 끊어지는 곳을 가리켜 '구(句)'라 한다. 어의(語意)는 끝나지 않았으나 점을 찍어 문장을 나누어, 영송(誦詠)에 편하게 하는 곳을 '두(讀)'라 한다. 지금 비서성(秘書省)의 교서(校書) 방식은, <u>무릇 '구(句)'는 끊어지면 곧 글자의 옆에 점을 찍고, '두(讀)'는 나눠지면 곧 글자의 중간에 점을 찍는다.</u> [凡經書成文語絶處, 謂之句. 語未絶而點分之, 以便誦詠, 謂之讀. 今秘書省校書式, <u>凡句絶則點於字之旁, 讀分則點於字之中間</u>."] (《고금운회거요》 '讀'자 조목.)[15)]

《고금운회거요》의 구두점에 대한 기술은 (5)에서 제시한 《법화문구기》의 구두점 기술을 따른 것이다(管錫華 1995: 22, 섭보매 2016: 262에서 재인용). 그런데 《고금운회거요》의 기술은 《법화문구기》와는 달리 구점과 두점의 위치를 제시하고 있다는 점이 주목된다.

훈민정음의 창제와 관련하여 《고금운회거요》는 각별한 관심을 받아왔다. 그것은 훈민정음이 창제된 뒤 얼마 후에 있었던 아래의 기사

---

14) 설사 고려 시대의 문헌 중에 구점과 두점을 구별하여 표기한 것이 발견된다고 하더라도, 《훈민정음》 해례본과 《용비어천가》가 그 문헌에 영향을 받았다는 증거가 되기는 어렵다. 시대를 고려해 보아도, 《훈민정음》 해례본과 《용비어천가》에 구두점이 구별되어 표기된 것은 《사서오경대전》과 《성리대전》의 영향으로 파악하는 것이 합당하다고 생각된다.

15) 원문은 섭보매(2016)에서 재인용하였으며, 번역은 필자의 것이다. 《고금운회거요》에 구두점에 대한 설명이 있음을 국어학계에 처음 제시한 것은 류탁일(1977: 35)이라고 한다(박지홍 1979: 630, 섭보매 2016).

때문이었다.

(7) 집현전 교리(集賢殿校理) 최항(崔恒)·부교리 박팽년(朴彭年), 부수찬(副修撰) 신숙주(申叔舟)·이선로(李善老)·이개(李塏), 돈녕부 주부(敦寧府注簿) 강희안(姜希顔) 등에게 명하여 의사청(議事廳)에 나아가 <u>**언문(諺文)으로 《운회(韻會)》를 번역하게 하고**</u>, 동궁(東宮)과 진양 대군(晉陽大君) 이유(李瑈)·안평 대군(安平大君) 이용(李瑢)으로 하여금 그 일을 관장하여 모두 성상의 판단에 품의하도록 하였으므로 상(賞)을 거듭 내려 주고 공억(供億)하는 것을 넉넉하고 후하게 하였다. [丙申/命集賢殿校理崔恒、副校理朴彭年、副修撰申叔舟·李善老·李塏、敦寧府注簿姜希顔等, 詣議事廳, <u>**以諺文譯《韻會》**</u>, 東宮與晉陽大君 瑈、安平大君 瑢監掌其事。皆稟睿斷, 賞賜稠重, 供億優厚矣] (《세종실록》 26년 2월 16일)

세종이 훈민정음을 창제하고 바로 착수한 사업이 《운회》 번역이며, 이때의 《운회》는 《고금운회거요》일 확률이 높다는 것은 이미 학계에 널리 알려진 사실이 되었다.

세종 代의 학자들이 구점과 두점의 사용법에 대해서 어느 정도의 지식이 있었는지는 확신하기 어렵다. 그러나 《고금운회거요》에 나타난 '句'와 '讀'의 정의와 명나라에서 수입된 《사서오경대전》과 《성리대전》에 사용된 구점과 두점의 실제 용법을 통하여 문헌에서의 구점과 두점의 위치를 구별하여 표기하는 용법을 학습했을 가능성은 고려해 볼 수 있다.

《사서오경대전》과 《성리대전》 이전에 구점과 두점이 구별되어 사용된 한문 문헌이 조선이나 고려에 얼마나 유입되었는지를 확인할 수 없는 상황이기에, 구점과 두점의 위치를 구별하여 구두점을 문헌에 표기하는 것이 조선 이전 시기에 유입되었을 가능성도 배제하기는 힘들다. 다만, 이러한 가정을 뒷받침하기 위해서는 구점과 두점을 구별하여 표시한 한적(漢籍)이 조선에서 얼마나 발견되는지, 《훈민정음》 해례본과 《용비어천가》 이전에 구점과 두점의 위치를 구별하여 표시한 문헌에는 무엇이 있는지가 우선적으로 제시되어야 할 것이다.

3. 《훈민정음》 해례본과 《용비어천가》를 통해 본 구두점의 기능

제2장의 (5)와 (6)에서 제시하고 있는 '句'와 '讀'의 정의와, 구점과 두점이 현대 한국어의 마침표와 쉼표에 대체적으로 대응한다는 것을 고려한다면 '句'와 '讀'는 비교적 명확한 개념이라고 생각될 수 있다. 그러나 이승재(2001: 28)에서 지적하고 있는 것처럼 구점과 두점을 어떻게 판별할 것인지에 대해서는 논의가 분분할뿐더러, 이 둘의 경계를 확정하기도 어렵다. 결국, 실제 문헌에 사용된 사례를 바탕으로 당대에 구점과 두점의 용법을 추정할 수밖에 없다. 이 장에서는 구점과 두점의 용례를 풍부하게 보여 주고 있는 《훈민정음》 해례본과 《용비어천가》의 예들을 바탕으로 이들 문헌에서의 구두점의 사용 양상을 살펴보고자 한다.[16)]

기존의 논저들에서 구점은 현대 한국어의 마침표, 두점은 현대 한국어의 쉼표에 대체로 대응된다고 말한 대로 《훈민정음》 해례본이나 《용비어천가》에서 사용된 구점과 두점의 대부분 용례는 현대 한국어

---

16) 이 글에서 특히 《훈민정음》 해례본과 《용비어천가》에 주목하는 이유는 구점과 두점의 위치를 구별하여 표기하지 않은 서적의 경우, 서적에서 권점을 사용하여 단구하고 있더라도 이 권점이 구점인지 두점인지를 확신할 수 없기 때문이다. 《훈민정음》 해례본과 《용비어천가》의 경우에는 구점과 두점의 위치가 구별되어 있기에, 당대에 구점과 두점이 어떠한 용법으로 사용되었는지 확인할 수 있다.

의 마침표, 쉼표로 바꾸어 번역했을 때 큰 문제가 없다.

(8) 가. 天地之道。一陰陽五行而已。坤復之間爲太極。而動靜之後爲陰陽。〈正音解例 1ㄱ〉

[하늘과 땅의 도는, 오직 음양오행일 뿐이다. 곤괘와 복괘의 사이가 태극이 되고, 움직임과 멈춤 이후에 음양이 된다.]

나. 有天地自然之聲。則必有天地自然之文。所以古人因聲制字。以通萬物之情。以載三才之道。而後世不能易也。〈正音解例 26ㄴ〉

[천지자연의 소리가 있으면 반드시 천지자연의 글이 있다. 그런 까닭에 옛날 사람이 소리를 인하여 글자를 만들어서, 만물의 뜻을 통하게 하였고, 삼재의 도를 실었으니, 후세가 바꿀 수 없는 것이다.]

다. 今者出師。有四不可。以小逆大。一不可。夏月發兵。二不可。擧國遠征。倭乘其虛。三不可。時方署雨。弓弩膠解。大軍疾疫。四不可。〈龍歌 卷1: 34ㄱ-ㄴ〉

[지금 병사를 내는 데는, 네 가지 불가함이 있습니다. 작은 나라로써 큰 나라를 거스르는 것이, 첫 번째 불가함입니다. 여름에 병사를 일으키는 것이, 두 번째 불가함입니다. 나라가 움직여 멀리 정벌을 가면, 왜군이 그 빈 곳을 업신여기는 것이, 세 번째 불가함입니다. 때가 마침 장마철이기에, 활과 쇠뇌의 아교가 풀리고, 대군(大軍)에게 전염병이 있는 것이, 네 번째 불가함입니다.]

라. 夜禑與宦豎八十餘人。皆擐甲。馳至{格}太祖及敏修第。以屯軍門外不在家。故不得害而還。〈龍歌 卷1: 49ㄴ〉

[밤에 우왕이 내관(內官) 80여 명과 함께, 모두 갑옷을 입고, 태조와 조민수의 집에 쳐들어갔으나, 문밖에 군사를 주둔시키고 집에 있지 않았으므로, 해치지 못하고 돌아왔다.]

(8)은 구점을 현대 한국어의 마침표로, 두점을 현대 한국어의 쉼표로 대응시켜서 해석할 때, 큰 문제가 없다는 것을 보여 준다. 《훈민정음》 해례본이나, 《용비어천가》에서 만날 수 있는 대부분의 구점과 두점의

용법은 (8)과 유사하다. 그러나 구점의 경우, 현대 한국어의 마침표에 대응되기 어려운 예들이 존재한다.

(9) 가. △。 半齒音。 如穰字初發聲

가′. △이다. 반치음이다. 穰의 처음 나는 소리와 같다.

가″. △는, 반치음이니, 穰의 처음 나는 소리와 같다.

나. 、。 如呑字中聲

나′. 、이다. 呑의 중성과 같다.

나″. 、는, 呑의 중간 소리와 같다.

다. 癸亥冬。 我 殿下創制正音二十八字。略揭例義以示之。名曰訓民正音。

다′. 계해년 겨울이었다. 우리 전하께서 정음 28자를 창제하시고, 간략히 예의를 들어 그것을 보이시고, 이름을 訓民正音이라 하였다.

다″. 계해년 겨울에, 우리 전하께서 정음 28자를 창제하시고, 간략히 예의를 들어 그것을 보이시고, 이름을 訓民正音이라 하였다.

(10) 가. 惟我{改}本朝{平}。 司空始顯於羅代{改}奕葉相承。{改}穆王初起於朔方{改}景命已兆。〈龍歌 進箋文〉

가′. 우리나라입니다. 사공이 처음 신라시대에 명성을 떨친 후로 대대로 위업을 이어오다가, 목왕이 처음 삭방에서 일어나면서 천명을 받을 조짐이 이미 나타났습니다.

가″. 우리나라는, 사공이 처음 신라시대에 명성을 떨친 후로 대대로 위업을 이어오다가, 목왕이 처음 삭방에서 일어나면서 천명을 받을 조짐이 이미 나타났습니다.

나. 太祖康獻大王。 {改}挺上聖之資。{改}應千齡之運。〈龍歌 進箋文〉

나′. 태조강헌대왕입니다. 빼어난 성인의 바탕으로, 천년의 천운을 얻었습니다.

나″. 태조강헌대왕은, 빼어난 성인의 바탕으로, 천년의 천운을 얻었습니다.

다. 太宗恭定大王。_ {改}英明邁古。{改}勇智絕倫。{改}炳幾{平}先而建邦家{改}功高億載。戡禍亂而定{改}社稷{改}德冠{去}百王。〈龍歌 進箋文〉

다′. 태종공정대왕입니<u>다.</u> 영명하심이 옛사람보다 뛰어나고, 용기와 지혜는 뭇사람 중에 빼어나, 일의 기틀에 밝아 나라를 창건하시니, 그 공로는 억만년에 드높고, 국난을 다스려 사직을 안정시키니 그 덕은 백대의 왕에 으뜸입니다.

다″. 태종공정대왕<u>은,</u> 영명하심이 옛사람보다 뛰어나고, 용기와 지혜는 뭇사람 중에 빼어나, 일의 기틀에 밝아 나라를 창건하시니, 그 공로는 억만년에 드높고, 국난을 다스려 사직을 안정시키니 그 덕은 백대의 왕에 으뜸입니다.

라. 高麗{平}文宗定官制。中書門下省。尙書省。_有中書令。門下侍中。尙書令。各一人。秩從一品。〈卷1: 33ㄱ〉

라′. 고려(高麗) 문종(文宗)이 관제(官制)를 정하였다. 중서문하성(中書門下省)과 상서성(尙書省)<u>이다.</u> 중서령(中書令), 문하시중(門下侍中), 상서령(尙書令)을 각 1인씩 두었는데, 관등[秩]은 종1품이었다.

라″. 고려(高麗) 문종(文宗)이 관제(官制)를 정하였다. 중서문하성(中書門下省)과 상서성(尙書省)<u>은,</u> 중서령(中書令), 문하시중(門下侍中), 상서령(尙書令)을 각 1인을 두었는데, 관등[秩]은 종1품이었다.

(9), (10)의 예들은 각별한 주목을 요한다.

(9가)에서는 '△' 뒤, (9나)에서는 '、' 뒤, (9다)에서는 '癸亥冬' 뒤에 구점이 표기되어 있고, (10가)에서는 '惟我本朝', (10나)에서는 '太祖康獻大王', (10다)에서는 '太宗恭定大王', (10라)에서는 '中書門下省, 尙書省' 뒤에 구점이 표기되어 있다. (9가′, 나′, 다′), (10가′, 나′, 다′, 라′)은 구점을 마침표로 옮긴 것인데, 이렇게 문장이 종결되면 문장이 어색해진다는 것을 확인할 수 있다. 즉 이 경우의 구점은 현대 한국어

의 마침표에 대응되지 않는 것이다.

2017 개정 한글 맞춤법에서 제시하고 있는 마침표의 기능은 아래와 같다.

(11) 가. 서술, 명령, 청유 등을 나타내는 문장의 끝에 쓴다.
　　나. 아라비아 숫자만으로 연월일을 표시할 때 쓴다.
　　다. 특정한 의미가 있는 날을 표시할 때 월과 일을 나타내는 아라비아 숫자 사이에 쓴다.
　　라. 장, 절, 항 등을 표시하는 문자나 숫자 다음에 쓴다.

이 중에서 가장 흔히 쓰이는 기능은 (11가)일 텐데, 현대 한국어에서 ‘△’, ‘、’, ‘癸亥冬’이나 ‘惟我本朝’, ‘太祖康獻大王’, ‘太宗恭定大王’, ‘中書門下省, 尙書省’ 등이 하나의 문장을 이룬다고 파악하기는 힘들다고 생각된다. 따라서 이러한 경우에 구점을 현대 한국어의 마침표로 옮겨서 문장을 종결하면 어색하다고 느껴지는 것이다.

그렇다면 이러한 환경에서 사용되는 구점의 기능은 무엇이라고 파악해야 하는가? 또한, 구점의 앞에 위치하는 ‘△’, ‘、’, ‘癸亥冬’이나 ‘惟我本朝’, ‘太祖康獻大王’, ‘太宗恭定大王’, ‘中書門下省, 尙書省’ 등은 문장에서 어떤 지위를 가졌다고 해야 하는가? 이에 대해서는 장을 달리하여 살펴보고자 한다.[17)]

---

17) 위에서 살펴본 구점의 용법 이외에, 《용비어천가》에서는 ‘曰’ 뒤, 서적의 내용이나 주(註)를 인용하는 경우 ‘서명 曰’, ‘註’ 뒤에도 구점이 사용된다.

ㄱ. 左右曰。_左軍及曼殊軍皆敗矣。〈卷1: 46ㄱ〉
좌우의 군사들이 말하였다. “좌군과 만수(曼殊)의 군대가 모두 패하였습니다.”
ㄴ. 一矢立斷。乃曰。_再甚麽。〈卷1: 46ㄱ〉
화살 한 발로 부러뜨렸다. 이내 말하였다. “다시 쏠 필요가 있겠는가.”
ㄷ. 詩曰。_造舟爲梁。註。_梁◦橋也。作舩於水◦比{去}之而加版於其上◦以通行者◦卽今之浮橋也。〈卷1: 36ㄱ〉
《시경(詩經)》에서 말하였다. “배로 다리를 만든다.” 주(註)이다. 양(梁)은, 다리

4. '화제 제시 기능'으로서의 구점의 용법

우리는 제3장에서 현대 한국어의 마침표로 옮기기 어려운 구점의 기능이 존재한다는 것을 확인하였다. 그렇다면, 이때의 구점의 기능은 무엇이라고 기술해야 할 것인가? 또한, 구점의 앞에 위치하는 성분인 (9), (10)의 '△', '、', '癸亥冬'이나 '惟我本朝', '太祖康獻大王', '太宗恭定大王', '中書門下省, 尙書省' 등이 문장에서 지니는 역할을 무엇으로 정의할 것인가?

결론부터 제시하면, 이 글에서는 구점의 앞에 오는 '△', '、', '癸亥冬'이나 '惟我本朝', '太祖康獻大王', '太宗恭定大王', '中書門下省, 尙書省' 등의 요소를 '화제'로 파악하고자 한다. 그리고 이러한 구점의 용법은 화제를 제시하는 기능을 하는 것으로 파악할 것이다.

'화제'라는 용어는 일상생활에서 흔히 사용되기는 하지만, 언어학적으로 정의하기는 쉽지 않은 용어이다. 한국어의 정보구조를 연구한 최윤지(2016: 150)에서는 Kuroda(1972)의 논의를 바탕으로 정보구조의 관점에서 화제를 '정언판단의 대상'으로 정의하였다. Kuroda (1972)에 따르면, 판단은 정언판단(categorical judgment)과 단언판단(thetic judgment)으로 나뉘는데, 단언판단(thetic judgment)이 사건 자체를 인식하는 하나의 행위가 이루어진 것이라면, 정언판단(categorical judgment)은 여기에 더해, 논리적 의미의 주어가 가리키는 대상을 인

[橋]이다. 물에 배를 만들고, 그것을 나란하게 하여[比] 그 위에 판을 더하고, 통행하게 한 것이니, 곧 지금의 부교(浮橋)이다.

그리고 이러한 용법은 앞서 제시한 《논어집주대전》이나 《성리대전서》에서도 그대로 확인된다.

식하는 행위가 추가되는 것이라고 하였다.

(12) 가. Inu ga hasitte iru.
나. Inu wa hasitte iru.
'A/the dog is running.' (Kuroda 1972: 161)

Kuroda(1972)에 따르면 일본어에서는 'ga'가 쓰인 문장(11가)는 단언판단을, 'wa'가 쓰인 문장(11나)는 정언판단을 나타낸다고 한다. 단언판단의 경우 'x가 달리고 있고 x가 개다'라는 판단하는 하나의 행위가 이루어지는 반면, '정언판단'의 경우 'x가 달리고 있고 x가 개다'라는 판단에 더하여 화자가 관심을 두는 주요 대상으로서의 실체 x를 확립하는(setting up) 복수의 행위가 함께 일어난다.

아래에서 한국어의 예를 살펴보기로 한다.

(13) 가. 개가 달리고 있다.
나. 개는 달리고 있다.

한국어에서 (13가)의 '개가 달리고 있다'는 단언판단, (13나)의 '개는 달리고 있다'는 정언판단에 해당한다. 즉, (13가)가 'x가 달리고 있고, 그 x가 개'라는 판단만을 나타낸다면, (13나)는 '이 문장에서 화자가 관심을 두고 있는 주요 대상은 x이다'라는 것까지 나타내고 있다. 이 때, "화자가 관심을 두는 주요 대상"이 바로 '정언판단의 대상'이 되는 것이고, 그것이 곧 '화제'에 해당하는 것이다. 일본어에서 조사 'wa'가 정언판단의 대상을 나타낸다면, 한국어에서는 문두의 '-은/는'이 정언판단의 대상, 즉 화제를 나타낸다고 한다(최윤지 2016: 152).

이러한 관점에서 보면, (9)의 '△', '、'이나 (10)의 '我本朝', '太祖康獻大王', '太宗恭定大王', '中書門下省, 尙書省' 등은 '화제'에 해당한다

고 볼 수 있을 것이다. 이들 문장은 결국 구점 앞에 오는 요소에 대해 말하고자 하는 것이며, 이 문장에서 화자가 관심을 주고 두고 있는 주요 대상 역시 이들에 해당하기 때문이다.[18] 또한, 이들 문장을 현대 한국어로 옮겼을 때, 자연스럽게 '-은/는'으로 옮겨진다는 점도 이들이 화제라는 것을 방증한다. 문두의 '-은/는'은 한국어에서 화제와 관련된 가장 두드러지면서 특별한 형식이기 때문이다(최윤지 2016: 152).

이와 관련하여 《훈민정음》 언해본의 언해 양상을 살펴볼 필요가 있다.

(14) 가. △。半齒音。如穰字初發聲

가'. △는 半니쏘리니 穰ㄱ字 처섬 펴아 나는 소리 ᄀᆞᄐᆞ니라 〈訓諺: 9ㄱ〉

나. ᆞ。如呑字中聲

나'. ᆞ는 呑ㄷ 字 가온딧 소리 ᄀᆞᄐᆞ니라 〈訓諺: 9ㄴ〉

(14가, 나)에서 '△。半齒音。如穰字初發聲'이나 'ᆞ。如呑字中聲'의 '△'나 'ᆞ'를 《훈민정음》 언해본에서 '-는'을 사용하여 언해한 것도, '△'나 'ᆞ'이 바로 이 문장의 '화제'이기 때문인 것이다. 다시 말해, 이 문장에서 화자가 관심을 두고 있는 주요 대상은 바로 '△'와 'ᆞ'이라고 할 수 있다.[19]

---

18) 이러한 관점에서 보면 '(9ㄷ) 癸亥冬。我 殿下創制正音二十八字◦略揭例義以示之◦名曰訓民正音。'의 '癸亥冬'은 재고의 여지가 있다. 여기에서 '癸亥冬'은 화제라고 보기 어렵기 때문이다. 아마도 이는 구두점을 표기하는 사람이 '계해년 겨울이었다.'의 하나의 완결된 의미로 파악한 것일 수도 있고, 구점이 가진 또 다른 기능으로 볼 여지도 있다.

19) 다만, '△。半齒音。如穰字初發聲'에서 '半齒音' 뒤에 오는 句點은 화제를 표시하는 기능을 하는 듯하나, 언해에서는 '-으니'로 옮겨졌다. '△는, 半齒音은, 穰ㄱ字 처섬 펴아 나는 소리 ᄀᆞᄐᆞ니라' 정도와 같이 화제가 중복되어 나타나는 것이라고 파악할 가

따라서 지금까지 살펴본 점을 고려한다면, 아래의 진술은 재고를 요한다고 할 수 있다.

(15) 낙장되지 않은 부분의 처음인 이 부분이 '△。'으로 시작한다. 즉, 句點이 'ㅿ' 뒤와 '半齒音' 뒤에 있으므로, 그 번역은 원칙적으로 'ㅿ이다. 반치음(半齒音)이다.'로 되어야 하나 여기에서는 문맥을 고려하여 '△는 반치음(半齒音)이니'로 번역하였다. 이하 마찬가지이다. (이현희 외 2014: 27, 각주 7)

이러한 인식은 구점의 용법이 현대 한국어의 마침표에 대응된다는 의식에서 비롯된 것이라고 생각된다. 하지만, 구점이 당시에 화제 표시 기능을 하고 있었다는 것을 생각해 본다면 현대 한국어로 '△는 반치음이니'라고 옮기는 데 문제가 없고, 오히려 그것이 구점의 기능을 살리는 번역이라고 생각된다.

한편, 《훈민정음》 해례본이나 《용비어천가》에서 구점이 화제 제시 기능을 하고 있다는 것은 이들 문헌에서 구점이 일종의 "텍스트 표지"로서 기능하고 있음을 짐작게 한다. 이 글에서 논의하는 텍스트 표지란, 저자와 독자의 상호작용 및 저자의 태도를 나타내는 기능을 하는 것을 말한다.[20]

우선, 구두점은 저자와 독자의 상호작용 측면에서 해석이 가능하

능성도 고려해 볼 수 있다.

20) 이는 기존에 논의된 담화표지의 정의를 참조한 것이다. 담화표지는 세 가지의 기능적인 측면에서 정의되었다. 응집성(cohesion)을 형성하는 기능을 담화표지의 주된 기능으로 보기도 하고(Schiffrin 1987, 전영옥 2002), 화자와 청자의 상호작용을 담화표지의 주된 기능으로 보기도 하며(Maschler 2009), 화자의 태도를 나타내는 기능을 담화표지의 주된 기능으로 보기도 하였다(Schourup 1985, 김향화 2001).

《훈민정음》 해례본이나 《용비어천가》를 담화라고 보기는 어려울 수도 있으나, 텍스트로 파악하는 데는 무리가 없을 것이다. 이 글에서는 이들 문헌에 사용된 구점이 텍스트 내에서 위와 같은 역할을 어느 정도 수행하고 있다고 파악한다.

다. 한문 텍스트에 구점과 두점을 표시하는 것은 텍스트를 읽는 독자가 한문 문헌의 내용을 오해 없이, 그리고 더 쉽게 이해하게 해 주려는 저자의 능동적인 행동으로 해석할 수 있다. 한문 문장을 단구(斷句)해서 오해 없이 의미를 해석할 수 있게 하고, 문장의 화제를 구점을 통해 표시하여 쉽게 맥락을 이해할 수 있게 저자는 구두점을 구성하고, 독자는 구두점을 바탕으로 저자의 의도를 따라가면서 한문 텍스트를 이해하게 되는 것이다.

더불어 구두점을 사용하는 것은 저자의 태도와도 밀접한 관련이 있다. 왜 하필 세종代에 편찬된 《훈민정음》 해례본과 《용비어천가》에만 구점과 두점의 위치를 변별하여 구두점을 사용하였는지를 고민해 보아야 한다. 이는 결국 독자가 한문 텍스트를 최대한 쉽게 이해하도록 돕고 싶다는 저자의 태도에서 비롯된 것일 가능성이 높기 때문이다. 결국 《훈민정음》 해례본과 《용비어천가》에 사용된 구두점은 이 문헌을 읽는 독자가 문헌의 의미를 최대한 쉽게 이해할 수 있게 배려하려는 세종의 태도를 드러내는 것이기도 하다.[21)]

이상에서 논의한 내용을 바탕으로 한다면, 《훈민정음》 해례본과 《용비어천가》의 구점과 두점은 텍스트 표지로서 일정한 기능을 하고 있다고 할 수 있을 것이다. 텍스트 안에서 저자와 독자의 상호작용을

21) 이 두 문헌을 편찬하는 데 관여한 인물이 거의 일치한다는 점도 고려될 필요가 있다. 《훈민정음》 해례본의 편찬에는 정인지(鄭麟趾)·박팽년(朴彭年)·신숙주(申叔舟)·성삼문(成三問)·최항(崔恒)·강희안(姜希顔)·이개(李塏)·이선로(李善老)가 관여하였고, 《용비어천가》는 정인지(鄭麟趾)·안지(安止)·권제(權踶)가 시문을 지었고, 최항(崔恒)·박팽년(朴彭年)·강희안(姜希顔)·신숙주(申叔舟)·이현로(李賢老)·성삼문(成三問)·이개(李塏)·신영손(辛永孫)이 주해를 하였다. 여기에서 파악할 수 있듯이 이들 두 문헌의 편찬자는 상당수 중복된다.

그러나, 《훈민정음》 해례본과 《용비어천가》에서 구점과 두점을 구별하여 표기하는 것이 편찬에 참여한 저자들의 의도에 의한 것이라고 파악하기는 쉽지 않다. 이는 역시 세종의 의도가 깊게 관여된 것이라고 파악되어야 할 듯하다.

매개하며, 저자의 태도를 드러내 준다고 할 수 있기 때문이다.

5. 결론

이 글에서는 《훈민정음》 해례본과 《용비어천가》에 사용된 구두점의 용법을 문헌에 나타난 용례를 바탕으로 파악하고자 하였다. 이 과정에서 중국에서 '구두(句讀)'라는 용어가 사용된 최초의 용례는 언제인지, '句'와 '讀'가 나누어 인식된 것은 언제부터인지, 조선의 문헌에서 구점과 두점의 위치가 구별되어 사용된 문헌은 어느 것인지 등을 논의하였다. 또한, 《훈민정음》 해례본과 《용비어천가》의 구점과 두점의 사용 양상을 검토하면서, 이들 문헌에서 구점이 '화제 표시의 기능'을 하고 있었다는 점에 대해서도 논의하였다.

글을 마무리하기 전에, 《법화경언해》의 일여의 주에 사용된 구두점에 대해서 간략하게 언급해 두고자 한다. 앞서 여러 차례 언급했듯이, 한글 문헌 중에 구점과 두점을 구별하여 표기한 문헌에는 《훈민정음》 해례본과 《용비어천가》 이외에도 《법화경언해》가 있다. 《법화경언해》는 경 본문과 송(宋)의 온릉(溫陵) 계환(戒環)의 요해(要解), 그리고 명(明)의 일여(一如)가 찬집(撰集)한 〈법화경과주(法華經科註)〉로 이루어져 있는데, 이 중 구두점은 일여의 주에만 나타난다. 그러한 이유는 법화경 본문과 계환의 요해 부분은 이미 언해가 이루어져 있어서 구두점이 필요 없기 때문이다.

본고에서는 《법화경언해》에 구점과 두점이 구별되어 표기된 것 또한 세종과 관련이 깊다고 파악한다. 비록 《법화경언해》가 1463년(세조 9)에 간행된 것이기는 하지만, 이미 《석보상절》에 법화경 전권의 내용이 언해되어 포함되어 있었다는 것을 고려해 본다면, 세종 시절에 법화경에 대한 언해는 이미 이루어졌으리라고 파악할 수 있기 때문이다. 현재로서는 추정에 불과하지만, 법화경의 언해와 관련하여 구두점이 어떠한 역할을 수행한 것이 아닌가 생각된다. 이에 대한 보다 자세한 고찰은 후고로 미루기로 한다.

참고문헌

강신항(1963), 「훈민정음」 해례이론과 《성리대전》과의 관련성, 《국어국문학》 26, 국어국문학회, 177-185.

김문식(2006), 조선시대 중국 서적의 수입과 간행: 《四書五經大全》을 中心으로, 《규장각》 29, 규장각 한국학연구원, 121-140.

김향화(2001), 한국어 담화표지의 기능, 《한국학논집》 28, 계명대학교 한국학연구소, 113-140.

류탁일(1974), 初刋 三綱行實圖에 對하여 : 初判本을 中心으로, 《國語國文學》 11, 釜山大學校 人文大學 國語國文學科.

류탁일(1977), 《韓國文獻批評論 序說》, 부산대학교 교재.

柳鐸一(1989), 《韓國文獻學研究》, 아세아문화사.

문화재청(2017), 《국보 제70호 훈민정음 정본 제작 연구용역》, 문화재청.

박지홍(1979), 한문본 훈민정음의 번역에 대하여, 《한글》 164, 한글학회, 629-654.

백두현(2018), 《훈민정음》 해례본 낙장의 권두서명과 병서 행 복원 방안 연구, 《어문논총》 75, 한국문학언어학회, 9-43.

섭보매(2016), 《훈민정음》 해례본의 권점 체계에 대하여, 《열린정신 인문학연구》 17-1, 원광대학교 인문학연구소, 259-289.

심경호(2012), 《한국 한문기초학사 3》, 태학사.

안현주(2007), 朝鮮時代 〈四書〉의 板本 研究, 전남대학교 박사학위논문.

이성구(1983), 훈민정음과 태극사상, 《난대 이응백박사 회갑기념논문집》, 보진재, 188-202.

이성구(1985), 《훈민정음 연구》, 동문사.

이숭녕(1972), 성리대전과 이조언어의 연구, 《동양학》 2, 단국대학교 동양학연구소.

이승재(2001), 옛 문헌의 각종 부호를 찾아서, 《새국어생활》 12-4, 국립국어연구원.

이정호(1975), 《훈민정음의 구조원리: 그 역학적 연구》, 아세아문화사.

이현희 · 두임림 · 사화 · 스기야마 유타카 · 정혜린 · 김소영 · 김주상 · 백채원 · 가와사키 케이고 · 이상훈 · 김한결 · 김민지 · 왕철(2014), 《《훈민정음》의 한 이해》, 역락.

이호권(2019), 《용비어천가》 판본의 변개와 그 해석: 서지학과 국어사 연구의 관점에서, 《국어국문학》 186, 5-27.

전영옥(2002), 한국어 담화표지의 특징 연구, 《화법연구》 4, 한국화법학회, 113-145.

정우영(2015), 훈민정음과 불교경전의 상관관계 연구, 《어문연구》 43-4, 33-63.

정우영(2018), 《훈민정음》 해례본 낙장의 '병서행' 복원에 대한 재론, 《국어학》 88, 국어학회, 33-73.

최윤지(2016), 한국어 정보구조 연구, 서울대학교 박사학위논문.

管錫華(1995), 古代標點符號理論初探, 《古籍整理研究學刊》 5, 22-28.

楊亦鳴(1998), 《文言文學習辭典》, 黃山書社.

Kuroda, S-Y.(1972), The Categorical and the Thetic Judgment: Evidence from Japanese Syntax, *Foundations of Language 9*, 153-185.

Maschler, F.(2009), *Metalanguage in Interaction,* John Benjamins Publishing Company.

Schiffrin, D.(1987), *Discourse markers*, Cambridge University Press.

Schourup, L.C.(1985), *Common Discourse Particles in English Conversation*, New York: Garland.

3. 은진 송씨 송준길 · 송규렴 가문 언간의 담화표지 '대되'

이강혁

1. 서론

이 글은 용언 '대도ᄒᆞ-'의 파생 부사인 '대되'가 문법화를 거쳐 담화표지로서의 기능을 획득하는 과정을 확인하는 것에 목적이 있다. 이를 위해서는 현재 담화텍스트언어학에서 정의하는 '담화표지'의 개념을 검토하여 정립해야 할 것이며 정립한 담화 표지의 개념을 바탕으로 '대되'를 공시적 · 통시적으로 살펴보아 기준에 부합하는지를 설명해야 할 것이다.

따라서 선행 연구를 통해 '담화 표지'의 개념 및 선정 기준 등을 검토한 후 이를 바탕으로 15 · 16세기의 '대도ᄒᆞ-'의 활용형 및 파생부사 '대도히', 더 나아가 '대되'가 매우 생산적으로 사용된 근대 한국어 시기의 '은진 송씨 송준길 · 송규렴 가문 언간'[1]을 중심으로 각 시기의

1) 근대 한국어 시기에는 수많은 가문의 언간이 전해진다. 그 중 이 글에서 '송씨 가문 언간'에 중심을 둔 이유는 이 글의 주제인 '대되'의 사용 양상에 특이점을 확인할 수 있었기 때문이다. '송씨 가문 언간' 이외에도 다른 수많은 가문은 언간에서도 '대되'는 문증되나 유독 '송씨 가문 언간'에 매우 생산적으로 나타나며 또한 매우 제한된 구문에 출현하는 양상을 확인할 수 있었다. 이러한 양상 속에서 필자는 '대되'의 담화표지로서의 가능성을 엿보았으며 이에 자료를 '송씨 가문 언간'으로 제한하였다. 물론 단연 모든 문헌과 언간에 나타나는 '대되'의 양상을 확인하고 검토하는 것이 옳은 처사이나

공시적인 모습과 통시적인 양상을 검토하여 담화표지로서의 모습을 확인하고자 한다.

2. 담화표지 설정 기준

담화표지에 관하여 논하기 이전에 우선 이 글에서 적용하고자 하는 '언간', 즉 한글 간찰은 담화에 포함될 수 있는 것인가? Widdowson(1987)에서는 담화는 문장의 연속적인 사용이며 응집성과 일관성을 바탕으로 형성되는 것이라 하였고 Givon(1984)는 인간의 의사소통 활동에서 중심적인 역할을 하는 명제들의 집합체를 담화라고 하였다. 이처럼 종래의 연구들에 따라 의사소통을 바탕으로 응집성 등의 텍스트성을 지닌 글을 담화로 정의할 수 있겠다. 이를 바탕으로 언간은 의사소통을 전제로 하는 수신자와 발신자가 명확히 존재하는 텍스트이며 정보전달 등을 목적으로 하는 텍스트성을 지닌 글로 판단되므로 문어 담화의 일종으로 파악할 수 있을 것이다.

담화표지에 대한 연구는 일반적으로 구어에 국한되어 진행되어 왔다. 이는 담화표지가 화용적으로 중요한 기능을 수행하는 것에 주목

이는 해당 지면에 모두 담기 어려울뿐더러 '대되'가 등장하는 문헌 및 언간별로 그 양상과 특징을 달리 보이기에 담화표지라는 어쩌면 획일화된 결론을 내리는 것에 제한점이 있다고 판단하였다. 또한 개인 방언의 일부라는 비판을 피할 수 없겠지만 '송씨 가문 언간'은 17세기부터 20세기 초반까지 고루 분포한 텍스트를 보이며 오히려 제한된 구성원들의 생산적인 한글 편지 양상을 확인함으로써 보다 심도 깊은 분석이 가능할 것이라 기대하기에 이러한 한계점을 이 글은 안고 가는 바이다. 그만큼 당시 '송씨 가문 언간'에서 '대되'의 담화표지로서의 지위가 어떤지를 보다 분명히 파악할 수 있을 것이라 판단했기 때문이다.

이 글의 주된 자료인 '송씨 가문 언간'은 이광호·신익철·박부자(2009ㄱ, 2009ㄴ)의 판독 자료에 전적으로 의존하였다. '송준길 가문 언간'의 해제는 박부자(2007)을 참고할 수 있으며 '송규렴 가문 언간의 해제'는 이래호(2004)를 참고할 수 있다.

했기 때문이다. 이에 따라 구어에서 확인할 수 있는 담화표지의 기능에 주목한 연구들이 대부분을 이룬다(안주호 1992, 김향화 2001, 전영옥 2002, 김영철 2012). 이러한 종합적인 고찰에도 불구하고 담화표지의 정의 및 기능이 상이하며 담화표지의 목록 또한 제한적이거나 서로 공통되는 부분이 많지 않은 실정이다.

안정아(2008: 251-252)에서 제시하였듯이 담화표지는 기본적으로 구어 담화뿐만 아니라 문어 담화에서도 사용되는 개념으로 파악할 수 있다. 담화표지는 Schiffrin(1987: 31)에서의 '말의 단위를 묶어주는 연쇄적으로 의존적인 요소'에서 시작할 수 있다. 또한 정영옥(2002: 115)에서는 '의미론적 차원에서 불필요한 표현이나 기존의 의미·기능에서 새로운 기능을 획득하게 된 표현이 언어 사용 또는 담화 차원에서 새롭게 존재 이유를 갖고 사용되는 것'으로 담화표지를 정의하였다. 또한 김향화(2001: 113)에서는 청자에게 발화의 의도와 태도를 효과적으로 전달하기 위한 화자의 장치이자 책략으로 정의하였다. 이러한 종합적인 담화표지에 대한 정의들은 모두 수용할 법하지만 명확한 설정 기준을 확립하기에는 어려움이 따른다. 이에 송인성(2015)에서는 선행연구를 토대로 담화표지 고유의 형태, 통사, 의미 등의 특성을 제시하였다.

(1) 송인성(2015)에서 제시한 담화표지의 특성[2)]

가. 담화표지는 문어 담화보다 구어 담화에서 두드러지게 실현된다.

나. 담화표지는 형태적으로 고정적인 특성을 지니고 있어서 어미 활용이 제한적이거나 조사가 결합되지 않는다.

다. 담화표지는 통사적으로 다른 문장성분과 독립적인 특성을 지니며

2) Östman(1982), Brinton(1996), 임규홍(1996), Schiffrin(1987)을 참고하여 제시한 것이다.

수의적이다.

라. 담화표지는 담화에서 실현될 때, 의미적으로 해당 어휘가 원래 지니고 있는 명제적 의미가 변화되어 새로운 기능을 가진 것이다.

마. 담화표지는 억양, 휴지, 길이 등과 같은 운율 요소와 밀접하게 관련되어 실현된다.

이 글에서도 (1)과 같이 송인성(2015)가 제시하는 담화표지의 특성에 동의하는 바이나 언간이 문어 담화인 만큼 (1가)와 (1마)의 경우는 수용하는 것에 어려움이 따른다. 따라서 이 글에서는 이를 제외한 나머지를 담화표지 설정 기준으로 확립하여 아래와 같이 제시하고자 한다.

(2) 이 글의 담화표지 설정 기준
가. 활용 및 조사결합 제한
나. 통사적 독립성 및 수의성
다. 의미 최소화(Schiffrin 1986: 47)

3장에서는 후기중세 한국어 시기부터 근대 한국어 이후 시기까지의 '대되'의 출현 양상을 살펴볼 것이며 4장에서는 (2)에 따라 '대되'의 담화표지로서의 위상을 검토하여 최종적으로 담화표지 여부를 검증하고자 한다.

3. '대되'의 출현 양상

이번 장에서는 후기중세 한국어 시기부터 그 이후 시기에 나타나는 '대되'의 출현 양상을 살펴보고자 한다. '대되'는 본디 '대도(大都)[3]'

3) ㊂대개. 대략. 大抵. ㊃사물의 대체적 내용이나 정황. 大綱. ㊄대부분. (《한한대사전》).

에 파생접미사 '-ᄒᆞ-'가 결합한 뒤 부사 파생접미사 '-이'가 결합하여 축약된 형태이다. 비록 명사어근에서 기원되었지만 용언으로 파생되었기에 다양한 활용형으로 문증된다. 후기중세 한국어 시기에는 '대도ᄒᆞ-'의 다양한 활용 및 파생형이 문증된다.

그러나 근대 한국어 이후 시기부터는 대부분이 '대되'의 형태로만 문증되며 이 글의 중심 자료인 '송씨 가문 언간'에서 주로 확인할 수 있다. 그렇기에 이번 장에서는 다양한 활용형이 문증되는 '후기중세 한국어 시기'와 그렇지 않은 '근대 한국어 시기 이후'로 절을 나누어 살펴보고자 한다.

(1) 후기중세 한국어 시기

이 글에서 담화표지로 다루고자 하는 '대되'는 후기중세 한국어에서는 '대도ᄒᆞ-'의 활용형으로 주로 문증된다. 여러 어미 및 접사와 결합하여 나타나는데 그 유형은 아래와 같다.

(1) 대도ᄒᆞᆫ
- 가. 化佛마다 五百化菩薩와 無量諸天을 ᄃᆞ려 잇고 대도ᄒᆞᆫ 身光 中에 五道衆生ᄋᆡ 一切色相이 다 現ᄒᆞ고《月釋 8:34》
- 나. 스믈다ᄉᆞᆺ 由旬이오 二百 쉰 由旬을 비취며 대도ᄒᆞᆫ 身光明이 十方 나라ᄒᆞᆯ 비취여 紫金ㅅ 비치어든《月釋 8:38》
- 다. 말ᄉᆞ미 ᄀᆞᆮᄇᆞᄅᆞ며 모미 다 알ᄑᆞ거든 대도ᄒᆞᆫ ᄇᆞᄅᆞᆷ앗 병을 다 고티ᄂᆞ니라《救簡 1:6》
- 라. 대도ᄒᆞᆫ 머리 알ᄑᆞᆺ 병에 약 머거 됴티 아니커든《救簡 2:6》

(1)은 용언 '대도ᄒᆞ-'에 어미 '-ㄴ'이 결합한 형태이다. 통사적으로 '대도ᄒᆞᆫ'에 명사가 후행하여 '-ㄴ'을 관형사형 전성어미로 파악할 법도 하지만 의미상으로는 후행 명사를 수식하기보다는 부사어로서 '대체

로'로 해석하는 것이 자연스럽다. 물론 이를 관형어로 파악할 수도 있겠지만 동명사 어미 '-ㄴ'의 용법이 남아 있는 것으로 파악할 수도 있다. 이때의 '-ㄴ'을 동명사 어미로 파악하는 것은 의미론적인 이유만이 아니라 아래에서 확인할 수 있는 '대도ᄒᆞᆫ디'라는 형태에서 유추할 수 있다.

(2) 대도ᄒᆞᆫ디

가. 國城妻子ᄂᆞᆫ ᄃᆞ소맷 因緣ᄲᅮ니오 法供養이 아닐ᄊᆡ 다 몯 밋ᄂᆞ니 대도ᄒᆞᆫ디 法 위ᄒᆞ야 몸 도라 보디 아니호ᄆᆞᆫ 佛法ᄲᅮ니 아니라 至極ᄒᆞᆫ 사ᄅᆞ미 得道ᄒᆞ면《釋詳 20:12》

나. 龍王ᄋᆞᆫ 龍ᄋᆡ 中엣 王이니 대도ᄒᆞᆫ디 사ᄉᆞᄅᆞᆯ 鹿王이라 ᄒᆞ며《月釋 1:23》

다. 이 經이 대도ᄒᆞᆫ디 長行이 略ᄒᆞ면 偈 仔細코 長行이 仔細ᄒᆞ면 偈ㅣ 略ᄒᆞ니《法華 1:122》

(1)과 마찬가지로 용언 '대도ᄒᆞ-'에 '-ㄴ디'가 결합한 것으로 확인된다. 그러나 이때 '-ㄴ디'는 어미로 파악하는 것에 어려움이 따른다. 후기중세 한국어 시기에서 공시적으로 '-ㄴ디'가 어미로 사용될 때는 인지구문인 '-ㄴ지 알-/모ᄅᆞ-'에 국한되기 때문이다.[4] 또한 그렇다고 명사구 보문 구성으로 파악해도 문제가 생기는데, '[[-ㄴ]#디]'와 같이

4) 정재영(1996: 251-252)에서는 '-ㄴ디 알-/모ᄅᆞ-' 구문의 어미 '-ㄴ디'의 경우 명사구 보문 구성에서 통합구조체가 역사적으로 단어 및 형태소 경계소멸 과정을 통해 어미로 굳어진 것으로 설명하였다. 즉 '[[[-ㄴ]#ᄃᆞ]+ㅣ]' 혹은 '[[[-ㄴ]#디]+(조사)]'에서 '-ㄴ디'로 문법화 과정을 거친 것이다.

이와 과련하여 이현희(1994: 473)에서는 인지구문에 사용되는 '-ㄴ디'에 대하여 이것을 '-ㄴ동 모ᄅᆞ-' 혹은 'ᄒᆞᆫ가 알-/모ᄅᆞ-'와 대비되는 것으로 파악하면 어말어미가 되고 또 이것이 'ᄒᆞᆫ ᄃᆞᆯ 알-/모ᄅᆞ-'와 대비되는 것으로 파악하면 명사구 보문 구성의 구조체가 된다고 하였다. 이 글은 '대되'의 문법화 과정에 중점을 두고 있기에 '-ㄴ디'에 대해서는 더 이상 상술하지 않겠다.

파악한다면 공시적으로 이는 시간경과구문에서만 확인할 수 있기 때문이다.

따라서 이 글에서는 '대도ᄒᆞᆫ디'의 '-ㄴ디'를 이들과는 별개의 것으로 파악하고자 하며 (1)의 '-ㄴ'이 동명사 어미로서의 기능이 소실됨에 따라 의존명사 'ᄃᆞ'가 결합한 뒤 추가적으로 부사화파생접미사 '-이'가 결합한 것으로 분석하고자 한다. 이때의 해석 역시 부사어로서 '대체로'로 옮길 수 있다.

(3) 대도히

가. 末法에 修行ᄒᆞ리 대도히 이에 븓ᄂᆞ니 ᄒᆞ나히나 闕호미 이시면 반ᄃᆞ기 일우디 몯ᄒᆞ리라《楞嚴 7:20》

나. 밄ᄀᆞᄅᆞ 빡 머리 알ᄑᆞ며 대도히 알ᄑᆞ거든 곡정초 ᄒᆞᆫ 량을 ᄀᆞ라 밄ᄀᆞᆯ의 ᄆᆞ라 죠히 우희 ᄇᆞᆯ라 알ᄑᆞᆫ ᄃᆡ 브툐ᄃᆡ《救簡 2:6》

다. 거믜 믈여 모미 대도히 헐어든 ᄀᆞ장 됴ᄒᆞᆫ 보ᄆᆡ 비즌 수를 ᄆᆞᅀᆞᆷ 다히 머거 취커든《救簡 6:66》

라. 각각 돈 일ᄇᆡᆨ곰 내면 대도히 돈 이삼쳔 나치로소니《飜朴 2》

마. 여슷 낫 면피예 ᄆᆡ ᄒᆞᆫ나치 세 돈식 혜면 대도히 ᄒᆞᆫ량 여듧 돈이로다《飜朴 33》

(3)은 용언 '대도ᄒᆞ-'에 부사화파생접미사 '-이'가 결합한 형태로 공시적으로 설명이 가능하다. 파생 부사가 되었으므로 부사어인 '대체로'로 해석되며 15세기에 가장 많은 용례를 확인할 수 있다. 그러나 (3라, 마)와 같이 『번역박통사』에서는 각각 백화문의 '共通'과 '通該'에 대응하여 '모두' 정도로 옮길 수 있다.

(4) 대되

가. 대되 요ᄉᆞ이 엇디 겨신고《순천 53:21》

나. 우리ᄂᆞᆫ 대되 무ᄉᆞ히 뫼니와 인뇌《순천 53:23》

다. 세 돈 열시기니 ᄒᆞ요니 돈 일빅 열히로소니 대되 돈 五百 나치로다《飜老 上:23》

라. 닷 돈식 ᄒᆞ고 스믈 근에 열 량식 ᄒᆞ면 대되 혜니 쉰 량이로다《飜老 下:59》

마. 가온ᄃᆡ 녀허둣다가 사ᄒᆞᆫ마닉 내여 짐 사ᄅᆞ미 대되 남지ᄂᆞᆫ 열낫 겨지븐 스므낫촐 머그라《온역 5》

바. 엄의 분묫 겻ᄐᆡ 천장ᄒᆞ고 ᄯᅩ 삼년 시묘ᄒᆞ니 대되 거상을 아홉해를 닙으니라《續三重 효:24》

용언 '대도ᄒᆞ-'에 부사화파생접미사 '-이'가 결합한 '대도히'가 16세기에 들어서는 (4)와 같이 '대되'로 축약되어 문증된다(구본관 2004: 120-122). 이 역시 (3)과 마찬가지로 부사이므로 '대체로'로 옮겨진다. 그러나 (3라, 마)와 같이 (4다, 라)도 각각 '通該'와 '通'에 대응하여 '대체로'보다는 '모두' 정도로 옮길 수 있다. 이와 관련하여 '대되'는 일반적인 문헌에서는 근대국어 시기 이후에는 거의 문증되지 않으며 대부분 『노걸대언해』, 『박통사언해』, 『박통사신석언해』, 『청어노걸대』, 『몽어노걸대』와 같은 외국어 회화 교육서에서만 문증된다. 이는 (3)과 (4)에서 지적한 바와 같이 원문에 이끌린 결과로 생각되며 이 경우에는 대부분 '대체로'가 아닌 '모두'로 옮길 수 있다.

(2) 근대 한국어 이후 시기

후기중세 한국어 시기에는 '대도ᄒᆞᆫ', '대도ᄒᆞ니', '대도히', '대되'와 같이 다양한 형태로 문증되지만 17세기 이후로는 대부분 '대되'의 형태로만 나타난다. 또한 앞에서 언급하였듯이 '대되'는 외국어 회화 교육서를 제외하면 이 시기에 거의 문증되지 않으며 주로 언간에서만 확인할 수 있다. 그 중에서도 특히 '대되'가 생산적으로 나타나는 언간은 이 글의 중심 자료인 '은진 송씨 가문 언간'이다. 이번 절에서는 '은진 송씨 송준길·송규렴 가문 언간'을 중심으로 '대되'의 출현 양상을 확인하도록 하겠다. 먼저 '송준길 가문 언간'부터 살펴보겠다.

(1) 가. 예ᄂᆞᆫ 어루신내 긔후(氣候) 일양(一樣) 안녕(安寧)ᄒᆞ오시고 대되 무ᄉᆞ(無事)호오니 다ᄒᆡᆼ(多幸)ᄒᆞᄋᆞᆸ《선세언독37, 아내(밀양박씨)→남편(송요화) 1723-1736》

나. 예ᄂᆞᆫ 대되 무ᄉᆞ(無事)ᄒᆞ나 혼자 ᄯᅥ뎌 하 고단(孤單)코 섭섭ᄒᆞ니《한글간찰2[5] 어머니(백천조씨)→아들(미상) 1669-1683》

다. 관인 오ᄂᆞᆫ ᄃᆡ 글시 보고 든든ᄒᆞ며 그ᄉᆞ이 ᄒᆡ 밧ᄀᆞ여시니 대되 무ᄉᆞ(無事)히 지낸다《한글간찰27 시아버지(송요화)→며느리(여흥민씨) 1753》

라. 셔울 긔별(寄別)도 문밧 손 무ᄉᆞ(無事)히 드러 가고 게도 대되 무ᄉᆞ(無事)ᄒᆞ더라 ᄒᆞ오니 깃브오ᄃᆡ《한글간찰49 아내(밀양박씨)→남편(송요화) 1723-1737》

(1)의 경우 '대되'는 무조건 '무ᄉᆞ(無事)ᄒᆞ-'에 선행하여 '대체로 무사하-'와 같이 안부 및 소식을 전하는 내용에만 나타난다.

(2) 가. 예ᄂᆞᆫ 대되 일양(一樣) 디내오며 ᄒᆡᆼᄎᆞ(行次)ᄂᆞᆫ 뎡(定)ᄒᆞᆫ 날노 ᄯᅥ나 오실가《한글간찰67-1 며느리(여흥민씨)→시아버지(송요화) 1757》

나. 예ᄂᆞᆫ 대되 일양(一樣) 디내오ᄃᆡ 한아비 지금 미혹(迷惑)ᄒᆞ여 누어 디내오니 념녀(念慮)롭ᄉᆞ오이다《한글간찰69 며느리(여흥민씨)→시아버지(송요화) 1756》

다. 예ᄂᆞᆫ 대되 일양(一樣) 디내오ᄃᆡ 신ᄋᆞ(新兒)가 ᄐᆡ독(胎毒)이 이경(易輕)티 아니ᄒᆞ오니 민망(憫惘)ᄒᆞ오이다《한글간찰73 며느리(여흥민씨)→시아버지(송요화) 1757》

5) 송준길 가문의 한글 간찰첩『선세언독』을 제외한 그 외 한글 간찰들을 송준길의 후손이 발신자별로 정리하여 별도로 정리해둔 간찰이다(이광호 외 2009ㄱ: 30).

라. 예ᄂᆞᆫ 대되 일양(一樣) 디내ᄋᆞᆸᄂᆞ이다《한글간찰74 며느리(여흥민씨)→시아버지(송요화) 1757》

마. 예ᄂᆞᆫ 대되 일양(一樣) 디내ᄋᆞᆸ고 … (중략) … 어제브터ᄂᆞᆫ 낫ᄌᆞ오니 깃브와 ᄒᆞ오며 셔울은 대되 므ᄉᆞ(無事)들 ᄒᆞ오며 쥬인은 어ᄃᆡ나 ᄒᆞ온가《한글간찰66 며느리(여흥민씨)→시아버지(송요화) 1756》

바. 셔울은 대되 일양(一樣) 디내오며 년(連)ᄒᆞ여 ᄉᆞᆯ이 알외와ᄉᆞᆸ더니 감(鑑)ᄒᆞ오신가 ᄒᆞᄋᆞᆸᄂᆞ이다《한글간찰86 며느리(여흥민씨)→시아버지(송요화) 1752》

사. 예ᄂᆞᆫ 대되 일양(一樣) 디내오며 밧긔셔ᄂᆞᆫ 오ᄂᆞᆯ 오리라 ᄒᆞ오나 아직 긔별을 모ᄅᆞ올소이다《한글간찰90 며느리(여흥민씨)→시아버지(송요화) 1756》

아. 예ᄂᆞᆫ 대되 일양(一樣) 디내ᄋᆞᆸ고 ᄌᆞ부(子婦)의 병(病)도 못ᄒᆞᄋᆞᆸᄂᆞᆫ 일 업ᄉᆞ오이다《한글간찰91 며느리(여흥민씨)→시아버지(송요화) 1757》

(2)의 경우는 '대되'에 '일양(一樣) 디내-'가 후행하여 '대체로 한결같이 지내-'로 옮길 수 있다. 이 역시 (1)과 마찬가지로 자신의 안부 및 소식을 전하는 내용에만 나타난다.

(3) 가. 네 형은 므ᄉᆞ(無事)히 가시며 너희 대되 됴히들 잇ᄂᆞ다《한글간찰26 할머니(안정나씨)→손자(미상)》

나. 버디 대되 연고(緣故) 업시 디내오니 다ᄒᆡᆼᄒᆞ와 ᄒᆞᄋᆞᆸᄂᆞ이다《한글간찰34 아내(밀양박씨)→남편(송요화) 1735》

다. 회덕(懷德)셔ᄂᆞᆫ 대되 안녕(安寧)ᄒᆞ오신가 문안(問安) 모ᄅᆞ오니《한글간찰76 며느리(여흥민씨)→시아버지(송요화) 1735》

앞서 살펴본 '대되'의 용례와는 다르게 (3)은 특정 구문에 국한되어 나타나지 않는다. 그러나 '좋게들 있다', '연고 없이 지내오니', '안녕하신가'와 같이 모두 (1)과 (2)와 마찬가지로 안부 및 소식을 전하는 내용에 선행한다는 점이 공통적이다. 위에서 살펴본 바와 같이 '무사(無事)ᄒᆞ-' 혹은 '일양(一樣) 디내-'와 같이 일정한 표현 앞에 선행하는 것이 대부분이며 이외의 용례도 (3)과 같이 안부와 소식과 관련된 내용에 함께 나타난다.

(4) 가. 인마(人馬) 엇기 하 어려이 되어시니 아므리 홀 줄 모르니 형셰 대되 흠씌는 못 올가 시브니 엇는 대로 다시 상통ᄒᆞ여 ᄒᆞ옵새《선세언독17, 남편(송병하)→아내(안정나씨)1660-1696》

나. ᄌᆞ식(子息)은 대되 뫼옵고 든든이 지내옵다가 대되 가옵시니《한글간찰1 아들(미상)→어머니(백천조씨) 1667》

다. 큰한아바님 병환(病患) 그리 대되 ᄒᆞ오시ᄂᆞᆫ 일 민망(憫惘) 념녀(念慮) 아므라타 업ᄉᆞ오이다《한글간찰95 조카(송기연)→미상(미상) 1727-1749》

물론 (4)와 같이 극히 일부에서 안부 및 소식 관련 표현이 아닌 곳에 사용되기도 한다.

다음으로 '송규렴 가문 언간'을 살펴보겠다.

(5) 가. 요ᄉᆞ이 대되 무ᄉᆞ(無事)ᄒᆞ냐 예ᄂᆞᆫ 아직 무ᄉᆞ(無事)ᄒᆞ다《선찰[6]3-1 아버지(송규렴)→아들 내외(미상) 1698》

나. 쇼셔(小書) 온 후 긔별(寄別) 모ᄅᆞ니 대되 년(連)ᄒᆞ여 무ᄉᆞ(無事)ᄒᆞ냐《선찰9-8 시아버지(송규렴)→며느리(송상기의 처 칠원윤씨) 1708》

다. 예ᄂᆞᆫ 대되 무ᄉᆞ(無事)ᄒᆞ다《선찰9-12 시아버지(송규렴)→며느리(송상기의 처 칠원윤씨) 1697》

라. 그런 치위예 대되 무ᄉᆞ(無事)히들 디내니 깃브기 아므라타 업서 ᄒᆞ노라《선찰9-22 어머니(안동김씨)→아들(송상기) 1697》

마. 극한(極寒)의 대되 몸들이나 므ᄉᆞ(無事)히 디내니 깃거ᄒᆞ며《선찰9-24 어머니(안동김씨)→아들(송상기) 1697》

바. 아마도 일긔 사오나온ᄃᆡ 대되 므ᄉᆞ(無事)히 디내믈 ᄇᆞ라노라《선찰9-28 어머니(안동김씨)→아들(송상기) 1699》

6) 송규렴 가문의 간찰첩(이광호 외 2009ㄴ)

사. 대되 므ᄉᆞ(無事)ᄒᆞ고 니집도 ᄒᆞ렷고《선찰9-29 어머니(안동김씨)→아들(송상기) 1694~1700》
아. 아마도 대되 무ᄉᆞ(無事)히 디내여라《선찰9-31 어머니(안동김씨)→아들(송상기) 1698》
자. 우리ᄂᆞᆫ 대되 무ᄉᆞ(無事)히 디내고 나도 옴이 나아 디내노라《선찰9-33 어머니(안동김씨)→아들(송상기) 1670-1701》
차. 대되 므ᄉᆞ(無事)ᄒᆞ니 깃거 ᄒᆞ노라《선찰9-34 어머니(안동김씨)→아들 내외(송상기와 칠원윤씨) 1699》
카. 대되 무ᄉᆞ(無事)히 디내니 깃거 ᄒᆞ노라《선찰9-37 어머니(안동김씨)→아들(송상기) 1699》
타. 하 밧바 그치며 아마도 날이 ᄎᆞ니 대되 무ᄉᆞ(無事)히 디내믈 ᄇᆞ라노라《선찰9-38 어머니(안동김씨)→아들(송상기) 1698》
파. 극한(極寒)의 대되 므ᄉᆞ(無事)ᄒᆞ고 혼인 신불도 무ᄉᆞ히 디내고《선찰9-99 어머니(안동김씨)→아들(송상기) 1697》
하. 집안도 대되 무ᄉᆞ(無事)ᄒᆞ니 념녀(念慮) 말고 디내여라《선찰9-102 어머니(안동김씨)→아들(송상기) 1701》

(5)의 경우 (1)과 마찬가지로 '대되'가 '무ᄉᆞ(無事)/므ᄉᆞ(無事)ᄒᆞ-'에 선행하여 안부 및 소식을 전하는 내용에만 나타나는 것을 확인할 수 있다.

(6) 가. 대되 엇디 인ᄂᆞ다《선찰9-6 시아버지(송규렴)→며느리(송상기의 처 공원윤씨) 1708》
나. 일긔(日氣)도 심히 사오나오니 대되 어이들 디내ᄂᆞᆫ다《선찰9-23 어머니(안동김씨)→아들(송상기) 1699》
다. 대되 편히들 디내니 깃거 ᄒᆞ노라《선찰9-25 어머니(안동김씨)→아들(송상기) 1698》
라. 일긔(日氣)도 심히 사오나오니 대되 어이 디내ᄂᆞᆫ다《선찰9-28 어머니(안동김씨)→아들(송상기) 1699》
마. 일긔(日氣)도 심히 사오나오니 대되 어이 디내ᄂᆞᆫ다《선찰9-32 어머니

(안동김씨)→아들 내외(송상기와 칠원윤씨) 1699》

바. 셰(歲) 후(後) 날이나 심히 치온ᄃᆡ 대되 편히 디내니 깃거 ᄒᆞ노라 《선찰9-38 어머니(안동김씨)→아들(송상기) 1698》

(6)은 (5)와 같이 '대되'가 일정한 단어에 선행하는 것은 아니지만 '어이 디내-' 혹은 '편히 디내-' 등과 같이 안부 및 소식을 전하는 내용의 구문에 마찬가지로 선행하여 나타난다. 물론 아래 (7)과 같이 일부 용례에서는 예외적으로 나타나기도 한다.

(7) 우리ᄂᆞᆫ 대되 모드니 든든ᄒᆞ기 측냥(測量)이 업서 집안히 ᄀᆞ득ᄒᆞ고 《선찰9-106 할머니(안동김씨)→손자(미상) 1684-1701》

이번 장에서는 후기중세 한국어 시기부터 근대 한국어 시기 이후까지 '대되'의 용례를 살펴보았다. 후기중세 한국어 시기에는 다양한 활용형 및 파생형으로 문증되며 일정한 구문에 국한되어 나타나는 것이 아니라 여러 구문에 제약 없이 나타나는 것을 확인할 수 있었다.

반면 '은진 송씨 가문 언간'을 중심으로 근대 한국어 이후 시기를 검토하였을 때는 오로지 '대되'의 어형만 나타나며 주로 안부 및 소식을 전하는 구문에 선행하여 나타남을 확인할 수 있었다. 이러한 출현 양상을 바탕으로 하여 2장에서 제시한 담화표지 설정 기준에 부합하는지 여부를 다음 장에서 최종적으로 확인하도록 하겠다.

4. 담화표지로서의 '대되'

이번 장에서는 2장에서 설정한 아래의 담화표지 설정 기준을 토대로 '대되' 문법화를 검토함으로써 담화표지 설정 기준에 부합하는지를 확인하고자 한다.

(1) 이 글의 담화표지 설정 기준
  가. 활용 및 조사결합 제한
  나. 통사적 독립성 및 수의성
  다. 의미 최소화(Schiffrin 1986: 47)

먼저 (1가)의 설정 기준인 '활용 및 조사결합 제한'을 확인하도록 하겠다.

(2) 가. 化佛마다 五百化菩薩와 無量諸天을 ᄃᆞ려 잇고 대도ᄒᆞᆫ 身光 中에 五道衆生ᄋᆡ 一切色相이 다 現ᄒᆞ고《月釋 8:34》
  나. 國城妻子ᄂᆞᆫ ᄃᆞ소맷 因緣ᄲᅮ니오 法供養이 아닐ᄊᆡ 다 몯 밋ᄂᆞ니 대도ᄒᆞᆫᄃᆡ 法 위ᄒᆞ야 몸 도라 보디 아니호ᄆᆞᆫ 佛法ᄲᅮ니 아니라 至極ᄒᆞᆫ 사ᄅᆞ미 得道ᄒᆞ면《釋詳 20:12》
  다. 末法에 修行ᄒᆞ리 대도히 이에 븓ᄂᆞ니 ᄒᆞ나히나 闕호미 이시면 반ᄃᆞ기 일우디 몯ᄒᆞ리라《楞嚴 07:20》
  라. 여슷 낫 뎐피예 ᄆᆡ ᄒᆞᆫ나치 세 돈식 혜면 대도히 ᄒᆞᆫ량 여듧 돈이로다《飜朴 33》
  마. 가온ᄃᆡ 녀허둣다가 사ᄒᆞᆫ마ᄂᆡ 내여 짐 사ᄅᆞ미 대되 남지ᄂᆞᆫ 열낫 겨지븐 스므낫출 머그라《온역 5》

3장에서 확인한 바와 같이 후기중세 한국어 시기에는 용언 '대도ᄒᆞ-'의 활용형인 '대도ᄒᆞᆫ', '대도ᄒᆞ니' 등뿐만 아니라 부사화파생접미사 '-이'가 결합한 '대도히', 그리고 이의 축약형인 '대되'까지 다양한 형태가 문증되었다.

(2) 가. 예ᄂᆞᆫ 어루신내 긔후(氣候) 일양(一樣) 안녕(安寧)ᄒᆞ오시고 대되 무ᄉᆞ(無事)호오니 다ᄒᆡᆼ(多幸)ᄒᆞ옵《선세언독37, 아내(밀양박씨)→남편(송요화)

1723-1736》

다. 회덕(懷德)셔는 대되 안녕(安寧)ᄒᆞ오신가 문안(問安) 모ᄅᆞ오니《한글간찰76 며느리(여흥민씨)→시아버지(송요화) 1735》

가. 요ᄉᆞ이 대되 무ᄉᆞ(無事)ᄒᆞ냐 예는 아직 무ᄉᆞ(無事)ᄒᆞ다《선찰[7]3-1 아버지(송규렴)→아들 내외(미상) 1698》

가. 대되 엇디 인ᄂᆞᆫ다《선찰9-6 시아버지(송규렴)→며느리(송상기의 처 공원윤씨) 1708》

그러나 근대 한국어 이후 시기에는 (2)와 같이 오로지 '대되'의 어형만이 확인되며 후기중세 한국어와 같이 다양한 활용형이 문증되지 않는다. 이러한 통시적인 과정을 보았을 때 근대 한국어 이후 시기의 '대되'는 활용의 제약이 존재한다고 할 수 있다.

다음으로는 (1나)인 '통사적 독립성 및 수의성'을 확인하겠다.

(3) 가. 참의집 오래 긔별(寄別) 모ᄅᆞ니 년(連)ᄒᆞ여 무ᄉᆞ(無事)ᄒᆞ냐《선찰2-1 아버지(송규렴)→아들 내외(송상기와 칠원윤씨) 1699》

나. 나는 년(連)ᄒᆞ여 무ᄉᆞ(無事)ᄒᆞ다《선찰6-1 아버지(송규렴)→아들 내외(미상) 1683-1709》

다. 나과 집안은 다 무ᄉᆞ(無事)하다《선찰9-13 할아버지(송규렴)→손녀(이하곤의 처) 1697》

가'. 쇼셔(小書) 온 후 긔별(寄別) 모ᄅᆞ니 대되 년(連)ᄒᆞ여 무ᄉᆞ(無事)ᄒᆞ냐《선찰9-8 시아버지(송규렴)→며느리(송상기의 처 칠원윤씨) 1708》

3장의 (1)과 (5)에서 보았듯이 '대되'의 대부분은 '무ᄉᆞ(無事)ᄒᆞ-'와 같은 안부 및 소식 관련 구문에 선행하여 나타난다. 그러나 (3가, 나, 다)는 '(년(連)ᄒᆞ여 / 다) 무ᄉᆞ(無事)ᄒᆞ-' 구문에 (3가')와 같이 '대되'가 선행하지 않음을 확인할 수 있다. 언간의 발신자도 동일하게 송규렴

7) 송규렴 가문의 간찰첩(이광호 외 2009ㄴ)

임에도 불구하고 경우에 따라 수의적으로 생략할 수 있는 것이다. 따라서 '대되'의 통사적인 독립성 및 수의성 역시 확인할 수 있다.

마지막으로 '의미 최소화'에 대해 확인하겠다. (2)와 같이 후기중세 한국어 시기에는 다양한 어형으로 문증되면서 여러 구문에 제약 없이 나타남을 확인할 수 있었다. 그러나 근대 한국어 시기 이후로 넘어오면서 오로지 '대되'의 어형으로만 나타나고 대부분이 언간에서만 문증되었으며 그중에서도 일부를 제외하고는 모든 '대되'는 '안부 및 소식'을 묻는 구문에 반드시 선행하여 나타나는 지경에 이르렀다. 더군다나 이렇게 제한적인 출현 환경뿐만 아니라 위에서 확인한 바와 같이 통사적으로 독립성 및 수의성까지 보이기에 이는 부사로서 의미 기능을 상실했음을 짐작할 수 있다.

(3가)와 (3가')는 둘 다 동일하게 '안부 및 소식'을 묻는 문장이다. 유일한 차이는 '대되'의 여부이나 '안부 및 소식'을 묻는 내용의 발화에서 '대체로'의 여부는 전체의 의미에 크게 영향을 미치지 못한다. 이처럼 제한적인 출현 환경과 동시에 통사적인 독립성 및 수의성까지 확인된다면 자연스레 의미적으로 축소되었다고 볼 수 있다. 그러나 모든 '대되'가 문법화를 거쳐 담화표지로 사용되었다고는 할 수 없다.

아래의 (4)는 앞서 살펴본 '대되'의 용례 중 아주 일부에 해당하는, '안부 및 소식' 관련 구문에 나타나지 않고 다양한 출현 환경을 보이는 경우이다.

(4) 가. 우리ᄂᆞᆫ <u>대되</u> 모드니 든든ᄒᆞ기 측냥(測量)이 업서 집안히 ᄀᆞ득ᄒᆞ고 《선찰9-106 할머니(안동김씨)→손자(미상) 1684-1701》

나. ᄌᆞ식(子息)은 대되 뫼ᄋᆞᆸ고 든든이 지내ᄋᆞᆸ다가 <u>대되</u> 가ᄋᆞᆸ시니 《한글간찰1 아들(미상)→어머니(백천조씨) 1667》

다. 큰한아바님 병환(病患) 그리 <u>대되</u> ᄒᆞ오시ᄂᆞᆫ 일 민망(憫惘) 념녀(念慮) 아므라타 업ᄉᆞ오이다《한글간찰95 조카(송기연) → 미상(미상) 1727-1749》

이러한 경우 '대되'는 생산적이고 반복적으로 나타나는 '안부 및 소식' 관련 구문과는 달리 이때의 '대되'의 통사적 독립성 및 수의성을 확인할 수 없을뿐더러 그렇기에 의미의 최소화 또한 확인하기 어렵다. 결론적으로 근대 한국어 시기 이후의 '대되'는 '안부 및 소식' 관련 구문이라는 제한된 환경에서 나타나는 경우는 담화표지로 볼 수 있겠으나 그 이외의 일부 소수의 '대되'는 아직까지도 담화표지가 아닌 문장 성분으로서 기능하고 있다고 할 수 있다.

'대되'는 비록 소수의 출현 환경이 제한되지 않은 '대되'가 있었지만 대부분이 제한된 환경에서 담화표지로 사용되었고 이러한 이유에서인지 개화기 이후 문헌에서는 '대되'가 더 이상 문증되지 않고 현대 한국어 '대체로'의 소급형인 '대톄로'가 이 자리를 대신하게 된다.8)

지금까지 '대되'의 담화표지로서의 위상을 확인하였다. 이 과정을 도식화하면 아래와 같다.

[후기 중세 한국어] [근대 한국어] [개화기]

대도(大都)ᄒᆞ-+-이 → 대되 (문법화)
↗ 대되1 (담화표지) '안부 및 소식' 구문 국한 → 소멸
↘ 대되2 출현 환경 제약 없는 경우 → 소멸

8) 물론 어휘의 소멸과 대체를 논증하기 위해서는 이 글의 주제인 '대되'의 원형인 '대도(大都)ᄒᆞ-'와 동궤를 이루는 '대저(代邸)ᄒᆞ-' 등과 같은 어휘들 또한 함께 살펴봐야 할 것이다. 마찬가지로 후에 '대되'를 대체하는 현대 한국어의 '대체로' 역시 함께 살펴봐야 할 것이다. 이에 대해서는 후고를 기약하기로 한다.

5. 결론

이 글에서는 '대되'가 '대도ᄒᆞ-'의 파생 부사인 '대도히'를 거쳐 '대되'로 축약되고 문법화를 거친 후 담화표지에 이르기까지의 과정을 확인하였다. 앞서 본문에서도 언급하였지만 '대되'에만 국한할 것이 아니라 '대되'와 동궤를 보이는 어휘류들을 정리하여 함께 살펴봐야 좀더 정확한 어휘사를 파악할 수 있을 것이다.

아울러 이 글에서는 근대 한국어 이후 시기의 문헌을 '은진 송씨 언간'에 국한하였다는 가장 큰 한계점을 안고 있다. 근대 한국어 시기 문헌의 종류가 다양하지 않으며 '대되'가 일반적으로 잘 문증되지 않는 점을 고려한다면 '은진 송씨 언간'뿐만 아니라 동시대의 다른 다양한 언간까지 살펴보아야 논의의 통일성을 확보할 수 있을 것이다. 이는 후고를 기약하도록 한다. 또한 문어 담화인 언간을 대상으로 하였기에 구어담화만큼 확실한 담화표지 설정 기준을 제시하지 못하였다. 그러나 담화표지 연구 중 국어사적인 연구가 전무한 만큼 문어 담화를 대상으로 하는 담화표지 연구를 시도한 것에서 작은 의의를 찾을 수 있을 것이다.

참고문헌

김향화(2001), 한국어 담화표지의 기능, 《한국학논집》 28, 계명대학교 한국학연구소, 113-140.

김영철(2012), 발표 담화에 나타난 담화표지의 기능 - 대학생들의 발표 수업을 대상으로, 《語文論集》 50, 중앙어문학회, 7-30.

박부자(2007), 은진 송씨 송준길 후손가 언간의 서지, 《돈암어문학》 20, 128-156

송인성(2015), 국어 담화표지 기능과 운율, 고려대학교 박사학위논문.

안정아(2008), 담화표지 '막'의 의미와 기능, 《한국어학》 40, 한국어학회, 251-279.

안주호(1992), 한국어 담화표지 분석, 《외국어로서의 한국어교육》 17-1, 연세대학교 한국어학당, 21-38.

이광호 · 신익철 · 박부자(2009ㄱ), 《조선 후기 한글 간찰(언간)의 역주 연구4 - 은진송씨 송준길 가문 한글 간찰》, 태학사.

이광호 · 신익철 · 박부자(2009ㄴ), 《조선 후기 한글 간찰(언간)의 역주 연구5 - 은진송씨 송규렴 가문 한글 간찰》, 태학사.

이래호(2004), 宋奎濂家 典籍『先札』所載 諺簡에 대하여, 《어문연구》 123, 한국어문교육연구회, 113-136.

이현희(1994), 《중세국어 구문연구》, 신구문화사.

임규홍(1996), 국어 담화표지 '인자'에 대한 연구, 《담화와 인지》 5, 담화 · 인지언어학회, 1-20.

전영옥(2002), 한국어 담화표지의 특징 연구, 《화법연구》 4, 한국화법학회, 113-145.

정재영(1996), 《의존명사 'ᄃᆞ'의 문법화》, 태학사.

Brinton, L. J.(1996), *Pragmatic markers in English: grammaticalization and discourse functions,* Berlin/New York: Mouton de Gruyter.

Östman, J-O.(1982), *The symbiotic relation between pragmatic particles and impromptu speech,* Nils Erik Enkvist (ed.). Impromptu Speech. Turki: Abo Academy Foundation. 147-177.

Schiffrin, D.(1986), Functions of and in discourse, *Journal of Pragmatics 10(1),*

41-66.

Schiffrin, D.(1987), *Discourse markers Studies in interactional sociolinguistics 5*, Cambridge: Cambridege University Press.

4. 일본어 담화표지 문두 ‘ていうか’의 번역 문제

김희숙

1. 서론

‘ていうか’는 현대 일본어의 구어(口語)표현으로서 실제 발화시 ‘-ていうか’ 외에도 ‘-っていうか’, ‘-というか’, ‘-てか’, ‘-つうか’, ‘-てゆうか’ 등 다양한 이형태(異形態)로 실현되는 특징을 지닌다(유예진 2019: 89). 또 ‘ていうか’는 격조사 ‘と’와 동사 ‘言う’가 붙은 연어에 종조사 또는 부조사로 쓰이는 ‘か’가 붙은 표현이다. ‘と’, ‘言う’, ‘か’는 각각 ‘라고’, ‘(말)하다’, ‘-(ㄹ)까/-(ㄴ)가’를 의미하므로 ‘ていうか’를 직역하면 ‘라고 할까’ 정도가 될 수 있을 것이다. 인용을 위해 문중이나 문미에서 많이 쓰일 수 있는 표현이지만 문두에서 ‘ていうか’가 쓰이는 용례가 나타나기 시작한다. 노황희(2010)에서는 다음과 같은 예시를 제시한다. 이는 일본 TBS 드라마인『유성의 인연』의 드라마 전체 대본에 나오는 대사이다. 이처럼 문두 ‘ていうか’는 젊은 세대를 중심으로 퍼지기 시작하여 TV, 잡지, 만화나 일상 대화에서도 어렵지 않게 찾아볼 수 있는 표현이 되었다.

(1) いいんだよ、喋ったって。
<u>ていうかー</u>、楽しかったな、今日はな！
(괜찮아. 말해도.

뭐랄까, 즐거웠어. 오늘은!)

(2) ていうか、相手が誰だか気にならない?
(그건 그렇고, 상대가 누구일지 신경 쓰이지 않아?)

(노황희 2010: 140[1])

특히 문두의 'ていうか'는 담화 표지로서의 의미를 가지는 모습을 보인다. 이 글에서는 이러한 일본어 담화표지 문두의 'ていうか'가 담화표지로서 어떤 기능을 하는지 분석하고, 한국어로 어떻게 번역할 수 있는지에 대해 비교 분석하려 한다.

먼저 문두 'ていうか'의 기능을 분석하기 위해 일본어 자연회화 코퍼스인 『名大会話コーパス』를 코퍼스 검색 시스템 『ひまわり』[2]에 적용하여 검색한다. 『名大会話コーパス』는 129회화, 총합계 100시간의 일본어 모어 화자 간의 대화를 문자화한 코퍼스이다.

1) 번역은 글쓴이가 붙인 것이다.

2) https://www2.ninjal.ac.jp/lrc/index.php

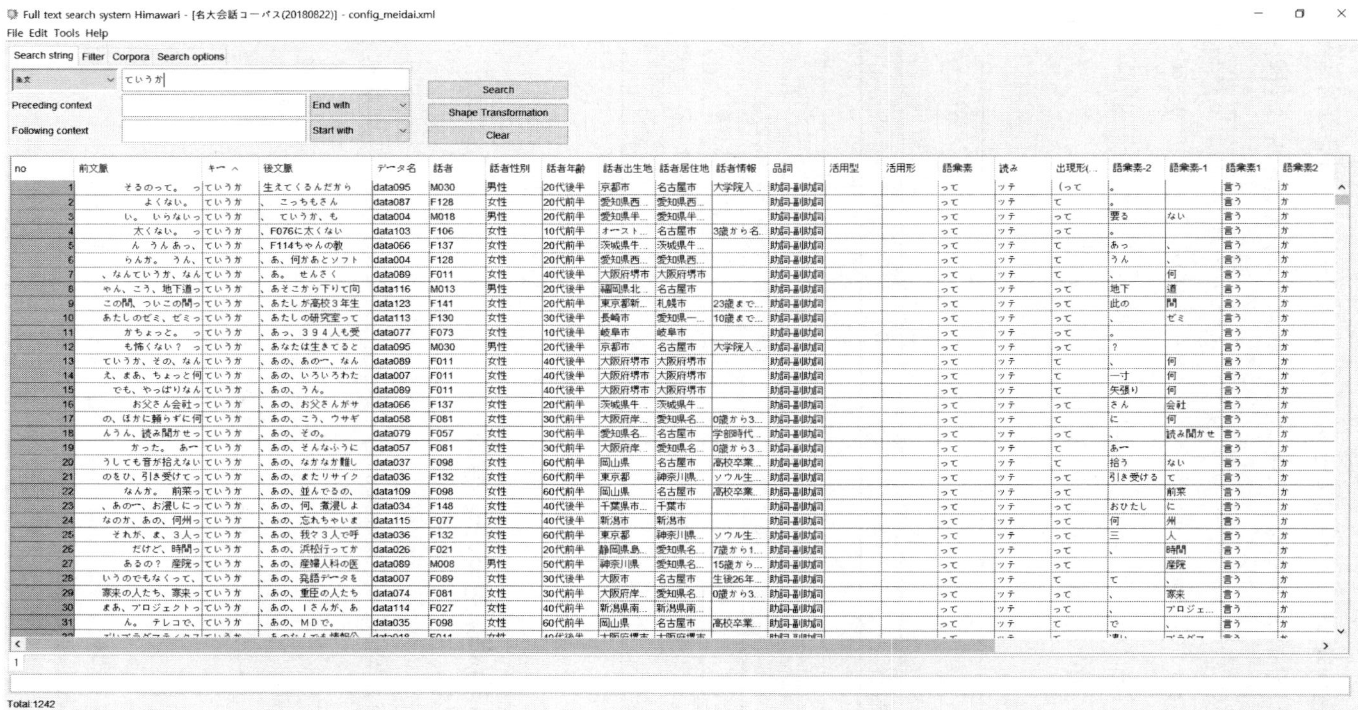

〈그림 1〉『ひまわり』검색 결과

검색 결과를 표로 정리해보면 다음과 같다. 정규식을 활용하여 문두의 검색 결과만 확인하였으며 'ていうか'와 거의 동일하며 소리의 차이만 있는 'っていうか'를 함께 검색하여 그 결과를 성별, 연령별로 나타내었다.[3] 남성에 비해 여성이 압도적으로 많이 사용하고 있으며, 연령을 기준으로 보았을 때에는 20대가 51.0%로 절반을 차지하였고 그 다음이 10대로 36.4%이다.

	ていうか	っていうか	합계(비율)
남성	16	12	28(13.6%)
여성	68	110	178(86.4%)

	ていうか	っていうか	합계(비율)
10대	6	69	75(36.4%)
20대	63	42	105(51.0%)
30대	12	6	18(8.7%)
40대 이상	3	5	8(2,4%)

2. 'ていうか'와 한국어의 '랄까'

'ていうか'의 의미를 Weblio辞書[4]에서는 다음과 같이 기술하고 있다.

というか
別表記：と言うか、て言うか、ていうか

3) 'ていうか'와 'っていうか'의 차이에 대해서는 이 글에서 다루지 않는다.
4) https://www.weblio.jp/

「1」前述の表現を言い換える場合に用いる表現。
「巧妙、と言うか、こなれている」のように用いる
「2」話を振ったり、話題を転換する際に用いられる若者言葉。
「てゆーか」のように転訛した形で表記される場合が多い。

「1」에서는 '앞에서 서술한 표현을 다르게 바꾸어 쓰는 표현', 「2」에서는 '이야기를 바꾸거나 화제를 전환할 때 쓰는 젊은이들의 표현'이라고 서술하고 있다. 두 의미 모두 담화의 응집성을 높이는 접속 표현이라 볼 수 있을 것이다.

'ていうか'는 앞서 문중과 문미에서 주로 쓰인다고 하였는데 다음과 같은 예시를 들 수 있다.

(3) M034 : (ううん)名詞出さないでしゃべるのが難しい。
((으응) 명사가 안 나와서 말하는 게 어려워.)
M030 : 難しいっていうか、そういう気の遣い方ができない人。
(어렵다고 할까, 그런 배려가 안 되는 사람.)

(4) F153 : でもあれ以来変わったよね。
(그렇지만 그 이후 변했지.)
F153 : 生活激、激変だよねー。
(생활 격, 격변이네.)
F153 : 生活っていうか。
(생활이라든가.)
F130 : そーうですね。
(그렇네요.)
F130 : 変わったのかな。
(변한 걸까.)
F153 : ねえ、環境っていうか。
(그렇지, 환경이라든가.)

F130：やっぱり変わったんだよね。
(역시 변했지요.)
F130：(うん)強くなった。
((응) 강해졌어.)

(3)은 'ていうか'가 문중에, (4)는 'ていうか'가 문미에 나타나는 예시이다. 사전 「1」의 기술처럼 M034의 표현을 다시 한 번 인용하면서 다른 표현을 제시하고 있다. (4) 역시 변한 것의 예시로 생활, 환경을 들며 'ていうか'를 사용하고 있다. 이들은 문법적으로도 자연스러우며 한국어 번역에 있어서도 '라고 할까', '라든가'를 사용하여 번역하기 좋다.

하지만 문두의 'ていうか'의 경우 조금 다르다. 유예진(2019)에서는 통어적 층위에서 'ていうか'를 살펴보며 다른 문장성분과의 결합 없이 문두에 'ていうか'가 출현하는 경우 문중 또는 문미와는 다르게 담화표지로서만 사용되는 특징을 보인다고 말하고 있다. 앞서 인용한 (1), (2) 예문에서도 'ていうか'를 각각 다르게 번역하고 있다.

이 때문인지 만화나 인터넷, TV 등의 매체를 통해 'ていうか'가 한국에 들어올 때 '랄까'로 번역을 하는 경우가 종종 있었다. 문중이나 문미에서 '라고 할까'로 번역되는 것을 축약하여 '랄까'로 쓰게 된 것으로 보인다. 한국어 '랄까'는 '이다/아니다'의 어간 뒤에 붙여 쓰이면 문제없이 쓸 수 있는 표현이다. 하지만 문두에서 독립적으로 쓰이는 것은 문법적으로 옳지 않다. 그러나 인터넷 검색을 해보면 문두에 독립적으로 '랄까'를 쓰는 경우를 종종 확인할 수 있다. 이는 그런 일본어 번역체 문장의 영향이라고 볼 수 있을 것이다.[5]

---

5) 예를 들자면 '랄까 이런 걸 해보았는데요'와 같은 식으로 쓰인다. 아무 맥락 없이 문두에 쓰이는 것이 특징적이다.

유예진(2019)에서는 'ていうか'를 다양한 층위에서 분석하여 해당 표현이 담화표지임과 담화표지로서의 특징을 밝힌다. 음운적·어휘적 층위, 통어적 층위, 의미적 층위, 기능적 층위, 사회언어학적·문체적 층위의 다섯 층위에서 이를 분석한다. 한국어 '랄까'도 유예진(2019)에 기대어 이와 같은 층위를 기준 삼아 분석 해볼 수 있을 것이다.

먼저 음운적·어휘적 층위에서 '랄까'는 '라고 할까'의 줄임말로 축약 현상을 보인다. 'ていうか' 역시 'てゆか', 'つっか', 'てか' 등 다양하게 축약이 된다. 또 'ていうか'는 위에서 밝혔듯이 '-라고 하다'의 'ていう'와 종결어미에 해당하는 'か'가 붙은 것으로 구에 해당하는데 한국어 '라고 할까' 역시 구에 해당한다. '라고 할까'를 축약해서 쓰는 '랄까'는 문맥의 의미 변화가 있었다는 점에서 담화표지의 특징을 가진다. 통어적 층위에서는 'ていうか'와 마찬가지로 '랄까'는 문장 속에서 문두, 문중, 문미에서 자유롭게 위치할 수 있으며 문두에서 단독으로 쓰일 때는 항상 담화표지가 된다. 하지만 'ていうか'보다는 쓰임이 현저하게 적어 분석이 어렵다. 의미적 층위에서는 '랄까'가 개념적 의미를 가지지 않는다는 점, 기능적 층위에서는 '랄까'가 다양한 층위에서 동시 발생이 가능하다는 점에서 담화표지의 특징을 지닌다. 사회언어학적·문체적 층위가 가장 독특한 부분이라고 볼 수 있을 것인데 문두에서 단독으로 쓰이는 '랄까'의 쓰임은 극히 제한적이다. 유예진(2019)에서 'ていうか'는 구어와 비격식적 상황, 여성화자 사이에서 빈도가 높다고 서술하였다. 하지만 '랄까'의 경우 문어에서 쓰이며 특히 두세 문장 정도의 짧은 글에서 발견된다. 비격식적 상황에서 쓰이는 것은 맞으나 화자의 성별로는 특정하기 어렵고 그보다는 10대들 중 만화나 게임과 같은 서브 컬처에 관심을 가지고 있는 화자가 많다는 것이 주목할 만하다. 여성 화자들 사이에서 빈도가 높은 것이 담화표지의 특징이라 한다면 이 점에서는 일치하지 않지만, 사용 상황이

극히 제한되어있고 매우 독특하다는 것은 특징적이라 할 수 있겠다.

3. 문두 'ていうか'의 담화표지로서의 기능

코퍼스에서 나오는 문두 'ていうか'의 용례를 확인하고 발화 개시, 시간 벌기, 공손 표지, 화제 전환, 맞장구의 다섯 가지 기능으로 정리하여 보았다.

(1) 발화 개시

다음은 'ていうか'가 발화 개시 기능으로 쓰인 예문이다.

(5) M019： 緊張するし。
M007： 自然会話な＊＊＊。
M007： ＜笑い＞
M019： めちゃめちゃ《実効》的。
M007： ていうか、これあれだよな。
M019： これいいや、資料。
M019： この(うん)本？
M007： だって、それ、あ。
M019： ＊＊＊見せて、見せて。

코퍼스의 원자료를 보았을 때 가장 앞부분에 해당하는 부분이다. 긴장된다는 말과 함께 자연회화에 대한 말을 하며 별다른 대화 주제를 찾지 못하고 있다가 'ていうか'와 함께 책을 가리키며 '이거 그거지?' 라고 발화하며 책에 대한 이야기를 시작하게 된다. 즉 담화의 시작을 이끌어 낼 수 있으며 사용 환경이 매우 자유롭다는 것을 확인할 수 있다.

(2) 시간 벌기

다음은 'ていうか'가 시간 벌기 기능으로 쓰인 예문이다.

(6) F093： いや、私、結構ねー、ま、映画は事実、俳優さんだからあれだけど、私、お笑いの人とか好きだから、(あ、うん)あんまり顔、関係ない。
F093： 私、ロンブーの淳とか好きだから、だって。
F057： 嫌ー。
F093： 嫌でしょう？
F093： 嫌でしょう？
F057： ていうか、あのね。

'싫어하지'라는 질문을 거듭 받으면서 이에 딱 잘라 단정적으로 싫다고 말하지 못 하는 상황이다. 질문을 반복하는 것은 대답을 재촉하는 행위라고도 생각할 수 있다. 이 상황에서는 F057이 '싫-'까지 말한 것에서 F093이 '역시 싫어하는구나'라는 추측을 하고 이 대답을 얻기 위해 의도를 가지고 반복하여 질문하는 것이다. 이 질문에 F093의 예상 그대로 답변을 하게 되면 곤란해질 것을 예상하고 대답을 회피한다. 이에 'ていうか'라는 표현을 사용하면서 말을 고르기 위한 시간을 벌고 있는 것을 확인할 수 있다.

(3) 공손 표지

다음은 'ていうか'가 공손 표지로 쓰인 예문이다.

(7) F092： プールで歩くのもいいみたい。
F073： あー、それがは一番いいみたい。
F092： っていうか、温泉っていうか、銭湯とかはきらい？

F073：あー。
F092：サウナで汗かいて。
F073：いいねー。

수영장이 좋다는 이야기를 하고 있는 상대방에게 온천에 대한 생각을 묻고 있다. 상대방이 '그게 가장 좋은 거 같아'라고 말한 문장 전체를 인용으로 받음과 동시에 다른 의견을 제시하고 있다. 즉 A보다는 B가 낫겠다는 의미를 'それより(그보다)'와 같은 직접적 표현을 쓰지 않고 우회적으로 자신의 의견을 나타낸다. 이한규(2012)에 의하면 공손 표지 기능은 정보전달보다는 청자의 체면을 지켜주기 위한 기능이며, 상대의 견해나 생각을 부정하기 위한 것이라기보다 화자 자신의 견해나 생각이 상대와 다르다는 것을 강조하기 위한 것이다. 이처럼 부정적인 의미를 완화하고 상대의 체면 손상을 회피할 수 있다.

(4) 화제 전환

다음은 'ていうか'가 화제 전환 기능으로 쓰인 예문이다.

(8) F001 ：今日夕飯、何食べる？
M033：脳みそ半分腐ってんじゃねえの。
F001 ：うるさいって言ってんでしょ。
M033：なんだよ。
M033：夕飯？
F001 ：うん。
M033：ボーナー。
F001 ：ボーナーは麻婆なす？
M033：うん。
M033：わかんない。

M033：適当に言ってみた。
F001 ：ていうか、寒い。

(9) F150：かわいいね、この服。
F106：かわいいでしょう。
F106：っていうか、これかわいいっていうか、この子かわいいよね。
F150：うん、かわいいね。
F106：かーわいいよね。
F106：でもね、読者モデルさんなんだよ。
F106：読者モデルっていうかー、あのさー、なんて言うの。

화제 전환은 'ていうか'의 기능으로 가장 빈번하게 나타나는 것이다. (8)은 저녁 식사 메뉴에 대해 이야기하다가 갑작스럽게 춥다는 이야기로 화제를 전환하고 있다. (9)는 옷을 보면서 귀엽다는 이야기를 하다가 옷을 입고 있는 모델이 귀엽다는 화제로 넘어가는 것을 볼 수 있다. 이처럼 대화와 관련된 다른 화제로 넘어갈 수 있으며, 현재 대화와 전혀 관련 없는 새로운 화제로 넘어가기도 한다. 주의를 환기하여 다른 주제로 넘어갔으나 일시적으로만 유지되고 다시 원래의 주제로 돌아가기도 한다. 이는 선행 발화와 밀접하게 연관을 가지는 담화표지로서의 특징을 보여주는 것이기도 하다.

(5) 맞장구

다음은 'ていうか'가 맞장구 기능으로 쓰인 예문이다.

(10) M023：どこまで行くって言えばよかった。
M023：そのとき。
F107 ：ていうかね、あのね、いつもは言うんだけど、慣れてる、もう駅はわかるから、駅の近くはわかるからっていう頭があって油断しとったじゃんね。

unknown：(あー)(あー、そうか、そうか)

F023：だれか押すと思ったんだよね。

‘어디까지 간다고 말하면 됐던 거야. 그 때.’라는 남자의 말에 ‘ていうか’를 활용하여 맞장구를 친 후 대답을 하고 있다. 앞의 이야기에 대한 부연 설명을 이어가고 있으며 담화를 결속해주는 역할을 한다. 선행 발화를 강조하고 대화가 매끄럽게 이어지도록 하는 역할을 한다.

4. 문두 ‘ていうか’ 번역 제안

위에서 살펴본 각각의 문두 ‘ていうか’에 대해 한국어 번역어를 제시해보려 한다. ‘ていうか’는 용언 활용형이지만 담화표지로 쓰이는 만큼 해당하는 한국어 번역어도 담화표지 중에서 찾는 것을 목표로 한다. 한국어 개별 담화표지 연구들을 살펴보았을 때 ‘ていうか’의 번역어로 제시할 만한 것에 ‘그런데(근데)’가 있다.

김미선(2012)에 의하면 ‘그런데’의 담화 기능을 ‘화제 도입’, ‘이의 제기’, ‘부연 요청’, ‘발언 재촉’의 네 가지로 제시하고 있다.[6] 특히 발

---

6) 다만 부연 요청 기능에 대해서는 약간의 직관 차가 느껴진다. 김미선(2012)에서 ‘그런데’의 부연 요청 기능을 설명하기 위해 제시한 예문은 다음과 같다.

(13) 강은표 : 싸우는 이유가 뭔데?
현정윤 : 내가 ...
강은표 : (보며) ......
현정윤 : 확실히 알고 있었거든 ... 근데...
강은표 : 근데?
현정윤 : (미소 지으며) 너무 오래돼서... 잊어버렸다. 〈고지전〉

언 요청 기능에 대해 설명하면서 '그런데'가 맞장구 말로 기능하는 예를 보이기도 하고 있다. 이는 'ていうか'와 기능의 측면에서 상당한 유사성을 가진다.

먼저 '화제 도입'에 대해 살펴보자. 화제 도입의 '그런데'는 다음과 같다.

(11) A: 근데 어제 일은 어떻게 됐어?
B: 별 문제 없었어.

(12) A: ていうか、昨日はどうなった？
B: 別に、なんでもなかった。

A와 B가 만난 직후 바로 발화를 시작하면서 쓸 수 있는 표현이다. (5)의 '발화 개시' 기능과 들어맞는다. (12)와 같이 일본어로 다시 바꾸어 보아도 어색함이 없다. (5)의 밑줄 친 부분을 '근데 이거 그거 아냐?'와 같이 번역을 하여도 매우 자연스럽다.

'이의 제기'의 경우 '3.3. 공손 표지'에 대응하는 기능으로 볼 수 있다.

(13) A: 이게 좋을 거 같아.
B: 근데 이게 더 낫지 않을까?

위의 예에서 '근데'는 상대가 망설이며 말을 제대로 잇지 못하자 상대가 언급한 '근데'를 반복하면서 이야기를 하게끔 요구하고 있다고 서술하였다. 그러나 이는 '그런데'의 기능이라기보다는 상대방의 마지막 말을 따라하는 것에서 오는 기능이 아닌가 하는 생각이 든다. 예를 들어 현정윤의 대사가 '근데...'가 빠지고 '확실히 알고 있었거든...'으로 끝났다면 상대 역할이 '있었는데?'와 같은 방식으로 상대의 말을 반복함으로써 부연 요청 기능을 할 수 있었을 것이다. 즉 네 가지 기능 중 '부연 요청'을 제외하게 되면 나머지 세 기능이 모두 'ていうか'와 유사함을 확인할 수 있다.

(14) A: これ、いいと思う。

B: ていうか、こっちの方がよくない？

(13)에서 '근데'는 상대방의 말을 받아 강조하면서 자신의 의견을 제시한다. 위에서 지적하였듯 상대방의 체면을 지키기 위한 기능도 하고 있다. 만일 (13)에서 '근데' 없이 '이게 더 낫지 않을까?'하고 바로 묻는다면 조심스러운 느낌이 줄어든다. (14)와 같이 일본어로 번역하여도 자연스럽다. (6)의 예문도 '근데 온천이랄까, 대중목욕탕은 싫어해?'와 같이 번역할 수 있을 것이다.

김미선(2012)에서는 '그런데'의 '이의 제기' 기능에 대해 서술하면서 덧붙여 '그래서'를 쓰게 되면 따짐의 의미가 더 내포된다고 보고 있다. 이는 'それより(그보다)'와 같은 표현에 대응한다고 볼 수 있을 것이다.

(15) A: 그래서 빨리 돌아갔어.

B: 근데 그게 왜?

(16) A: それで、早くかえちゃった。

B: ていうか、なにそれ。

마지막으로 '맞장구'와 관련하여 위와 같은 예문을 들 수 있다. (10)의 예문에서 나타나는 'ていうか'도 '근데'로 번역하면 자연스럽다. '근데 그게 늘 말하지만, 익숙해져서 이제 역은 아니까 역 근처는 안다고 생각해서 방심해버렸지 뭐야.'와 같이 번역이 된다. 맞장구의 'ていうか'와 '근데'는 다른 담화표지와도 빈번하게 함께 쓰이는 것을 볼 수 있다.

이제 남은 'ていうか'의 기능은 '시간 벌기'와 '화제 전환'이다. 각각에 해당하는 예문을 '근데'로 번역할 수 있을지 확인해본다.[7)]

(17) F093： いや、私、結構ねー、ま、映画は事実、俳優さんだからあれだけど、私、お笑いの人とか好きだから、(あ、うん)あんまり顔、関係ない。
(아니, 나 꽤, 뭐, 영화는 사실 배우니까 좀 그렇지만, 나 개그맨 같은 사람도 좋아하니까, (아, 응) 그다지 얼굴은 상관없어.)

F093： 私、ロンブーの淳とか好きだから、だって。
(나 런부[8]의 아츠시 같은 사람 좋아해, 그도 그럴게.)

F057： 嫌ー。
(싫-.)

F093： 嫌でしょう？
(싫지?)

F093： 嫌でしょう？
(싫지?)

F057： ていうか、あのね。
(근데/그러니까/아니, 그게.)

크게 어색하다고는 말할 수 없지만 '근데'보다는 '그러니까', '아니'가 더 자연스럽게 느껴진다. '근데'는 문두보다는 문중이나 문미에서 시간 벌기의 기능을 하는 것으로 보인다. 강소영(2009)에서는 '그러니까'가 담화표지로서 '말이 틀렸을 때 시간을 벌기 위한 전략의 일환'으로 사용된다고 밝혔다. 또 이한규(2009)에서 '아니'는 '시간 벌기'의 기능을 가진다고 서술하고 있다.

(18) F001： 今日夕飯、何食べる？
(오늘 저녁, 뭐 먹을래?)

7) 예문 (17)~(19)는 앞서 나온 예문 (4), (6), (7)에 글쓴이의 번역을 붙인 것이다.
8) 일본의 개그맨 콤비 'ロンドンブーツ1号2号(런던부츠1호2호)'의 줄임말.

(중략)

M033：適当に言ってみた。
(아무거나 말해봤어.)

F001：ていうか、寒い。
(근데/그건 그렇고, 추워.)

(19) F150：かわいいね、この服。
(귀엽네, 이 옷.)

F106：かわいいでしょう。
(귀엽지.)

F106：っていうか、これかわいいっていうか、この子かわいいよね。
(근데/그건 그렇고, 이거 귀엽다고 할까, 이 아이 귀엽지.)

(후략)

노은희(2012)에서 '그건 그렇고'가 본격적인 화제로 이동하고자 함을 신호하면서 대화를 정리하기에 앞서 꼭 이야기해야 할 필요가 있는 화제를 꺼낼 때 사용된다고 말하고 있다. '화제 전환' 기능은 조금 특이한 것이 (18)과 같이 화제가 전혀 관련 없는 것으로 이동할 때의 상황과 (19)처럼 관련 화제로 이동할 때의 상황에 따라 번역어가 조금씩 다를 수 있다. (18)과 같이 저녁 메뉴에서 온도 이야기로 전혀 관계없는 화제로 급격하게 이동할 때에는 '근데'보다는 '그건 그렇고'와 같은 표현이 더 어울린다. (19)의 예문은 옷을 보다가 그 옷을 입고 있는 모델로 화제가 옮겨 가는데, 본래 화제와 근접한 화제로 넘어가고 있다고 볼 수 있다. 이 경우 '그건 그렇고'보다는 '근데'를 쓰는 것이 더 자연스럽다.

5. 결론

이상을 통해 문두의 'ていうか'를 살펴보고 번역어를 제시해보았다. 일본어 'ていうか'는 '라고 할까'로 직역할 수 있는 표현으로 문중이나 문미에서 주로 쓰이는데 젊은 세대 사이에서 문두에 쓰이는 용법이 확대되면서 공고히 자리 잡게 되었다. 이것이 한국에 들어오면서 '랄까'로 번역되었다. '랄까' 역시 문중이나 문미에서 '이다/아니다'가 결합하는 부분에 위치하면 문법적으로 문제가 없는 표현이지만 문두에서 독립적으로 쓰이게 되면 비문이 된다.

문두의 'ていうか'는 문중, 문미의 'ていうか'와는 달리 항상 담화표지로 기능하는 특징을 가진다. 코퍼스 검색을 통해 담화표지인 문두 'ていうか'의 기능을 크게 '발화개시, 시간 벌기, 공손 표지, 화제 전환, 맞장구'의 다섯 가지로 나누어 살펴보았다.

이에 대응하는 한국어 담화표지를 찾아보아 그 중 가장 기능이 유사한 '그런데(근데)'를 찾을 수 있었다. '근데'는 '발화개시', '공손 표지', '맞장구'의 세 기능에 대응할 수 있었다. 나머지 '시간 벌기'와 '화제 전환'은 각각 '아니, 그러니까'와 '그건 그렇고'에 대응하였다. 이를 표로 정리하면 다음과 같다.

기능	그런데(근데)
발화개시	O
시간 벌기	X-'아니', '그러니까'
공손 표지	O
화제 전환	△-급격한 화제 전환의 경우 '그건 그렇고'
맞장구	O

즉 문두 'ていうか'는 한국어 '근데'와 출현 위치, 기능 등이 가장 유사하였지만 항상 '근데'로 번역할 수는 없었다. 일대일 대응이 되는 표현이 있다면 좋겠지만 각 언어마다 미세한 차이가 있는 만큼 힘든 일일 것이다. 각 표현의 의미와 뉘앙스를 잘 파악하여 그에 맞는 표현으로 번역하는 것에 유의해야 할 것이다.

참고문헌

강소영(2009), 담화표지 '그러니까'의 사용에 내재한 화자의 담화전략 연구, 《語文研究》 60, 27-56.

강소영(2014), 복합형 담화표지의 의미기능 연구, 《한국어의미학》 44, 313-344.

김미선(2012), 그런데의 담화 기능 연구, 《인문과학연구》 34, 35-54.

노은희(2012), 본격적인 화제 전환을 위한 담화 표지 연구 - "다름 아니라", "그건 그렇고"를 중심으로, 《화법연구》 20, 39-69.

노황희(2010), 대중매체에 나타난 한·일 차세대 언어, 《일본언어문화》 16, 127-144.

유예진(2019), 「-ていうか」의 담화표지로서의 고찰, 《일본연구》 50, 89-105.

이한규(2009), 한국어 담화표지어 "아니"의 의미, 《현대문법연구》 67, 145-171.

전영옥(2002), 한국어 담화 표지의 특징 연구, 《화법연구》 4, 113-145.

趙剛(2007), 談話標識「というか」の用法と機能, 《日本言語文化研究》 10, 1-12.

Fraser, B.(1999), What are discourse markers?, *Journal of Pragmatics 31*, 931-952.

Schiffrin, D.(1987), *Discourse Marker*, Cambridge University Press.

5. 한·중 한국어 교재에서의 담화표지

탕이잉

1. 머리말

담화표지에 대해 학자들이 관심을 갖기 시작한 것은 최근 반세기 정도의 일이다. 그러나 한국어교육에서의 담화표지는 이보다 더 최근까지 시선을 끌지 못하였고 따라서 실제 교육현장에서도 교육 내용으로 간주되지 않았다. 이는 음운, 어휘, 문법과 같이 의사소통에 필수적으로 실현되어야 하는 요소에 비해 담화표지는 명제적 의미에 이바지하지 않는 불필요한 요소로서 별다른 교육적 가치가 없는 것으로 평가되었기 때문이다.

그러나 우리가 언어로 의사소통할 때는 단순한 명제적 내용의 전달에 그치지 않아 자신의 발화 의도나 심리적 태도를 드러내기도 한다. 담화표지는 바로 이러한 발화 의도나 심리적 태도를 표현하는 데에 큰 기여를 한다. 또한 일상생활에서 일어나는 구어 담화는 강연과 같이 미리 계획된 것이 아니라 담화 참여자 간의 즉시적인 상호작용에 의해 이루어지므로, 이때 담화표지는 화제를 도입, 유지, 전환, 끝맺는 기능을 함으로써 담화를 하나의 총체로 결속시킬 수 있다.

한국어교육의 궁극적인 교육 목표는 학습자의 한국어 의사소통 능력의 신장이며 담화표지에 대한 지식과 사용 능력은 의사소통 능력의 일부라는 점에서 담화표지 교육의 필요성 및 중요성이 부각된다.

초급 단계에서 기본적인 언어 요소를 익히는 것이 우선적이라면, 중·고급 단계에서는 문장을 넘어 더 큰 단위로서의 담화·텍스트에서 언어적 요소들이 수행하는 담화적 기능을 이해하고 사용하는 능력을 구비하도록 하는 것은 주된 목표라고 본다. 외국인 한국어 학습자, 특히 한국이 아닌 다른 나라에서 한국어를 공부하는 학습자의 경우, 실생활에서 한국어에 노출되는 기회가 거의 없으며 주로 매체를 통해 한국어 모어 화자의 실제 발화를 접한다. 그 중에서 한국어 교재는 교육을 위해서 한국어에 대한 직관이 없는 학습자들에게 풍부한 언어적 입력과 교육 내용을 제공하는 것으로서 학습자들이 한국어 담화표지를 배우고 이해하며 제대로 사용하는 데에 매우 중요한 역할을 한다. 그러나 한국어 교재, 특히 학습자 자국에서 개발되는 교재에서 담화표지가 어떻게 실현되거나 기술되고 있는지에 관심을 갖는 연구자가 그리 많지 않으며, 담화표지의 교육을 위한 한국어 교재의 개발 및 개선 또한 주목 받지 못하는 상황이다.

이 글에서는 한국어 담화표지의 교육적 중요성을 염두에 두어 한국과 중국에서 출판되며 널리 사용되고 있는 한국어 교재에서의 담화표지를 살펴보고 담화표지의 교육을 위한 중국의 한국어 교재의 향후 개선에 대해 제언해 보고자 한다.

2. 선행연구

담화표지에 대한 관심은 1953년에 시작되었으며 1970년대에 담화분석(discourse analysis)의 등장으로 인해 일상생활의 구어 발화가 주목을 받음에 따라 점점 많아지게 되었다. 1980년대에 이르러 화용론, 텍스트언어학, 인지언어학 등 학문의 발전으로 인해 담화표지에 대한 연구가 본격화되어 활발히 이루어지게 되었다. 한국어의 경우는 국어학에서 1990년대부터 관련 연구가 본격적으로 이루어지기 시작하였으며, 한국어교육학에서는 보다 늦게 2000년대 초반부터 점진적인 증가세를 보이다가 최근에 들어 학위논문 등을 통해 상당수의 연구[1)]가 이루어지고 있다(강현화 2012: 226-227).

한국어교육학에서 중간언어학적 관점에서 학습자의 담화표지 사용 양상을 조사하는 연구가 주를 이루며(황정민 2008, 박혜선 2011, 2012, 김선정·김신희 2013, 2014, 이혜승 2013, 유나 2016, 맹강 2016 등), 그 외에 교육 내용이나 교육 방안을 마련하는 연구와 교수·학습 또는 평가 자료에 나타나는 담화표지를 분석하는 연구가 있다. 이 글은 한국어 교재에서의 담화표지에 주목하므로 이에 관한 선행 연구를 중심으로 살펴보겠다.

한국어 교재에서의 담화표지에 관한 연구는 아주 제한적으로 이루어진다. 이러한 연구는 어떠한 교재를 분석 대상으로 삼는지에 따라 세 가지로 나뉠 수 있다. 먼저 통합형 한국어 교재에서 나타나는 담화표지에 대한 연구로 박민신(2008), 안주호(2009), 이선영(2003), 김은미(2016), 유나(2016)이 있다. 그 가운데 안주호(2009)와 유나(2016)은 교재에서의 전체 담화표지를 고찰한다는 점에서 공통적이지만 분석 대상 교재와 분석 측면에 그 차이가 있다. 전자는 한국에서 개발된 교재만 대상으로 삼아 담화표지의 기능과 급수에 따른 담화표지 실현 품사의 유형을 분석하는 것인데, 후자는 한국과 중국에서 제작된 한국어 교재에서 구어 담화표지의 제시 및 기술 양상을 비판적으로 논의하였다. 이에 반해 나머지 세 연구는 통합형 교재에서 제공되는

1) 전영옥(2017)에 따라 2017년을 기준으로 하여 확인된 한국어교육학 분야에서 담화표지에 관한 논문은 총 193편이며, 그 가운데 학위논문(132편)은 절대적인 비중을 차지하고 있었다.

말하기나 듣기 텍스트에서 나타나는 담화표지에 초점을 맞추는 것이다. 특히 박민신(2008)과 김은미(2016)의 경우, 듣기 텍스트가 학습자들에게 중요한 입력으로서 교실 밖 한국어 구어의 실제적인 특성을 반영하여야 한다는 입장에서 듣기 텍스트에 나오는 특정 유형의 담화표지[2)]를 실제 한국인 간의 대화와의 비교를 통해 듣기 텍스트의 개선 방안을 제시하였다. 이들 연구와 분석 대상 및 측면에서 모두 구별되는 이선영(2013)에서는 말하기와 듣기 텍스트에 나타나는 구어 담화표지의 목록, 기능, 제시 양상을 분석함으로써 사용 빈도 및 종류의 면에서 실제 담화와 차이가 있으며 종류와 기능이 매우 제한적이고 담화표지가 사용된 담화 상황과 구체적인 기능에 대한 설명과 제시가 결여된다는 문제점을 밝혔다.

다음으로 분리형 한국어 교재에서의 담화표지를 살피는 연구로는 심민희(2012)와 원준국(2014)를 들 수 있다. 심민희(2012)에서는 '간투사'라는 용어를 사용하고 초급 말하기 교재에 나타나는 간투사의 목록과 빈도, 의미와 기능을 분석하였다. 이와 달리 원준국(2014)에서는 앞서 언급한 박민신(2008), 김은미(2016)과 같은 입장에서 중국 출판 한국어 초급 듣기 교재를 대상으로 하여 듣기 텍스트에서 맞장구의 사용 양상의 실제성, 진정성을 분석하고 텍스트의 개선 방안을 제시하였다.

2) 박민신(2008)에서는 화제전환 담화표지와 맞장구, 김은미(2016)에서는 화제 전개와 맞장구를 분석하였다. 박민신(2008: 16)에 따르면 '맞장구'는 '어, 음' 등과 같이 적극적인 청자의 반응을 확인할 수 있으며 상대방의 이야기가 계속될 수 있도록 부추기는 역할을 한다. 김은미(2016: 10-11)에서는 박민신(2008)에서 논의한 '맞장구' 이외에 '그럼요'와 같은 상대방의 발화에 동의하는 데 쓰이는 것, '그래요?'와 같은 상대방의 발화 내용을 이해함을 보여주는 것, 그리고 '진짜?'와 같은 화자의 감정을 나타내는 것을 포괄하는 개념으로 '맞장구'를 보고 있었다. 두 논의에서 말하는 '맞장구'는 이 글의 관점에서 모두가 담화표지에 해당된다.

마지막으로 통합형 교재와 분리형 교재 모두를 분석 대상으로 삼는 연구로는 맹강·진정(2016)이 있다. 이 논의에서는 한·중 양국의 한국어 교재에 나타나는 담화표지의 목록과 기술의 분석을 통하여 담화표지의 실현 품사에 있어 관형사류와 구절류 담화표지가 거의 나타나지 않으며, 담화표지의 기술에는 부사류 담화표지에 대한 기술이 주를 이루고 이러한 기술은 문장 수준에 그치고 있으며 담화표지의 변이형태, 기능 등에 대한 기술이 부재한다는 문제점이 지적되었다.

위와 같은 선행연구를 살펴봄으로써 한·중 양국의 한국어 교재에 나타나는 전체 담화표지에 대해 그의 목록, 기능, 제시 양상 등 다양한 측면에서 전반적으로 분석하는 연구가 아직 없다는 것을 확인할 수 있었다. 이 글에서는 이러한 연구의 공백을 채우고자 한다.

3. 담화표지에 관하여

(1) 담화표지란 무엇인가?

주지하듯이 담화표지에 대한 접근이 다양한 만큼 담화표지를 칭하는 용어('간투사', '디딤말', '담화연결사', '담화대용표지', '화용표지' 등)와 담화표지의 정의도 매우 다양하다. 다양한 용어 가운데 '담화표지'라는 용어는 Schiffrin(1987)의 'discourse marker'를 번역한 것으로 최초로 안주호(1992)에서 사용되었으며, 담화표지가 무엇인지를 설명하는 데 보다 적합한 것으로 많은 연구자들에 의해 받아들여져 자리매김하였다. 안주호(1992: 23)에서는 담화표지가 형태론적 층위보다 담화적 층위에서 훨씬 더 적극적인 기능을 하는 것이라고 보기 때문에 이를 '담화표지'로 부르기로 하였다. 이를 통해 그는 담화표지가 문장 또는 문장 이하가 아닌 담화라는 층위에서여야 그 기능을 획득할 수 있다고 강조하고 있었음을 확인할 수 있다. 아래와 같은 대화를 살펴보자.

(1) 유민: (전략) 한얼이한테 고마워서 어쩌지? 네가 **좀** 전해 줘. 진짜 고맙다고 **말야**.
지애: **글쎄**……, 내가 왜 중간에서 우편배달부를 하니? 네가 직접 이메일 보내. 한얼이도 아마 네가 보내는 글을 더 바라고 있을 거야, 후후.
유민: 너도 **참**. 쑥스럽게 왜 그래?[3)]

(2) 수민: (전략) 저는 여름이 없는 곳에서 살았으면 좋겠어요. 무더운 날씨도 싫지만, 특히 장마철은 더 싫어요. 습도가 높아서 땀도 너무 많이 흘리게 돼요.
왕단: **그래요?** 저는 여름이 좋아요. (중략: 이유 설명) **그런데** 수민 씨, 오늘 비도 안 오는데 우산은 왜 들고 나왔어요?[4)]

대화 (1)에서의 '좀', '말야', '글쎄', '참'을 생각해 보면, '좀'은 정도의 적음을 의미하는 부사라기보다는 발화를 부드럽게 함으로써 상대방에게 부담을 줄이는 요소이다. 명사구 '말야'는 '-다고' 뒤에 쓰이면 문법적으로 그릇된 것이기는 하나 여기서 화자 자신의 발화 내용을 강조하는 것으로 사용된다. '글쎄'는 남의 물음이나 요구에 대한 분명하지 않은 태도를 드러내는 감탄사가 아니라 적합한 표현을 찾기 위해 시간을 벌고 상대방의 부탁을 완곡하게 거절하는 기능을 한다. 마지

3) 『한국어 3』 12과, 본문(2)
4) 『표준한국어 3』 2과, 본문(1)

막 '참'은 뒤에 피수식어가 없으므로 사실에 어긋남이 없음을 의미하는 부사라기보다는 상대방에 대한 실망이나 불만을 표출하는 요소이다.

이어서 대화 (2)에서의 '그래요'와 '그런데'를 생각해 보자. 여름에 대한 상대방의 생각을 듣고 화자가 '그래요'를 의문의 형식으로 발화하는 것은 선행 발화 내용을 대용해서 다시 상대방에게 질문하는 것이 아니라 상대방의 발화에 호응하여 발화 내용에 대한 자신의 의외나 놀람을 표현하는 것이다. 그 뒤에 자연스럽게 발화를 이어 여름이 좋다는 이유를 발화하다가 '그런데'를 통해 화제를 '여름'에서부터 상대방이 우산을 들고 나오는 원인으로 전환하게 된다. 물론 '그래요'는 여전히 '그렇다'의 대용적 의미를 가지기도 하지만 담화에서는 화자의 심리적 상태를 드러내는 기능이 새롭게 획득된다. '그런데'는 여기서 의미적으로 상반되는 두 문장을 이어주는 접속부사가 아니라 화제를 전환하는 요소이다.

지금까지 살펴본 이러한 어휘나 구는 생략되더라도 문장의 명제적 의미에 변함이 없지만, 화자의 의도나 심리적 태도가 드러나지 못하며 화제의 전개나 전환도 원활하게 이루어지지 못함으로써 담화의 일관성이 떨어지고 발화가 딱딱해지게 된다. 담화표지는 바로 이러한 어휘나 구로 실현되는 언어적인 요소이다.

한국어교육학에서 담화표지라는 용어를 사용하는 데에 이견이 없으나 담화표지를 넓게 보는 논의가 많다. 이러한 논의에서는 '지금까지 우리가 한 이야기는(구지민 2005)', '~다는/라는 의견에 동의합니다(이선미 2010)', '이제...에 대해 보겠습니다(김성옥 2010)'와 같이 강의, 토론, 발표 등 특정 유형의 담화에서 자주 사용하는 고정된 형식을 가지는 특정 표현들을 담화표지라고 보고 있다. 그뿐만 아니라 구어 담화에 한정하지 않고 학위논문이나 작품을 분석 비평하는 글과 같은 문어 텍스트에 쓰이는 '본 연구에서는 ~에 목적이 있다(정다운 2016)', '~한 바와 같이'(이정민·강현화 2009) 등의 표현도 담화표지로 간주하고 있다. 이러한 표현들은 담화의 흐름을 이끌어 나가거나 담화의 구조를 형성하는 기능을 지니고 있으나, 문장에서 충분히 해석이 가능하며 담화에서 새로운 기능을 획득하지 못하기 때문에 '좀, 말야, 참, 글쎄, 그래요, 그런데'와 다른 것으로 파악해야 한다. 따라서 전영옥(2017: 139)에서 지적한 바와 같이 이러한 특정 표현들에 대해 일반적인 담화표지와 별도의 용어를 사용해야 한다.

이 글에서는 담화표지의 담화적 기능이 한국어 학습자들이 배웠던 원 의미와 다른 것이므로 학습자들에게 어려운 부분이 될 것임에 주목하며, 담화표지는 구어 담화에서 주로 사용되어 원 의미가 약화·상실되었으며 새로운 담화적 기능을 획득함으로써 담화의 결속과 화자 발화 의도의 전달 및 심리적 태도의 표출에 기여하는 요소라고 본다.

(2) 담화표지의 기능 분류

한국어 담화표지의 기능 분류를 시도한 연구에서 개별 담화표지를 대상으로 한 연구가 압도적으로 많은 반면 거시적 차원에서 통일된 기준을 설정하여 담화표지 전체에 대한 유형화를 시도한 연구가 적으며 마련된 분류 체계도 연구자마다 상이한 모습을 보인다.

안주호(1992)가 담화표지의 담화 결속 기능에 중점을 둔다면 김향화(2001, 2003)은 화자 자신의 발화 의도나 심적 태도를 표현하는 기능에 관심을 갖는다[5]. 전영옥(2002)에서는 담화표지의 기능을 '화제

5) 안주호(1992)에서는 담화 구조에 근거하여 담화표지를 '부름표지', '시발표지', '전환표지', '종결표지' 네 가지로 분류하였으며, 김향화(2001, 2003)에서는 담화표지를 담화 책략상 화자가 상대방에게 자신의 발화 의도나 심적 태도를 효과적으로 이해시키기 위한 것으로 보고 그 담화 기능을 '주의 집중', '초점 표시', '확인 표시', '놀람 표시', '망설임 표시', '반박 표시', '호기심 유발' 등 일곱 가지로 유형화하였다.

와 화제의 결속(화제 전개를 위한 것)', '화자와 화제의 결속(발화를 지속시키기 위한 것)', '화자와 청자의 결속(상호작용을 원활하게 하기 위한 것)' 세 가지로 나눈 후 각 기능의 세부적인 유형을 제시하였으며[6], 이 분류 체계는 대부분의 후속 한국어교육학적 연구에서 받아들여졌다. 이희정(2003)에서는 전영옥(2002)의 틀을 따르되 '화자와 화제의 결속'은 Schiffrin(1987)의 행위구조를 참조하여 '화자의 의도성'으로 바꾸었으며, '화제와 화제의 결속'은 구어 텍스트의 계층 구조와 화제 전개 모형을 기반으로 '화제와 화제', '화제와 발화단위', '발화단위와 발화단위'로 나누었다[7]. 이 분류법의 문제는 '화자의 의도성'이라는 표현이 텍스트 결속에 해당되는 화제 전환이나 전개, 그리고 상호작용 모두를 포괄할 수 있는 것이므로 어느 하나의 기능 유형으로 설정하는 것은 적당하지 않다는 점이다. 정선혜(2006)과 심란희(2011)은 공통적으로 이원 체계를 취하여 담화 구조와 관련된 것과 화자의 태도와 관련된 것으로 담화표지의 기능을 분류하였다. 유나

6) 전영옥(2002: 139)에서 분류한 담화표지의 기능은 다음과 같이 정리할 수 있다.

화제와 화제의 결속	화제 시작, 화제 전개, 화제 전환, 화제 연결, 화제 마무리
화자와 화제의 결속	시간 벌기, 얼버무리며 넘어가기, 주장 약화하기, 주장 강조하기, 디딤말 기능, 수정하기, 부정적인 태도 표현하기
화자와 청자의 결속	주의 집중, 대화 진행 조정하기, 발언권 가져오기, 정중하게 말하기, 호응하기

7) 이희정(2003: 22)에서 제시한 담화표지 분석의 틀은 다음과 같다.

<table>
<tr><th>기능</th><th>결속 대상</th><th colspan="2">유형</th></tr>
<tr><td rowspan="3">텍스트 결속 기능</td><td>화제-화제</td><td>화제전환</td><td>상위화제 → 상위화제;
하위화제 ↓ 하위화제n+1;
하위화제 ↑ 하위화제n+1</td></tr>
<tr><td>화제-발화단위</td><td>화제전개</td><td>화제전개, 보충, 반론</td></tr>
<tr><td>발화단위-발화단위</td><td colspan="2">의미관계</td></tr>
<tr><td>화자의 의도성</td><td>화자-화제</td><td colspan="2"></td></tr>
<tr><td>상호작용 기능</td><td>화자-청자</td><td colspan="2"></td></tr>
</table>

(2016)에서는 한국어교육의 실용성 측면과 학습자 중심 교육적 관점에서 담화 참여자가 맡는 주역할에 착안하여 담화표지의 기능을 '주도적 담화 운용 표지'와 '호응적 담화 운용 표지'로 일차적으로 분류한 후 세부 유형을 제시하였다.8)

이러한 분류 체계는 연구자들이 각자의 연구 범위 및 목적에 맞게 나름대로 세운 것으로 연구자의 강한 주관적 색채를 띠고 있다. 또한 심란희(2019)에서 제시하였듯이 동일한 담화표지가 여러 기능을 동시에 수행할 수 있다는 '다(多)기능성'과 '동시 기능성'으로 인해 기능 분류의 중복성을 피할 수가 없다. 예를 들어 화자가 담화표지 '참'을 사용함으로써 화제를 전환하면서 상대방으로부터 발화권을 자신에게 가져오기도 한다. 그리고 대화 'ㄱ: 수미 씨 예쁘지? ㄴ: 글쎄...(『표준한국어 2』, 7과)'에서 화자 (ㄱ)이 수미가 예쁘다는 자신의 생각에 대한 상대방의 공감을 기대하고 있는데, 이에 대해 화자 (ㄴ)은 '글쎄'를 사용해서 확실한 답을 회피하는 동시 상대방의 생각에 동의하지 않음을 드러내기도 한다.

8) 유나(2016: 93-94)에서 분류한 담화표지의 기능은 다음과 같이 정리할 수 있다.

주도적 담화 운용 표지	화제 도입과 전환	
	화제의 전개	• 망설임 표시하기: 시간벌기, 얼버무리기 • 발화 명확성 확보하기: 수정하기, 부연하기 • 자기 발화 내용에 대한 태도 표시하기: 강조하기, 약화하기, 부정적 태도 표시하기 • 청자 주의 집중시키기 • 공손 태도 표시하기: 부담 줄이기, 부정 진술 약화하기
	화제의 종료	
호응적 담화 운용 표지	상대방 발화에 대한 선호적 호응	동조 표시, 놀람 표기, 확인 강조, 관심 표시, 경청 표시
	상대방 발화에 대한 비우호적인 호응	발화 내용 부정하기, 불확실하게 대답하기, 응답 회피하기, 완곡하게 거절하기, 부정적 정서 표출하기

이에 기능 분류의 중복성이 완전히 해소될 수 없음을 인정하며 이를 되도록 줄이기 위해 기능 분류에 있어 '유형 단순화', 기능 판단에 있어 '핵심 기능 중심'의 대책을 제안하고자 한다. '유형 단순화'란 뚜렷한 공통점을 가지는 몇 개의 기능 유형들을 가급적 하나의 유형으로 묶어서 담화표지의 기능 유형을 단순화시키는 것을 말한다. '핵심 기능 중심'이란 동일한 담화표지가 담화 텍스트에서 동시에 여러 기능으로 해석이 가능한 경우 그 중 두드러지는 핵심적인 기능에 의해 그 유형을 판단하는 것이다. 따라서 이 글에서는 기존 논의를 검토하고 '유형 단순화'를 적용하며 대략적 기능 유형을 정한 후, 분석 대상 교재에서의 담화표지를 '핵심 기능 중심'에 의해 판단하여 모든 기능을 확보하는 방향으로 기존 논의를 수정, 보완하였다. 그 기능 분류 체계는 다음 〈표 1〉과 같다.

〈표 1〉 담화표지 기능 분류 체계

기능	세부 유형
담화 결속	화제 도입 및 전환
	화제 연결 및 전개
	화제 종료
화자 태도 표출	화자 자신의 발화에 대한 태도: ①약화하기, ②강조하기, ③수정하기, ④부연설명
	상대방 주의 집중시키기
	상대방에 대한 공손 태도 표시
	상대방의 발화에 대한 태도: ①망설임, ②호응하기, ③놀람표시, ④부정적 정서 표출, ⑤모호하게 대답하기

먼저 〈표 1〉에서 '담화 결속 기능'에 있어 화제 도입과 화제 전환을 합쳐 하나의 유형인 '화제 도입 및 전환'으로 설정한 것은 기존 화제를 전환할 때 새로운 화제의 도입이 수반되기 마련이며 담화를 시작

할 때는 보통 상대방에게 인사한 후 화제를 도입하기에 어느 정도 전환의 일종이라고 볼 수도 있기 때문이다. '화제 연결 및 전개'도 이와 마찬가지로 화제의 전개가 연결을 통해 이루어지며 반대로 전개도 연결의 일종이라는 이유로 설정되었다.

'화자 태도 표출 기능'에서 '호응하기', '부정적 정서 표출' 그리고 '모호하게 대답하기' 세 유형은 보다 넓은 범위로 잡은 것이다. '호응하기'는 화자가 상대방의 발화에 대해 적극적인 반응을 보여주는 것으로 상대방의 발화를 듣고 있음을 알리는 것, 상대방이 계속 발화하도록 허락하는 신호를 주는 것, 상대방의 발화 내용에 대해 관심을 표시하거나 동의하는 태도를 나타내는 것 등이 이에 해당한다. '부정적 정서 표출' 기능은 화자가 상대방의 발화 내용 자체에 동의하지 않는 것뿐 아니라, 상대방의 요청이나 제안에 대한 직접적 또는 완곡한 거절, 상대방의 발화를 통해 어떤 사실을 알게 되어 이에 대해 마음이 아프거나 아쉬워하는 소극적인 정서까지 포괄하는 것이다. 마지막으로 '모호하게 대답하기'는 화자가 상대방의 질문에 답하기가 싫어서 질문을 회피하려는 점에서 '부정적 정서 표출'과 유사하며, 발화 내용의 모호성에서는 '약화하기'의 기능이 동시에 실현될 수도 있지만, 실제 발화 시점에 명확히 대답을 하기가 어려운 경우도 있으며 모호한 내용으로 답한다는 공통점에서 하나의 유형으로 따로 설정하는 것이 적절한 것으로 보인다.

4. 한국어 교재에서의 담화표지

(1) 분석 교재

현재 중국 대학의 한국어학과에서 사용하고 있는 한국어 교재는 중국 내에서 출판된 것과 한국에서 출판된 것을 중국어로 번역해서 다시 중국에서 출판된 것 두 가지가 있다. 유쌍옥(2016)[9]에서 조사한 결과에 따르면, 사용 비율에 따른 중국 교재의 상위 3위는 『한국어』, 『기초/고급한국어』[10], 『표준한국어』이며, 한국 교재의 상위 3위는 『한국어교정』, 『연세 한국어』[11], 『서울대 한국어』이다.

이 글에서는 교재의 권위성을 고려해서 중국 교재에서 『한국어』와 『표준한국어』를 분석 대상으로 선정하였고[12], 한국 교재의 경우는

9) 유쌍옥(2016)에서 중국 내 119개 4년제 대학의 한국어학과에서 사용하는 15종의 한국어 교재의 사용 비율을 조사하였다. 그 결과는 아래와 같다.

중국 교재	사용 대학의 수	비율	한국 교재	사용 대학의 수	비율
한국어	20	15.2%	한국어교정	32	24.2%
기초/고급한국어	16	12.1%	연세 한국어	17	12.9%
표준한국어	16	12.1%	서울대 한국어	5	3.8%
대학한국어	10	7.6%	신표준한국어	3	2.3%

10) 『기초/고급한국어』에서 대화 텍스트가 제공되고 있지 않으므로 분석 대상에서 제외시켰다.

11) 『한국어교정』은 연세대학교 한국어학당에서 2007년에 개발하고 출판한 교재이며 중국에서 중국어로 번역되어 다시 출판되었다. 새로운 『연세 한국어』는 2013년에 출간되었고 여섯 단계의 총 12권으로 구성되어 있으며 중국에서 중국어로 다시 번역되어 6권으로 출판되었다.

12) 『한국어』는 북경대학교 조선문화연구소가 편찬하고 서울대학교 국어교육연구소가 감수하여 출판된 통합 교재이다. 또한 '11차 5개년 국가급계획교재("十一五"國家級規劃教材)'로 선정되어 권위성이 강하다. 『표준한국어』는 한·중 수교 이후(1996년) 중국에서 자주 개발된 첫 번째 한국어 통합 교재이며, 그동안 교재 내용을 계속 보완해 와 2018년에 일곱 번째 개정판이 나왔다. 그리고 '북경대학교 계획교재(北京大學規劃教材)'로서 권위성도 확보된다. 하나가 아닌 2종의 중국 교재를 선정한 이유는

『연세 한국어』가 이미 선행연구에서 많이 논의되었으며 아직까지 갱신되지 않은 상태이기에 이를 재분석하지 않는 대신에 선행연구에서 전혀 다루어지지 않았고 중국에서도 사용되고 있는 『서울대 한국어』를 분석 대상으로 선정하기로 한다.

초급 교재에서는 기본적인 언어적 요소를 익히기 위한 교육용 대화문, 고급 교재에서는 문학, 역사, 경제 등에 관한 독해문이나 강연, 인터뷰와 같은 격식을 갖추는 준-구어 텍스트가 보다 많이 제공되는 점에서[13] 담화표지가 중급 교재에서 집중적으로 실현되고 있을 것이라 판단된다. 또한 분석 대상 중국 교재 모두가 고급을 포함하지 않기 때문에[14] 분석 범위를 중급에 한정하는 것이 타당한 것으로 보인다. 분석 대상 교재의 정보는 다음 〈표 2〉와 같다.

〈표 2〉 분석 대상 교재

구분	교재 정보
중국 교재	『한국어(韓國語) 2, 3, 4』, 『표준한국어(標準韓國語) 2, 3』
한국 교재	『서울대 한국어 3A, 3B, 4A, 4B』

출판·개정 연도에 따른 담화표지의 교재에서의 실현 양상의 차이를 통해 중국의 한국어교육에서 담화표지의 교육에 대한 인식의 변화를 엿볼 수 있으리라 기대하기 때문이다.

13) 『서울대 한국어』의 경우 6(A, B)권에서는 대부분의 단원 주제가 문학, 역사, 경제, 사회적 이슈 등이므로 일상 구어 텍스트에 비해 문어 텍스트 또는 인터뷰나 강연과 같은 격식적인 구어 텍스트가 그 주를 이룬다. 『한국어』의 경우도 4권에서 11~15과의 본문이 문어 텍스트로 이루어지고 있다.

14) 중국에서 개발된 고급 교재는 『대학 한국어』(북경대학교), 『고급 한국어』(연변대학교), 『고급 한국어』(흑룡강조선출판사), 『신편고급한국어』(북경대학교출판사) 4종만 출간되어 있다. 이를 통해 중국에서의 고급 한국어 교재의 개발이 활발하게 이루어지지 않고 있음을 알 수 있다(유쌍옥 2016: 204).

교재에서의 담화표지를 보고자 한다면 교재에서 이루어지는 대화형 텍스트 전체가 모두 분석 범위에 해당해야 한다. 그러므로 교재 단원의 어느 부분에서 대화 텍스트가 주로 제공되고 있는지를 파악하기 위해 각 교재의 단원 구성을 살펴볼 필요가 있다. 교재별 단원 구성은 다음 〈표 3〉과 같이 제시한다.

〈표 3〉 교재별 단원 구성(계속)

교재	『한국어』	
단원 구성	본문	대화문 2편과 독해문 1편
	단어	본문에 나타나는 단어 제시(품사, 뜻풀이)
	발음	본문에 나타나는 어휘나 표현에 일어나는 음운 현상 소개
	어휘와 관용어[15]	개별 중요한 어휘나 관용어에 대한 보다 상세한 해석(뜻풀이, 예문)
	문법과 관용형	문법과 관용표현(5~10개)의 용법 설명과 예문 제시
	연습	빈칸 채우기, 문장 완성하기, 중-한 번역하기, 주제 쓰기 등
	보충단어	문법 설명과 연습 부분에서 나타나는 어휘 제시(품사, 뜻풀이)
교재	『표준한국어』	
단원 구성	본문	대화문 1~2편과 독해문 1편
	발음	본문에 나타나는 개별 단어의 발음 제시(예: 집안일 → [지반닐])
	단어	본문에 나타나는 단어 제시(품사, 중국어 뜻풀이)
	기본문법[16]	문법 항목(4, 5개)의 용법 설명과 예문 제시
	연습	대화 완성하기(짝 활동), 주제 말하기, 주제 쓰기, 중-한 번역하기 등
	보충단어	문법 설명과 연습 부분에서 나타나는 어휘 제시(품사, 뜻풀이)
	속담	속담(한 개) 제시 및 의미 해석
교재	『서울대 한국어』	
단원 구성	어휘	단원 주제 관련 어휘 제시, 어휘를 이용하여 대화를 만들고 말하기 과제 수행
	문법과 표현	1, 2로 나누어 부분마다 문법 항목 2개 제시, 예문(대화문, 단문)과 연습 제공
	말하기	1, 2로 나누어 대화 형식으로 된 본문 1편이 제시되며, 말하기 연습도 함께 제공
	듣고 말하기	준비(도입) → 듣기(듣고 질문 답하기) → 말하기(주어진 문제를 중심으로 친구와 대화하기)

읽고 쓰기	준비(도입) → 읽기(읽고 질문 답하기) → 쓰기(주어진 문제를 중심으로 친구와 대화하기)
과제	듣고 말하기, 읽고 쓰기, 발표 연습하기
문화 산책	한국 문화 알아보기, 나라 간의 문화 차이에 대한 말하기 연습
발음	준비(문장 듣기) → 규칙(음운 규칙, 현상 설명) → 연습(소리내는 대로 문장 읽기)

위의 〈표 3〉에서와 같이 중국 교재는 본문을 중심으로 거기에 나타나는 언어적 요소에 대한 제시, 그리고 연습으로 단원이 구성되어 있으며 언어 기술과 언어 영역, 언어 기술과 언어 기술 간의 연계가 이루어지지 않는다. 반면 서울대 교재는 단원 구성에 있어서 언어 영역과 언어 기술을 전반적으로 고려할 뿐만 아니라 언어 기술들을 서로 연관시키므로 '통합'이라는 특성을 두드러지게 드러낸다. 이로 인해 중국 교재는 본문과 연습 부분에서, 서울대 교재의 경우는 듣기 지문에서 대화 텍스트가 보다 많이 실현된다. 또한 문법 설명 부분에 제시되는 예문에 있어,『한국어』와『서울대 한국어』는 고립된 문장으로 된 예문이 대부분인 데 반해『표준한국어』에서는 대화문이 주를 이룬다.

(2) 분석 결과

담화표지의 전체 실현 빈도

먼저 각 교재에서 얼마나 많은 담화표지가 나타나는지를 전반적으로 파악하기 위해 교재별 담화표지의 절대 실현 빈도(tokens)를 조사하였다. 그 결과는 다음 〈표 4〉와 같다.

15) 3권과 4권에서는 '어휘 활용'이라는 제목을 사용하고 있다.

16) 3권에서는 '기본문형'이라는 제목을 사용하고 있다.

〈표 4〉 교재별, 권별 담화표지의 실현 빈도

<table>
<tr><th colspan="2">교재</th><th>권</th><th>권별
단원 수</th><th>권별 실현
빈도</th><th>총
단원수</th><th>총
빈도수</th></tr>
<tr><td rowspan="5">중국
교재</td><td rowspan="3">『한국어』</td><td>2</td><td>15</td><td>117</td><td rowspan="3">40</td><td rowspan="3">290</td></tr>
<tr><td>3</td><td>15</td><td>103</td></tr>
<tr><td>4</td><td>10(1～10과)</td><td>70</td></tr>
<tr><td rowspan="2">『표준한국어』</td><td>2</td><td>20</td><td>194</td><td rowspan="2">40</td><td rowspan="2">399</td></tr>
<tr><td>3</td><td>20</td><td>205</td></tr>
<tr><td rowspan="4">한국
교재</td><td rowspan="4">『서울대 한국어』</td><td rowspan="2">3</td><td>3A: 9</td><td>196</td><td rowspan="4">36</td><td rowspan="4">616</td></tr>
<tr><td>3B: 9</td><td>143</td></tr>
<tr><td rowspan="2">4</td><td>4A: 9</td><td>139</td></tr>
<tr><td>4B: 9</td><td>138</td></tr>
</table>

〈표 4〉에서 보이듯이 세 교재는 단원 수가 비슷하지만 담화표지의 실현 빈도에는 현저한 차이가 있다. 특히 중국 교재에 비해 『서울대』[17]에서는 담화표지가 훨씬 더 빈번히 실현되고 있다. 이러한 차이는 각 교재의 단원 구성과 직결된다고 앞서 언급한 바가 있었지만 양적 측면에서 담화표지의 실현 빈도가 높거나 낮음만으로 해당 교재에서 담화표지가 충분히 반영되고 있는지 아닌지는 판단할 수가 없다. 질적 측면에서 동일한 기능 유형으로 실현되는 담화표지의 다양성과 전체 또는 개별 담화표지가 텍스트에서 수행하는 담화적 기능의 다양성, 그리고 담화표지의 제시 양상도 함께 알아보아야 한다.

기능별 담화표지의 실현

기능 유형에 따른 각 교재에서의 담화표지의 실현 빈도와 담화표

17) 기술의 편의상 분석 대상 교재 『한국어』는 '『한』', 『표준한국어』는 '『표준』', 『서울대 한국어』는 '『서울대』'로 기술하겠다.

지의 목록, 즉 동일한 기능으로 실현되는 담화표지의 다양성을 살펴 본 결과는 다음 〈표 5〉, 〈표 6〉과 같이 제시할 수 있다.

〈표 5〉 교재별, 기능별 담화표지의 실현 빈도

기능	세부 유형		『한국어』	『표준한국어』	『서울대 한국어』
담화 결속 기능	화제 도입 및 전환		25	40	57
	화제 연결 및 전개		47	55	92
	화제 종료		2	0	0
화자 태도 표출 기능	화자 자신의 발화에 대한 태도	약화하기	40	46	74
		강조하기	8	6	2
		수정하기	1	0	0
		부연설명	0	0	1
	상대방 주의 집중시키기		2	2	2
	상대방에 대한 공손 태도 표시		9	26	13
	상대방의 발화에 대한 태도	망설임	13	2	9
		호응하기	120	197	244
		놀람표시	17	22	123
		부정적 정서 표출	5	0	26
		모호하게 대답하기	0	5	1

〈표 6〉 교재별, 기능별 담화표지의 목록(계속)

기능	세부 유형	『한국어』	『표준한국어』	『서울대 한국어』
담화 결속 기능	화제 도입 및 전환	참, 자, 그런데, 그럼, 그러면, 그나저나	참, 아, 그런데(근데), 그러면(그럼), 그래서, 그리고, 그건 그렇고, 글쎄	참, 근데, 그럼, 그래서, 그러니까, 그건 그렇고, 글쎄
	화제 연결 및 전개	그리고, 그러면(그럼), 그런데, 그래서	그리고, 그러면(그럼), 그런데, 그래서	그리고, 그러면(그럼), 그런데, 그래서

<table>
<tr><td></td><td colspan="2">화제 종료</td><td>자</td><td>-</td><td>-</td></tr>
<tr><td rowspan="11">화자 태도 표출 기능</td><td rowspan="4">화자 자신의 발화에 대한 태도</td><td>약화하기</td><td>좀, 그냥, 뭐</td><td>좀, 그냥</td><td>좀, 그냥, 뭐</td></tr>
<tr><td>강조하기</td><td>뭐, 어디, 말야(말이에요)</td><td>뭐, 좀, 어디, 말이다(말이야)</td><td>말이야, 어디</td></tr>
<tr><td>수정하기</td><td>아니</td><td>-</td><td>-</td></tr>
<tr><td>부연설명</td><td>-</td><td>-</td><td>그러니까</td></tr>
<tr><td colspan="2">상대방 주의 집중시키기</td><td>자</td><td>저기요</td><td>저기요, 네?</td></tr>
<tr><td colspan="2">상대방에 대한 공손 태도 표시</td><td>저어, 좀, 뭘요</td><td>좀, 뭘요, 저</td><td>좀, 뭘, 저, 저기</td></tr>
<tr><td rowspan="5">상대방의 발화에 대한 태도</td><td>망설임</td><td>글쎄(요), 음, 이거, 뭐랄까</td><td>글쎄요</td><td>글쎄(요), 음, 어</td></tr>
<tr><td>호응하기</td><td>네, 응, 음, 어, 예, 아, 어디, 그래(요), 그럼(요), 그러게, 그러게 말입니다</td><td>네, 응, 아, 어디, 그래(요), 그럼요, 그러게 말이에요, 글쎄 말이야 (말이에요), 그러니까 말이야</td><td>네, 응, 음, 어, 아, 어디, 그래(요), 그럼요, 그러게요, 그러게 말이야 (말이에요), 그런데?, 그래서요?, 그러니까요</td></tr>
<tr><td>놀람표시</td><td>어, 아, 정말(정말이야)?, 그래(요)?</td><td>어(엇), 정말(요)?, 그래(요)?, 그러세요?, 그렇습니까?</td><td>어, 어머, 아니, 네?, 뭐?, 그래요?, 그러세요?, 정말요?, 그러십니까?</td></tr>
<tr><td>부정적 정서 표출</td><td>야, 뭘, 참, 글쎄</td><td>-</td><td>뭘, 뭐, 뭐?, 글쎄, 아니, 에이, 저런, 야, 어휴</td></tr>
<tr><td>모호하게 대답하기</td><td>-</td><td>글쎄(요), 그냥요</td><td>글쎄</td></tr>
</table>

위의 〈표 5〉와 〈표 6〉에서 언급할 만한 부분은 다음과 같다. 첫째, 세 교재에서 모두 '담화 결속 기능'에서는 '화제 도입 및 전환'과 '화제 연결 및 전개' 기능의 담화표지가, '화자 태도 표출 기능'에서는 '약화하

기', '호응하기' 기능의 담화표지가 다른 기능의 담화표지에 비해 훨씬 더 많이 실현되었다. 구체적으로는, 우선 '화제 도입 및 전환'과 '화제 연결 및 전개' 기능의 경우 {그러-} 부류의 접속부사가 전성된 담화표지가 주를 이루며 이들이 담화에서 새롭게 획득한 담화 기능은 원의미와 매우 긴밀한 연관성을 갖고 있기 때문에 이에 대한 학습자들의 이해와 사용에는 큰 어려움이 없을 것이라고 짐작할 수 있다. 이를 제외한 '참, 자'는 상대방의 주의를 집중시키면서 새로운 화제를 도입하는 기능을 하는 것으로 학습자들에게 이해시킬 필요가 있다. 그리고 '그건 그렇고'와 '글쎄'는『한』에서 실현되지 않으며 나머지 두 교재에서도 각각 한 번만 나타났다. 아래와 같은 대화를 통해 '그건 그렇고'는 선행 발화 내용을 대용하며 화자가 해당 명제에 동의함을 드러내는 동시 화제를 전환하는 기능, '글쎄'는 새로운 화제를 도입하는 기능을 하고 있음을 확인할 수 있다.

(3) 여: 지하철이라면 전화가 안 걸리진 않을 텐데…….
어쨌든 **그건 그렇고** 오늘 약속 잊지 않았지?
남: 응, 미술관에서 만나서 같이 전시 보기로 했지.[18)]

(4) 민호: 저, 박민호인데, 모르겠어요? 국문과 05학번.
혜진: 어머, 민호 씨? 정말 민호 씨로군요. **글쎄** 어디서 많이 본 사람 같다고 생각했지만, 민호 씨인 줄은 정말 몰랐어요. 이제 보니 좀 많이 달라진 것 같아요.[19)]

이어서 '약화하기' 기능에 있어 담화표지 '좀, 그냥, 뭐'가 이 기능으로 실현되며 그 중에서 '좀'이 절반으로 나타나고 '그냥'과 '뭐'는 보다

18)『서울대 한국어 3A』6과, 듣기 지문, 듣기1
19)『표준한국어 3』13과, 본문

낮은 빈도로 나타났다는 점에서 세 교재가 비슷한 양상을 보인다. 그런데 '좀'은 정도나 분량이 적음이나 시간적으로 짧음이라는 의미에서 상대방의 부담을 줄이거나 발화를 부드럽게 하는 기능을 용이하게 이끌어낼 수 있기에 학습자들에게 난점이 되지 않는 데 비해, '그냥, 뭐'의 경우는 원 의미에서 그 담화적 기능을 바로 도출하기가 쉽지 않으므로 이에 대한 교육이 필요하다.

(5) 가: 왜 그래? 무슨 일이 있었어?
　　나: 아무것도 아니야. **그냥** 몸이 **좀** 안 좋아서 그래.[20)]

(6) 가: 어떡하지? 눈이 이렇게 많이 올 줄 몰랐어.
　　나: 아쉽지만 할 수 없지, **뭐**.[21)]

마지막으로 '호응하기' 기능의 담화표지가 분석 대상 교재 가운데 어느 교재에서든 압도적으로 많이 나타났으며 그 목록도 매우 다양하다. 그 이유는 상대방의 발화에 대한 호응은 인간의 자연적인 반응으로서 실생활에서 가장 많이 또한 가장 쉽게 일어나는 기능이기 때문이다. 하지만 호응하기 담화표지의 실현 빈도가 총 실현 빈도에서 차지하는 비중을 교재별로 살펴보면 '『표준』(49.37%) > 『한』(41.38%) > 『서울대』(39.61%)'의 순으로 나타났다. 담화표지가 가장 많이 나타나는 『서울대』에서 호응하기 담화표지의 비중이 세 교재 중에서 가장 낮다는 것은 다른 기능의 담화표지가 중국 교재에 비해 보다 많이 실현되었음을 의미한다. 또한 『서울대』에서의 호응하기 담화표지 목록을 보면 의문의 형식을 취하는 '그래서요, 그런데'가 중국 교재에는

20) 『한국어 3』 11과, 예문(문법과 관용형)
21) 『서울대 한국어 4B』 13과, 듣고 말하기

나오지 않는 것이 눈에 띈다. 아래와 같은 대화를 통해 알 수 있듯이 이들 담화표지는 화자가 상대방의 발화 내용에 관심을 가지고 상대방이 발화를 이어갈 것을 요구하는 적극적인 반응(심란희 2019: 205)으로서 이 글에서 호응의 일종으로 여겨지는데, 담화에서 상대방의 발화를 유도하는 기능도 동시에 갖고 있으며 접속부사로 실현되어 의문의 형식으로 나타난다는 점에서 상대방의 발화에 단순히 호응하는 '네, 어, 음, 응' 등과 구별되는 것으로 학습자들에게 인식시켜야 한다.

(7) 히엔: 유진 씨는 스티븐 씨하고 어떻게 처음 만났어요?
유진: 스티븐이 도서관에서 내가 마시던 커피를 쏟았어요.
히엔: 아, **그래서요?**
유진: 미안하다면서 대신 저녁을 사 주겠다고 하던데요. (후략)[22)]

(8) 여: 그게 왜 그러냐 하면 너도 알다시피 머리카락은 단백질이잖아. 그 단백질이 결합돼서 머리카락이 항상 일정한 모양을 유지할 수 있는 거래.
남: 응, **그런데?**
여: 그런데 파마약을 사용해서 그 단백질 결합을 끊는 거래. (후략)[23)]

그리고 호응하기 담화표지 가운데 『표준』에서만 나타나는 '글쎄 말이야', '그러니까 말이야'는 이미 호응 기능을 갖고 있는 '글쎄', '그러니까'에 발화 내용을 강조할 때 쓰이는 '말이야'가 덧붙여져 구절의 형태를 지니며, 아래 대화 (9), (10)에서 보는 바와 같이 상대방의 발화에 대한 화자의 강한 동조 태도를 표출하는 것도 언급할 만하다. 이

22) 『서울대 한국어 3B』 10과, 말하기1
23) 『서울대 한국어 4B』 16과, 듣기 지문, 듣기2

외에 '어디'가 이 기능으로 세 교재에서 두루 나타났는데 아래 대화 (11)에서와 같이 이는 '어디 (좀) 보자/봐요'의 정형화된 형태로 실현되어 상대방의 발화 내용에 대한 화자의 흥미나 관심을 드러내는 것으로 보인다.

(9) 가: 비가 너무 안 와서 걱정입니다.
나: **글쎄 말이에요**. (후략)[24]

(10) 가: (전략) 공해 때문에 호흡기 질환 환자들이 부쩍 늘었다고 하던데.
나: **그러니까 말이야**. (후략)[25]

(11) 완룡: 뭐라고요? 여기 집들이 선물 리스트에 나온 거라고요.
홍단: 집들이 선물 리스트요? **어디 좀 봐요**. 음, 여기 향초가 어때요?[26]

지애: 이번 국경절 연휴에 한국에 갔을 때 찍은 사진들이야.
유민: **어디 보자**. 와, 이곳은 어디야? (후략)[27]

남: (전략) 그런데 제가 그린 사람이 좀 이상하지 않아요? 왜 그럴까요?
여: **어디 봐요**. 전체적으로 비율이 좀 안 맞는 것 같은데요.(후략)[28]

둘째, 앞서 살펴본 높은 실현 빈도의 기능 유형과 선명한 대조를 이루는 '화제 종료', '수정하기', '부연설명' 세 기능의 담화표지 모두가 분석 대상 교재에서 아예 실현되지 않거나 1, 2회의 매우 낮은 빈도로 나타났다. 그 중에서 화제를 마무리하는 데 쓰이는 '자'와 화자가 자신의 선행 발화를 스스로 수정하려는 데 쓰이는 '아니'가 모두 『한』에

24) 『표준한국어 3』 5과, 예문(기본문법)
25) 『표준한국어 3』 20과, 본문(1)
26) 『표준한국어 3』 11과, 본문(1)
27) 『한국어 3』 8과, 본문(2)
28) 『서울대 한국어 4B』 14과, 듣기 지문, 듣기2

서만 나타났다. 이 교재는 분석 대상 교재에서 담화표지가 가장 적게 나타나기는 하지만 기능 다양성의 면에서 그 장점을 볼 수 있다. 중국 교재에서 발견하지 못하였던 부연설명 담화표지 '그러니까'는 서울대 교재에서도 한 번밖에 나타나지 않았다.

(12) 유민: (전략) 한얼이 너도 같이 가자.
한얼: (전략) 그런데 혹시 짐 들어 줄 힘센 남자가 필요해서 가자는 거 아냐?
지애: (전략) 알았으면 빨리 이 배낭부터 좀 들어. **자**, 가자.[29]

유민: 지난번에 나 도서관에서 책 복사할 때, 네가 많이 도와줬잖아. (후략)
지애: (전략) 그것 때문에 부담 가지는 거면 더욱 안 돼. 나 혼자 갈래.
유민: 하하, 너야말로 부담 가질 필요 없어. (중략) 내가 오늘 한번 실천해 보려고 하는 거니까 방해하지 말아 줘. **자**, 빨리 가자.[30]

(13) 한얼: (전략) 초면에 말을 놓아도 될까요?
유민: 그래요. **아니**, 그렇게 해.[31]

(14) 남: 단군? 그게 누군데?
여: 옛날에 한국 땅에 처음으로 나라를 세운 분이야. 단군의 아버지가 하늘나라에서 내려왔대.
남: 하늘에서 내려왔다고? 에이, 말도 안 돼.
여: **그러니까** 신화지. 단군 신화라고 못 들어 봤어?[32]

29) 『한국어 4』 2과, 본문(2)
30) 『한국어 4』 9과, 본문(2)
31) 『한국어 3』 11과, 본문(1)
32) 『서울대 한국어 4B』 10과, 듣기 지문

위의 (12)에서 보듯이 화자가 해당 화제에 대한 대화를 종료하고자 담화표지 '자'를 사용한다. (13)에서는 화자가 선행 발화를 수정하는 의도로 담화표지 '아니'를 사용하여 그 뒤에 적합한 표현을 다시 이끌어 낸다. (14)에서는 화자가 상대방에게 자신의 발화를 이해시키도록 '그러니까'를 사용하여 단군의 이야기가 신화임을 보충설명을 한다.

셋째, '놀람표시'와 '부정적 정서 표출' 두 기능의 담화표지는 실현 빈도와 다양성에 있어『서울대』와 중국 교재 간에 매우 다른 모습을 보였다. 특히 화자가 상대방의 발화에 대한 비선호적 혹은 소극적인 정서를 표현하는 '부정적 정서 표출' 담화표지의 경우는『서울대』에서 26회로 실현되는 반면『한』에서 5회,『표준』에서 0회로 나타났다.

(15) 아키라: 민수 씨 부탁이니까 하겠다고 했는데 실수할까 봐 걱정이에요.
동　료: 저번에 회의 때 보니까 한국어 아주 잘하던데요, **뭘**.[33)]

(16) 아키라: (전략) 아무리 생각해도 큰 병에 걸렸나 봐요.
켈　리: **에이**, 무슨 소리예요. 제가 보기에는 무리해서 그런 것 같은데요, **뭐**.[34)]
아키라: 켈리 씨, 나는 정말로 아픈데 자꾸만 왜 그래요? 엄살이라고 생각하는 거예요?

(17) A: 날씨가 따뜻해서 좋은데 드라이브 갈까요?
B: **글쎄요**. 아직 운전을 잘 못해서 멀리 가기는 힘들어요.[35)]

(18) 가: 졸업 논문 쓴다고 바쁘더라니 아직도 할 게 많이 남았어요?
나: 네, 마음만 급하고 잘 안 되네요.

33)『서울대 한국어 3B』13과, 말하기1
34)『서울대 한국어 4A』2과, 말하기1
35)『서울대 한국어 4A』8과, 발음(연습)

가: **저런**, 어떡해요. (후략)[36]

(19) 남: 다 맛있는데 왜 그래? (중략) 그러지 말고 골라 봐.
여: **아니**, 그렇긴 한데 이거 봐. 너무 비싸, 정식 일 인분이 5만 원이나 하잖아.[37]

(20) 여: **야**, 너는 무슨 남자가 그렇게 입이 짧으냐?
남: **뭐?** 내가 입이 짧다고?[38]

(21) 여: 목도리 볼 때마다 예쁘다고 얘기했는데 생각 안 나?
남: 아, 예쁘다고는 했지만 갖고 싶다고는 안 했잖아.
여: **어휴**, 그걸 꼭 직접 말로 해야 알아?[39]

이처럼 『서울대』에서 다양하게 나타나는 부정적 정서 표출 담화표지가 중국 교재에서 매우 적게 실현되었다는 것은 교재에서 제시된 대화 텍스트의 발화 상황과 관련이 있다. 화자가 상대방에게 자신의 불평이나 불만을 표출하는 것은 상대방의 체면을 위협하는 행위이므로 집단주의 사회에서의 사람들이 이를 피하려는 경향이 강하다. 따라서 중국 교재에서는 대화 (15), (16), (17)과 같이 화자가 상대방과의 관계를 유지하려는 마음으로 자신의 부정적 태도를 조심스럽고 완곡하게 표현함으로써 상대방의 체면을 지키는 상황이 대부분이었다. 반면 대화 (19), (20), (21)처럼 대화 참여자 사이에 갈등이 일어나며 화자가 자신의 불만을 직접적으로 털어놓는 장면은 『한』[40]에서만

36) 『서울대 한국어 4A』 5과, 듣고 말하기
37) 『서울대 한국어 4A』 4과, 듣기 지문
38) 『서울대 한국어 4A』 5과, 듣기 지문
39) 『서울대 한국어 4A』 4과, 듣기 지문
40) 이에 관하여 『한국어 4』 3과 본문(1)에서 아래와 같은 대화가 제시되며 화자가 담화

1회로 발견되었다. 그러나 우리가 일상생활에서 갈등 상황을 피할 수 없으며 그럴 때 담화표지를 통해 상대방의 태도를 파악하거나 자신의 정서를 효과적으로 표현할 수 있기 때문에 학습자들을 다양한 부정적 정서 표출 담화표지를 포함하는 다양한 맥락에 노출시킬 필요가 있다.

'부정적 정서 표출' 기능 외에 '놀람표시' 담화표지도 중국 교재에 비해『서울대』에서 훨씬 빈번히 다양하게 나타났다. 특히 '아니'는 중국 교재에서 발견되지 않는 것이며 아래 대화 (22)에서와 같이 부정이나 반대라는 원 어휘적 의미를 나타내지 않아 상대방의 발화 내용에 대한 놀람이나 의아스러움을 표현하는 새로운 담화적 기능을 가지게 된다.

(22) 히　엠: (청바지) 사진만 보고 샀는데 받아 보니 마음에 안 들어요.
　　　　　그래서 반품할까 말까 하고 있어요.
　　마리코: **아니**, 왜요? 길이도 적당하고 색깔도 예쁜데요.[41)]

넷째, '모호하게 대답하기' 담화표지는『한』과『서울대』에서 각각 0회와 1회로 나타나며『표준』에서는 5회로 보다 많이 나타났는데, 그 중에서 '글쎄'가 4회, '그냥'은 1회로 나타났다. 또한 '글쎄'는 아래 대화 (23), (24)에서 보이는 바와 같이 '글쎄' 자체가 대답으로 발화되거나 '저도 모르겠어요'(『서울대』: '아직 잘 모르겠어')와 같이 상대방이 기대하는 확실한 답이 아닌 내용이 후행 발화로 이어지는 두 가지 경

표지 '야, 뭘'을 통해 상대방에 대한 불만을 드러낸다.

(1) 지애: 이거, 둘이서 너무 다정한 거 아냐? 유민이가 한얼이만 특별히 챙겨 주는 것
　　　　같은데?
　　한얼: **야**, 그저 예의상 하는 말을 가지고 **뭘** 그렇게 과민 반응이야?

41)『서울대 한국어 3A』5과, 말하기1

우가 발견되었다.

(23) 가: 이번 경기에 어느 팀이 이길까요?
나: **글쎄요**.[42)]

(24) 가: 저 두 사람이 언제 결혼할까요?
나: **글쎄요**, 저도 모르겠어요.[43)]

(25) 가: 왜 그렇게 생각해요?
나: **그냥요**.[44)]

다섯째, '흥', '그래그래', '자자'와 같은 표현들은 중국 교재에서만 발견되었다. 이러한 것들은 진정한 한국어 담화표지인지에 대해 재고할 필요가 있다. '흥'은 아래 대화 (26)에서 보이듯이 상대방의 발화 내용에 대한 부정적인 정서를 나타내는 것인데 중국어의 감탄사 '哼(hēng)'과 음운·화용적으로 매우 유사하므로 중국어 담화표지를 그대로 직역했을 가능성이 높다. '그래그래'와 '자자'는 각각 상대방의 발화 내용에 대한 동조 태도를 표현하는 '그래', 상대방의 주의를 집중시키기 위한 '자'를 두 번 중첩하는 것이며, 중국어 표현 '是的, 是的(shì de, shì de)', '好了, 好了(hǎo le, hǎo le)'와 비슷한 것으로 교재 편집자가 자기 모국어의 발화 습관을 한국어 발화에 전이한 가능성도 없지 않다.

(26) 지애: 너 한얼이한테 소포 부쳤다면서?

---

42)『표준한국어 2』11과, 예문(기본문법)
43)『표준한국어 2』11과, 예문(기본문법)
44)『표준한국어 3』6과, 예문(연습)

유민: (전략) 그냥 있기가 좀 미안해서 답례로 중국 전통 음악 음반 하나 보냈어.

지애: 한얼이가 되게 좋아하더라. 꽤 가까운 사이인 것처럼 자랑하던데?

유민: **흥**, 떡 줄 사람은 생각도 없는데 괜히 김칫국부터 마시지 말라고 그래. (후략)[45]

(27) 유민: (전략) 어쨌든 선물이라는 거, 받으니까 좋긴 좋다.

지애: 하하, **그래그래**. (후략)[46]

(28) 왕룽: 뭐라고요? 그럼 내가 가식적이라는 말이에요?

지영: **자자**, 이제 그만. (후략)[47]

여섯째, 구어 담화는 사전에 미리 계획된 것이 아니기 때문에 화자가 적합한 표현을 찾는 데 시간이 필요하며, 이를 위해 '이, 그, 저, 이런, 그런, 이렇게, 이제' 등 다양한 담화표지를 활용해서 발화의 공백을 채우고 발언권을 유지하며 발화를 지속시킨다. 그런데 앞서 〈표 5〉, 〈표 6〉에서 보았듯이 망설임 담화표지는 세 교재에서 모두 낮은 빈도로 실현되며 그 다양성도 매우 떨어지는 편이었다. 이는 망설임 담화표지가 지나치게 사용되면 발화가 끊기는 부분이 많아져 유창성에 방해가 될 수도 있다는 우려를 반영한다.

일곱째, 담화표지 중 음운·형태적인 축약이 가능한 것들이 있는데, 세 교재에서는 '그럼', '근데', '말야'의 축약형만 나타나며 한국어 모어 화자에게 자주 사용되는 '그니까, 근까, 까', '기냥, 걍' 등이 발견되지 않았다.

45) 『한국어 3』 13과, 본문(2)
46) 『한국어 3』 12과, 본문(2)
47) 『표준한국어 3』 12과, 본문(1)

개별 담화표지의 기능의 다양성

앞서도 언급하였지만 하나의 담화표지는 담화 텍스트에서 하나만의 기능을 수행하는 것이 아니라 다양한 발화 상황에서 여러 기능을 획득할 수 있다. 따라서 담화표지의 이러한 다기능성은 교재에 반영되어야 할 것이다. 이에 대해 이 글에서는 분석 대상 교재에서 공통적으로 나타나며 기능 다양성의 면에서 교재 간의 차이를 보이는 담화표지('그래서', '그런데', '좀', '글쎄', '네', '뭐', '참', '그냥')를 중심으로 살피기로 한다. 그 결과는 다음 〈표 7〉과 같이 제시할 수 있다.

〈표 7〉 교재별 개별 담화표지의 기능의 다양성(계속)

	『한국어』	『표준한국어』	『서울대 한국어』
그래서	①화제 연결 및 전개	①화제 도입 및 전환	①화제 도입 및 전환
		②화제 연결 및 전개	②화제 연결 및 전개
			③호응하기
그런데	①화제 도입 및 전환	①화제 도입 및 전환	①화제 도입 및 전환
	②화제 연결 및 전개	②화제 연결 및 전개	②화제 연결 및 전개
			③호응하기
좀	①약화하기	①약화하기	①약화하기
	②공손표시	②공손표시	②공손표시
		③강조하기	
글쎄	①망설임	①망설임	①망설임
	②부정적 정서	②호응하기 ('글쎄 말이다')	②부정적 정서
		③화제 도입 및 전환	③화제 도입 및 전환
		④모호하게 대답하기	④모호하게 대답하기
네	①호응하기	①호응하기	①호응하기
			②주의 집중시키기 ('네?')
			③놀람표시('네?')
뭐	①약화하기	①강조하기	①약화하기
	②강조하기	②공손표시('뭘요')	②놀람표시('뭐?')

	③공손표시('뭘요')		③부정적 정서 ('뭘, 뭐, 뭐?')
	④망설임('뭐랄까')		
	⑤부정적 정서('뭘')		
참	①화제 도입 및 전환	①화제 도입 및 전환	①화제 도입 및 전환
	②부정적 정서		
그냥	①약화하기	①약화하기	①약화하기
	②모호하게 대답하기		

〈표 7〉에서는 개별 담화표지의 기능의 다양성 면에서 『서울대』가 중국 교재에 비해 뛰어난 모습을 볼 수 있다. 두 종류의 중국 교재를 서로 비교해 보면 개별 담화표지가 보다 다양한 기능으로 실현되는 데에 둘 중의 어느 교재가 우세하다기보다는 기능의 다양성이 두드러지는 담화표지가 『한』에서 '뭐, 참, 그냥', 『표준』에서는 '그래서, 좀, 글쎄'로 나타나므로 완전히 다르다고 할 수 있다. 이를 통해 중국 교재에서 담화표지의 실현은 교육을 위한 명확하고 일관된 담화표지의 목록과 기능 체계를 전제로 이루어지는 것이 아니라 교재 편집자 개인에 의해 이루어지는 것 같다고 추측해 볼 수 있다.

앞서 논의한 내용을 종합해 보면 『표준』은 전체 담화표지의 실현 빈도에 있어 『한』에 비해 그 장점을 뚜렷하게 보이기는 하지만 동일 기능 담화표지의 목록의 다양성과 개별 담화표지의 기능의 다양성 면에서는 그만큼 뛰어나지 않다. 또한 한·중 교재를 비교하였을 때 중국 교재에 비해 『서울대』에서는 담화표지가 압도적으로 많이 실현된 것은 교재에서 제시된 대화 텍스트의 양, 전체 및 개별 담화표지의 기능의 다양성, 그리고 동일 기능 담화표지의 목록의 다양성 이 세 측면에서 그 원인을 찾을 수 있다.

〈표 7〉에서 제시한 내용 중에 담화표지 '뭐'는 여러 기능으로 실현

될 뿐만 아니라 발화에서의 실현 형태와 분포도 다양하다. 이것의 실현 양상은 다음 〈표 8〉과 같이 정리할 수 있다.

〈표 8〉 담화표지 '뭐'의 실현 양상

기능	실현 발화	출처
약화하기	(29) 여: 토요일에 대학교 친구들 만나기로 했는데……. 남: 그럼 일요일에 보지, **뭐**. 일요일에 만나자.	『서울대』 3A-6
강조하기	(30) ㄱ: **뭐** 먹을 것 좀 없어요? ㄴ: 배고프면 우선 이 빵이라도 먹어 두세요.	『표준』 3-14
	(31) 유민: 한얼아, 수고 많았어. 네 덕분에 정말 즐거운 여행이 됐어. 한얼: 내가 **뭐** 한 일이 있다고 그래. (후략)	『한』 3-3
공손표시	(32) 왕룽: (전략) 지영 씨 덕분에 서울 생활이 아주 즐거웠어요. 정말 고마워요. 지영: **뭘요**. 저도 왕룽 씨 덕분에 매우 즐거웠어요.	『표준』 2-9
놀람표시	(33) 여: (전략) 두 사람이 같이 데이트하는 사진도 찍혔어. 이것 좀 봐. 남: **뭐?** 정말이야? 스캔들 날 때마다 아니라고 하더니……. (후략)	『서울대』 3B-17
망설임	(34) 가: 어떤 점이 좋아서 그렇게 사진을 열심히 찍어? 나: 음, **뭐랄까**……. 사진을 찍는다는 건, 이 넓은 세계 중에서...(후략).	『한』 2-8
부정적 정서	(35) 지애: (전략) 유민이가 한얼이만 특별히 챙겨 주는 것 같은데? 유민: 야, 그저 예의상 하는 말을 가지고 **뭘** 그렇게 과민 반응이야?	『한』 4-3
	(36) 남: 과학 퀴즈 쇼를 하네. 재미있겠다. 같이 가자. 여: **뭐**, 과학 퀴즈라고? 어휴 싫어.	『서울대』 4B-16
	(37) 여: 야, 너는 무슨 남자가 그렇게 입이 짧으냐? 남: **뭐?** 내가 입이 짧다고?	『서울대』 4A-5
	(38) 남: 그래도 메뉴판도 받았는데 어떻게 나가냐? 여: 아직 시키지도 않았는데 **뭘**. (후략)	『서울대』 4A-5
	(39) 아키라: (전략) 아무리 생각해도 큰 병에 걸렸나 봐요. 켈 리: (전략) 제가 보기에는 무리해서 그런 것 같은데요, **뭐**.	『서울대』 4A-2

〈표 8〉에서 확인하였듯이 담화표지 '뭐'는 발화의 문두, 문중, 문미에 두루 실현이 가능하며 '뭐', '뭘(요)', '뭐랄까'와 같이 여러 형태를 가지고 평서문과 의문문의 형식을 모두 취할 수 있다. 특히『서울대』에서 '부정적 정서 표출'의 기능으로 실현될 때 이러한 양상이 더욱 두드러진다. 이처럼 담화표지의 기능뿐 아니라 발화에서의 분포, 실현 형태 등 특징은 학습들에게 알도록 하는 것도 매우 필요하다.

담화표지의 제시 양상

『서울대』에서는 담화표지에 대한 기술이 발견되지 않았지만 이것은 이 글에서 분석 범위를 중급 교재에 한정하는 것과 관계가 없지 않다. 담화표지에 대한 기술 중의 대부분은 품사적 지식으로서 초급에 해당되는 내용이기 때문이다. 하지만 동일한 담화표지의 다양한 기능들이 모두 한꺼번에 초급에 나올 수가 없으며 기본적 언어 요소에 대한 학습을 마치고 의사소통 능력을 키우는 것이 중요한 단계인 중급에서는 담화표지에 대한 제시와 기술이 결여되어서는 안 된다. 중국 교재에서의 담화표지의 제시 양상은 다음 〈표 9〉와 같이 정리할 수 있다.

〈표 9〉 중국 교재에서 담화표지의 제시 양상(계속)

교재	단원	담화표지	범주	기술 내용	제시 위치
『한국어』	2-2	그런데	부사	但是	단어
	2-2	좀	부사	(3)在向对方提出请求时使用，表示一种比较恳切的语气。 (4)在对话中，常用于其所修饰的用言前，没有任何语法意义。	어휘와 관용어
	2-2	참	감탄사	表示突然想起某事，或惋惜、	보충단어

				不满意、感叹、不耐烦	
	2-2	그럼	부사	"그러면"的略语, 那么	보충단어
	2-2	그냥	부사	就那么, 就那样, 仍旧, 一直	보충단어
	2-3	글쎄	감탄사	是啊	보충단어
	2-5	아니	감탄사	不是	보충단어
	2-6	응	감탄사	嗯	단어
	2-6	자	감탄사	表示提起注意	단어
	2-7	그럼	감탄사	当然, 是啊	단어
	2-8	그러면	-	(1)"그러하면"的缩略形, 相当于汉语的"那…"、"那么…"	어휘와 관용어
	2-8	뭐랄까	관용형(惯用型)	是"무엇이라고 할까"的缩略形, 相当于汉语的"怎么说呢", 一般只限于口语中使用。	어휘와 관용어
	4-2	그나저나	부사	그러나저러나的缩略形, 用于转话题时	단어
『표준 한국어』	2-5	뭘요	상용어(常用语)	哪儿啊(客气用语)	보충단어
	3-3	어디	-	一般用于疑问句中, 表示询问特定对象。但有时也用于陈述句中, 表示泛指, 并不是询问特定对象。	기본문형

위의 〈표 9〉에서 보듯이 개별 담화표지에 대한 기술은『한』에서 보다 많이 이루어지고 있는 반면『표준』에서는 매우 드물었다. 그리고 위와 같은 제시 양상에 드러나는 몇 가지 특징을 제시하고자 한다. 우선 어휘 형태를 가지는 담화표지에 대한 기술이 대부분이며 구절로 실현되는 담화표지의 경우는 '뭐랄까'밖에 그 기술이 이루어지지 않았다. 그 다음으로, 품사 범주에 담화표지를 포함시키며 어휘나 문법 설명의 부분에 담화표지를 제시하고 있었다. 이를 통해 중국 교재에서 여전히 담화표지를 어휘나 문법적인 요소로 처리하고 있으며 담화표지의 개념을 도입하지 않고 있음을 확인할 수 있었다. 실현 범주 가운

데 '관용형'과 '상용어'라는 명칭에 대한 설명이 필요한데, '관용형'이란 습관적으로 사용되면서 하나의 형태로 굳어진 표현을 가리키는 것으로 한국어교육에서 흔히 말하는 '관용 표현'과는 다른 것이고(유나 2016: 61), '상용어'는 구어에 자주 사용되는 어휘나 표현을 가리킨다. 그러므로 두 용어는 화용적 차원에서의 것이라고 볼 수 있다. 마지막으로 구체적인 기술 내용을 살펴보면 담화표지에 대응하는 중국어 어휘나 표현만 제시하는 경우('그런데', '그럼', '글쎄', '그냥', '아니' 등)가 대부분이기는 하지만 대응 표현이 아닌 용법에 대한 기술 또한 존재하였다. 이에 해당되는 '좀', '참', '자', '그나저나'에 대한 기술 내용을 번역해서 아래와 같이 다시 제시할 수 있다.

(40) 좀: 상대방에게 무엇을 요구하는 데 사용하여 간절한 말투를 드러낸다. 대화에서는 수식을 받는 용언 앞에 쓰여 문법적인 의미를 지니지 않는다.
참: 어떤 일이 문득 떠오르거나 안타까움, 못마땅함, 감탄, 짜증을 표현하는 데 사용한다.
자: 주의를 환기시킨다.
그나저나: 화제를 전환하는 데 사용한다.

위와 같은 내용을 보면 이러한 기술은 어휘의 의미나 용법에 대한 것이라기보다는 어휘로 실현되는 담화표지가 담화에서 획득하는 기능에 대한 것이라고 할 수 있다. 이들 담화표지를 기술하는 데 대응되는 중국어 어휘나 표현을 제시하는 기술 방법을 취하지 않는 이유는 이들에 대응하는 중국어 표현이 존재하고 있으나 하나가 아닌 여러 개가 존재하거나 대응 표현만으로 학습자들이 그 의미를 파악하기가 어렵기 때문이다.

그러나 반대로 대응되는 중국어 표현만 제시하는 방법도 담화표지에 대한 학습자들의 이해와 사용에 긍정적인 효과를 기대하기가 어려우며, 이에 비해 용법을 제시하는 방법은 담화표지에 대한 학습을 촉진할 수 있을 것이다. 그런데 담화표지를 품사 범주에 포함시키는 것은 해당 항목이 어휘인지 아닌지와 같은 부분에서 학습자들의 혼란을 초래할 가능성이 높다.

교재 개발 및 개선을 위한 제언

지금까지 분석 대상 교재에서 나타나는 담화표지에 대해 양적인 측면과 질적인 측면에서 세밀하게 고찰한 내용을 바탕으로 담화표지 교육을 위한 중국 한국어 교재의 향후 개발 또는 개선에 대한 시사점을 제시하면 다음과 같다.

첫째, 담화표지 교육을 위한 교재 개발이나 개선을 한다고 할 때, 무엇보다 구어 의사소통 능력의 신장과 이를 위한 담화표지 교육의 필요성 및 중요성에 대한 인식이 앞서야 한다. 분석 대상 중국 교재가 보다 이른 시기에 개발되었으므로 교재들은 대부분 문법 번역식 교수법이나 청각 구두식 교수법에 기반한 것으로 언어적 형식의 숙달이 중요시된다. 이는 앞서 제시한 단원 구성에서도 쉽게 확인할 수 있다. 또한 중국에서의 한국어 전공 학습자들은 일상생활이나 진학에 비해 취업이 그 주된 학습 목적이라는 점에서 한국 현지의 학습자들과 본질적으로 다르며 구어 의사소통 능력이 그리 중요하지는 않게 여겨진다. 따라서 번역은 연습항목의 일부로 중국 교재에서 공통적으로 마련되어 있으며, 대학 강의에서도 번역 관련 과목이 고학년 학습자들에게는 필수과목으로 개설되어 정치, 경제 등이 번역의 주요 내용이 된다. 그동안 교재 개정이 지속적으로 이루어져 왔으나 언어의 규범성(規範性)을 높이는 데 초점을 두고 있으며, 즉시성이나 실용성이라는 것은 단원 주제나 대화 내용의 시대성과 실생활 연관성을 가리킬 뿐이라는 것을 교재 '머리말'에서 확인할 수 있다. 그러나 시대가 계속 변화하는 중인 만큼 학습자의 학습 목적 또한 다양해지고 있으며 취업을 목적으로 한다고 해도 직장에서 한국어 모어 화자와의 사적 구어 대화 기회가 많아지고 있다는 것을 고려해야 한다. 게다가 비전공 학습자가 나날이 증가하고 있기에 그들에게는 통번역 기술보다 구어 의사소통 능력이 더욱 우선적이다. 이를 위한 새로운 교재의 개발이나 기존 교재의 개정이 뒤따라야 한다.

둘째, 담화표지에 대한 교육 내용을 고안할 때 담화표지 종류의 다양성뿐만 아니라 기능의 다양성도 함께 고려해야 한다. 그렇게 함으로써 한 교재에서 어떤 담화표지가 매우 높은 빈도로 실현되는 반면 어떤 담화표지는 1, 2회만으로 실현되는 불균형한 현상과 전체 또는 개별 담화표지의 기능의 다양성에서 드러나는 교재 간의 불일치를 줄일 수 있다.

셋째, 학습자들이 담화표지를 접할 기회를 제공하며 담화표지의 기능을 이해시키기 위해 풍부한 대화 텍스트를 제시해야 한다. 앞에서 분석하였듯이 『서울대』에서 담화표지가 매우 빈번히 나타나는 것은 교재에서 듣기 활동이 자주 마련되며 듣기 텍스트 중 일상 구어 대화 텍스트가 큰 비중을 차지하는 것과 연관된다. 담화표지 실현 빈도에서 보이는 중국 교재 간의 현저한 차이도 문법 설명과 연습 부분에서 제시되는 대화 텍스트의 양적 차이에서 비롯된 것이다. 따라서 단문 대신 상황 맥락을 담고 있는 대화문을 제시하며 연습에서는 문장 완성하기보다는 대화를 완성하는 연습 활동과 짝 활동이 많이 이루어져야 할 것이다.

넷째, 제시되는 대화 텍스트가 가급적 실제 구어 발화의 특성을 반영해야 한다. 안주호(2009: 137)에서 지적한 바와 같이 한국어교육에서 사용하는 예문들은 실제 발화와의 큰 괴리가 있는 것으로 학습자를 자연스러운 구어체에 노출시키는 기회를 차단시키게 된다. 아래와 같이 발화가 길고 발화 도중에 주저나 반복, 머뭇거림 등을 아예 보이지 않으며 구어가 아닌 문어에 더 가까운 대화 텍스트가 중국 교재에서 종종 발견되었다. 이러한 대화 텍스트는 담화표지를 의사소통에 불필요한 요소로 보고 있다는 교재 개발자나 편집자의 인식이 반영된 것이라고 볼 수 있다.

(41) 지애: (전략) 국가에서는 '평생교육법'이라는 법을 정해서 평생교육을 지원하고 있고, 대학이나 관청 같은 곳은 물론 각종 사설 기관에서도 다양한 교육 활동을 하고 있지.
유민: 예전에도 마찬가지였겠지만, 사람은 정말 평생 배워야 할 것 같아. 얼마 전에 읽은 한국어 책에서 이런 구절을 본 적이 있어. "아는 만큼 보인다." 정말 맞는 말인 것 같아.
지애: 나도 그 책 읽은 적 있어. 여행을 할 때 그 지역이나 문화에 대해서 미리 알고 있으면, 다른 사람들보다 더 많은 것을 볼 수 있다는 말이었지? 어떤 사람 눈에는 슬픈 전설을 간직한 바위인데, 그 전설을 모르는 사람한테는 그 바위가 무슨 의미가 있겠어? 바위 앞에 서 있어도 바위가 눈에 뜨이지도 않을 거야.[48]

다섯째, 제시되는 대화 텍스트는 그 대화가 일어나는 발화 장면이 다양해야 한다. 중국 교재는 대화 내용의 주제가 풍부하기는 하나 호텔 예약, 티켓 예약, 물건 사기, 승차와 같은 서비스 상황을 제외하면 친구나 학우와 같은 친한 사이에 일어나는 대화가 전부이다. 이로 인해 상대방에 대한 공손 태도를 나타내는 '저, 저기'나 낯선 상대방의 주의를 집중시키기 위한 '저기요, 여기요' 등의 담화표지가 매우 낮은

48) 『한국어 4』 6과, 본문(2)

빈도로 나타나거나 아예 나타나지 않았다. 그리고 앞서 논의하였던 부정적 정서 표출 담화표지도 이와 관련된다.

여섯째, 담화표지 종류의 다양성, 기능의 다양성 외에 발화에서의 분포와 형태의 다양성도 고려하여 교재에 반영해야 한다. 이를 통해 담화표지가 무엇인지, 어떠한 특징이 있는지에 대한 학습자들의 이해를 증진시킴으로써 어휘나 문법적 요소와 다른 것으로 담화표지를 인식하고 사용하도록 할 수 있다.

일곱째, 담화표지의 제시에 있어 담화표지를 품사 범주나 문법 범주에 포함시키지 않으며 담화표지의 개념을 도입해서 해당 담화표지가 담화 텍스트에서 수행하는 기능을 설명해야 한다. 담화표지 개념의 도입이나 담화적 기능의 기술은 한국어를 매개언어로 하는 교재에서 이루어지기가 어려운 반면 중국 교재에서는 충분히 가능하다. 그리고 대응되는 중국어 담화표지나 표현이 존재하는 경우 그것을 함께 제시하는 것도 효과적인 방법으로 활용할 만하다.

5. 맺음말

이 글에서는 한국어 학습자의 의사소통 능력 향상을 위한 담화표지 교육의 중요성 및 필요성을 강조하고, 이에 한국어 교재, 특히 자국에서 한국어를 공부하는 학습자들에게 자국 개발 한국어 교재가 미치는 중요한 영향을 부각하면서 한국과 중국의 한국어 교재에서의 담화표지를 살펴보았다.

분석 결과, 한국 교재인『서울대 한국어』에서의 담화표지는 실현 빈도의 양적인 측면과 기능 다양성의 질적인 측면에서 모두 2종의 중국 교재에 비해 뛰어난 모습을 보였다. 이는 양국 교재에서 제시되는 대화 텍스트의 양적인 차이와 교재 편집자가 한국어 모어 화자인지 아닌지에 따라 대화 텍스트에 실제 구어 담화의 양상이 반영되는 정도의 차이와 관련이 있다. 하지만 한국 교재에서든 중국 교재에서든 교육 내용으로서 담화표지가 충분히 반영되고 있다고 할 수가 없다. 이들 교재에서 담화표지의 개념을 도입하지 않거나 여전히 어휘나 문법적 요소로 담화표지를 처리하고 있기 때문이다. 보다 이른 시기에 개발된 중국 교재의 경우 그동안 개정이 이루어져 왔음에도 불구하고 문장 층위에서의 언어 요소의 교수 - 학습을 중심으로 단원 구성이 이루어지며 언어 사용의 정확성을 지나치게 추구하므로 학습자가 능동적인 존재로서 언어를 사용하여 원활한 의사소통을 하는 능력의 신장이 중요시되지 않고 있다. 따라서 담화표지의 교육을 위한 교재 개발이나 개선은 의사소통 능력과 이를 향상시키기 위해 담화표지가 가지고 있는 중요성에 대한 올바른 인식에 그 기반을 두어야 한다.

이 글에서 3종의 한국어 교재만을 대상으로 담화표지의 실현을 고찰하였기 때문에 그 결과를 모든 한국어 교재에까지 일반화할 수는 없다. 그러나 한국어 교재, 특히 학습자 자국에서 개발되는 한국어 교재에 나타나는 담화표지에 대한 관심을 불러일으키는 데에 그 의의가 있다고 생각한다.

참고문헌

강현화(2012), 한국어교육학에서의 담화 연구 분석,《한국어 교육》23-1, 국제한국어교육학회, 219-256.

구지민(2005), 학문 목적 한국어를 위한 강의 담화표지 학습 연구,《한국어 교육》16-1, 국제한국어교육학회, 23-43.

김성옥(2010), 발표 담화표지 학습이 학문적 구두 발표 능력에 미치는 영향, 이화여자대학교 석사학위논문.

김은미(2016), 한국어교재 듣기지문의 화용론적 적절성 - 화제전개 담화표지와 맞장구를 중심으로,《화법연구》34, 한국화법학회, 1-29.

김향화(2001), 한국어 담화표지의 기능,《한국학논집》28, 계명대학교 한국학연구원, 2-28.

김향화(2003), 한국어 담화 표지에 대한 연구, 계명대학교 박사학위논문.

맹　강(2016), 중국인과 한국인의 한국어 시간 벌기 담화표지 사용 양상 비교 연구 - 독화에서의 정보 전달적 말하기를 중심으로,《한국어 교육》27-1, 국제한국어교육학회, 79-110.

맹강 · 진정(2016), 한국어 교재에서의 구어 담화표지 목록과 기술에 대한 분석,《외국어로서의 한국어 교육》45, 연세대학교 언어연구교육원 한국어학당, 119-153.

박민신(2008), 한국어 듣기 평가 텍스트의 진정성 연구 - 대화형 텍스트의 상호작용적 측면을 중심으로,《한국어 교육》19-1, 국제한국어교육학회, 1-20.

박혜선(2011), 담화표지어 '좀' 사용 연구: 중국인 한국어 학습자를 대상으로,《Korean Journal of Applied Linguistics》27-1, 29-52.

심란희(2011), 의사소통 중심의 한국어교육을 위한 담화표지 '그냥'의 기능 연구,《한국어문법교육학회 학술발표논문집》2011-1, 한국어문법교육학회, 64-89.

심란희(2019), 한국어 담화표지의 기능 연구, 연세대학교 박사학위논문.

심민희(2012), 한국어 초급 말하기 교재의 간투사 연구,《인문연구》65, 영남대학교 인문과학연구소, 127-162.

안주호(1992), 한국어 담화표지 분석, 《외국어로서의 한국어교육》 17, 연세대학교 한국어학당, 21-38.

안주호(2009), 한국어교육에서의 담화표지 위계화 방안, 《한국어 교육》 20-3, 국제한국어교육학회, 135-159.

원준국(2014), 중국에서 출판된 한국어 초급 듣기 교재 연구 - 텍스트 분석과 텍스트 개선을 중심으로, 동국대학교 석사학위논문.

유 나(2016), 중국어권 학습자를 위한 한국어 구어 담화표지 교육 연구, 서울대학교 박사학위논문.

유쌍옥(2016), 중국의 한국어 교재 사용 현황과 개발 방향 연구, 《한중인문학연구》 51, 189-213.

이선미(2010), 말레이시아인 한국어 고급 학습자의 토론 담화 양상 연구 - 토론 담화표지를 중심으로, 《담화와 인지》 17-1, 91-111.

이선영(2013), 한국어 교재 대화 텍스트에 나타난 구어 담화표지 교육 방안 연구, 가톨릭대학교 석사학위논문.

이정민·강현화(2009), 학문 목적 한국어(KAP) 학습자를 위한 보고서 담화표지 교육 연구 - 작품 분석·비평하기 과제를 중심으로, 《외국어로서의 한국어교육》 34, 347-373.

이희정(2003), 한국어의 [그러-]형 담화표지 기능 연구 - 일상대화 분석을 바탕으로, 연세대학교 석사학위논문.

전영옥(2002), 한국어 담화 표지의 특징 연구, 《화법연구》 4, 한국화법학회, 113-145.

전영옥(2017), 한국어 담화표지 연구의 현황, 《한말연구》 45, 한말연구학회, 127-160.

정다운(2016), 외국인 대학원생을 위한 한국어 학위논문 서론 담화표지 교육 연구, 《어문론집》 68, 중앙어문학회, 391-422.

정선혜(2006), 한국어 학습자를 위한 한국어 담화표지 연구: (글세), (뭐), (좀)을 중심으로, 상명대학교 석사학위논문.

Blakemore, D.(1987), *Semantic constraints on Relevance*, Oxford: Blackwell.

Blakemore, D.(2002), *Relevance and Linguistic Meaning: The Semantics and Pragmatics of Discourse Markers*, Cambridge: Cambridge University Press.

Fraser, B.(1990), An approach to discourse makers, *Journal of Pragmatics* 14-3, 383-398.

Shiffrin, D.(1987), *Discourse Markers*, Cambridge: Cambridge University Press.

교재

서울대학교 언어교육원(2013), 《서울대 한국어(3A, 3B, 4A, 4B)》, 문진미디어.

安炳浩 외 修訂(2018), 《標準韓國語 2, 3》, 北京大學出版社.

李先漢 외(2004), 《韓國語 3, 4》, 民族出版社.

李先漢 외(2010), 《韓國語 2》(修訂本), 民族出版社.

6. 『서울대 한국어』의 담화표지

사타 자코모

1. 들어가기

새로운 언어를 처음 접할 때 어려운 것 중의 하나는 유창하게 말하는 것이다. 단어가 잘 떠오르지 않거나 문법을 잘못 활용하고 있는 따위의 문제 때문에 우리가 하는 입버릇이나 더듬거림이 많아진다. 이에 외국어 학습자들은 최대한 입버릇을 없애도록 교육을 받는다. 그러나 이런 입버릇 및 더듬거림이 어떤 경우에는 언어 사용자 간의 대화를 도와주어 오히려 대화를 더 자연스럽게 만들어 주는 요소가 되므로 상황에 따라서는 입버릇과 더듬거림을 아예 사용하지 않도록 가르치는 것보다 이 요소들이 어떻게 잘 쓰일 수 있는지를 가르쳐야 한다. 담화표지는 고급 수준으로 갈수록 학습자가 외국어를 습득할 때 문법, 어휘, 발음 등을 학습할 때만큼이나 신경 써야 하는 요소들이기 때문이다. 따라서 외국어 학습자를 대상으로 하는 한국어 교육 분야에서는 담화표지가 담화에서 어떻게 작동하는지와 어떤 기능을 하는지를 외국어 학습자에게 교수하는 데에 관심을 기울이고 있다.

이 글에서는 담화표지를 '좁은 의미'의 담화표지와 '넓은 의미'의 담화표지 두 가지 부류로 구분하고 주로 좁은 의미의 담화표지 개념에 집중하여 외국인을 위한 한국어 교재에서 담화표지가 어떻게 다루어지고 있는지를 분석한다. 연구 자료로는 서울대학교 언어교육원의 『서울대 한국어』(2012, 투판즈) 1급~6급 Student's Book을 대상으로 하였다.

먼저 이 글의 주된 입장을 좀 더 분명하게 밝히기 위해 몇 가지 기존 논의를 바탕으로 담화표지의 개념을 간략하게 정리하고자 한다. 안주호(1992)에서는 담화표지를 구조에 따라 세 가지의 부류로 나눈다. 화자가 어떤 의도로 표지를 썼는가에 따라 '시발(도입)표지', '전환표지', '종결표지'로 나누었다. 그리고 '시발표지'에는 '시발(도입)표지'뿐만 아니라 '도입 전 표지(pre-opening)'로 처리할 수 있는 담화표지도 포함시키고 '종결표지'에는 '종결표지'와 더불어 '종결 전 표지(pre-closing)'로 처리할 수 있는 담화표지도 포함시켰다. 그리고 담화표지의 기능을 네 가지 부류로 분류하였다.[1)]

이 네 가지 부류들을 정리하면 다음 표와 같다.

〈표 1〉 담화표지 기능(안주호 1992)

가. 부름표지	여바라, 여보, 여보게, 여보세요, 여보시게, 여봐라, 이로너라, 이바, 이보우다, 이애, 얘 …
나. 시발표지	음, 저, 그, 어, 거시거니, 뭐, 에, 저기(요), 있잖아(요), 있지(요), 말이지, 말이야 …
다. 전환표지	그러나, 그렇지만, 그런데, 그럼, 그건 그렇고, 그리고, 그래도, 아니 근데, 그나저나 …
라. 종결표현	아무튼, 어쨌든 …

위의 〈표 1〉에서 '부름표지'에 해당하는 담화표지들은 상대방의 주목을 끌 때 사용되는 담화표지들이다. 이 담화표지들은 주로 문장 앞에

1) 안주호(1992)는 담화표지를 판별하는 데에 형태적 특징을 고려하였다. 문장상으로 볼 때, 문장의 서술어에 영향을 받지 않는 독립적인 성분으로 쓰이는 것이 제일 특징적이다. 또한 담화표지는 경우에 따라 개인의 차가 심해 하나로 묶기가 어려운 경우가 있다. 예를 들어 놀람을 뜻하는 감탄사들은 음성적인 소리이기 때문에 다양한 형태로 나타날 수 있다.

쓰인다.[2] 위 표에서 볼 수 있는 것처럼 '부름표지' 중에 '여보세요'와 같은 표현도 있다. 안주호(1992: 28)에 의하면 '여보세요'가 담화표지의 가장 전형적인 예가 될 수 있다고 언급한 바가 있는데, 이 글에서는 이와 다른 입장을 취한다. '여보세요'는 전화받을 때나 전화벨의 울림에 대한 반응의 표지로 사용된 관용 표현이므로 이것은 담화표지로 볼 수 없다. 후술하겠지만 한정적인 경우에만 사용되는 관용 표현들은 담화표지로 볼 수 없다. 담화표지란 어떤 단어나 표현이 원래 가지고 있었던 의미를 초월해서 대화에서 자유롭게 나타나야 되기 때문이다. 또는 화자와 청자의 대화를 도와주는 요소로 분석할 수도 있어야 한다.

그 다음으로 '시발표지'들은 부름표지 뒤에 담화를 시작하기 위해서 쓰이는 경우와 화제부로 들어갈 때 쓰이는 경우에 사용되며 '전환표지'는 주로 접속사와 같은 형태이다. 그런데 '전환표지'는 접속사와 기능의 층위를 혼동해서는 안 된다. 접속사들은 문장 간의 응집성과 응결성을 유지하는 도구로 볼 수 있는데 이와 달리 담화표지는 다른 고유한 역할이 있다. 다시 말하여, '전환표지'들은 원래 접속사의 문법적인 기능을 넘어서 담화의 내용들이 바뀌는 것을 도와줄 때 쓰이거나 강조할 때 쓰이는 요소이다.

다음 두 예문을 검토해 보자.

(1) 가. 오늘도 늦게 일어났구나. <u>그러니까</u> 늘 지각이지.

(『표준국어대사전』)

나. A: 내기 장기에 물르는게 어디있어.

B: <u>그러니까</u> 잠깐 다시 놓고 한번 보자구.

---

2) 시발표지는 화자와 청자의 친밀함에 따라 두 가지로 나눌 수 있다. 이미 아는 사이라면 호칭을 사용할 수 있으며 모르는 사이라면 '이봐요'와 같은 담화표지를 사용할 수 있다.

A: 안돼!

(안주호 1992: 33)

(1가)는 접속사 '그러니까'가 쓰인 것이고 (1나)는 '그러니까'가 담화표지로 사용된 것이다. (1가)의 '그러니까'는 『표준국어대사전』의 기술처럼 '앞의 내용이 뒤의 내용의 이유나 근거 따위가 될 때 쓰는 접속 부사'이므로 문법 요소로 사용된 것이며 (1나)의 '그러니까'는 선행 담화의 내용을 받아들인 후에 B가 말하려고 하는 내용을 강조하기 위해서 쓰인 표지이다. 후자의 경우에는 본래의 문법적인 기능을 넘어서서 담화의 흐름을 도와주고 있고 화자의 태도도 나타내고 있다.

마지막으로 '종결표지'는 담화를 끝낼 때 나타내는 요소들인데 이 요소들이 나타나면 담화가 곧 끝날 것을 예측할 수 있다. 그런데 안주호(1992)에서 언급하는 '종결표지' 중에서 '그럼'이 포함되어 있지 않다. 『서울대 한국어』의 담화표지를 분석할 때 다시 제시하겠지만 '그럼'도 많은 경우에는 '종결표지'로 볼 수 있다.

한편, 전영옥(2002)에서는 담화표지를 크게 세 개의 상위 부류로 나누었다.

〈표 2〉 담화표지의 분류(전영옥 2002)

화제와 화제 결속	화제시작, 화제진전, 화제전환, 화제연결, 화제마무리
화자와 화제 결속	시간벌기, 얼버무리며 넘어가기, 주장 약화하기, 주장 강조하기, 디딤말, 수정하기, 부정적인 태도 표현하기
청자와 화제 결속	주의집중, 대화진행 조정하기, 발언권 가져오기, 정중하게 말하기, 호응하기

첫 번째 '화제와 화제 결속'에 속하는 하위 부류들은 안주호(1992)가 제시하는 담화표지 기능 체계와 비슷하다. 이것들은 실제 담화에서

도 많이 쓰이며 한국어교육 교재에도 많이 나타난다. 특히 이 중에서 '화제진전'과 '화제전환'은 제일 빈번하게 나타나는 담화표지들이다(안주호 2009: 149). 반면, '화자와 화제 결속'에 관한 담화표지의 출현 빈도는 가장 비중이 작다.[3] 마지막으로 '화제와 청자의 결속' 표지 중에서도 '호응하기'의 기능을 가지는 담화표지들은 제일 쉽게 한국어교육 교재에서 찾을 수 있다고 하였다. 그런데 이와 같은 호응 표현들을 담화표지로 삼기가 어렵다고 본다.

이와 관련해서는 다음의 예를 검토해 보기로 한다.

(2) 가. 한국어 공부가 재미있어요? -네, 재미있지만 어려워요.
　　나. (전화로) 지금 어디 계신가요? -예, 저는 지금 서울역에 와 있어요.

위에서 볼 수 있는 것처럼 '네/예'는 두 가지 쓰임새를 보인다. (2가)에서처럼 호응할 때 사용되는 '네'는 단지 긍정적인 대답만을 보여주는 것이다. 이것과 달리 (2나)의 '예'는 말을 시작할 지점에 사용된다. (2가)가 본래의 용법을 보여주는 것이라면 (2나)는 담화상의 진행을 위해 사용된 새로운 기능을 지니고 있는 '예'라고 할 수 있다. 위에서 이미 언급한 것처럼 담화표지에 해당하는 요소들은 기능적으로 담화를 순조롭게 만들거나 의미적으로 조금이라도 기존 의미나 문법적인 역할을 초월한 의미의 변화가 있어야 담화표지로 인정할 수 있다. 따라서 '네/예'와 같은 예에서는 (2나)만을 담화표지로 설정할 것이다.

지금까지는 주로 원래의 의미를 초월해서 새로운 의미와 기능을 획득하게 된 담화표지에 대해서만 제시하였다. 그런데 담화표지로

---

3) 전영옥(2002)는 이 부류에 속하는 담화표지들은 화자 자신이 자신의 발화를 지속하기 위한 것이므로 한국어 학습자가 아직도 유창하지 않기 때문에 이 부류의 담화표지를 자연스럽게 사용할 수 없다고 주장하였다.

볼 수 있는 다른 요소들도 존재한다. 즉, 대화의 자연스러운 흐름을 유도하는 요소들을 말한다. 예컨대 『표준국어대사전』에서는 감탄사 '아'에 대해 다음과 같이 여러 가지 의항(義項, sense)을 등재하고 있다.

① 놀라거나, 당황하거나, 초조하거나, 다급할 때 가볍게 내는 소리.
② 기쁘거나, 슬프거나, 뉘우치거나, 칭찬할 때 가볍게 내는 소리.
③ 말을 하기에 앞서 상대편의 주의를 끌기 위하여 가볍게 내는 소리.
④ ((억양을 내렸다 올리면서)) 모르던 것을 깨달을 때 내는 소리.

①, ②, ④는 화자의 감정이나 태도를 나타내는 기능에 해당한다. 그러나 ③은 상대방의 주의를 끌기 위해서 사용되는 감탄사이다. 이 기능들은 두 부류로 구분할 수 있는데, 이것을 통해서 다양한 담화표지가 존재한다는 것도 확인할 수 있을 것이다. 또한 화자가 본능적으로 말하는 감탄사 '아'가 있고 화자가 의도적으로 말하는 감탄사 '아'가 있다는 사실에도 주목해야 한다. 이런 구별과 차이는 주로 모든 감탄사에서 관찰할 수 있는 것이다. 따라서 ①~④는 모두 대화의 진행과 관계되는 기능이기도 하므로, 이 둘을 모두 담화표지로 설정하기로 한다. 이때 ①, ②, ④의 경우를 '넓은 의미'의 담화표지로, ③의 경우를 '좁은 의미'의 담화표지로 처리할 수 있을 것이다. 둘 다 화용적으로, 기능적으로 텍스트 및 담화의 흐름과 응결성에 참여하는 요소이므로 이 두 가지의 부류들을 구분하되, 이들이 지닌 담화표지로서의 가치를 인정해야 한다.

결론적으로 이 글에서 사용할 담화표지 설정 기준을 정리하면 다음과 같다. 우선 담화표지는 담화의 흐름을 도와줘야 한다. 다시 말하여 구어에서는 담화의 주제가 계속 바뀌어 가므로 이런 순간적인 바뀜을 유도하거나 도와줘야 한다. 그리고 담화표지는 그 본래의 의미를 초월해야 한다. 위에서 언급한 '여보세요'와 같은 예는 고정된 관용 표현으로 쓰이는 인사말이기 때문에 이것이 과연 발화를 유도하는지에 대한 의문이 들므로 담화표지 체계에서 제외하겠다. 마지막으로 위에서 '아'의 기능을 살피었을 때 이미 본 바와 같이 '넓은 의미'에서의 담화표지에는 화자의 감정이나 태도를 나타내는 기능도 있을 수 있다.

담화표지 설정에 대한 문제는 감탄사와도 깊은 관련이 있다. 이것은 감탄사라는 품사 부류에 꽤 많은 유형의 단어들이 들어가 있기 때문이다. 다른 품사에 포함시킬 수 없는 단어들은 다 '감탄사' 부류에 포함시키므로 이미 오래전부터 '감탄사'란 무엇인지, 감탄사를 설정할 때 사용해야 할 기준이 무엇인지에 대한 논의가 계속해서 이어져 왔다. 담화표지를 보면 대부분 '감탄사'의 부류에 속하는 단어들인데, 그렇다면 모든 감탄사들을 담화표지로 삼을 수 있는가에 대한 문제가 발생한다. 그러나 이 글의 주된 목표는 감탄사의 개념 정립이 아니므로, 여기에서는 기존의 사전 처리를 기준으로 감탄사를 분석하고 감탄사 중에서도 담화표지의 속성을 보이는 것을 밝히는 것에 중점을 둘 것이다. 다만, 『서울대 한국어』 교재를 분석하는 과정에서 일부 감탄사들은 왜 담화표지로 볼 수밖에 없는지를 살펴보겠다.

담화표지는 개념부터 설정하기가 굉장히 어려운 주제 중 하나이다. 여기에서는 절대적인 담화표지의 개념을 제시하기보다는 한국어 학습자의 입장에서 담화표지를 어떻게 받아들이게 되고 담화표지가 담화 속에서 어떻게 해석되는지를 중점적으로 보고자 한다. 또한 현재 다수의 국내 대학 기관에서 사용되는 한국어 교재에 담화표지가 어떻게 제시되고 있는지를 분석해 봄으로써 한국어교육 분야에서 담화표지가 전체적으로 '넓은 의미'로 다루어지고 있는지, '좁은 의미'로 다루어지고 있는지도 파악할 수 있을 것이다. 이는 향후 한국어 교재 연구 방향에도 시사해 주는 바가 있을 것이라 기대한다.

한국어 교재는 학습자에게 일상생활과 밀접하고 실제적인 한국어를 제공하는 방향으로 집필된다. 그러나 언어 학습 교재에서 쉽게 놓칠 수 있는 부분 중 하나는 성공적인 담화를 위해 전략적으로 필요한 담화표지를 다루지 않는 것이다. 앞서 언급한 바와 같이 유창성 향상을 위해 한국어 학습자의 입버릇을 없애는 방향으로 교수하다 보면 오히려 담화표지가 필요한 담화 상황에서도 적절한 표현을 사용할 줄 모르게 되는 것이다. 담화표지를 크게 '넓은 의미'의 것과 '좁은 의미'의 것으로 구별해 본다면, 언어 보편적으로 발견되는 '아', '어', '음'과 같은 감탄사들은 전자에 해당하는데, 이들은 화자가 본능적으로 표현하는 것이기에 본래 가지고 있는 담화·화용적 기능을 특별히 학습하지 않아도 체득할 수 있다. 반면 어떤 경우에는 기존 의미에서 벗어나 새로운 의미를 가지게 되면서 담화표지로서의 정체성을 가지게 된 '좁은 의미'의 담화표지들도 있는데, 이러한 부류에 해당하는 담화표지들은 한국어 학습자가 의식적으로 학습해야 하는 영역이다. 담화표지에 대한 지식이 부족하면 학습자가 어색한 한국어를 구사한다는 인상을 줄 수 있기 때문이다. '좁은 의미'의 담화표지들은 각 담화표지의 용법과 사용 범위를 익힌 후에야 자연스럽게 활용할 수 있을 것이다. 이에 본 장에서는 『서울대 한국어』에서 어떠한 담화표지를 제시하고 있는지 분석해 보고, 이를 바탕으로 교육용 담화표지를 선정하는 방안과 교수 방안을 제안하고자 한다.

2. 『서울대 한국어』에서의 담화표지 사용 양상

(1) 전체적인 담화표지 사용 양상

이 글의 연구 자료는 서울대학교 언어교육원의 『서울대 한국어』 교재로, 1급에서 6급까지의 Student's Book A권과 B권을 모두 검토하여 총 12권의 교재에 나타나는 담화표지를 모두 추출하였다. 담화표지는 주로 구어에서 나타나는 요소이기 때문에 『서울대 한국어』 1~6급 교재의 말하기 본문과 듣기 대본을 분석하였다.[4] 앞서 안주호(2009)에서 『서울대 한국어』의 개정 전 교재로 담화표지 분석을 실시하였는데, 이 논의에서는 초·중급에 한하여 1~4급 교재를 분석하였다. 이에 이 글에서는 안주호(2009)를 참고하되 초·중급의 담화표지는 개정된 교재인 『서울대 한국어』와 비교하여 전체적인 경향성을 좀 더 정밀하게 밝히고 고급 수준(5~6급)에서 제시되는 담화표지를 보충하였다. 또한 급별로 담화표지를 어떠한 방식으로 제시하고 있는지에 대한 정보도 제공할 것이다.

다음은 안주호(2009)에서 정리한 『서울대 한국어』(2000, 문진미디어)의 담화표지 사용 양상이다.

〈표 3〉 『서울대 한국어』(2000) 1급의 담화표지(안주호 2009: 149)

감탄사 담화표지	네, 아니요/아뇨, 아, 자
접속어 담화표지	그리고, 그러면, 그래요, 그럼, 그래서, 그런데
부사어 담화표지	어서, 뭘요
구절 담화표지	그저 그랬어요
용언 담화표지	그러지요

4) 안주호(2009)에서도 『서울대 한국어』 1~4급 교재의 구어 담화만 분석하고 『연세대학교 한국어학당』(1992)과 비교하였다.

〈표 4〉『서울대 한국어』(2000) 2급의 담화표지(안주호 2009: 150)

감탄사 담화표지	네, 아니요/아닌데요/아니에요/아뇨/아니, 아이구, 어휴, 어, 야, 자, 여보세요
접속어 담화표지	그리고, 그러면, 그래(요), 그렇지만, 그럼, 그러나, 그러자, 그런데요
부사어 담화표지	하여튼, 글쎄, 어서
구절 담화표지	
용언 담화표지	그러지요, 됐습니다

〈표 5〉『서울대 한국어』(2000) 3급의 담화표지(안주호 2009: 150)

감탄사 담화표지	네, 아니에요/아뇨/아냐/아니, 어, 어머, 아이구(고), 하하, 아휴, 자, 여보, 얘야
접속어 담화표지	그런데, 그래(요), 그래서, 그럼(요), 그러면, 그리고(는), 그러니까
부사어 담화표지	글쎄(요), 하여튼, 어서, 참
구절 담화표지	그건 그래요
용언 담화표지	그랬군요, 그러세요, 그렇지요, 그렇군요, 괜찮아요

〈표 6〉『서울대 한국어』(2000) 4급의 담화표지(안주호 2009: 151)

감탄사 담화표지	네, 아/아야/하하/어휴, 아이/여보/아이구/어머, 와/에이, 참/아야/아휴, 어어/어, 얘들아/여보/얘, 응
접속어 담화표지	그래(여), 그럼(요), 그런데(도), 그러면, 그리고, 그래서, 그렇다고, 그래도, 하지만, 그렇지만, 그러나, 그러니까
부사어 담화표지	글쎄(요), 또한, 좀, 물론, 참, 하여튼, 더군다나, 아무튼, 하여튼, 따라서
구절 담화표지	그렇지 않아도, 그렇고 말고, 아닌 게 아니라, 물론 그렇지요, 그건 그래요, 그건 그렇지, 그게 아니고, 하긴 그래요, 뿐만 아니라
용언 담화표지	그렇(대요/군요)

위에서 볼 수 있는 것처럼 담화표지는 교재의 급이 올라갈수록 많아진다. 안주호(2009: 149)는 1급 교재는 기본적인 대화로 구성되어 대화 내용이 길지 않으므로, 다양한 종류의 담화표지가 등장하지 않았

다고 하였다. 또한 대부분 감탄사 계열의 담화표지와 접속어 담화표지가 나타난다. 2급 교재에서는 등장하는 담화표지가 많아진다. 여기에서도 제일 높은 비중을 차지하는 담화표지는 감탄사와 접속어이다. 3급과 4급에서는 보다 담화표지가 다양해지면서도 구절 담화표지와 부사어 담화표지가 이전보다 많이 등장하는 양상을 보였다.

다음은 『서울대 한국어』(2012) 1~6급 교재에서 새로 발췌한 담화표지들이다.

〈표 7〉『서울대 한국어』(2012) 1급의 담화표지

감탄사 담화표지	네*7, 아*16. 어
접속어 담화표지	그리고, 그럼(요)*6, 그런데*4
부사어 담화표지	뭘요*3
구절 담화표지	
용언 담화표지	

〈표 8〉『서울대 한국어』(2012) 2급의 담화표지

감탄사 담화표지	네*19, 예, 자*4, 아*17, 어
접속어 담화표지	그럼*5, 그런데(요)*5
부사어 담화표지	저*3, 좀, 저기(요)
구절 담화표지	
용언 담화표지	

〈표 9〉『서울대 한국어』(2012) 3급의 담화표지

감탄사 담화표지	아*9, 응, 네*5, 얘, 참*4, 아니*5, 어*3
접속어 담화표지	그런데*10, 그럼, 근데*6
부사어 담화표지	저*2, 저기*2, 잠깐만요, 어디, 좀, 뭘
구절 담화표지	그건 그래요*2, 그게 아니라, 그러게 말이야
용언 담화표지	

〈표 10〉『서울대 한국어』(2012) 4급의 담화표지

감탄사 담화표지	아*21, 아니*2, 어*13, 네
접속어 담화표지	그럼*2, 그런데*4
부사어 담화표지	뭐
구절 담화표지	그런 건 아니고요, 그러게 말이에요, 그게 말이야
용언 담화표지	

〈표 11〉『서울대 한국어』(2012) 5급의 담화표지

감탄사 담화표지	아*8, 자*2, 네*3, 어*2, 아이
접속어 담화표지	그러니까*2, 그런데, 그럼
부사어 담화표지	저*2, 하긴*2, 뭐(뭘)*5
구절 담화표지	그거야, 그러게 말이야, -ㄴ 말야
용언 담화표지	

〈표 12〉『서울대 한국어』(2012) 6급의 담화표지

감탄사 담화표지	네*16, 자, 아
접속어 담화표지	그런데, 그러면*2, 그렇지만, 그럼*5, 그러니까, 그래서
부사어 담화표지	
구절 담화표지	글쎄 말이지, 그러고 보니
용언 담화표지	

〈표 7~12〉를 보면 급이 올라갈수록 담화표지의 사용 빈도가 줄어들고 있는 것이 눈에 띈다. 이는 안주호(2009)의 분석과 상당히 다른 결과이다. 이렇게 결과가 현저하게 다르게 나타나는 이유는 안주호(2009)에서는 맥락과 상관없이 형태적인 기준으로 담화표지에 해당할 수 있는 모든 형태들을 분석해 냈기 때문인 것으로 보인다. 다시 말하면 모든 감탄사, 접속어, 부사어 등을 담화표지로 보아서 이 많은 요소들을 일괄적으로 담화표지로 처리한 것이 아닌가 한다. 그러나

어떤 형태가 담화 맥락 속에서 담화표지로서 작용하고 있었는지는 좀 더 면밀하게 관찰할 필요가 있다. 『서울대 한국어』 교재에는 감탄사, 접속어, 부사어 등이 꽤 많이 등장하나 이들을 모두 다 담화표지로 설정할 수는 없다.

교재를 분석하는 과정에서 단순히 통사론적 요소인지 아니면 담화 차원에서 '넓은 의미'로 쓰인 담화표지인지, 의미가 한 단계 더 변화되어 '좁은 의미'로 쓰인 담화표지인지를 판별하기가 쉽지 않았다. 또한 동일한 요소가 분명히 많은 의항으로 사용되고 있는 것이 확인되기도 하는데 모든 의항들이 담화표지의 쓰임새를 가지고 있다는 것이 명확하지 않을 때가 있었다.

그럼에도 불구하고 위의 분석 결과를 통해 한국어 교재에 나타나는 담화표지의 특징을 다음과 같이 간략하게 정리해 볼 수 있다. 첫째, 단순히 메시지나 주제를 연결하는 역할만 있는 것이 아니라 담화를 유도하는 역할도 존재한다. 다시 말하면, 담화표지는 그 명칭 자체에서도 알 수 있듯이 담화의 여러 가지 순간적인 단계들을 표시해 주는 것이다. 담화의 시작을 청자에게 알려주거나 담화 주제가 곧 바뀔 것이라는 것을 미리 알려줄 수도 있고 담화를 끝내고 싶은 의도를 청자에게 전달할 수 있다. 또한 담화의 주제와 관련해서는 담화의 중심 내용을 강조하는 역할도 할 수 있다. 종합해 보면 담화표지는 단순히 '시간벌기', '호응하기' 등과 같은 기능을 담당한다기보다는 담화의 흐름 및 단계를 표시하면서 담화의 주제가 어떤 방향으로 가고 있는지를 알려주는 요소로 보는 것이 더 적절하다고 생각된다. 이 밖에도 대화를 자연스럽게 만들고 화자와 청자의 태도 및 감정을 나타내는 '넓은 의미'의 담화표지들, 즉 화청자의 상호적인 언어 교류를 이끄는 요소들도 담화표지로 볼 수 있다.[5)]

(2) 급별 사용 양상

1급

1급에서는 가장 기본적인 문법적 개념을 익히는 것을 목표로 한다. 그래서 '말하기'와 '듣기'의 대사들은 전반적으로 짧고 쉬운 편이다. 담화표지들이 나타나는 양상을 보면 다음 표와 같다.6)

〈표 13〉『서울대 한국어』(2012) 1급에서의 담화표지 사용 빈도

담화표지	빈도	비율
아	16	42.10%
네	7	18.42%
그럼(요)	6	15.80%
그런데	4	10.52%
뭘요	3	7.90%
그리고	1	2.63%
어	1	2.63%
합계	**38**	**100%**

〈표 13〉에서 볼 수 있는 바와 같이 제일 빈번하게 나타나는 담화표지는 '아'이다. 이는 총 16회 나오는데 거의 항상 '넓은 의미'의 담화표지로 나타난다. '아'는 '넓은 의미'의 담화표지로 쓰일 때 단지 담화를 이끌기 위해서 쓰인 것이다. 즉, 청자나 화자가 상대방의 말을 잘 듣고 있다는 증거로 말하는 '아' 또는 놀라거나 당황할 때 사용되는 '아'를 말한다. 이런 상황에서 말하는 '아'는 본능적으로 말하게 되는 감탄사이다. 본능적으로 말하는 것이므로 한국어 학습자에게 별도로 가르

5) 이에 대한 자세한 분석은 3장에서 후술하도록 하겠다.

6) 서울대학교 언어교육원 홈페이지(https://lei.snu.ac.kr/)의 한국어 학습 수준에 대한 설명 항목을 참고하였다.

쳐 줄 필요가 없으며 단지 어떤 식으로 한국어 화자들이 감탄하는지 배우게 된다.

또한『표준국어대사전』에 따르면 '아'의 근본적인 뜻은 바로 '놀라거나, 당황하거나, 초조하거나, 다급할 때 가볍게 내는 소리'이므로 본래 의미에서 벗어나지 않아서 '넓은 의미'의 담화표지로 처리하기에 적절하다. 그런데 '아'는 '좁은 의미'의 담화표지로도 1회 나타난다. '좁은 의미'의 담화표지의 '아'는 상대방의 주의를 얻기 위해서 쓰인 경우이다. 이런 차이를 다음 예문을 통해서 확인할 수 있다.

(3) 가. 아, 데이트했어요? (1B, 10과, p.55)
나. 아, 유진 씨, 오랜만이에요. (1B, 12과, p.92)

위의 (3가)는 '넓은 의미'의 담화표지에 관한 예인데, 여기서 화자는 청자가 하는 말에 놀라움의 반응을 보여주고 있다. 이와 달리 (3나)에서는 '아'가 '좁은 의미'의 담화표지로 사용되어 있는데 이때의 '아'는 담화 시발표지로 사용된, 화자가 청자의 주목을 구하면서 대화를 유발하는 감탄사이다.

자주 나타나는 다른 담화표지 중에서 '네', '그럼', '그런데'도 있다. '네' 같은 경우에는 긍정적으로 대답하기 위해서 쓰인 '네'를 가리키지 않고 상대방의 주의를 얻었을 때 대화를 시작하고 있다는 표시를 말한다. 다시 말해서 시발표지[7]로 기능하는 '네'이다. '그럼'과 '그런데'도 '네'처럼 특정한 기능이 있으므로 '좁은 의미'의 담화표지로 정리할 수 있는데, 이 둘은 어떤 대화의 내용을 바꾸기 위해서 사용되거나 상대방에게 더 자세하게 말해 달라고 하려고 할 때 쓰이는 전환표지이다.

7) 기능에 따른 하위 담화표지 명칭은 안주호(1992)의 것을 따랐다.

2급

2급에서는 학습자가 이미 배운 문법적 개념을 향상시키고 일상생활에 필요한 기본적인 의사소통 능력을 기르게 한다. 이 단계에서는 처음으로 일상생활에 대한 내용 중에서도 가족, 취미, 운동, 계절, 여행, 경험 등에 대한 내용이 나오고 대화가 한층 더 어려워진다. 2급 교재에 나타나는 담화표지와 이들의 사용 빈도는 다음과 같다.

〈표 14〉『서울대 한국어』(2012) 2급에서의 담화표지 사용 빈도

담화표지	빈도	비율
네	19	33.33%
아	17	29.82%
그런데(요)	5	8.77%
그럼	5	8.77%
자	4	7.01%
저	3	5.26%
어	1	1.76%
예	1	1.76%
저기(요)	1	1.76%
좀	1	1.76%
합계	**57**	**100%**

여기서도 일반 감탄사 '아'가 자주 나타나고 '네'도 자주 나타난다. 1급과 마찬가지로 '아'가 '좁은 의미'로 나타난 것은 17회 중에서 1회에 불과한 반면, '네'는 19회 모두 '좁은 의미'의 담화표지로 분석된다. 또한 전환표지인 '그런데(요)', '그럼'도 나타나고 부름표지로 해석할 수 있는 '저', '저기(요)'도 나타난다. 그리고 더 볼 만한 담화표지는 '좀'이다. 이것은 상대방에게 어떤 부탁을 하려고 할 때 나타나는 담화표지이다.

3급

3급은 일상적인 사회활동에 필요한 의사소통 능력을 기르고 다양한 한국 문화를 접하는 단계이다. 이 단계에서는 일상생활에 나타날 수 있는 여러 가지 사회적 문제를 대할 수 있도록 연습한다. 3급 교재에 나타난 담화표지는 다음과 같다.

〈표 15〉『서울대 한국어』(2012) 3급에서의 담화표지 사용 빈도

담화표지	빈도	비율
그런데	10	17.55%
아	9	15.80%
근데	6	10.55%
아니	5	8.78%
네	5	8.78%
참	4	7.03%
어	3	5.26%
그건 그래요	2	3.50%
저	2	3.50%
저기	2	3.50%
그게 아니라	1	1.75%
그러게 말이야	1	1.75%
그럼	1	1.75%
뭘	1	1.75%
어디	1	1.75%
응	1	1.75%
얘	1	1.75%
잠깐만요	1	1.75%
좀	1	1.75%
합계	**57**	**100%**

3급에서도 제일 빈번하게 나타나는 담화표지들은 '아'와 같은 감탄사

와 '그런데'와 같은 접속어이다. 3급 교재에서는 1급과 2급만큼 큰 비중을 차지하여 눈에 띄는 표지는 없지만 구절 담화표지가 처음 등장한 것이 주목할 만하다.

다음으로 '그런데'의 담화표지적 사용을 검토해 보자.

(4) <u>그런데</u> 아이들이 좋아하는 음식이 모자라서 좀 아쉬웠어요. (3B, 13과, p.104)

3급에서는 '그런데'가 10회 나오는데 항상 '좁은 의미의 담화표지'로 나타난다. 위의 (4)의 '그런데'는 선행하는 문장의 주제를 바꾸는 기능으로 사용되어 있으므로 이것은 전환표지로 처리할 수 있다.

3급은 중급 수준이 시작되는 단계이며 이때는 한국어 학습자가 좀 더 복잡한 문장을 구성할 수 있게 된다. 이에 따라 학습자는 접속사와 결합하는 어미나 어휘를 본격적으로 접하게 된다. '그건 그래요', '그게 아니라', '그러게 말이야'와 같은 구절 담화표지는 '좁은 의미'의 담화표지로 처리할 수 있다. 이와 같은 표지의 전체 의미는 구성 요소의 의미 이상의 새로운 의미를 지니기 때문이다. 그러므로 한국어 학습자는 구절의 부분적인 의미로는 정확한 의미·기능을 유추할 수 없고 담화 맥락 속에서 해당 표지의 정확한 의미·기능을 학습해야만 한다. 여기서 다시 한번 담화표지가 한국어 교재에서 중요하게 다루어져야 할 이유를 찾아볼 수 있다. 학습자가 자연스럽고 유창한 대화를 하려면 담화표지도 자연스럽게 사용할 줄 알아야 하기 때문이다.

4급

4급에서 학습자는 다양한 사회 활동에 필요한 의사소통 능력을 기른다. 이 단계에서는 사회, 문화, 역사, 소설 등과 같은 다양한 주제에 접근하기 시작한다. 4급 교재에 나타나는 담화표지는 다음과 같다.

〈표 16〉『서울대 한국어』(2012) 4급에서의 담화표지 사용 빈도

담화표지	빈도	비율
아	21	44.67%
어	13	27.65%
그런데	4	8.51%
그럼	2	4.26%
아니	2	4.26%
그게 말이야	1	2.13%
그러게 말이에요	1	2.13%
그런 건 아니고요	1	2.13%
네	1	2.13%
뭐	1	2.13%
합계	**47**	**100%**

4급에서도 일반 감탄사들이 제일 많이 출현한다. '아'는 21회 나오는데 항상 '넓은 의미'의 담화표지로 나타나고 '어'는 총 13회 중에 3회가 '좁은 의미'의 담화표지로 나온다. '아'와 '어'의 사용된 맥락이 상당히 유사하므로 간략하게만 '어'의 사용을 보겠다.

(5) 가. <u>어</u>, 신기하네요. (4B, 14과, 듣기)
　　나. <u>어</u>, 그런데 이 풀은 뭐지? (4B, 15과, 듣기)

(5가)의 '어'는 놀랄 때 사용된 '넓은 의미'의 담화표지이며 (5나)의 '어'는 주제 전환표지로 사용된 예이다.

한편, 4급에서는 3급에 비해 담화표지가 줄어든 것을 볼 수 있다. 이것은 5급 단계로 이어지는 추세이기도 하다.

5급

5급은 고급의 첫 번째 단계이다. 이 단계에서는 학습자가 언어생활에서 불편 없이 의사소통할 수 있는 능력을 갖추고 한국의 역사와 문화에 대하여 폭넓은 지식을 습득하게 된다. 5급에서는 정치, 사회, 경제, 문화 주제에 대해서 토론하기 시작하고 교양 프로그램, 인터뷰 등과 같은 문화 콘텐츠를 이용하면서 한국어를 연습한다.

〈표 17〉『서울대 한국어』(2012) 5급에서의 담화표지 사용 빈도

담화표지	빈도	비율
아	8	25.00%
뭐(뭘)	5	15.63%
네	3	9.40%
그러니까	2	6.25%
어	2	6.25%
자	2	6.25%
저	2	6.25%
하긴	2	6.25%
그거야	1	3.12%
그러게 말이야	1	3.12%
그런데	1	3.12%
그럼	1	3.12%
아이	1	3.12%
-ㄴ 말야	1	3.12%
합계	**32**	**100%**

5급은 담화표지가 4급보다 다양하게 나옴에도 불구하고 5A와 5B에서 추출할 수 있었던 담화표지의 수가 많지 않다.[8] 학습자들은 4급부

8) 〈표 10〉과 〈표 11〉 참조.

터 격식적인 표현을 배우기 시작하고, 5급에서는 본격적으로 공식적인 표현들을 다양하게 학습한다. 이에 따라 5급 교재에서는 찾을 수 있는 담화표지가 많지 않았고 감탄사나 '그럼', '그런데'와 같은 접속전환담화표지와 종결담화표지도 덜 쓰고 있는 양상을 확인할 수 있었다.

6급

6급에서는 학습자가 한국어를 보다 더 유창하게 구사할 수 있게 되고 한국의 역사, 문화에 대하여 깊이 있는 지식을 익히게 된다. 그리고 신문, 방송 등 실제 자료를 이용한 듣기/읽기/토론 연습을 한다. 담화표지의 사용 빈도는 다음과 같다.

〈표 18〉『서울대 한국어』(2012) 6급에서의 담화표지 사용 빈도

담화표지	빈도	비율
네	16	51.65%
그럼	5	16.14%
그러면	2	6.45%
그러니까	1	3.22%
그러고 보니	1	3.22%
그런데	1	3.22%
그렇지만	1	3.22%
그래서	1	3.22%
글쎄 말이지	1	3.22%
아	1	3.22%
자	1	3.22%
합계	**31**	**100%**

6급 교재에서도 이전 급에 비해 담화표지가 많아지지 않고 오히려 적

어진 것을 볼 수 있었다. 학습자의 한국어 능력이 높아질수록 담화표지도 이와 평행하게 많아질 거라고 예상할 수 있지만 실제 분석 결과를 보면 그렇지 않다. 이는 6급에서 신문, 방송 등 공식적인 자료를 적극적으로 활용해서 한국어를 배우기 때문에 담화표지가 다양하게 나타나지 않는 것으로 파악된다.

6급에서 유일하게 많이 나타나는 표지는 '좁은 의미'의 담화표지인 '네'인데 이것은 인터뷰나 토론에서 많이 사용되는 담화표지이다. 예를 들어 진행자가 프로그램이나 인터뷰를 시작할 때 항상 '네, 안녕하십니까?'[9]와 같은 식으로 시작하고 인터뷰를 끝낼 때도 '네, 지금까지 [...] 나눠 봤습니다.'[10]와 같은 식으로 끝낸다. 인터뷰에서 '네'는 그 인터뷰의 흐름을 표시해 주는, '좁은 의미'의 담화표지이다.

이처럼 고급 단계로 갈수록 담화표지 사용 빈도가 줄어드는 것을 알 수 있는데, 이것은 학습자 수준이 높아질수록 공식적이고 격식적인 상황에서 사용하는 표현을 학습하는 비중이 늘어나는 것과 관계가 있는 것으로 보인다. 그러나 인터뷰에서도 '네'와 같은 담화표지가 효과적으로 사용될 수 있는 것처럼 인터뷰, 발표 등과 같은 공식적인 담화에서도 담화표지는 하나의 담화 책략으로서 활용될 수 있다. 따라서 담화표지를 무조건 배제하기보다는 격식적인 상황에서는 어떠한 경우에 담화표지를 적절하게 사용할 수 있는지를 학습자에게 가르치는 것도 하나의 교수법이 될 수 있다.

9) 『서울대 한국어』 6급 1과 듣기 참조.
10) 『서울대 한국어』 6급 9과 듣기 참조.

3. 『서울대 한국어』에 쓰인 담화표지 분석

이 장에서는 지금까지 분석한 담화표지를 감탄사 담화표지, 접속어 담화표지, 부사어 담화표지, 구절 담화표지 등 형태를 기준으로 다시 나누고, 이 부류들에 속하는 개별 담화표지들을 서술할 것이다.11)

(1) 감탄사 담화표지

감탄사 담화표지는 안주호(2009)에서도 지적한 것처럼 가장 빈번하게 등장하는 담화표지이나, 안주호(2009)에서 처리한 것처럼 모든 감탄사를 담화표지로 볼 수는 없다. 〈표 7~12〉에서처럼 '네', '예', '얘', '아', '자', '참', '아니' 정도만 담화표지로 볼 수 있다고 판단된다. 이들은 주로 담화를 시작하는 역할을 하고 담화의 출발점을 표시하거나 상대방의 집중을 요구하는 데에 도움이 되는 요소들이다. 이런 기능들을 가지는 감탄사들은 '좁은 의미'의 담화표지 부류에 속한다.

이와 관련된 예는 아래와 같다.

(6) 가. 정우: 켈리 씨, 재미있어요?
켈리: 네, 아주 재미있네요.
(1A, 8과, p.194)
나. 줄리앙: 만나서 반가워요, 정우 씨. 저는 줄리앙이에요. 스티븐 씨의 한국어 반 친구예요.
정 우: 네, 만나서 반가워요. 스티븐 씨한테 이야기를 많이 들었어요.
(1B, 9과, p.30)

11) 본고의 기준에 따르면 『서울대 한국어』 교재에서는 용언 담화표지에 들어갈 수 있는 요소가 확인되지 않았다. 이에 이 장에서는 이 부류를 다루지 않는다.

(6가)와 (6나)에서는 '네'의 두 가지 쓰임새를 관찰할 수 있다. (6가)에서는 '네'가 담화표지가 아니고 단지 물음에 긍정적으로 대답하는 역할을 한다. 이런 '네'는 원래의 뜻을 벗어나지 않을 뿐 아니라 담화의 흐름에도 도움이 되지 않는다. 더구나 담화표지는 독립적으로 나타나는 요소이며 문법 층위를 벗어난 요소이므로 생략되어도 발화가 성립해야 하는데 (6가)의 경우에는 그렇지 않다. 즉, 판정의문문이 쓰였으므로 그 뒤에 긍정의 '네'나 부정의 '아니요'가 따라야 한다. '아주 재미있네요.'로만 대답하는 것도 가능하지만 이 부분을 생략하면 '네' 혹은 '아니요'가 필수적으로 나타나야 한다.

(6나)에서 나타나는 '네'는 담화표지로 볼 수 있다. 이때의 '네'는 어떤 질문을 대답하기 위해 말하는 '네'가 아니고 담화를 시작하기 위한 '네'이다. '아니'와 같은 감탄사도 마찬가지다. '재미있었어? - 아니.'와 같은 담화 속의 '아니'는 단순히 질문에 대답하는 것이며 '아니, 그럴 수가 있니?'와 같은 문장의 '아니'는 담화를 유도하는 감탄사이다. 후자는 바로 '좁은 의미' 영역에 해당하는 담화표지이다.

'넓은 의미'의 담화표지에는 어떤 형태들이 있는지는 위의 〈표 7~12〉에서 제시한 바가 있다. 이런 감탄사 중에서는 '아', '어', '어어'와 같은 감탄사들도 있는데, 이들은 원래의 뜻을 넘어서서 새로운 기능을 취하지는 않지만 대화를 자연스럽게 하는 데에 큰 역할을 하고 속마음에 담겨 있는 감정을 나타낼 수 있다.

마지막으로 '아', '어'와 같은 감탄사에 대해서는 담화표지의 성격을 파악하기 어려운 경우가 있다.

(7) 네, 그런데요. <u>어</u>, 1학년 3반 박상민? (4B, 17과, 듣기)

(7)의 '어'는 그 의미 · 기능이 본래대로 쓰인 것인지 전이된 담화 기능

으로 쓰인 것인지 다소 불분명하다. 다만, 일반적인 '아', '어' 등에 비해 원래의 의미를 초월해서 새로운 기능을 얻게 되었다고 볼 수도 있다. '무엇을 깨달으면서 말을 시작하는 것'과 같은 기능이 얼핏 포착되기 때문이다. 따라서 (7)의 '어'는 화자의 감정이나 태도를 나타내면서도 대화를 이끌어 주는 이중 기능이 있다고 볼 수 있다.

(2) 접속어 담화표지

접속어 담화표지도 감탄사 담화표지 논의와 유사한 문제를 지니고 있다. 안주호(2009)에서는 '그러-' 계열 접속사[12]를 담화표지로 보고 있는데, 접속사는 앞의 체언이나 문장의 뜻을 뒤의 체언이나 문장에 이어 주면서 뒤의 말을 꾸며 준다. 그러나 접속사를 담화표지로 인정할 수 있으려면 이 기능 외에 새로운 담화 기능을 확인할 수 있어야 한다.

다음 예문을 검토해 보자.

(8) 가. 지난주에 남편이 휴가라서 같이 여행을 갔어요. <u>그리고</u> 어젯밤에 돌아왔어요.
(1B, 15과, 듣기)

나. 남: 식당에서 밥을 먹어요.
여: <u>그리고</u> 오늘 뭐해요?
남: 아르바이트해요.
(1A, 3과, 듣기)

---

12) 안주호(2009: 147)에는 '그러-' 계열에서 출발하는 '그래', '그래도', '그래서', '그러니까(근까)', '그런데(근데)', '그럼', '그렇지만', '그리고' 따위와 같은 접속어를 진전시키는 담화표지로 처리하고 있다. 이런 부류의 담화표지는 한국어교재에서 매우 생산적으로 쓰인다고 하였다. 그리고 실제 발화에서도 자주 쓰이며, 한국어교재에서도 자주 나타나는 표지라고 언급하였다.

(8)의 예문에서 볼 수 있는 것처럼 접속사 '그리고'는 두 가지 쓰임새를 보여준다. (8가)의 '그리고'는 단순한 접속사로 보아야 한다. '그리고'가 단지 문법적인 요소로 쓰이기 때문이다. 이에 반하여 (8나)에서는 '그리고'가 담화표지의 역할을 한다. 이 경우에 '그리고'는 접속사의 기능뿐만 아니라 담화를 진행하는 역할도 한다. '그리고'를 사용함으로써 화자가 청자에게 말을 계속 유도하고 있기 때문이다.

담화표지 '그럼'에 대해서도 지적할 만한 것이 있다. 이미 언급하였지만 안주호(1992)에서는 '그럼'을 '전환표지'로만 처리하고 있을 뿐이다. 그러나 맥락에 따라 '그럼'도 충분히 '종결표지'로도 볼 수 있다고 판단한다. 이는 다음 예문을 통해서 알 수 있다.

(9) 유진: 우리 언니는 단순한 스타일을 좋아해요.
나나: <u>그럼</u> 이건 어때요? 이게 요즘 유행이에요.
(1A, 14과, p.140)

(10) 진행자1: <u>그럼</u> 다음 사연 들어 볼까요?
진행자2: 네, 다음 사연입니다. …
(4A, 5과, 듣기)

(11) 기자: 예, 저는 지금 서울역에 나와 있습니다. 서울역은 지금 고향에 내려가는 사람들로 복잡합니다. <u>그럼</u> 고향에 가시는 한 분과 이야기 나눠 보겠습니다. 고향이 어디십니까?
(2B, 16장, 듣기)

(12) 아키라: 고마워요. 켈리 씨.
켈　리: <u>그럼</u> 전 이만 가 볼 게요. 몸조리 잘 하세요.
(3A, 8과, p.198)

위에서 볼 수 있는 바와 같이 '그럼'은 다양한 용법의 담화표지로 쓰인다. 우선, (9)의 '그럼'은 담화표지가 아닌 접속부사이다. '그러면'의 뜻을 『표준국어대사전』에서 찾아보면 두 가지 의항이 나온다. 곧, '앞의 내용이 뒤의 내용의 조건이 될 때 쓰는 접속 부사'와 '앞의 내용을 받아들이거나 그것을 전제로 새로운 주장을 할 때 쓰는 접속 부사'이다. (9)의 '그럼'은 바로 이 사전의 뜻풀이와 동일하다. 즉, 화자가 청자의 발화를 받아들이고 이것은 뒤의 내용의 조건이 되어 화자가 '그럼'이라고 하는 상황이다. (10)의 '그럼'은 '시발표지'로 쓰인 담화표지이다. 라디오 방송에서 발화를 시작하기 위해 '그럼'이라고 하면 청취자의 주의를 끌 수 있다. 이 경우의 '그럼'은 시발담화표지로 볼 수 있을 것이다. (11)의 '그럼'은 안주호(1992)에서도 제시된 전환표지이다. 여기의 '그럼'은 첫 문장과 두 번째 문장의 내용을 가르고 있다. 첫 문장에는 기자가 어떤 특정한 상황을 소개하고 있는데 '그럼'을 말한 다음에 본격적으로 인터뷰를 시작하겠다는 의도를 밝히고 인터뷰를 받을 사람, 즉 대상을 찾으러 가는 행동을 실행한다. 마지막으로 (12)의 '그럼'은 '종결표지'이다. 이때 '그럼'은 담화가 곧 끝날 것을 알려주는 도구가 된다. 이처럼 '그럼'은 문장의 어떤 자리에 위치하느냐에 따라 '시발표지', '전환표지', '종결표지' 세 가지 담화표지로 구분할 수 있을 것이다.

접속어 담화표지 중에서 대표적으로 뽑을 수 있는 접속사는 '그런데'일 수도 있다. '그런데'는 주제가 다른 방향으로 이어져 가는 것을 알려주는 기능이 있기 때문에 '그런데'가 나타나면 청자가 쉽게 담화의 흐름을 미리 예측할 수 있을 것이다. 물론 '그런데'도 항상 담화표지로만 쓰이는 것은 아니다. 예컨대 '동생은 벌써 숙제를 하고 나갔어요. 그런데 저는 아직도 숙제가 많이 남아서 놀 수가 없어요.'[13]와 같은 문장의 '그런데'는 대조의 의미를 부여하고 있으므로 단순한 접속사로 쓰였다. '그런데'가 담화표지로 사용될 때 자주 '근데' 축약형으로 나타난다.

문숙영(2018)의 논의에 의하면 접속부사는 담화표지의 분명한 성원인데 사실 접속부사에서 담화표지로 기능 변화를 겪었다는 용법 중에도 접속부사의 원래 쓰임으로 볼 만한 것이 있다. 대표적으로 선행 발화 없이 쓰이는 접속부사가 그러하다. 그러나 담화표지로 행동할 때는 새로운 주제나 담화를 도입하는 요소로서 주로 담화의 맨 앞에 쓰인다.

(3) 부사어 담화표지

부사어 담화표지는 2급부터 등장하기 시작한다. 제일 빈번하게 나타나는 담화표지는 '좀', '저', '어디'이다. '좀'과 '저'는 청자의 집중을 끄는 담화표지인데 이런 담화표지들은 한국어 학습자에게 사용하는 상황과 용법을 설명해야 이해할 수 있고 자연스럽게 사용할 수 있을 것이다. '좀'은 영어로 생각해 보면 'a little'이고 '저'는 영어로 'me' 혹은 'there'인데 외국인 학습자에게는 왜 청자의 관심을 끌 때 이런 단어 및 표현들을 사용해야 하는지가 이해하기 어려운 것이다. 담화표지가 원래의 기능을 넘어설 때는 왜 어떤 특정한 단어가 그때까지 공부한 것과 다른 방식으로 쓰이고 있는지를 학습자에게 설명해 줘야 한다.

'어디'에 관하여서는 안주호(2009)에서 언급되어 있지 않다. 그런데 '어디'는 어떤 특정한 상황에서 분명히 담화표지로 볼 수 있다. 다음 예를 보자.

---

13) 『표준국어대사전』 참조.

(13) 어디, 네가 이번 시험에서 일 등을 한 학생이냐?

위에서 나타나는 '어디'는 『표준국어대사전』에 따르면 '남의 주의를 끌 때 쓰는 말'이다. 의문사로 쓰이지 않는 '어디'는 충분히 담화표지로서의 역할을 하고 있다는 것을 알 수 있다.

마지막으로 '뭐'는 여러 가지 상황에서 쓰일 수 있다. '뭐'는 주로 문장 맨 앞이나 문장 맨 뒤에 나타난다. 전자는 '좁은 의미의 담화표지'로 볼 수 있으며 후자는 '넓은 의미의 담화표지'로 볼 수 있을 것이다. 문장 맨 뒤에 오는 '뭐'는 담화의 흐름과 유창성에 큰 도움이 안 되나 화자의 태도를 나타내는 감탄사로 보아야 한다. 그런데 '뭐'는 문장 맨 앞에 오면 청자의 집중을 시키는 역할이 있어서 이것은 '좁은 의미의 담화표지'로 보겠다. 간략하게 다음 예를 보자.

(14) 뭐, 그렇게 하면 되겠지?

위의 '뭐'는 화자가 청자의 관심을 얻고 싶을 때도 자주 사용할 수도 있는 요소이다. '뭐'를 말하면 그 뒤에 상황에 대한 반응이 오는 것을 미리 청자에게 알려주기 때문이다.

(4) 구절 담화표지

〈표 9~12〉에 나타나는 구절과 같은 요소들은 쉽게 담화표지로 볼 수 있다. 이런 식의 구절은 항상 청자의 주목을 얻기 위해서 쓰이거나 화자가 미리 한 말의 내용을 강조하는 역할을 하기 때문이다. 담화표지로서 담화가 진행하는 단계들을 나타내거나 화자의 태도를 나타낸다. 이에 대한 예들은 다음과 같다.

(15) 그러게 말이에요. 다행히 반대하는 사람들이 많아서 마음대로 온천 개발을 진행하지는 못하나 보더라고요. (4B, 12과, 듣기)

(16) 그러게 말이야. (3B, 17과, 듣기)

우선 위 (15)의 '그러게 말이에요'를 보자. 이 표현은 화자의 태도나 감정을 나타낸다. 즉, 청자의 말을 듣고서 그 말에 공감하는 것을 강조하는 역할을 지니고 있다. 이 표지는 '넓은 의미'의 담화표지 또는 '좁은 의미'의 담화표지 중 무엇으로 설정해야 하는지가 애매하다. 화자의 태도를 나타내면서 담화를 매끄럽게 해서 단순히 '넓은 의미'의 담화표지로 설정할 수 있으나 강조를 나타내는 굳어진 표현으로 쓰이므로 '좁은 의미'의 담화표지로도 볼 수도 있다. 한국어교육의 관점에서 보았을 때는 학습자에게 '그러게 말이에요'와 같은 표현의 뜻을 가르쳐 줘야 무슨 의미를 갖고 있는지를 알 수 있다. 따라서 '그러게 말이에요'를 구성하는 성분들은 의미가 불투명해져서 새로운 강조의 뜻을 나타내는 표현으로 쓰이게 되었으므로 이와 같은 구절 담화표지를 '좁은 의미'의 담화표지로 처리할 수 있겠다. 마지막으로 (16)의 '그러게 말이야'는 또 다른 담화표지 기능이 있다. (15)의 '그러게 말이에요'에 비해 (16)의 '그러게 말이야'는 단순히 감정을 나타내는 기능이 있는 것만은 아니며 담화의 진행 과정을 표시하는 역할이 있다. 특히 (16)의 경우에는 담화를 끊는 기능을 지니고 있다. 이런 경우에는 (16)의 담화표지를 '좁은 의미'의 담화표지로 설정할 수 있다.

4. 나가기

이 글에서는 간략하게 한국어 교재에서 담화표지를 사용하는 양상을 살펴보았다. 먼저 『서울대 한국어』 교재를 대상으로 전체적인 담화표지 목록을 제시하였다. 더불어 급별로 담화표지의 사용 빈도를 다루고 유형별 담화표지도 제시하였다. 이 과정에서 한국어 교재에서 담화표지는 전반적으로 어떠한 방식으로 다루어지고 있는지와 담화표지를 판별하는 기준에 대해서도 논의하였다. 담화표지는 담화에 참여하는 중요한 요소이므로 한국어를 배우는 외국인들을 위한 적절하고 유용한 담화표지 교육론은 앞으로도 꾸준히 연구되어야 한다고 생각한다. 담화표지에는 본능적으로 사용하는 감탄사와 같은 요소들만 있는 것이 아니고 외국인들이 이해하기가 더 어려운, 새로운 담화 기능을 가지게 된 담화표지들도 존재한다. 따라서 이 글에서는 후자를 '좁은 의미'의 담화표지로 보았는데 이러한 담화표지들은 어떻게 사용하는지 그리고 어떤 상황에서 사용하는지에 대한 정보를 제공해 주는 교재도 필요하다. 담화표지는 분석하기가 꽤 어려운 언어적 요소인데 앞으로도 더 많은 연구를 통해 담화표지 분석이 좀 더 정밀화되기를 바라는 바이다.

참고문헌

논저류

강영화(2012), 한국어교육학에서의 담화 연구 분석,《한국어 교육》 23-1, 국제한국어교육학회, 219-256.

강우원(2002), 담화표지 '아'와 '어'의 특성 비교 연구,《우리말연구》 12, 우리말학회, 241-257.

구종남(1999), 담화표지 '어디' 에 대하여,《언어학》 7-3, 대한언어학회, 217-234.

김향화(2001), 한국어 담화표지의 기능,《한국학논집》 28, 계명대학교 한국학연구소, 113-140.

문기혁(2014), 초등학교 영어교과서 담화분석: 담화표지 'Oh'를 중심으로,《언어학연구》 19-2, 한국언어연구학회, 55-71.

문숙영(2018), 관련성 이론의 관점에서 본 접속부사의 의미기능,《국어학》 88, 97-136.

박석준(2007), 담화표지화의 정도성에 대한 논의,《한말연구》 21, 한말연구학회, 87-106.

심란희(2011), 의사소통 중심의 한국어교육을 위한 담화표지 '그냥'의 기능 연구, 연세대학교 석사학위논문.

안주호(1992), 한국어 담화표지 분석,《외국어로서의 한국어교육》 17-1, 연세대학교 한국어학당, 135-159.

안주호(2009), 한국어 교육에서의 담화표지 위계화 방안,《한국어 교육》 3, 국제한국어교육학회, 21-38.

전영옥(2002), 전통 화법과 화법 교육 - 한국어 담화 표지의 특징 연구,《화법연구》 4, 한국화법학회, 113-145.

전영옥(2017), 한국어 담화표지 연구의 현황과 과제,《한말연구》 45, 한말연구학회, 127-160.

Schiffrin, D.(1987), *Discourse markers(Studies in Interactional Sociolinguistics 5)*, Cambridge University Press.

교과서류

서울대학교 언어교육원(2012), 《서울대 한국어》 Student's Book 1A, 투판즈.
서울대학교 언어교육원(2012), 《서울대 한국어》 Student's Book 1B, 투판즈.
서울대학교 언어교육원(2012), 《서울대 한국어》 Student's Book 2A, 투판즈.
서울대학교 언어교육원(2012), 《서울대 한국어》 Student's Book 2B, 투판즈.
서울대학교 언어교육원(2012), 《서울대 한국어》 Student's Book 3A, 투판즈.
서울대학교 언어교육원(2012), 《서울대 한국어》 Student's Book 3B, 투판즈.
서울대학교 언어교육원(2012), 《서울대 한국어》 Student's Book 4A, 투판즈.
서울대학교 언어교육원(2012), 《서울대 한국어》 Student's Book 4B, 투판즈.
서울대학교 언어교육원(2012), 《서울대 한국어》 Student's Book 5A, 투판즈.
서울대학교 언어교육원(2012), 《서울대 한국어》 Student's Book 5B, 투판즈.
서울대학교 언어교육원(2012), 《서울대 한국어》 Student's Book 6A, 투판즈.
서울대학교 언어교육원(2012), 《서울대 한국어》 Student's Book 6B, 투판즈.

부록 〈『서울대 한국어』 교재의 담화표지 목록〉

『서울대 한국어』 1급

1A		
담화표지	대화	비고
아	(1과, 60p) 아, 네. 직업은 무엇입니까?	넓은 의미의 담화표지
아	(1과, 듣기) 아, 네, 아, 선생님입니까?	넓은 의미의 담화표지
네	(1과, 듣기) 아, 네, 아, 선생님입니까?	좁은 의미의 담화표지
아	(1과, 듣기) 아, 네, 아, 선생님입니까?	넓은 의미의 담화표지
어서	(2과, 듣기) 어서 오세요.	담화표지 X
그럼	(3장, 98p) 그럼 어디에서 공부해요?	담화표지 X
그리고	(3과, 듣기) 그리고 오늘 뭐해요?	좁은 의미의 담화표지
아!	(4과, 듣기) 아! 책상 위에 있어요.	넓은 의미의 담화표지
아	(5과, 131p) 아, 미안해요.	넓은 의미의 담화표지
아	(5과, 듣기) 아, 네. 한국에 언제 와요?	넓은 의미의 담화표지
네	(5과, 듣기) 아, 네. 한국에 언제 와요?	좁은 의미의 담화표지
어서	(6과, 149p) 어서 오세요. 여기 앉으세요.	담화표지 X
그럼	(6과, 149p) 그럼, 비빔밥 한 그릇하고 … 주세요.	담화표지 X
그럼	(6과, 153p) 그럼 오렌지 여섯 개 주세요.	담화표지 X
여기요!	(6과, 듣기) 여기요! 에스프레소 있어요?	담화표지 X
아	(7과, 171p) 아, 그래요?	넓은 의미의 담화표지
그래요?	(7과, 듣기) 그래요? 날씨는 좋았어요?	담화표지 X
그래요?	(8과, 191p) 그래요? 그럼 주말에 같이 자전거 탈까요?	담화표지 X
그럼요	(8과, 듣기) 그럼요. 저는 매일 음악을 들어요.	담화표지 X
그래요?	(8과, 듣기) 그래요? 그럼 일요일에 만나요.	담화표지 X
1B		
담화표지	대화	비고
네	(9과, 30p) 네, 만나서 반가워요.	좁은 의미의 담화표지
뭘요	(9과, 30p) 뭘요. 잘 못해요.	좁은 의미의 담화표지
어	(9과, 듣기) 어, 유진 씨 언니가 있어요?	넓은 의미의 담화표지
아	(10과, 55p) 아, 데이트했어요?	넓은 의미의 담화표지
아	(12과, 92p) 아, 유진 씨, 오랜만이에요.	좁은 의미의 담화표지

뭘요	(12과, 92p) 뭘요. 우리 다음에 봐요.	좁은 의미의 담화표지
네	(12과, 92p) 네. 그럼 안녕히 계세요.	좁은 의미의 담화표지
그럼	(12과, 92p) 네. 그럼 안녕히 계세요.	좁은 의미의 담화표지
네	(12과, 96p) 네, 월드여행사입니다.	좁은 의미의 담화표지
네	(12과, 96p) 네, 스도 아키라입니다.	좁은 의미의 담화표지
아	(12과, 96p) 아, 유진 씨, 저 유진이에요. 휴대폰을 안 받아서 전화했어요.	넓은 의미의 담화표지
그럼요	(12과, 96p) 그럼요. 여섯 시 반, 강남역이지요?	넓은 의미의 담화표지
아	(12과, 96p) 아, 그래요? 알겠어요. 그럼 이따 봐요.	넓은 의미의 담화표지
그럼	(12과, 96p) 아, 그래요? 알겠어요. 그럼 이따 봐요.	좁은 의미의 담화표지
글쎄요.	(12과, 듣기) 글쎄요. 그런데 왜요?	담화표지 X
그런데	(12과, 듣기) 글쎄요. 그런데 왜요?	좁은 의미의 담화표지
그런데	(12과, 듣기) 네, 괜찮아요. 숙제하고 있었어요. 그런데 무슨 일이에요?	좁은 의미의 담화표지
아!	(12과, 듣기) 아! 아키라 씨한테서 문자 받았어요.	넓은 의미의 담화표지
아	(12과, 듣기) 아. 네. 그럼 다음에 만나요.	넓은 의미의 담화표지
네 그럼	(12과, 듣기) 아. 네. 그럼 다음에 만나요.	좁은 의미의 담화표지
뭘요,	(13과, 117p) 뭘요. 아직 잘 못해요.	좁은 의미의 담화표지
아	(14과, 136p) 아, 저 사람은 유스케 씨예요.	넓은 의미의 담화표지
그럼	(14과, 136p) 음, 그럼 지금 같이 가서 인사할까요?	담화표지 X
그럼	(14과, 140p) 그럼 이건 어때요?	담화표지 X
그런데	(14과, 듣기) 그런데 어디에서 화이트데이 사탕을 팔아요?	좁은 의미의 담화표지
그런데	(15과, 161p) 그런데 휴가가 언제까지예요?	좁은 의미의 담화표지
글쎄요	(15과, 듣기) 여행요? 글쎄요. 저는 사람이 많은 곳에 가면 더 피곤해요.	담화표지 X
아	(15과, 듣기) 아, 그랬군요.	넓은 의미의 담화표지
아	(15과, 듣기) 아, 그랬어요?	넓은 의미의 담화표지

『서울대 한국어』 2급

2A		
담화표지	대화	비고
그래요?	(1과, 34p) 그래요? 저도 매일 수영을 해요.	담화표지 X
어	(1과, 34p) 어, 우리는 취미가 같네요.	넓은 의미의 담화표지
그런데요	(1과, 듣기) 네, 그런데요.	좁은 의미의 담화표지
아	(1과, 듣기) 아, 네.	넓은 의미의 담화표지
네	(1과, 듣기) 아, 네.	좁은 의미의 담화표지
저	(1과, 듣기) 저... 나나 씨 맞으세요?	좁은 의미의 담화표지
네	(1과, 듣기) 네, 저도 반가워요.	좁은 의미의 담화표지
아	(1과, 듣기) 아, 미안해요.	넓은 의미의 담화표지
아	(2과, 듣기) 아, 그리고 회비는 한 달에 만 원이에요.	넓은 의미의 담화표지
아	(3과, 74p) 아, 저도 작년에 제주도에 가 봤어요.	좁은 의미의 담화표지
네	(3과, 듣기) 네, 고마워요.	좁은 의미의 담화표지
네	(4과, 96p) 네, 한번 입어 볼게요.	좁은 의미의 담화표지
네	(4과, 듣기) 네, 서울백화점입니다.	좁은 의미의 담화표지
네	(4과, 듣기) 네, 손님. 어떤 옷입니까?	좁은 의미의 담화표지
아	(4과, 듣기) 아, 그럼...보세요.	넓은 의미의 담화표지
그럼	(4과, 듣기) 아, 그럼...보세요.	담화표지 X
아	(5과, 118p) 아, 그래요?	넓은 의미의 담화표지
네	(5과, 듣기) 네, 한국호텔입니다.	좁은 의미의 담화표지
네	(5과, 듣기) 네, 세계여행사입니다.	좁은 의미의 담화표지
네	(5과, 듣기) 네, 예약되었습니다.	좁은 의미의 담화표지
네	(5과, 듣기) 네, 세계여행사입니다.	좁은 의미의 담화표지
아	(5과, 듣기) 아 그래요?	넓은 의미의 담화표지
네	(6과, 140p) 네, 여기에 받는 분 성함과 주소를 쓰시고 저울 위에 올려 주세요.	좁은 의미의 담화표지
어서	(6과, 145p) 어서 오세요.	담화표지 X
네	(6과, 듣기) 네, 제일택배입니다.	좁은 의미의 담화표지
아	(6과, 듣기) 아, 저는...주세요.	넓은 의미의 담화표지
아	(7과, 163p) 아, 그게 좋을 것 같네요.	넓은 의미의 담화표지
저기요	(7과, 167p) 저기요. 한옥마을이 어디에 있는지 아세요?	좁은 의미의 담화표지
그런데	(7과, 듣기) 아저씨, 시청으로 가 주세요. 그런데	좁은 의미의 담화표지

	지금 길이 많이 막힐까요?	
아	(8과, 듣기) 아 그래요?	넓은 의미의 담화표지
네	(8과, 듣기) 네, 안녕하세요.	좁은 의미의 담화표지
네	(9과, 211p) 네, 말씀하세요.	좁은 의미의 담화표지
자	(9과, 듣기) 자, 여러분 오늘 방송도 잘 들으셨나요?	좁은 의미의 담화표지
그럼	(9과, 듣기) 그럼, 내일 이 시간에 또 뵙겠습니다.	좁은 의미의 담화표지
아	(9과, 듣기) 아 그러세요?	넓은 의미의 담화표지
자	(9과, 듣기) 자, 생생 퀴즈쇼 시간입니다.	좁은 의미의 담화표지
자	(9과, 듣기) 자, 그럼 문제 드립니다.	좁은 의미의 담화표지
그럼		좁은 의미의 담화표지
저	(9과, 듣기) 저, 사물놀이 아닌가요?	좁은 의미의 담화표지

2B

담화표지	대화	비고
아	(10과, 듣기) 아 벌써 그렇게 됐어?	넓은 의미의 담화표지
글쎄	(10과, 듣기) 글쎄, 불고기피자 어때?	담화표지 X
네	(11과, 듣기) 네, 자. '아' 해 보세요.	좁은 의미의 담화표지
자		좁은 의미의 담화표지
네	(11과, 듣기) 네, 다시 한 번 축하드립니다.	좁은 의미의 담화표지
아	(12과, 듣기) 아, 그래요?	넓은 의미의 담화표지
아	(13과, 100p) 아 그러세요?	넓은 의미의 담화표지
저	(13과, 듣기) 저, 원룸 광고 보고 전화했는데요.	좁은 의미의 담화표지
네	(15과, 142p) 네, 안녕하세요?	좁은 의미의 담화표지
아	(15과, 142p) 아, 그래요?	넓은 의미의 담화표지
그런데	(15과, 146p) 그런데 히엔 씨는 한국에 오기 전에 어떤 일을 했어요?	좁은 의미의 담화표지
그런데	(15과, 듣기) 그런데 왜 농구를 계속 안 했어요?	좁은 의미의 담화표지
그런데	(16과, 164p) 그런데 한국에서는 설날에 보통 뭘 해요?	좁은 의미의 담화표지
글쎄	(16과, 168p) 글쎄, 아직 잘 모르겠는데.	담화표지 X
예	(16과, 듣기) 예, 저는 지금 서울역에 나와 있습니다.	좁은 의미의 담화표지
그럼	(16과, 듣기) 그럼 고향에 가시는 한 분과 이야기 나눠 보겠습니다.	좁은 의미의 담화표지
네	(16과, 듣기) 네, 말씀 감사합니다.	좁은 의미의 담화표지
아	(16과, 듣기) 아 그래요?	넓은 의미의 담화표지
아	(17과, 186p) 아, 그래요?	넓은 의미의 담화표지

좀	(17과, 듣기) 좀 자세하게 말씀해 주세요.	좁은 의미의 담화표지
그럼	(18과, 듣기) 그럼 오늘의 첫 노래 듣겠습니다.	좁은 의미의 담화표지
그럼	(18과, 듣기) 그럼 편지를 읽어 드리겠습니다.	좁은 의미의 담화표지
네	(18과, 듣기) 네, 주디 씨. 남은 한국 생활 잘 보내시고 ... 잘 지내세요.	좁은 의미의 담화표지

『서울대 한국어』 3급

3A		
담화표지	대화	비고
응	(2과, 듣기) -왜 이렇게 바빠? -응. 면접 보러 다니느라고.	좁은 의미의 담화표지
참	(2과, 듣기) 참, 오늘 아침 신문 읽었어요?	좁은 의미의 담화표지
저	(2과, 듣기) 저, 늦어서 죄송합니다.	좁은 의미의 담화표지
어	(3과, 78p) 어, 빗방울이 떨어져요.	넓은 의미의 담화표지
근데	(3과, 듣기) 근데 오늘 친구들이랑 한강에... 어떡하지?	좁은 의미의 담화표지
그래서	(3과, 듣기) 그래서 전화했어.	담화표지 X
그런데	(4과, 98p) 그런데 떡볶이를 만들려면 무슨 재료가 필요해요?	좁은 의미의 담화표지
그러게	(4과, 듣기) 그러게, 내가 가서 물어볼게.	담화표지 X
아니	(5과, 122p) 아니, 왜요? 길이도 적당하고 색깔도 예쁜데요.	좁은 의미의 담화표지
어	(5과, 듣기) 어, 방송에서...알았는데요.	넓은 의미의 담화표지
참	(5과, 듣기) 참, 물빨래해도 되나요?	좁은 의미의 담화표지
저기	(5과, 듣기) 저기, 잠깐만요. 그럼 또 며칠을 기다려야겠네요.	좁은 의미의 담화표지
잠깐만요		좁은 의미의 담화표지
어	(6과, 듣기) 어 목요일에는...되는데	넓은 의미의 담화표지
그게 아니라	(6과, 듣기) 그게 아니라 받으면 아무 소리도 안 들리고 그냥 끊기던데?	좁은 의미의 담화표지
네	(6과, 듣기) 네, 설악펜션입니다.	좁은 의미의 담화표지
그런데	(6과, 듣기) 그런데 지난번 방에서는 바다가 보인다고...	좁은 의미의 담화표지
저	(6과, 듣기) 저, 근데 방은 깨끗하겠죠?	좁은 의미의 담화표지
근데	(6과, 듣기) 저, 근데 방은 깨끗하겠죠?	넓은 의미의 담화표지

어서	(7과, 174p) 어서 오세요.	담화표지 X
아	(7과, 174p) 아 그러세요?	넓은 의미의 담화표지
아	(7과, 듣기) 아, 저 안쪽에…있네요.	넓은 의미의 담화표지
어디	(7과, 듣기) 어디 좀 봐요.	좁은 의미의 담화표지
아	(7과, 듣기) 아 그렇습니까?	넓은 의미의 담화표지
그런데	(7과, 듣기) 그런데 내일도 복사할 게 많은데 큰 고장이면 어떻게 하죠?	좁은 의미의 담화표지
네?	(8과, 194p) 네? 교통사고가 났다고요?	좁은 의미의 담화표지
좀	(8과, 198p) 아키라 씨, 좀 어때요?	좁은 의미의 담화표지
참	(8과, 198p) 참, 이건 만화책인데 심심할 때 보세요.	좁은 의미의 담화표지
그럼	(8과, 198p) 그럼 전 이만 가 볼게요.	좁은 의미의 담화표지
네	(8과, 듣기) 네, 경찰서입니다.	좁은 의미의 담화표지
아	(9과, 듣기) 아, 일본에서…어때요?	넓은 의미의 담화표지
참	(9과, 듣기) 참, 한국에서는 성인이 되면 뭘 할 수 있어요?	좁은 의미의 담화표지

3B

담화표지	대화	비고
아	(10과, 28p) 아 그러세요?	넓은 의미의 담화표지
아	(10과, 32p) 아 그럼 되겠네요.	넓은 의미의 담화표지
아	(10과, 듣기) 아, 네, 그런데…결심하셨나요?	넓은 의미의 담화표지
네	(10과, 듣기) 아, 네, 그런데…결심하셨나요?	좁은 의미의 담화표지
그런데	(10과, 듣기) 그런데 박민호 씨, 좋은 소식이 들리던데요.	좁은 의미의 담화표지
그런데	(10과, 듣기) 그런데 그분의 어디가 마음에 드셔서 결혼을 결심하셨네요?	좁은 의미의 담화표지
근데	(11과, 52p) 근데 왜 갑자기 아르바이트를 시작했어요?	좁은 의미의 담화표지. 새로운 질문
그럼요	(11과, 56p) 그럼요. 마리코 씨는 무슨 일이든지 성실하게 하잖아요.	담화표지 X
그런데	(11과, 56p) 그런데 근무 시간이 어떻게 돼요?	좁은 의미의 담화표지
아니	(11과, 듣기) 아니 왜?	좁은 의미의 담화표지
그건 그래요	(12과, 76p) 그건 그래요. 걷기 운동은 어때요?	좁은 의미의 담화표지
그런데	(12과, 80p) 그런데 계속 몸을 움직였더니 힘드네요.	좁은 의미의 담화표지

그건 그래요	(12과, 듣기) 그건 그래요.	좁은 의미의 담화표지
뭘	(13과, 100p) 지난번 회의 때 보니까 한국어를 아주 잘하던데요. 뭘.	넓은 의미의 담화표지
근데	(13과, 100p) 근데 지금 입고 있는 양복은 처음 보네요.	좁은 의미의 담화표지
그런데	(13과, 104p) 그런데 아이들이 좋아하는 음식이 모자라서 좀 아쉬웠어요.	좁은 의미의 담화표지
얘	(13과, 듣기) 얘, 너 그거 결혼식 부케 아니니?	좁은 의미의 담화표지
그러게요	(13과, 듣기) 그러게요. 하지만 저밖에 부케 받을 사람이 없다고 하잖아요.	담화표지 X
네	(13과, 듣기) 네, 파리 한국문화원은... 잘 마쳤습니다.	좁은 의미의 담화표지
근데	(14과, 124p) 근데 어머니하고 처음 만났던 곳이 이 근처라고 하셨지요?	좁은 의미의 담화표지
그런데	(14과, 듣기) 그런데 저처럼 도시에서만 ... 있을까요?	좁은 의미의 담화표지
저기	(15과, 듣기) 저기......, 이번 달까지만... 같아서요.	좁은 의미의 담화표지
아	(16과, 172p) 아, 본 적이 있어요.	넓은 의미의 담화표지
그런데	(16과, 200p) 그런데 김치는 다 맵지 않아요?	좁은 의미의 담화표지
그게 아니고요.	(16과, 듣기) 그게 아니고요. 엄마, 책상 위... 있을 거예요.	담화표지 X
아	(16과, 듣기) 아! 알 수 없네요.	넓은 의미의 담화표지
아니	(17과, 221p) 아니, 이 속에 웬 남자가 있네요.	좁은 의미의 담화표지
아니	(17과, 222p) 아니, 이건 젊은 여자 아니에요?	좁은 의미의 담화표지
아니	(17과, 223p) 아니, 난 누구냐?	좁은 의미의 담화표지
근데	(17과, 듣기) 근데 연예인들도 참 피곤할 것 같아.	좁은 의미의 담화표지
그러게 말이야	(17과, 듣기) 그러게 말이야.	좁은 의미의 담화표지

『서울대 한국어』 4급

4A		
담화표지	대화	비고
아	(1과, 30p) 아, 유진 씨.	넓은 의미의 담화표지
아	(1과, 듣기) 아, 그렇군요.	넓은 의미의 담화표지
어	(1과, 듣기) 어, 연예인은…것 같아요.	넓은 의미의 담화표지
어	(1과, 듣기) 어, 너 얼굴이 왜 그래?	좁은 의미의 담화표지
아	(1과, 듣기) 아, 누나, 이번 시험을 너무 못 봤어요.	넓은 의미의 담화표지
그러게요	(2과, 50p) 그러게요.	담화표지 X
아	(2과, 50p) 아, 미안해요.	넓은 의미의 담화표지
아	(2과, 듣기) 아 그래요?	넓은 의미의 담화표지
그런데	(2과, 듣기) 그런데 또 뭘 마셔요?	담화표지 X
그러게	(2과, 듣기) 그러게	담화표지 X
그런데	(3과, 70p) 그런데 후반전에서 한국대학교가…졌어요	담화표지 X
아	(3과, 70p) 아, 그래서 그렇게 됐군요.	넓은 의미의 담화표지
어	(3과, 듣기) 어, 우리 선수가…있는데.	넓은 의미의 담화표지
아	(3과, 듣기) 어, 씨름 경기를 하네.	넓은 의미의 담화표지
그러게	(3과, 듣기) 그러게.	담화표지 X
아	(3과, 듣기) 아, 이길 수 있었는데…졌어.	넓은 의미의 담화표지
어	(4과, 듣기) 어, 그래.	넓은 의미의 담화표지
어	(4과, 듣기) 어, 고마워.	넓은 의미의 담화표지
아	(4과, 듣기) 아, 예쁘다고는…안 했잖아.	넓은 의미의 담화표지
뭐	(4과, 듣기) 뭐 어때? 다시 나가면 되지.	좁은 의미의 담화표지
그런 건 아니고요	(5과, 110p) 그런 건 아니고요. 일본어 능력이 필요한 일이라서요.	넓은 의미의 담화표지. 대화를 이끄는 표현
아	(5과, 듣기) 아, 미안 미안.	넓은 의미의 담화표지
그럼	(5과, 듣기) 그럼 다음 사연 들어 볼까요?	좁은 의미의 담화표지
아	(5과, 듣기) 아, 아키라 씨.	넓은 의미의 담화표지
아	(5과, 듣기) 아, 미안한데…거 같아요.	넓은 의미의 담화표지
아	(6과, 듣기) 아, 정말 좋겠네요.	넓은 의미의 담화표지
아	(6과, 듣기) 아, 그리고…봤어요.	넓은 의미의 담화표지
아	(8과, 170p) 아, 이거요?	넓은 의미의 담화표지

아	(8과, 170p) 아, 벼룩시장하고 비슷한 곳이군요.	넓은 의미의 담화표지
그런데	(8과, 170p) 그런데 왜 카부츠 세일이라고 해요?	좁은 의미의 담화표지
4B		
담화표지	대화	비고
아	(11과, 50p) 아, 저건 정말 좋다는 뜻이에요.	넓은 의미의 담화표지
그러게 말이에요	(12과, 듣기) 그러게 말이에요. 다행히 반대하는 사람들이...보더라고요.	좁은 의미의 담화표지
아	(12과, 듣기) 아, 그럴 수도 있겠군요.	넓은 의미의 담화표지
어	(13과, 듣기) 어, 어떡하지?	좁은 의미의 담화표지
네	(13과, 듣기) 네? 예약을 안 해서 자리가 없다고요?	좁은 의미의 담화표지
그런데	(14과, 110p) 그런데 버스 요금은 왜 자꾸 오른대요?	좁은 의미의 담화표지
아	(14과, 듣기) 아, 그래요?	넓은 의미의 담화표지
어	(14과, 듣기) 어, 신기하네요.	넓은 의미의 담화표지
그러게요	(14과, 듣기) 그러게요. 어, 이 옷도 세일하네요.	담화표지 X
어	(14과, 듣기) 그러게요. 어, 이 옷도 세일하네요.	넓은 의미의 담화표지
그게 말이야	(15과, 130p) 그게 말이야. 우리 집에서 강아지를 키우면 어떨까?	좁은 의미의 담화표지
아	(15과, 듣기) 아, 그거?	넓은 의미의 담화표지
어	(15과, 듣기) 어, 그런데 이 풀은 뭐지?	좁은 의미의 담화표지
그런데		좁은 의미의 담화표지
그런데	(16과, 150p) 그런데 저 우주의 끝은 어딜까?	좁은 의미의 담화표지
아	(16과, 듣기) 아, 그런 거구나.	넓은 의미의 담화표지
그러게	(16과, 듣기) 그러게. 도대체 어떻게 머리 모양이 바뀌는 걸까?	담화표지 X
어	(17과, 듣기) 네, 그런데요. 어, 1학년 3반 박상민?	넓은 의미의 담화표지
어	(17과, 듣기) 어 서로 아는 사이야?	넓은 의미의 담화표지
그럼	(17과, 듣기) 그럼 이번 주말에 고향으로 돌아가는 거야?	좁은 의미의 담화표지
어	(17과, 듣기) 어.	넓은 의미의 담화표지
어	(17과, 듣기) 어, 그래.	넓은 의미의 담화표지

아니	(18과, 192p) 아니. 이게 웬 보물이야?	좁은 의미의 담화표지
아니	(18과, 192p) 아니. 이게 웬 돈이야?	좁은 의미의 담화표지

『서울대 한국어』 5급

5A		
담화표지	대화	비고
아	(1과, 듣기) 아, 그 눈 동그란 선생님?	넓은 의미의 담화표지, 감탄사
그거야	(1과, 듣기) 그거야 당신도 마찬가지지요.	좁은 의미의 담화표지
하긴	(1과, 듣기) 하긴 결혼 초에는... 걱정스러워요.	담화표지 X
글쎄요	(1과, 듣기) 글쎄요. 모든 것이 빨리... 음악이 아닐까 합니다.	담화표지 X
글쎄요	(1과, 듣기) 글쎄요. 모든 것이 빨리... 음악이 아닐까 합니다.	담화표지 X (2번 나옴)
저	(2과, 듣기) 저, 시간 있으면... 하실래요?	좁은 의미의 담화표지
저	(2과, 듣기) 저, 혹시 시간 있으세요?	좁은 의미의 담화표지
하긴	(3과, 듣기) 하긴 부모들도 자식들에게 기대하는 것이 많이 바뀌고 있어요.	넓은 의미의 담화표지
자	(3과, 듣기) 자, 그럼 서울아파트...시작하겠습니다.	넓은 의미의 담화표지
그럼	(3과, 듣기) 자, 그럼 서울아파트...시작하겠습니다.	좁은 의미의 담화표지
아	(3과, 듣기) 아, 그거 아주 좋은 생각이십니다.	넓은 의미의 담화표지
네	(3과, 듣기) 네, 잘 들었습니다.	좁은 의미의 담화표지
네	(4과, 듣기) 네, 경제가 어려워지고 사회...것 같습니다.	좁은 의미의 담화표지
그러니까	(4과, 듣기) 그러니까 각기 다른 분야에 ...말씀이시죠?	좁은 의미의 담화표지
그러니까	(4과, 듣기) 그러니까 각기 다른 분야에 ...말씀이시죠?	좁은 의미의 담화표지 (2번 나옴)
와	(5과, 듣기) 와, 그렇게 많대요?	담화표지 X
하긴	(5과, 듣기) 하긴 제가...줬는데.	넓은 의미의 담화표지
뭐	(6과, 듣기) 뭐, 이런 내용이었어.	좁은 의미의 담화표지
어	(6과, 듣기) 어, 선생님, 말씀 도중에 죄송한데요.	좁은 의미의 담화표지

그런데	(6과, 듣기) 그런데, 말씀 도중에 죄송한데요.	좁은 의미의 담화표지
5B		
담화표지	대화	비고
자	(7과, 듣기) 자, 하나, 둘, 셋.	좁은 의미의 담화표지
뭘	(7과, 듣기) 어차피 젖었을 텐데, 뭘.	넓은 의미의 담화표지
어휴	(7과, 듣기) 어휴, 모두 광고...	담화표지 X
아	(7과, 듣기) 아, 진짜 뭐야.	넓은 의미의 담화표지
뭐	(7과, 듣기) 광고라는 게 다 그런 거지 뭐.	넓은 의미의 담화표지
그러게 말이야	(7과, 듣기) 그러게 말이야.	좁은 의미의 담화표지
뭐	(7과, 듣기) 그래도 뭐 어떡해.	좁은 의미의 담화표지
뭐	(7과, 듣기) 광고라는 게 다 그런 거지 뭐.	넓은 의미의 담화표지
어	(7과, 듣기) 어, 그거 괜찮네.	넓은 의미의 담화표지
어휴	(7과, 듣기) 어휴, 일이 커지는구나.	담화표지 X
글쎄	(8과, 듣기) 글쎄, 난 담백한 게 좋아.	담화표지 X
음	(8과, 듣기) 음, 오코노마야키... 어때?	담화표지 X
글쎄	(8과, 듣기) 글쎄, 마파두부 할까?	담화표지 X
네	(8과, 듣기) 네, 지금까지...주셨는데요.	좁은 의미의 담화표지
글쎄요	(9과, 듣기) 글쎄요.	담화표지 X
아	(9과, 듣기) 아, 그러니까...되는군요.	넓은 의미의 담화표지
아	(9과, 듣기) 아, 인사동도 좋죠?	넓은 의미의 담화표지
아	(9과, 듣기) 아, 꼭 가고 싶어요.	넓은 의미의 담화표지
아이	(10과, 듣기) 아이 싫다니까요.	넓은 의미의 담화표지
아	(10과, 듣기) 아, 정말 답답하다.	넓은 의미의 담화표지
말야	(10과, 듣기) 벌써 궁합도 봤단 말야.	좁은 의미의 담화표지
아	(11과, 듣기) 아, 그러면...봐야겠네요.	넓은 의미의 담화표지

『서울대 한국어』 6급

6A		
담화표지	대화	비고
네	(1과, 듣기) 네, 안녕하십니까?	좁은 의미의 담화표지
글쎄 말이지	(2과, 74p) 글쎄 말이지.	좁은 영역 담화표지
글쎄	(2과, 74p) 글쎄, 죽기 전에...지 않아?	담화표지 X

네	(3과, 듣기) 네, 안녕하십니까?	좁은 의미의 담화표지
네	(3과, 듣기) 네, 보완재는...말합니다.	좁은 의미의 담화표지
네	(3과, 듣기) 네, 그럼 커피와 설탕...건가요?	좁은 의미의 담화표지
네	(3과, 듣기) 네, 잘 알겠습니다.	좁은 의미의 담화표지
네 그럼	(3과, 듣기) 네, 그럼 쌀과 밀가루...있을까요?	좁은 의미의 담화표지
네	(3과, 듣기) 네, 경제 용어를...시간이었습니다.	좁은 의미의 담화표지
네	(3과, 듣기) 네, 안녕하십니까?	좁은 의미의 담화표지
자 그러면	(4과, 듣기) 자, 그러면...보도록 하겠습니다.	좁은 의미의 담화표지
네	(5과, 듣기) 네, 1958년... 세워졌습니다.	좁은 의미의 담화표지
그런데	(5과, 듣기) 그런데 청계천이...이야기도 들리던데요.	좁은 의미의 담화표지
네	(6과, 듣기) 네, 안녕하십니까.	좁은 의미의 담화표지
아	(7과, 듣기) 아, 이제 좀 알겠어요.	넓은 의미의 담화표지

6B

담화표지	대화	비고
네	(9과, 듣기) 네, 지금까지... 나눠 봤습니다.	좁은 의미의 담화표지
그러면	(9과, 듣기) 그러면 지금부터...보도록 하겠습니다.	좁은 의미의 담화표지
그렇지만	(9과, 듣기) 그렇지만 모든...같습니다.	좁은 의미의 담화표지
네	(10과, 듣기) 네, 그럼...돌아가는 건가요?	좁은 의미의 담화표지
그럼	(10과, 듣기) 네, 그럼...돌아가는 건가요?	담화표지 X
네	(10과, 듣기) 네, 그렇군요.	좁은 의미의 담화표지
네	(10과, 듣기) 네, 이중 국적...좋겠네요.	좁은 의미의 담화표지
그럼	(11과, 듣기) 그럼 영상...나누도록 하겠습니다.	좁은 의미의 담화표지
그럼	(12과, 듣기) 그럼 현재는...되겠군요.	좁은 의미의 담화표지
그럼	(12과, 듣기) 그럼 온실가스...줄여야겠네요.	좁은 의미의 담화표지
네	(12과, 듣기) 네, 말씀대로라면...많이 있겠네요.	좁은 의미의 담화표지
네	(13과, 듣기) 네, 물론...생각합니다.	좁은 의미의 담화표지
그러니까	(13과, 듣기) 그러니까... 말씀이시죠?	좁은 의미의 담화표지
그러고 보니	(14과, 듣기) 그러고 보니 내일이...사건이에요.	좁은 의미의 담화표지
그래서	(14과, 듣기) 그래서 어떻게 되었어요?	좁은 의미의 담화표지
그럼	(14과, 듣기) 그럼...되겠네요.	좁은 의미의 담화표지